Sabine Lambrich

Microsoft® Word® 2010 auf einen Blick

Microsoft® Press

Sabine Lambrich: Microsoft Word 2010 auf einen Blick

15 14 13 12 11 10 9 8 7 6 5 4 3 2 1
13 12 11 10

ISBN: 978-3-86645-871-0

Balthasarstraße 81, 50670 Köln

Umschlag: Hommer Design GmbH, Haar (www.HommerDesign.com)
Layout, Satz: Robert Ott Design, München (www.rodesign.de)
Fachlektorat und Korrektorat: Frauke Wilkens, München
Gesamtherstellung: Kösel, Krugzell (www.KoeselBuch.de)

Inhalt

1 Dieses Buch auf einen Blick

In diesem Kapitel:

- Arbeiten mit diesem Buch
- Ein kurzer Blick in die Kapitel
- Was ist neu in Word 2010?
- Wie geht es weiter?

Willkommen zu »Microsoft Word 2010 auf einen Blick«. Sie halten mit diesem Buch ein Nachschlagewerk in Händen, das Sie dabei unterstützt, Ihre täglichen Arbeiten mit Word 2010 effizient und schnell zu erledigen.

Sie müssen dieses Buch nicht von Anfang bis Ende durchlesen, legen Sie es neben sich auf den Schreibtisch und schlagen Sie während der Arbeit schnell und gezielt Informationen zu einem Thema nach. Sie wollen beispielsweise eine bestimmte Aufgabe mit Word ausführen. Sie schlagen also im Inhalts- oder im Stichwortverzeichnis nach, finden die entsprechende Buchseite und lesen auf einer bzw. maximal zwei Seiten eine kurze und präg nante Beschreibung mit Bildunterstützung darüber, wie die Aufgabe ausgeführt wird. So ist schnelles und unkompliziertes Nachschlagen ohne langes Suchen möglich. Zusammengehörige Themen werden in räumlicher Nähe zueinander beschrieben; Verweise auf andere Seiten sind auf ein Minimum beschränkt. So müssen Sie weder ständig hin und her blättern noch seitenweise Informationen nachlesen, nur um herauszufinden, wie man eine ganz bestimmte Aufgabe in kürzester Zeit mit Word 2010 erledigen kann.

Auf den folgenden Seiten wird beschrieben, wie Sie am besten mit diesem Buch arbeiten, und Sie erfahren natürlich auch, welche wichtigen Neuheiten es in Word 2010 gibt.

Arbeiten mit diesem Buch

Gleich vorweg: Sie benötigen keine Vorkenntnisse in Word 2010, um erfolgreich mit diesem Buch zu arbeiten. Es zeigt in seinen zwölf Kapiteln anschaulich und kompakt, wie Sie wichtige und gängige Aufgaben schnell und effizient mit Word erledigen. Alle Seiten sind ähnlich aufgebaut, sodass Sie sich schnell zurechtfinden werden.

Der Seitenaufbau

Folgende Elemente finden Sie auf (fast) jeder Seite wieder:

- Jede Seite oder Doppelseite beginnt mit einer Hauptüberschrift, die das Thema benennt, z.B. »Dokumente speichern«. Unter der Überschrift wird das Thema in wenigen Worten kurz beschrieben. So wissen Sie stets genau, um was es auf der jeweiligen Seite bzw. Doppelseite geht.
- Danach geht es im Spaltensatz weiter. Das Hauptthema der Seite/Doppelseite wird in der linken Spalte in seine Aufgaben unterteilt, z.B. in »Dokument zum ersten Mal speichern« und »Änderungen im bestehenden Dokument speichern«. Manchmal handelt es sich auch nur um eine Aufgabe, deren Erledigung auf einer Seite kurz und bündig beschrieben wird.
- Die eigentliche Ausführung der Aufgabe wird dann in einer kompakten Schrittanleitung erklärt. Wenn Sie alle Schritte der Reihe nach durchführen, ist die Aufgabe erledigt, beispielsweise das Dokument gespeichert.
- Alle Schritte der linken Spalte werden in der rechten Spalte durch eine bildliche Darstellung unterstützt. Hier sehen Sie das Word-Fenster oder einen Ausschnitt davon bzw. ein Dialogfeld, mit dem Sie arbeiten sollen. Die Schrittnummerierung findet sich auch in der Abbildung in der rechten Spalte wieder. So wissen Sie genau, wo sich welches Element befindet, das Sie für die Durchführung der Aufgabe benötigen.
- Kästen mit den Überschriften »Siehe auch«, »Tipp«, »Achtung« und »Gewusst wie« verweisen auf Seiten mit verwandten Themen, enthalten nützliche Ratschläge, weisen auf mögliche Gefahren hin und vermitteln Hintergrundwissen.

Voraussetzungen und Annahmen

Sicherlich hilft es, wenn Sie schon einmal mit Word gearbeitet haben. Aber auch ohne Vorkenntnisse werden Sie dank der geradlinigen Schritt-für-Schritt-Anleitungen plus der bildlichen Unterstützung problemlos klarkommen. Es werden ein paar allgemeine Arbeitsgegebenheiten und -techniken am Computer vorausgesetzt. So wird beispielsweise angenommen, dass Sie

- über einen Rechner verfügen, auf dem Word 2010 installiert ist.
- sich im Umgang mit Tastatur und Maus auskennen. Wenn Sie »Drücken Sie Strg+C« lesen, sollten Sie wissen, dass Sie die Strg- und die C-Taste gleichzeitig drücken müssen. Sie sollten auch Begriffe wie »Klicken«, »Doppelklicken« oder »Ziehen« für verschiedene Maustechniken kennen.
- die Grundlagen des Betriebssystems Windows kennen, z.B. Begriffe wie Startmenü, Ordner, Datei, Dialogfeld etc. Es ist übrigens egal, ob Sie mit Windows XP, Windows Vista oder Windows 7 arbeiten. Lediglich das eine oder andere Dialogfeld wird vielleicht etwas anders aussehen.
- für Onlinefunktionen eine Internetverbindung herstellen können.

Tipp

Es gibt einige Seiten, die mit einem Farbverlauf hinterlegt sind. Hier finden Sie Tabellen oder ausführliche Hintergrundinformationen, ohne deren Beschreibung bestimmte Schrittanweisungen nicht so ohne Weiteres verständlich wären.

Ein kurzer Blick in die Kapitel

Dieses Buch enthält zwölf themenbezogene Kapitel, in denen die Durchführung der wichtigsten und häufig anstehenden Aufgaben mit Word beschrieben wird – Wissen auf einen Blick.

- In **Kapitel 1** lernen Sie das Buchkonzept kennen. Außerdem erhalten Sie einen kurzen Einblick in den Inhalt der einzelnen Kapitel sowie einen knappen Überblick über die wichtigsten Neuerungen in Word 2010.
- **Kapitel 2** beschreibt die Programmoberfläche. Hier lernen Sie die Programmelemente kennen, z.B. das Menüband und die Symbolleiste für den Schnellzugriff. Aber auch Funktionen, die man überall in Word benötigt, wie das Wiederholen und Rückgängigmachen von Aktionen haben hier ihren Platz. Last but not least wird das Hilfesystem von Word vorgestellt.
- **Kapitel 3** widmet sich zum einen den grundlegenden Aufgaben der Dokumentverwaltung, z.B. dem Speichern und Öffnen von Dokumenten, und zum anderen den Basics für Texteingabe und -bearbeitung. Die automatischen Korrekturhilfen von Word runden dieses Kapitel ab.
- Das zentrale Thema in **Kapitel 4** und **Kapitel 5** ist die Gestaltung von Dokumenten. Während Kapitel 4 die direkte Formatierung beschreibt, z.B. Absatzformate (Einzüge, Tabstopps, Rahmen etc.), Zeichenformate (z.B. Schriftart und Texteffekte) und Listenformate, informiert Kapitel 5 über die Dokumentgestaltung mithilfe von Vorlagen. Hierzu gehören Designs, Formatvorlagen, Schnellformatvorlagen und Dokumentvorlagen.
- In **Kapitel 6** erfahren Sie, wie Sie einem Dokument den letzten Schliff vor der Weitergabe an andere geben. Hier werden verschiedene Aspekte des Seitenlayouts, Silbentrennung und Spaltensatz beschrieben. Außerdem erfahren Sie, wie Sie Dokumente mit Kopf- und Fußzeilen versehen und mithilfe von Seiten-, Spalten- und Abschnittsumbrüchen Inhalte voneinander abheben oder trennen.
- **Kapitel 7** steht ganz im Zeichen von Tabellen. Hier erfahren Sie alles Wichtige zum Arbeiten mit Tabellen – angefangen beim Einfügen von Tabellen über das Navigieren in Tabellen bis hin zum Gestalten und Positionieren von Tabellen.
- Lassen Sie in **Kapitel 8** Ihrer Kreativität freien Lauf. Hier werden die grafischen Optionen von Word beschrieben. Egal ob Foto, ClipArt, Form, WordArt, SmartArt, Textfeld oder Diagramm, den gestalterischen Möglichkeiten sind hier kaum Grenzen gesetzt.
- Das Drucken und Veröffentlichen von Dokumenten ist Thema von **Kapitel 9**. Hier werden der überarbeitete Bereich *Drucken* sowie die komplexe Seriendruckfunktion vorgestellt. Außerdem finden Sie hier Informationen zum Senden von Dokumenten per Mail und zum Veröffentlichen von Dokumenten als Webseiten und in Form von Blogbeiträgen.
- **Kapitel 10** befasst sich mit Aufgaben, um die Sie in umfangreichen Dokumenten nicht herumkommen werden. Was wäre beispielsweise eine Diplomarbeit ohne Inhaltsverzeichnis, Index, Abbildungs- oder Tabellenverzeichnis? Hier wird auch gezeigt, wie Sie Ihre Arbeitsgeschwindigkeit durch den Einsatz von sogenannten Bausteinen, Feldern und Makros erhöhen.
- In **Kapitel 11** geht es um Teamarbeit. Hier lernen Sie, wie Sie Dokumente in Arbeitsgruppen korrigieren und kommentieren und diese Änderungen in einem endgültigen Dokument zusammenfassen. Außerdem geht es in diesem Kapitel auch um das wichtige Thema »Sicherheit«, d.h. wie Sie Ihre Dokumente vor dem unberechtigten Zugriff durch andere schützen.
- In **Kapitel 12** erfahren Sie alle wichtigen Informationen darüber, wie Sie Word optimal und individuell an Ihre Arbeitsanforderungen anpassen können.

Was ist neu in Word 2010?

Word 2010 hat viele neue Funktionen zu bieten. Wenn Sie zuletzt mit Word 2003 gearbeitet haben, wird Ihnen wahrscheinlich alles neu vorkommen. Beim Wechsel von Version 2003 auf 2007 wurde die gesamte Menüstruktur überarbeitet. Aber keine Sorge: Lesen Sie Kapitel 2, um sich in die geänderte Menüführung einzuarbeiten.

Neue und überarbeitete Funktionen

- Das **Menüband**: Die Multifunktionsleiste von Word 2007 ist in Word 2010 in »Menüband« umbenannt worden. Neu ist auch die Möglichkeit, das Menüband an die eigenen Arbeitsanforderungen anzupassen. Sie können eigene Registerkarten mit Gruppen und Schaltflächen erstellen bzw. vorhandene überarbeiten. Mehr Infos hierzu auf Seite 228 f.
- **Registerkarte *Datei***: Diese erste Registerkarte im Menüband ersetzt die *Office*-Schaltfläche von Word 2007. Sie enthält ähnliche Befehle und Optionen wie das Menü zur *Office*-Schaltfläche, allerdings in einer etwas anderen Zusammensetzung und Reihenfolge; zu der neuen **Backstage-Ansicht** siehe auch die nächste Seite.
- **Drucken und Seitenansicht**: Wenn Sie auf der Registerkarte *Datei* auf *Drucken* klicken, werden alle für den Ausdruck relevanten Optionen und die Seitenansicht des Dokuments direkt hier angezeigt. Mehr hierzu auf Seite 162 ff.
- **Dokumenteigenschaften**: Und was ist aus den Dateieigenschaften geworden? Klicken Sie auf der Registerkarte *Datei* auf *Informationen*, um sie anzuzeigen. Mehr hierzu auf Seite 220 f.
- Überarbeitete **Suchfunktion**: Im neuen Aufgabenbereich *Navigation* können Sie bequem zwischen den Fundstellen im gesamten Dokument, auf einzelnen Seiten oder in Überschriften blättern. Darüber hinaus wird die Suche nach Grafiken, Tabellen, Formeln, Fuß-/Endnoten und Kommentaren deutlich vereinfacht. Mehr hierzu auf Seite 48 f.
- **Texteffekte**: Konturen, Schatten, Spiegelungen, Leuchten – die neuen Texteffekte für einzelne Zeichen, Wörter oder Textpassagen sind der absolute Hingucker. Mehr hierzu auf Seite 70 f.
- Überarbeitete **Bildeffekte**: Die Bearbeitungsmöglichkeiten von Bildern sind noch zahlreicher geworden. Neben künstlerischen Effekten wie Bleistiftskizze oder Fotokopie können Sie Sättigung, Farbton, Helligkeit, Kontrast, Schärfe etc. ändern. Ein paar raffinierte Zuschneideverfahren und die neue Funktion *Freistellen* zum Entfernen unerwünschter Bildteile wurden integriert. Mehr hierzu auf Seite 136 ff.
- **Screenshots**: Fügen Sie eine Art »Schnappschuss« eines auf Ihrem Rechner geöffneten Anwendungsfensters als Bild in das Dokument ein. Mehr hierzu auf Seite 138.
- **Als abgeschlossen kennzeichnen** und **Geschützte Ansicht**: Bevor Sie eine endgültige Version eines Dokuments freigeben, können Sie das Dokument mit dem Befehl *Als abgeschlossen kennzeichnen* mit Schreibschutz versehen und als endgültige Dokumentversion kennzeichnen. Mehr hierzu auf Seite 226. Word-Dokumente, die z.B. aus einem E-Mail-Anhang stammen, werden beim Öffnen schreibgeschützt geöffnet. Erst durch Klicken auf die Schaltfläche *Bearbeiten aktivieren* sind eine Bearbeitung des Dokuments und die Speicherung unter einem anderen Namen möglich. Mehr hierzu auf Seite 183.

Tipp

Drücken Sie F1, geben Sie im Hilfesystem von Word links oben in das Textfeld **Neuigkeiten in Word 2010** ein und drücken Sie Eingabe. Klicken Sie dann auf den Link *Neuigkeiten in Word 2010*, um eine Zusammenfassung aller Neuheiten anzuzeigen.

Die Backstage-Ansicht

Wenn Sie im Menüband auf die erste Registerkarte *Datei* klicken, wird die sogenannte **Backstage-Ansicht** angezeigt. Sie enthält alle wichtigen Befehle und Optionen zum Verwalten, Drucken, Senden und Veröffentlichen von Dokumenten sowie zum Festlegen der Word-Optionen in einer etwas anderen Zusammensetzung und Reihenfolge als im Menü der *Office*-Schaltfläche der Vorgängerversion 2007.

- *Informationen*: In diesem Bereich werden der Dokumentschutz, im Dokument enthaltene persönliche Informationen, die Kompatibilitätsprüfung für das Arbeiten mit älteren Word-Versionen sowie die Versionsverwaltung für das aktuelle Dokument geregelt. Ganz rechts werden zudem die Dokumenteigenschaften angezeigt.
- *Zuletzt verwendet*: In diesem Bereich werden die Dokumente und die Ordner aufgelistet, mit denen Sie zuletzt gearbeitet bzw. die Sie zuletzt besucht haben.
- *Drucken*: Dieser Bereich enthält alle für den Ausdruck relevanten Optionen und die Seitenansicht des aktuellen Dokuments.
- *Speichern und Senden*: Hier finden Sie alle wichtigen Optionen für folgende Aktivitäten:
  - Dokumente per E-Mail in verschiedenen Formaten senden
  - Dokumente in Windows Live veröffentlichen, um sie anderen Benutzern zur Verfügung zu stellen
  - Dokumente auf einer SharePoint-Website für die gemeinsame Bearbeitung mit anderen Benutzern speichern
  - Dokumente als Blogbeitrag veröffentlichen
- *Optionen*: Das Dialogfeld *Word-Optionen* wird geöffnet, in dem Sie alle wichtigen Programmeinstellungen an Ihre Anforderungen anpassen können.

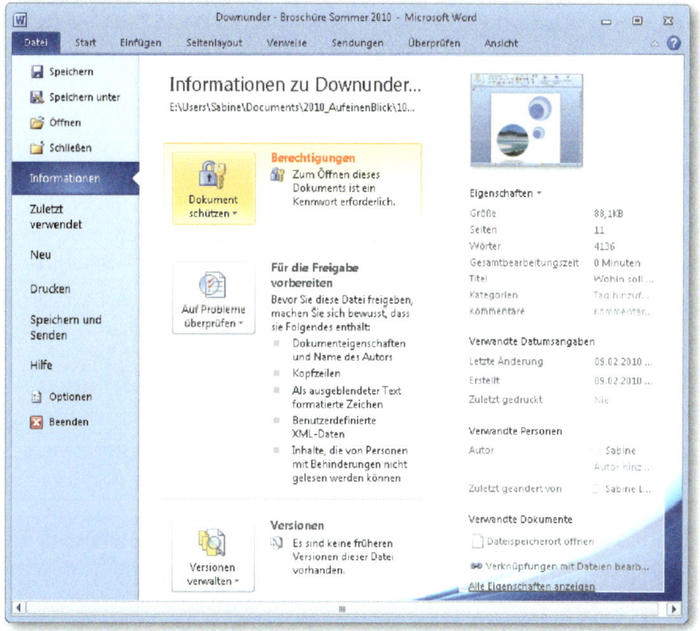

Tipp

Die Befehle *Speichern*, *Speichern unter*, *Öffnen*, *Schließen* und *Neu* auf der Registerkarte *Datei* sind nicht wirklich neu und dienen der klassischen Dokumentverwaltung. Mit *Hilfe* werden die Hilfeangebote von Word aufgelistet und mit *Beenden* schließen Sie das Programm.

Wie geht es weiter?

- Wenn Sie noch nie mit Word gearbeitet haben, lesen Sie erst einmal auf Seite 34 ff. weiter. Dort werden Aufgaben wie das Erstellen, Speichern, Öffnen und Schließen von Dokumenten sowie grundlegende Bearbeitungsmöglichkeiten von Text beschrieben.
- Wenn Sie sich in Word 2003 ganz gut zurechtfinden, die Version 2007 aber übersprungen haben, sollten Sie einen Blick auf die Seiten 18 ff. werfen. Dort wird die ab der Version 2007 eingeführte neue Programmoberfläche unter die Lupe genommen.
- Ansonsten schlagen Sie bei Bedarf im Inhaltsverzeichnis bzw. im Stichwortverzeichnis des Buches ein Thema nach und lesen dann die Seite bzw. Doppelseite, auf der die Schritte zur Lösung der gewählten Aufgabe beschrieben sind.

Die Schrittanleitungen zeigen, wie Sie eine aktuelle Aufgabe ausführen. Aber häufig stecken noch viel mehr Möglichkeiten hinter einem Thema. Seien Sie experimentierfreudig und kreativ. Und trauen Sie sich, auch unbekannte Dinge in Angriff zu nehmen. Wenn Sie beispielsweise nachlesen, wie Sie ein Dokument öffnen, dann probieren Sie ruhig einmal die weiteren Optionen wie *Schreibgeschützt öffnen*, *Als Kopie öffnen* etc. aus, um herauszufinden, ob Sie diese Funktionen nicht auch sinnvoll für Ihre Arbeiten einsetzen können. So erweitern Sie Ihren Word-Horizont.

Viel Spaß beim Arbeiten mit diesem Buch!

2 Word-Basics

In diesem Kapitel:

- Das Menüband
- Aufbau und Elemente von Registerkarten
- Symbolleiste für den Schnellzugriff
- Dialogfelder
- Kontextmenü und Statusleiste
- Weitere Bildschirmelemente
- Ansichten
- Fenster anordnen und teilen
- Fensterdarstellung ändern
- Weitere Elemente im Programmfenster
- Hilfe in der Backstage-Ansicht anfordern
- Die Word-Hilfe aufrufen

In diesem Kapitel erfahren Sie alles, was Sie über die Benutzeroberfläche von Word wissen müssen. Dieses Kapitel ist auch für diejenigen interessant, die die mit der Version 2007 eingeführte neue Oberfläche von Word noch nicht kennen.

Das Menüband mit seinen Registerkarten, Gruppen und Schaltflächen wird kompakt vorgestellt. Auf einen Blick erfassen Sie das System des Menübands und können es bedienen. Des Weiteren lernen Sie die Symbolleiste für den Schnellzugriff, das Prinzip der Dialogfelder sowie weitere wichtige Bildschirmelemente wie Kontextmenüs, Statusleiste etc. kennen.

Word stellt für die verschiedenen Bearbeitungsstadien unterschiedliche Ansichten zur Verfügung. Nutzen Sie die Vorteile der einzelnen Ansichten für die Bearbeitungsphasen Ihrer Dokumente.

Zu den Grundlagen von Word gehört auch das Arbeiten mit mehreren Fenstern. Sie können beispielsweise für ein Dokument mehrere Fenster öffnen und in jedem Ausschnitt separat blättern.

Zu guter Letzt widmet sich dieses Kapitel dem Thema »Hilfe« und zeigt, wo Sie Unterstützung finden können, wenn Sie mal gar nicht mehr weiterkommen (was hoffentlich nie eintreten wird).

Das Menüband

Das Menüband, das in Word 2007 Multifunktionsleiste hieß, stellt den oberen Bereich im Programmfenster von Word dar. Es enthält in der Grundeinstellung acht Registerkarten. Wenn Sie ein spezielles Elemente im Dokument ausgewählt haben, z.B. eine Grafik, ein Diagramm oder eine Tabelle, stellt Word kontextbezogene Registerkarten am Ende des Menübands zur Verfügung, die der Bearbeitung des speziellen Elements dienen. Im Fall von Tabellen sind dies beispielsweise die *Tabellentools*-Registerkarten *Entwurf* und *Layout*.

Die Registerkarten im Menüband

Die acht standardmäßig angezeigten Registerkarten enthalten Funktionen, die inhaltlich zusammengehören:

- *Datei* – Befehle zum Verwalten, Drucken, Senden und Veröffentlichen von Dokumenten sowie zum Festlegen der Word-Optionen und zum Beenden von Word
- *Start* – Funktionen zum Ändern der Darstellung sowie zum Suchen, Ersetzen, Kopieren und Verschieben von Text
- *Einfügen* – Funktionen zum Einfügen von Tabellen, Bildern, Hyperlinks, Kopf-/Fußzeilen, WordArt, Textfeldern etc.
- *Seitenlayout* – Funktionen zum Wählen des Dokumentdesigns und von Einstellungen, die die Seitengestaltung betreffen
- *Verweise* – Funktionen zum Erstellen von Verzeichnissen, Fußnoten, Beschriftungen etc.; alles Elemente, die auf Feldverweisen basieren
- *Sendungen* – Funktionen zum Erstellen und Drucken von Etiketten, Umschlägen und Serienbriefen
- *Überprüfen* – Korrekturfunktionen (z.B. Rechtschreibprüfung), Spracheinstellungen sowie Funktionen zum gemeinsamen Bearbeiten von Dokumenten (z.B. Kommentarfunktion) und zum Dokumentschutz
- *Ansicht* – Funktionen zum Wechseln der Dokumentansicht, zur Anzeige von Bildschirmelementen, zum Arbeiten mit mehreren Fenstern und die Makrofunktion

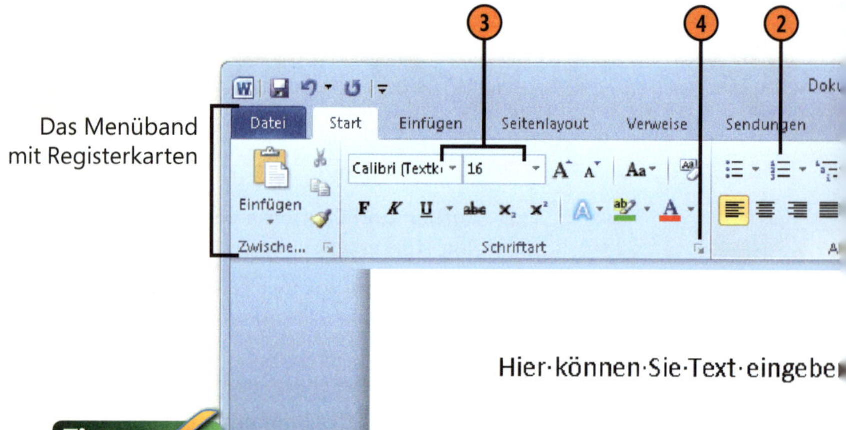

Tipp

Das Menüband lässt sich vorübergehend ausblenden, um mehr Platz für die Arbeitsfläche im Programmfenster zu haben: Drücken Sie Strg+F1 oder klicken Sie ganz rechts im Programmfenster auf die Schaltfläche *Menüband minimieren*. Erneutes Drücken von Strg+F1 oder klicken auf die Schaltfläche *Menüband erweitern* blendet das Menüband wieder ein.

Seite: 1 von 1 | Wörter: 5 | Deutsch (Deutschland)

Aufbau und Elemente von Registerkarten

Wenn Sie auf eine Registerkarte klicken, werden mehrere zusammengehörige Funktionsgruppen angezeigt, die wiederum eine Vielzahl von zugehörigen Schaltflächen und Katalogen enthalten. Je nach eingestellter Größe des Word-Fensters und Bildschirmauflösung ändert sich die Darstellung des Menübands. Bei weniger Platz werden zunächst Kataloge als Schaltflächen dargestellt und die Beschriftung von Schaltflächen nicht mehr angezeigt. Zum Teil können auch Gruppen in Form von Schaltflächen dargestellt werden. Lassen Sie sich jedoch dadurch nicht irritieren. Zeigen Sie ggf. auf ein Element, um sich über seine Aufgabe in einer QuickInfo zu informieren.

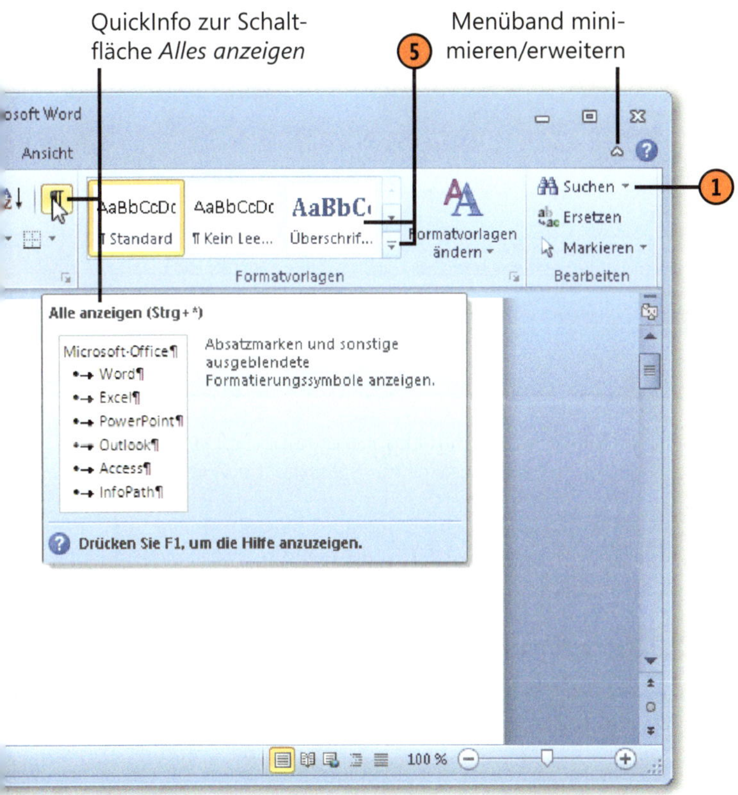

Besondere Elemente am Beispiel der Registerkarte ***Start***

1. In manchen Gruppen gibt es zweigeteilte Schaltflächen, z.B. *Einfügen* oder *Suchen*. Wenn Sie auf den unteren oder rechten Bereich mit dem Pfeil klicken, werden verschiedene Möglichkeiten zur Auswahl angeboten. Wenn Sie auf den oberen bzw. linken Bereich klicken, wird die standardmäßig eingestellte Funktion sofort ausgeführt. Die Zweiteilung wird sichtbar, wenn Sie auf eine solche Schaltfläche zeigen.
2. Durch Klicken auf ein Symbol in einer Gruppe wird die dahinter stehende Funktion sofort ausgeführt.
3. Felder mit einem Pfeil sind sogenannte Dropdown-Listenfelder. Klicken Sie auf den Pfeil, um eine Liste aufzuklappen, in der Sie einen Eintrag, z.B. eine Schrift, auswählen können.
4. Neben manchen Gruppennamen gibt es ganz rechts einen kleinen Pfeil, das sogenannte Startprogramm für ein Dialogfeld, mit dem Sie das zugehörige Dialogfeld öffnen (siehe auch Seite 21).
5. Die Gruppe *Formatvorlagen* enthält ein Beispiel für einen Katalog mit verschiedenen Vorlagen. Wenn Sie rechts in einem Katalog auf den untersten Pfeil, die sogenannte Schaltfläche *Weitere*, klicken, werden alle Inhalte des Katalogs angezeigt.

Symbolleiste für den Schnellzugriff

Ganz oben im Word-Fenster befindet sich die Symbolleiste für den Schnellzugriff. Sie enthält standardmäßig die Schaltflächen zum Speichern, zum Rückgängigmachen und zum Wiederherstellen bzw. Wiederholen von Aktionen – wichtige Funktionen, auf die Sie sicherlich häufig zugreifen werden. Wenn Sie feststellen, dass Sie immer wieder mit bestimmten Schaltflächen arbeiten, die nicht mit einem Mausklick zu erreichen sind, passen Sie die Symbolleiste für den Schnellzugriff an Ihre Anforderungen an.

Schaltflächen in der Symbolleiste

1. Klicken Sie auf die Schaltfläche *Rückgängig* oder drücken Sie Strg+Z, um die zuletzt ausgeführte Aktion zu widerrufen. Klicken Sie auf den Pfeil neben der Schaltfläche und wählen Sie die betreffenden Aktionen aus, beispielsweise um die vier zuletzt durchgeführten Aktionen zu widerrufen.

2. Sobald Sie eine Aktion rückgängig gemacht haben, können Sie durch Klicken auf die Schaltfläche *Wiederherstellen* (Strg+Y), die zuletzt rückgängig gemachte wiederherstellen. Wurden mehrere Aktionen rückgängig gemacht, die Sie wiederherstellen wollen, klicken Sie für jede Aktion einmal auf die Schaltfläche *Wiederherstellen*.

   Solange keine Aktion rückgängig gemacht wurde, ist statt der Schaltfläche *Wiederherstellen* die Schaltfläche *Wiederholen* verfügbar. Haben Sie eine Aktion, z.B. eine Formatierung, durchgeführt, können Sie diese Aktion durch Klicken auf diese Schaltfläche (Strg+Y) so lange wiederholen, bis Sie eine neue Aktion ausführen.

3. Klicken Sie ganz rechts in der Symbolleiste auf den Pfeil und erweitern Sie die Symbolleiste bei Bedarf um weitere, häufig verwendete Schaltflächen.

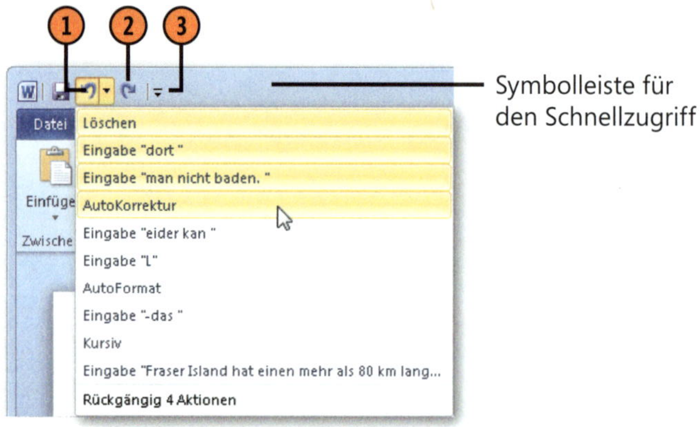

Achtung

Je nachdem, ob Sie eine Aktion rückgängig gemacht oder eine Aktion ausgeführt haben, wird die Schaltfläche *Wiederherstellen* (Pfeil im Uhrzeigersinn) bzw. die Schaltfläche *Wiederholen* (Pfeil gegen den Uhrzeigersinn) angezeigt. Die beiden Schaltflächen sind nie gleichzeitig sichtbar.

Siehe auch

Wie Sie die Symbolleiste für den Schnellzugriff an Ihre Arbeitsanforderungen anpassen, erfahren Sie auf Seite 231.

Dialogfelder

In der Regel finden Sie in den Gruppen einer Registerkarte alle Elemente, die Sie zum grundlegenden Arbeiten im jeweiligen Bereich benötigen. Manche Gruppen enthalten rechts neben ihrem Namen einen kleinen Pfeil, das sogenannte Startprogramm für ein Dialogfeld. Wenn Sie z.B. auf der Registerkarte *Start* in der Gruppe *Absatz* auf den zugehörigen Pfeil klicken, wird das Dialogfeld *Absatz* geöffnet, das die Optionen aus der Gruppe *Absatz* und zusätzliche zum Thema Absatz gehörige Einstelloptionen anbietet. Wenn Sie auf einen Befehl klicken, der mit drei Punkten endet, wird ebenfalls ein Dialogfeld geöffnet.

Elemente am Beispiel des Dialogfeldes ***Absatz***

1. Mehrere Registerkarten, z.B. *Einzüge und Abstände* sowie *Zeilen- und Seitenumbruch:* Klicken Sie auf eine Registerkarte, um die entsprechenden Optionen anzuzeigen.
2. Dropdown-Listenfelder, z.B. *Ausrichtung:* Klicken Sie auf den Pfeil neben dem Feld und wählen Sie in der Liste eine Option aus.
3. Drehfelder, z.B. *Links:* Geben Sie entweder direkt in das Feld einen Wert ein, oder klicken Sie auf den nach oben bzw. nach unten zeigenden Pfeil, um den Standardwert zu erhöhen bzw. zu verringern.
4. Textfelder (nicht in Abbildung enthalten): Geben Sie in das Feld Text ein.
5. Kontrollkästchen, z.B. *Einzüge spiegeln:* Klicken Sie darauf, um die Option zu aktivieren, d.h., das Kontrollkästchen enthält ein Häkchen, bzw. zu deaktivieren, d.h., das Häkchen wird entfernt.
6. Schaltflächen, z.B. *Als Standard festlegen*, *OK* und *Abbrechen:* Klicken Sie darauf, um die entsprechende Funktion auszuführen. Mit *OK* wird das Dialogfeld geschlossen und die Einstellungen werden übernommen; mit *Abbrechen* wird das Dialogfeld geschlossen, ohne dass die Einstellungen übernommen werden.

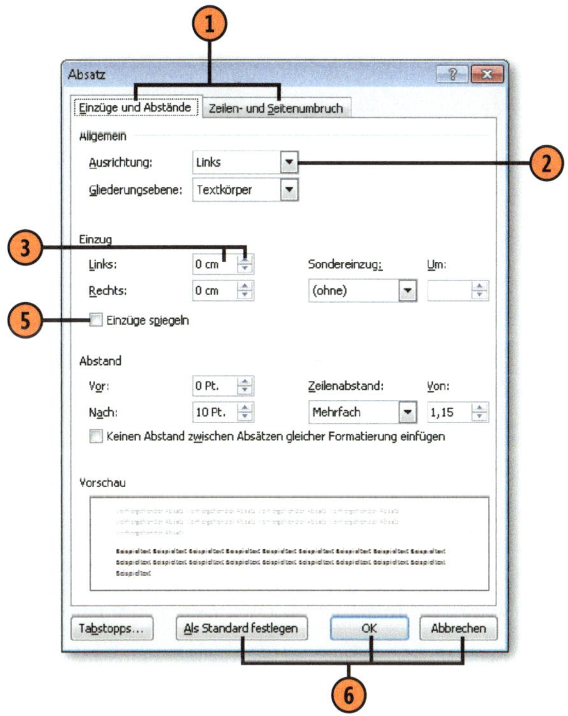

Kontextmenü, Minisymbolleiste und Statusleiste

Das Word-Fenster enthält weitere Elemente, die Sie beim Arbeiten mit dem Programm kennen sollten. Word bietet sogenannte Kontextmenüs und Minisymbolleisten an, die ihre Befehle und Schaltflächen dem Arbeitskontext anpassen – ein intelligentes Bearbeitungshilfsmittel. Darüber hinaus enthält Word ganz unten im Fenster die Statusleiste mit den Informationen zum Programmstatus.

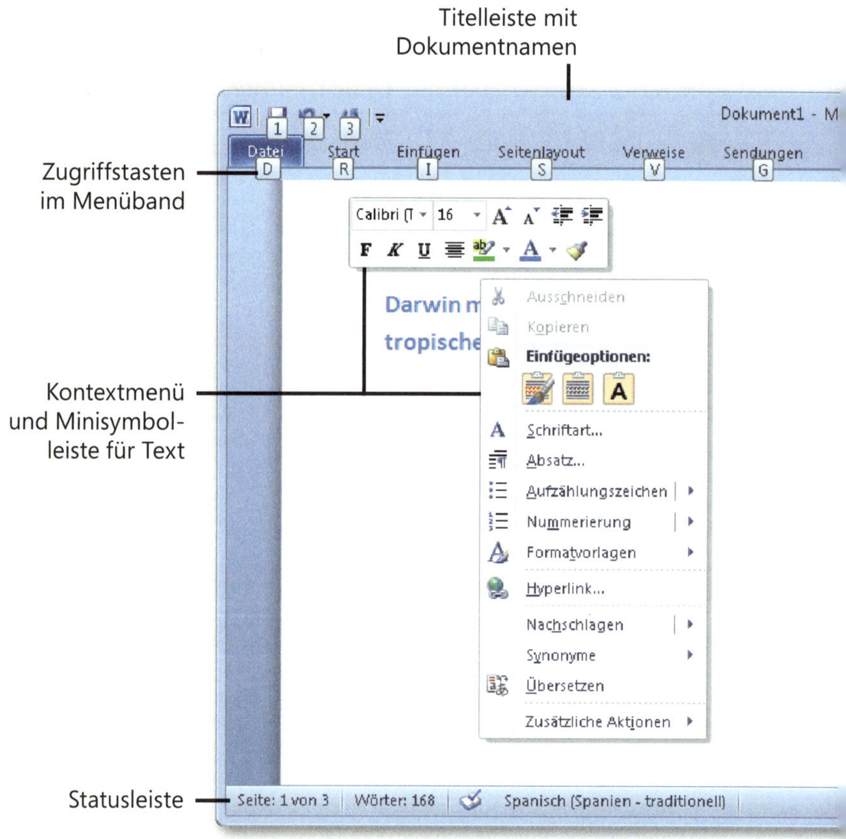

Kontextmenü und Minisymbolleiste

Wenn Sie in einem Dokument auf ein eingefügtes Element – Text, Tabelle, Grafik, ClipArt etc. – mit der rechten Maustaste klicken, wird ein Kontextmenü zusammen mit einer Minisymbolleiste eingeblendet. Das Menü und die Symbolleiste enthalten Befehle, die zu dem Element passen, auf das Sie geklickt haben. So stehen Ihnen mit nur einem Mausklick alle wichtigen Befehle und Schaltflächen zur Bearbeitung des betreffenden Elements zur Verfügung.

Statusleiste

Ganz unten im Word-Programmfenster befindet sich die Statusleiste, die – wie der Name schon sagt – Informationen über den Programmstatus enthält.

Auf der linken Seite werden die aktuelle Seite sowie die Gesamtseitenzahl des Dokuments, die Anzahl der im Dokument enthaltenen Wörter sowie die gewählte Korrektursprache angezeigt.

Auf der rechten Seite befinden sich mehrere Schaltflächen, mit denen zu anderen Dokumentansichten gewechselt werden kann (siehe Seite 24 f.).

Ganz links befindet sich die Zoomsteuerung. Klicken Sie auf das Pluszeichen, um die Darstellung des Bildschirminhalts zu vergrößern (bis 500%), bzw. auf das Minuszeichen, um die Darstellung zu verkleinern (bis 10%). Alternativ dazu können Sie auch den Zoomregler verschieben.

Weitere Bildschirmelemente

Word stellt noch weitere Bildschirmelemente bereit, die Sie bei der Arbeit mit dem Programm unterstützen. Mit der Bildlaufleiste können Sie schnell in längeren Dokumenten von oben nach unten und umgekehrt blättern. Außerdem stellt Word eine Möglichkeit zur Verfügung, durch Drücken von Tasten im Menüband zu navigieren. Infos zu weiteren arbeitskontextabhängigen Bildschirmelementen finden Sie auf Seite 29.

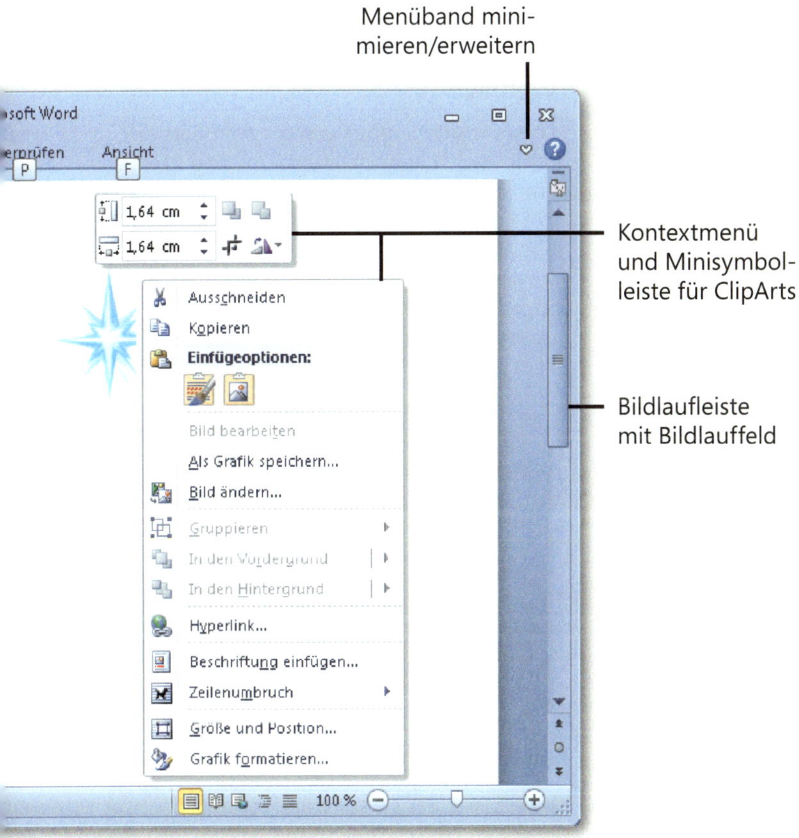

Bildlaufleiste

Klicken Sie oben in der Bildlaufleiste auf den nach oben zeigenden Pfeil, um zeilenweise im Dokument nach oben zu blättern. Klicken Sie analog dazu unten in der Bildlaufleiste auf den nach unten zeigenden Pfeil, um zeilenweise nach unten zu blättern.

Das Bildlauffeld zeigt in der Bildlaufleiste die relative Position der Einfügemarke im Text an. Ziehen Sie das Bildlauffeld nach oben bzw. nach unten, um schnell von oben nach unten zu blättern. In einem mehrseitigen Dokument wird dabei eingeblendet, auf welcher Seite der Bildlauf stoppen würde.

Im untersten Bereich der Bildlaufleiste stehen drei kleine Schaltflächen zur Verfügung. Mit den beiden Doppelpfeilen blättern Sie seitenweise nach oben bzw. nach unten. Wenn Sie auf den kleinen Kreis klicken, können Sie ein Element auswählen, Seite, Abschnitt, Kommentar, Tabelle, Grafik etc., um dann gezielt in den gewählten Elementen zu blättern.

Zugriffstasten im Menüband

Wenn Sie die Alt-Taste drücken, zeigt Word für jede Registerkarte und für die drei Schaltflächen in der Symbolleiste für den Schnellzugriff eine Taste an. Drücken Sie beispielsweise Alt, R für die Registerkarte *Start*. (Wurde das Menüband zuvor minimiert, wird es nun vollständig angezeigt.) Sobald Sie eine Registerkarte gewählt haben, wird für jede Schaltfläche etc. eine Taste angezeigt, mit der die jeweilige Funktion ausgeführt wird.

Ansichten

Word stellt für die verschiedenen Bearbeitungsstadien Ihrer Dokumente unterschiedliche Ansichten zur Verfügung. Eine Ansicht eignet sich für die Eingabe und Bearbeitung von Text, eine andere dient der Positionierung von eingefügten Elementen. Eine andere wiederum kann zum schnellen Umstellen von Kapiteln in längeren Dokumenten eingesetzt werden. Nutzen Sie geschickt die Vorteile der einzelnen Ansichten beim Erstellen und Ausarbeiten Ihrer Dokumente. Sie werden sehen, um wie viel leichter manche Arbeiten dann funktionieren.

Seitenlayout

Standardmäßig werden alle Dokumente in der Ansicht *Seitenlayout* angezeigt. Hier erhalten Sie eine druckgetreue Darstellung Ihrer Dokumente. Kopf-/Fußzeilen, Bildpositionierung, Spaltensatz, Seitenlayout – all das entspricht dem späteren Ausdruck. Geben Sie in dieser Ansicht Ihrem Dokument den letzten Schliff.

Vollbild-Lesemodus

Diese Ansicht eignet sich – wie der Name schon sagt – zum Lesen von Dokumenten. Das aktuelle Dokument füllt den ganzen Bildschirm aus. Standardmäßig wird eine Doppelseite angezeigt. Das Menüband wird ausgeblendet und nur einig rudimentäre Steuerelemente angeboten. Zur besseren Lesbarkeit kann die Schrift in der Anzeige vergrößert werden.

Weblayout

Diese Ansicht eignet sich für die Bearbeitung von Onlinedokumenten. Die Anzeige entspricht der im Webbrowser. Das heißt, das Dokument wird als fortlaufende Seite ohne Umbrüche angezeigt, Spaltensatz sowie Kopf- und Fußzeilen werden nicht angezeigt. Außerdem wird der Textumbruch automatisch an die aktuelle Fensterbreite angepasst. Weitere Informationen hierzu finden Sie auf Seite 177.

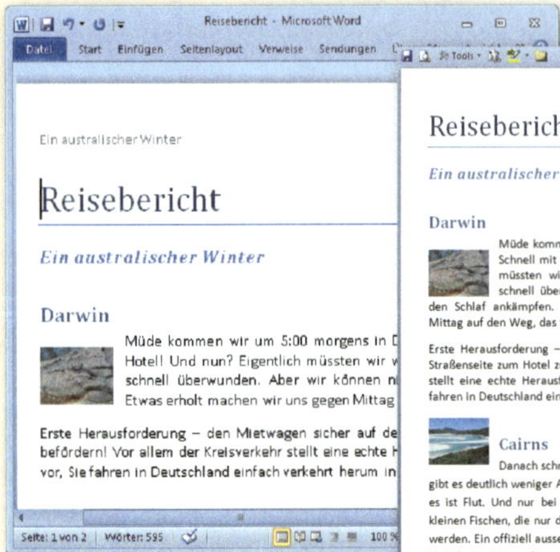

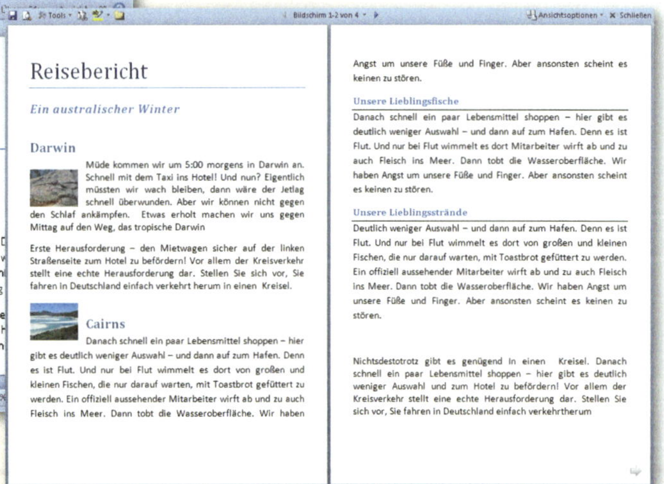

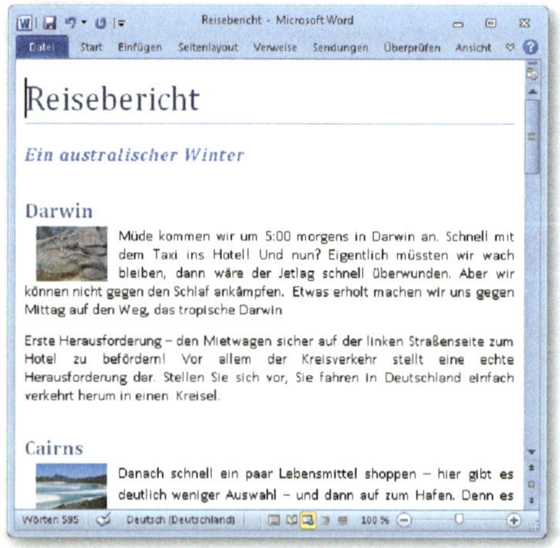

Zum schnellen Umschalten zwischen den Ansichten bieten sich die Schaltflächen rechts in der Statusleiste an. Ein Klick auf die entsprechende Schaltfläche und Sie können mit Ihrer Arbeit in der gewählten Ansicht fortfahren. Darüber hinaus können Sie auf der Registerkarte *Ansicht* in der Gruppe *Dokumentansichten* über die entsprechenden Schaltflächen zur gewünschten Ansicht wechseln. Zum Aufrufen der Seitenansicht klicken Sie dagegen auf der Registerkarte *Datei* auf den Befehl *Drucken*.

Gliederungsansicht

In der Ansicht *Gliederung* kann der Aufbau des Dokuments schnell und einfach eingeblendet und überarbeitet werden. Stufen Sie Gliederungsebenen nach oben oder nach unten oder ziehen Sie ganze Ebenen an eine neue Position. Voraussetzung ist, dass im Dokument die integrierten Überschriftvorlagen verwendet werden. Weitere Informationen hierzu finden Sie auf Seite 186 f.

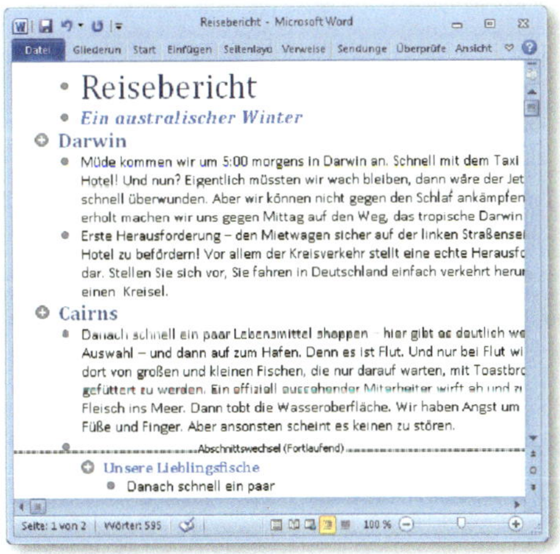

Entwurfsansicht

Die Ansicht *Entwurf* eignet sich vor allem für die Eingabe und das Formatieren von Text. Die Seitendarstellung ist recht vereinfacht. Kopf-/Fußzeilen, Spalten und Bilder werden hier nicht angezeigt. Der Dokumentinhalt wird hintereinander geschrieben. Hier geht es um den Textinhalt und nicht um die Darstellung.

Seitenansicht

Eine separate Seitenansicht, wie Sie es evtl. noch von Word 2007 kennen, gibt es in Word 2010 nicht mehr. Wenn Sie auf der Registerkarte *Datei* den Befehl *Drucken* wählen, wird ganz rechts die Druckvorschau für die aktuelle Seite angezeigt. Nehmen Sie hier letzte Änderungen vor dem Drucken vor. Weitere Informationen hierzu finden Sie auf Seite 162.

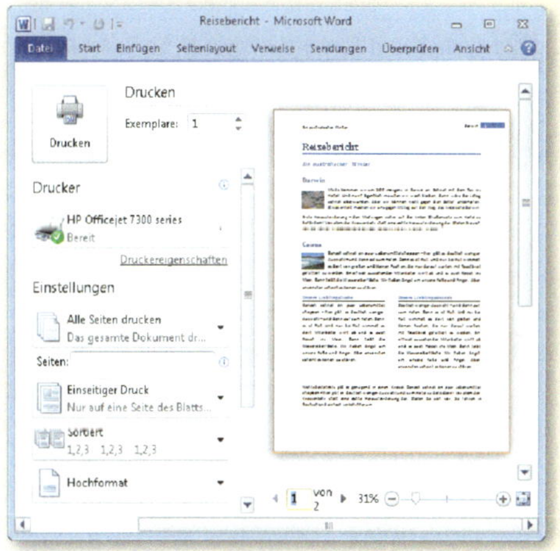

Fenster anordnen und teilen

Jedes Dokument, das Sie erstellen bzw. öffnen, wird in einem separaten Fenster angezeigt. Jedes Fenster wird auch in der Taskleiste von Windows als Symbol dargestellt, sodass Sie schnell und einfach über die Taskleiste von einem Dokument zum anderen wechseln können. Und wenn Sie ein Fenster teilen, für ein Dokument mehrere Fenster öffnen oder mehrere Fenster zusammen anordnen wollen, stehen hierfür auf der Registerkarte *Ansicht* die Schaltflächen der Gruppe *Fenster* zur Verfügung.

Fenster öffnen und anordnen

1. Klicken Sie auf die Registerkarte *Ansicht* in der Gruppe *Fenster* auf die Schaltfläche *Neues Fenster*, um ein zusätzliches Fenster für das aktuelle Dokument zu öffnen. Word nummeriert alle für ein und dasselbe Dokument geöffneten Fenster fortlaufend, z.B. *Reisebericht:1*, *Reisebericht:2* etc.
2. Klicken Sie auf die Schaltfläche *Alle anordnen*, um alle Fenster im Vollbildmodus unter- und nebeneinander anzuordnen.
3. Um zwei Fenster direkt nebeneinander vergleichen zu können, klicken Sie auf die Schaltfläche *Nebeneinander anzeigen*. Sind mehr als zwei Fenster geöffnet, wird abgefragt, welches Fenster neben dem aktiven Fenster angeordnet werden soll. Klicken Sie erneut auf die Schaltfläche *Nebeneinander anzeigen*, um die vorherige Position und Größe der Fenster wiederherzustellen.
4. Werden die beiden Fenster zum Vergleichen nebeneinander angezeigt, können Sie standardmäßig synchron in beiden Dokumenten blättern. Ist dies nicht erwünscht, klicken Sie in der Gruppe *Fenster* auf die aktivierte Schaltfläche *Synchroner Bildlauf*, um die Funktion zu deaktivieren.

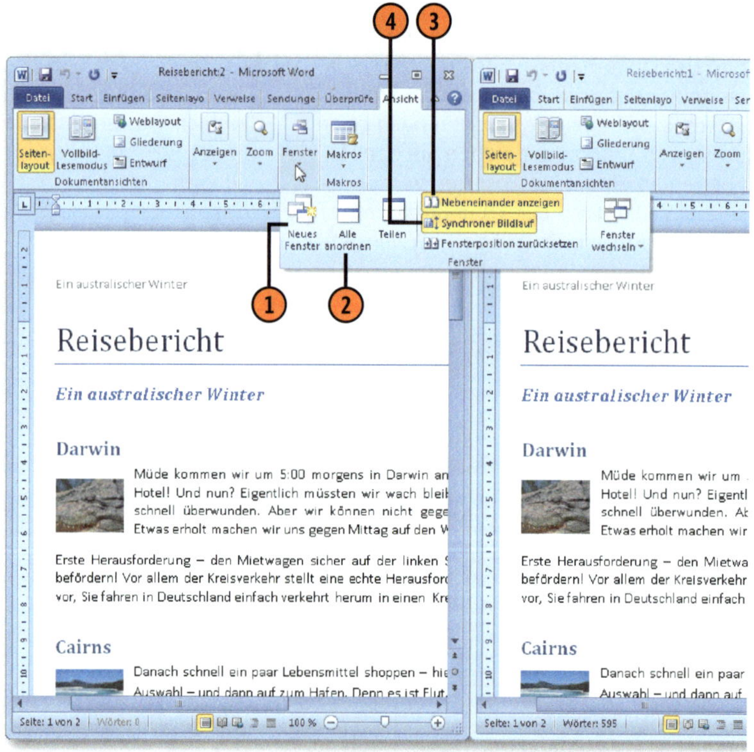

Fenster teilen

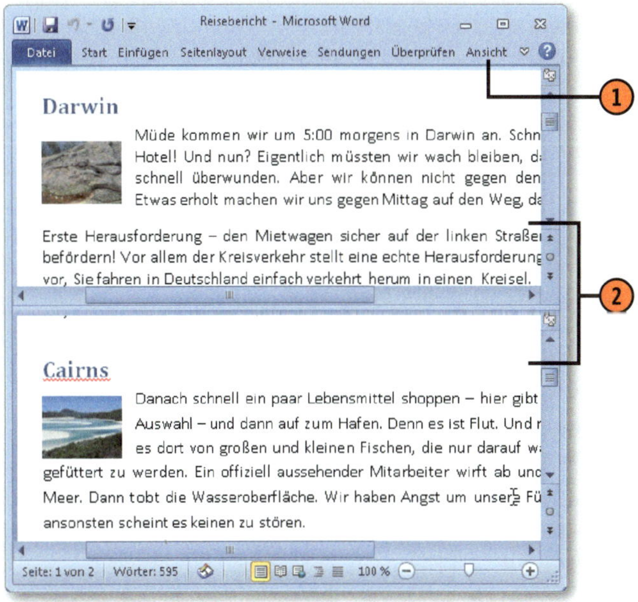

1. Klicken Sie auf die Registerkarte *Ansicht* in der Gruppe *Fenster* auf die Schaltfläche *Teilen* und ziehen Sie den eingeblendeten Teilungsbalken an die gewünschte Position, um das aktuelle Dokument horizontal in zwei Fensterbereiche zu teilen.
2. Beide Fensterausschnitte werden mit einer eigenen Bildlaufleiste versehen. Sie können nun in den Ausschnitten ein und desselben Fensters separat blättern, um unterschiedliche Textstellen anzuzeigen. Klicken Sie in der Gruppe *Fenster* auf die Schaltfläche *Teilung aufheben*, um die Ausschnitte zu schließen.

Tipp

Alternativ dazu können Sie ein Fenster auch durch Ziehen des Teilungsfeldes in der vertikalen Bildlaufleiste (ganz oben ein kleiner schwarzer Balken) mit der Maus teilen. Doppelklicken Sie auf den Teilungsbalken, um die Teilung wieder aufzuheben.

Zwischen Fenstern wechseln

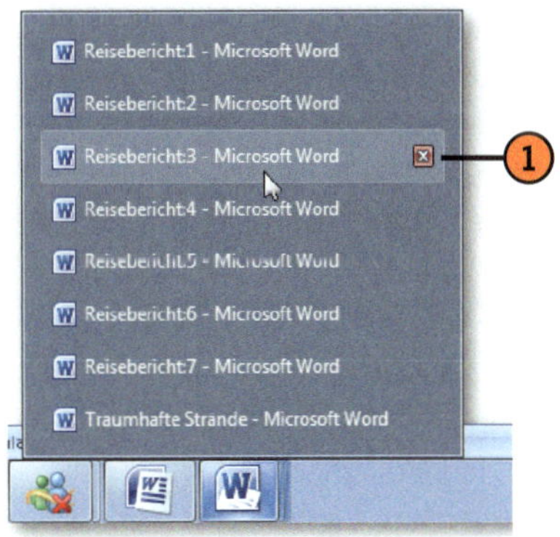

1. Klicken Sie in der Taskleiste auf das Fenstersymbol, das den Dokumentnamen trägt (unter Windows Vista), oder zeigen Sie auf das Word-Symbol und klicken Sie anschließend auf das gewünschte Fenster (unter Windows 7).

Fensterdarstellung ändern

Die Darstellung eines Fensters – seine Größe und seine Position – lässt sich einfach sowohl mit den Schaltflächen in der Titelleiste des Fensters als auch durch Ziehen mit der Maus ändern. Die Änderungen durch Ziehen mit der Maus sind flexibler. Dies Verfahren kann aber nicht angewendet werden, wenn das Fenster im Vollbildmodus angezeigt wird.

Darstellungsmodus ändern

1. Klicken Sie rechts in der Titelleiste auf die Schaltfläche *Minimieren*, um das Fenster als Symbol in der Taskleiste anzuzeigen (unter Windows Vista) bzw. um das Fenster als Eintrag in der Liste aller geöffneten Word-Dokumente aufzunehmen, die Sie einblenden, indem Sie in der Taskleiste auf das Word-Symbol zeigen (unter Windows 7).
2. Klicken Sie auf die Schaltfläche *Maximieren*, um das Fenster in voller Bildschirmgröße anzuzeigen. Nun wird stattdessen die Schaltfläche *Verkleinern* angezeigt.
3. Klicken Sie auf die Schaltfläche *Verkleinern*, um ein Fenster im Vollbildmodus wieder in seiner vorherigen Größe anzuzeigen.

Größe und Position mit der Maus ändern

1. Zeigen Sie mit dem Mauszeiger auf einen Fensterrand oder eine Fensterecke und ziehen Sie nach innen bzw. nach außen, um das Fenster zu verkleinern bzw. zu vergrößern.
2. Klicken Sie auf die Titelleiste und ziehen Sie das Fenster mit gedrückter Maustaste an eine andere Position.

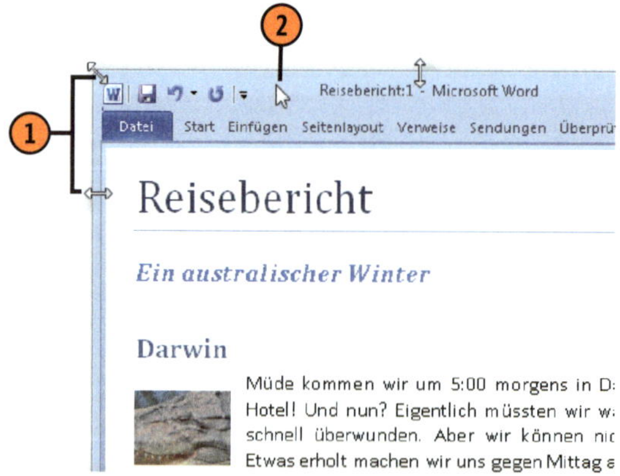

Tipp

Durch Doppelklicken auf die Titelleiste eines Fensters schalten Sie zwischen der Vollbilddarstellung und der vorherigen Fenstergröße hin und her.

Weitere Elemente im Word-Programmfenster

Das Programmfenster von Word 2010 kann je nach Arbeitskontext unglaublich viele verschiedene Elemente enthalten. Die Abbildung auf dieser Seite zeigt einige wichtige Elemente, die auf den vorherigen Seiten über die Programmoberfläche nicht erwähnt wurden. Trauen Sie sich und klicken Sie im Word-Fenster nach Belieben herum, damit Word Ihnen zeigen kann, welche Vielfalt es zu bieten hat.

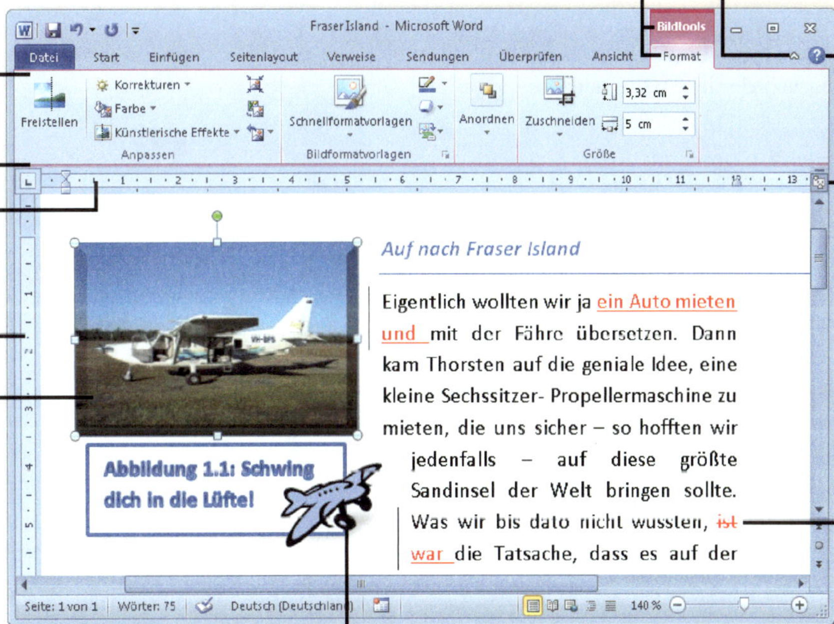

Hilfe in der Backstage-Ansicht anfordern

Auf der Registerkarte *Datei* finden Sie in der Backstage-Ansicht eine komfortable Zusammenfassung der Hilfeangebote von Microsoft Word. Wenn Sie über eine aktive Internetverbindung verfügen, wechselt Word bei Bedarf zur Office-Website, um die angeforderten Hilfethemen online zur Verfügung zu stellen.

Hilfe anfordern

1. Klicken Sie auf der Registerkarte *Datei* auf den Befehl *Hilfe*.
2. Im rechten Bereich der Backstage-Ansicht werden die Hilfeoptionen eingeblendet. Klicken Sie auf eine der folgenden Optionen:
   - *Microsoft Office-Hilfe:* Das Programm wechselt zum Eingangsbildschirm der Word-Hilfe (siehe nächste Seite).
   - *Erste Schritte:* Bei aktiver Internetverbindung wechselt das Programm zur Office-Website und zeigt eine Seite zum Thema »Erste Schritte mit Word 2010« an.
   - *So erreichen Sie uns:* Bei aktiver Internetverbindung wechselt das Programm zur Office-Website und zeigt eine Seite mit Kontaktdaten an.
   - *Optionen:* Das Dialogfeld *Word-Optionen* wird geöffnet, in dem Sie grundlegende Einstellungen für das Arbeiten mit Word ändern können.
   - *Auf Updates überprüfen:* Bei aktiver Internetverbindung wechselt das Programm zur betreffenden Microsoft-Website.

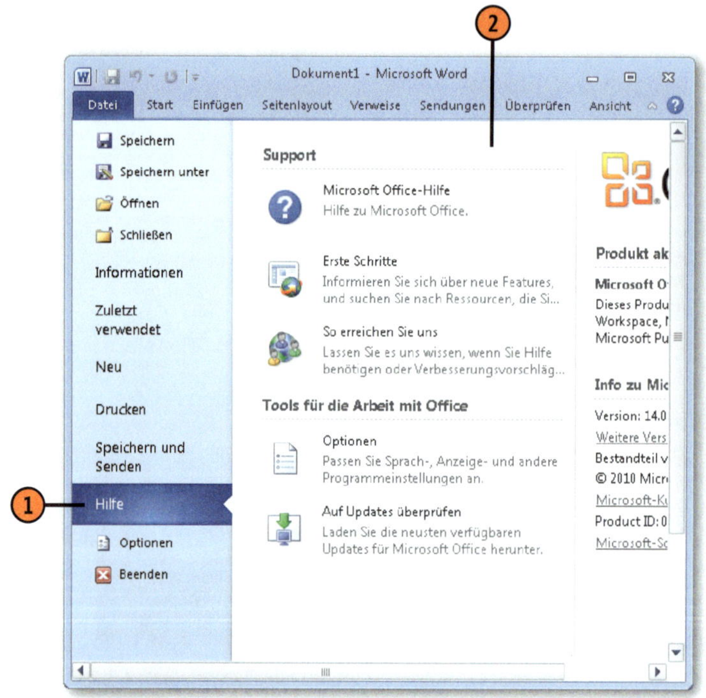

Siehe auch

Wie Sie die Einstellungen im Dialogfeld *Word-Optionen* an Ihre Arbeitsanforderungen anpassen, erfahren Sie auf Seite 228 ff.

Die Word-Hilfe aufrufen

Wenn Sie ganz rechts im Menüband des Word-Fensters auf die ?-Schaltfläche klicken bzw. wenn Sie F1 drücken oder auf der Registerkarte *Datei* auf *Hilfe/Microsoft Office-Hilfe* klicken, wird die Word-Hilfe geöffnet. Im linken Bereich des Fensters *Word-Hilfe* wird das Inhaltsverzeichnis der Hilfe angezeigt, in dem Sie blättern und ein Thema auswählen können. Die Word-Hilfe verfügt darüber hinaus über eine komplexe Suchfunktion, mit der Sie anhand von Stichwörtern nach Hilfethemen suchen können (siehe hierzu nächste Seite).

Im Inhaltsverzeichnis ein Thema wählen

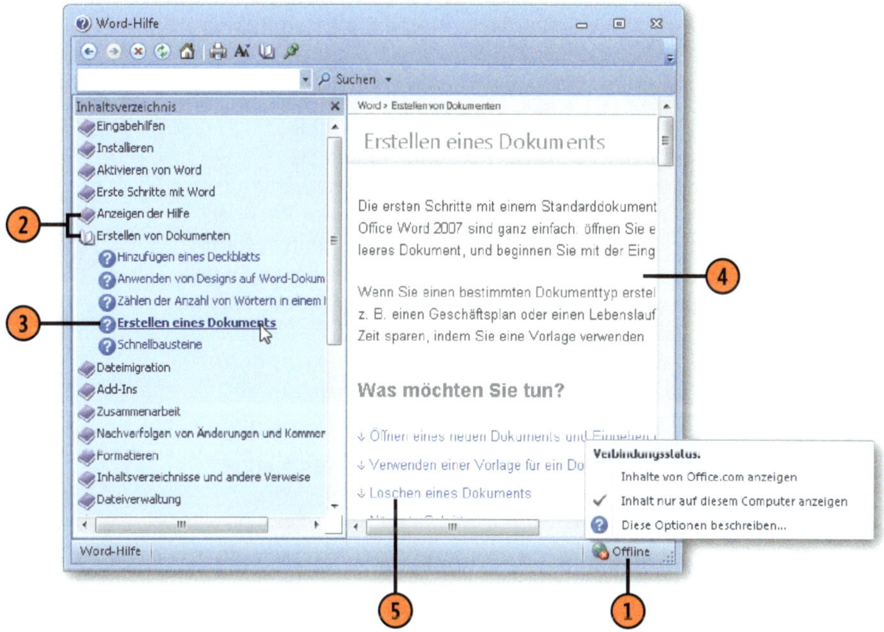

1. Klicken Sie rechts unten im Fenster *Word-Hilfe* auf die Schaltfläche, in der der aktuelle Hilfestatus (offline oder online) angezeigt wird. Wählen Sie, ob Sie das lokal auf Ihrem Rechner installierte Hilfesysteme oder die Onlinevariante auf der Microsoft-Website verwenden wollen. Für Letzteres wird eine aktive Internetverbindung benötigt.
2. Klicken Sie im Inhaltsverzeichnis auf einen Eintrag, dem ein geschlossenes Buch vorangestellt ist, um das Buch zu öffnen und die Themen des Haupteintrags einzublenden. Wenn Sie auf einen geöffneten Eintrag klicken, wird das Buch mit seinen Themen wieder geschlossen.
3. Klicken Sie auf ein Thema mit vorangestelltem Fragezeichen, um dieses Thema anzuzeigen.
4. Im rechten Bereich werden die Informationen zum gewählten Thema angezeigt. Blättern Sie mithilfe der Bildlaufleiste in den Texten.
5. Wenn Sie in den Hilfetexten auf einen Link klicken, wechselt Word zum betreffenden Thema.

Suchbegriffe und -bereiche in der Hilfe

Sie können, wie auf der vorigen Seite nachzulesen ist, bequem über das Inhaltsverzeichnis der Hilfe in für Sie interessanten Themen schmökern. Meist ist es aber so, dass man etwas ganz Bestimmtes sucht und nicht genau weiß, wo es im Inhaltsverzeichnis zu finden ist. Hier helfen Suchbegriffe weiter, mit denen Sie in den verschiedenen Hilfeangeboten von Word recherchieren können.

Suchbegriffe eingeben

1. Geben Sie links oben im Textfeld einen Suchbegriff ein.
2. Klicken Sie auf die Schaltfläche *Suchen*, um den Begriff zu suchen. Gesucht wird in dem zuvor eingestellten Offline- oder Onlinemodus (siehe vorherige Seite).
3. Klicken Sie alternativ zu Schritt 2 auf den Pfeil neben der Schaltfläche *Suchen* und wählen Sie einen anderen Suchbereich aus. Sie können wählen, ob Sie auf der Office-Website oder auf Ihrem Rechner suchen wollen. Im ersten Fall wechselt das Hilfesystem zur Office-Website und bietet beispielsweise zum Suchbegriff passende Vorlagen oder Schulungsthemen an. Im zweiten Fall wird nur in dem auf Ihrem Rechner installierten Hilfesystem nach dem angegebenen Begriff gesucht. Klicken Sie dann auf die Schaltfläche *Suchen*, um die Suche im gewählten Bereich zu starten.
4. Die Suchergebnisse werden im rechten Bereich angezeigt.
5. Klicken Sie auf den entsprechenden Link, um zum gewünschten Hilfethema zu wechseln.

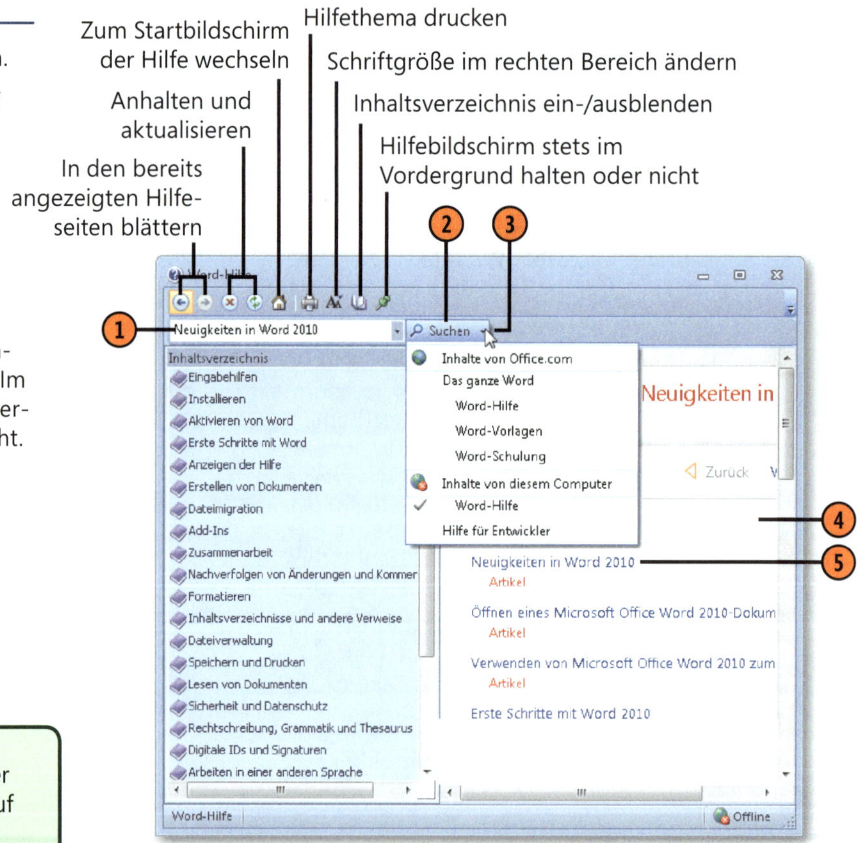

Tipp

Dialogfelder enthalten in der Regel oben rechts neben der *Schließen*-Schaltfläche eine ?-Schaltfläche. Wenn Sie darauf klicken, wird das Fenster der Word-Hilfe angezeigt.

3 Dokumente erstellen und bearbeiten

In diesem Kapitel:

- Neue Dokumente erstellen, vorhandene Dokumente öffnen
- Dokumente speichern, Dokumente schließen
- Dateiformate von Word 2010
- Text eingeben und korrigieren
- Text verschieben und kopieren
- Die Zwischenablage
- Verschieben und Kopieren mit der Maus
- Text suchen und ersetzen
- Symbole und Sonderzeichen einfügen
- Text automatisch korrigieren
- Rechtschreibung und Grammatik prüfen
- Spracheinstellungen und Recherchefunktionen

Das Wichtigste beim Arbeiten mit Word sind Ihre Dokumente. Das heißt, die Dokumentverwaltung – Erstellen, Speichern, Schließen und Öffnen von Dokumenten – stellt einen wichtigen Aufgabenbereich dar. In diesem Kapitel lernen Sie die grundlegenden Verfahren der Dokumentverwaltung kennen, die in Word 2010 in der sogenannten *Backstage-Ansicht* auf der Registerkarte *Datei* stattfindet.

Darüber hinaus werden die elementaren Arbeitstechniken für die Texteingabe gezeigt. Das Kapitel befasst sich auch mit einfachen Textbearbeitungsmöglichkeiten. Dies fängt beim Verschieben der Einfügemarke an und geht mit verschiedenen Verfahren zum Auswählen von Text weiter. Sie lernen, wie Sie Textbereiche kopieren und verschieben und nach Textpassagen suchen und diese durch andere Texte ersetzen.

Word lässt Sie mit Ihren Dokumenten nie allein, sondern stellt Korrektur- und Recherchefunktionen für Sie bereit, die im Hintergrund ablaufen und Fehler entweder automatisch korrigieren oder dezent kennzeichnen. Hierzu gehören die automatische Korrekturhilfe – die sogenannte AutoKorrektur – sowie eine Funktion zur Prüfung von Rechtschreibung und Grammatik in verschiedenen Sprachen.

Neue Dokumente erstellen

Wenn Sie Microsoft Word starten, steht Ihnen sofort ein neues, leeres Dokument zur Bearbeitung zur Verfügung. Erstellen Sie mit nur ein paar Mausklicks bei Bedarf weitere Dokumente. Wenn das Dokument nicht auf eine spezielle Vorlage zurückgreifen soll, entscheiden Sie sich für ein leeres Standarddokument.

Neues Dokument bei Programmstart erstellen

1. Klicken Sie im Startmenü auf *Alle Programme/Microsoft Office/Microsoft Word 2010*, um das Programm zu starten.
2. Nach dem Start von Word wird ein neues Dokument mit der Bezeichnung *Dokument1* geöffnet.

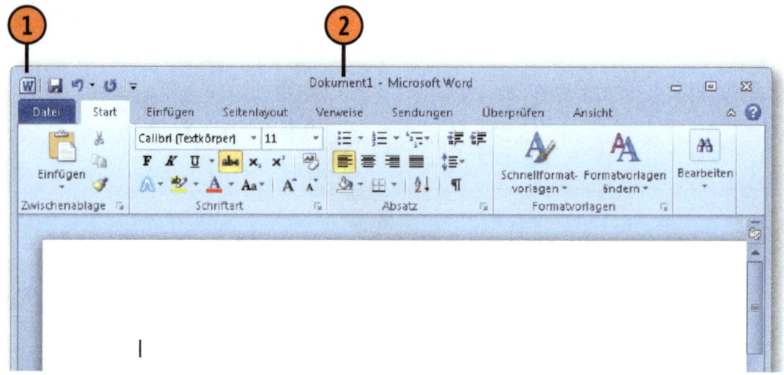

Weiteres Dokument erstellen

1. Wenn Word gestartet ist und Sie bereits an einem Dokument arbeiten und ein weiteres Dokument öffnen möchten, klicken Sie auf die Registerkarte *Datei*.
2. Wählen Sie im linken Bereich den Befehl *Neu*.
3. Standardmäßig ist die Option *Leeres Dokument* aktiviert, mit der ein leeres Standarddokument erstellt wird, das auf der Dokumentvorlage *Normal* basiert. Wählen Sie bei Bedarf eine andere integrierte Vorlage aus.
4. Klicken Sie auf *Erstellen*. Word öffnet ein neues Dokument mit der Bezeichnung *Dokument2*.

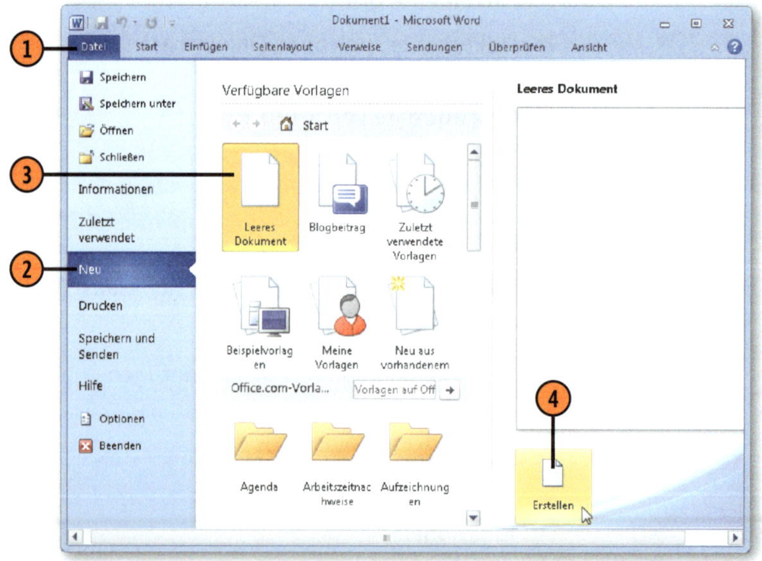

> **Tipp**
>
> Wenn Sie in Word Strg+N drücken, wird sofort ein neues Standarddokument geöffnet. Sie können dann keine Vorlage auswählen.

Dokumente speichern

Wenn Sie ein Dokument erstellen, befindet es sich zunächst nur im sogenannten Arbeitsspeicher. Fällt der Strom aus oder schalten Sie den Rechner ab, ist das Dokument verschwunden. Das heißt, Sie müssen das neue Dokument speichern, damit Sie später wieder darauf zugreifen können. Auch wenn Sie Änderungen an bereits vorhandenen Dokumenten vornehmen, müssen Sie diese Änderungen speichern, damit sie permanent in das Dokument übernommen werden.

Dokument zum ersten Mal speichern

1. Klicken Sie in der Symbolleiste für den Schnellzugriff auf die Schaltfläche *Speichern* oder drücken Sie Strg+S.
2. Das Dialogfeld *Speichern unter* wird geöffnet.
3. Wählen Sie einen Ordner aus, in dem das Dokument abgelegt werden soll. Standardmäßig schlägt Word den Ordner bzw. die Bibliothek *Dokumente* vor.
4. Klicken Sie bei Bedarf auf die Schaltfläche *Neuer Ordner*, um im aktuellen Ordner einen Unterordner zu erstellen.
5. Geben Sie im Textfeld *Dateiname* einen Namen für Ihr Dokument ein. Die Zeichen / \ * ? < > : und | dürfen nicht verwendet werden.

Änderungen in vorhandenem Dokument speichern

1. Klicken Sie in der Symbolleiste für den Schnellzugriff auf die Schaltfläche *Speichern*. Da das Dokument bereits zuvor unter einem von Ihnen festgelegten Namen in einem Ordner Ihrer Wahl gespeichert wurde, sichert Word die Änderungen »kommentarlos«, d.h., Sie müssen keine weiteren Angaben machen.

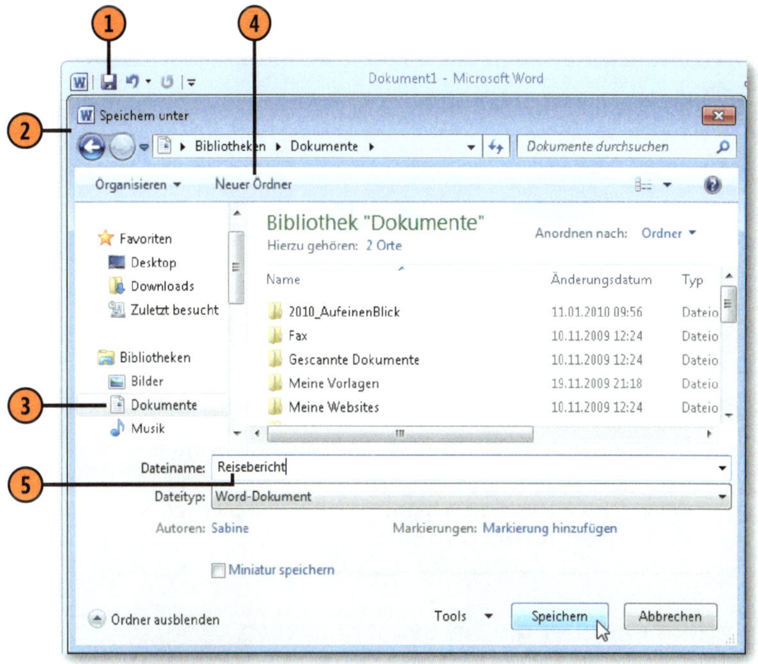

Siehe auch

Informationen über die verschiedenen Dateitypen von Word finden Sie auf Seite 38.

Wie Sie ein Dokument lese-/schreibgeschützt speichern, wird auf Seite 224 f. erläutert.

Dokumente schließen

Sie können ein Dokument jederzeit schließen, ohne Word zu beenden. Es wird immer das aktive Dokument geschlossen. Haben Sie die letzten Änderungen nicht gespeichert, wird automatisch abgefragt, ob diese gesichert werden sollen. Gerade wenn mehrere Word-Dokumente geöffnet sind, bietet es sich unter Windows 7 an, das gewünschte Dokument gezielt über die Taskleiste auszuwählen und zu schließen.

Aktives Dokument schließen

1. Klicken Sie auf die Registerkarte *Datei*.
2. Klicken Sie auf *Schließen*. Damit werden alle eventuell für dieses Dokument geöffneten Fenster geschlossen.

Siehe auch

Informationen zum Arbeiten mit Fenstern finden Sie auf Seite 26 ff.

Tipp

Alternativ dazu können Sie auch ganz links oben im Programmfenster auf die Word-Schaltfläche klicken und im dann angezeigten Menü den Befehl *Schließen* wählen. Oder drücken Sie Alt+F4.

Dokument über die Taskleiste schließen

1. Klicken Sie in der Taskleiste auf das Programmsymbol für Word.
2. Zeigen Sie auf das Dokument, das geschlossen werden soll. Rechts neben dem Dokumentnamen wird eine kleine Schaltfläche zum Schließen eingeblendet.
3. Klicken Sie auf die *Schließen*-Schaltfläche.

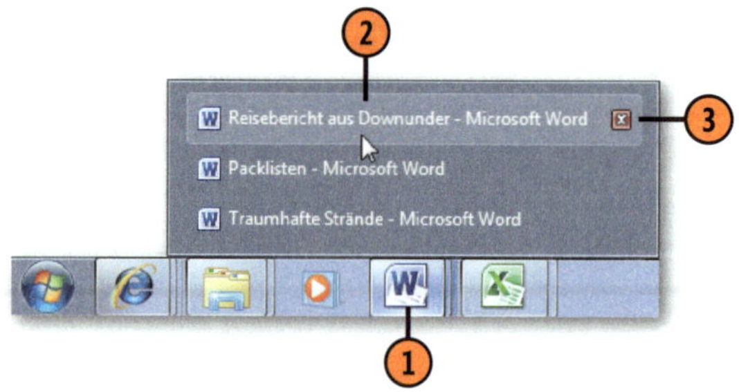

Vorhandene Dokumente öffnen

Wenn Sie bereits Dokumente erstellt und gespeichert haben, können Sie diese jederzeit wieder öffnen, um deren Bearbeitung fortzusetzen. Vergessen Sie nicht, Ihre Änderungen anschließend zu speichern.

Dokument öffnen

1. Klicken Sie auf die Registerkarte *Datei* und dann auf *Öffnen* oder drücken Sie Strg+O, um das Dialogfeld *Öffnen* anzuzeigen.
2. Klicken Sie hier, um bei Bedarf die Darstellung der Ordner und Dateien zu ändern (große oder kleine Symbole, einfache Liste, Liste mit Details etc.).
3. Klicken Sie hier, um eine Vorschau der ausgewählten Datei anzuzeigen.
4. Klicken Sie im linken Navigationsbereich auf den Ordner, der das Dokument enthält. Standardmäßig werden Dokumente im Ordner *Dokumente* bzw. in der Bibliothek *Dokumente* abgelegt.
5. In der Adressleiste wird der aktuelle Ordnerpfad angezeigt.
6. Wählen Sie das gewünschte Dokument aus. Standardmäßig werden hier alle Unterordner des aktuellen Ordners sowie alle Word-Dokumente angezeigt.
7. Klicken Sie auf *Öffnen*, um das ausgewählte Dokument zu öffnen.

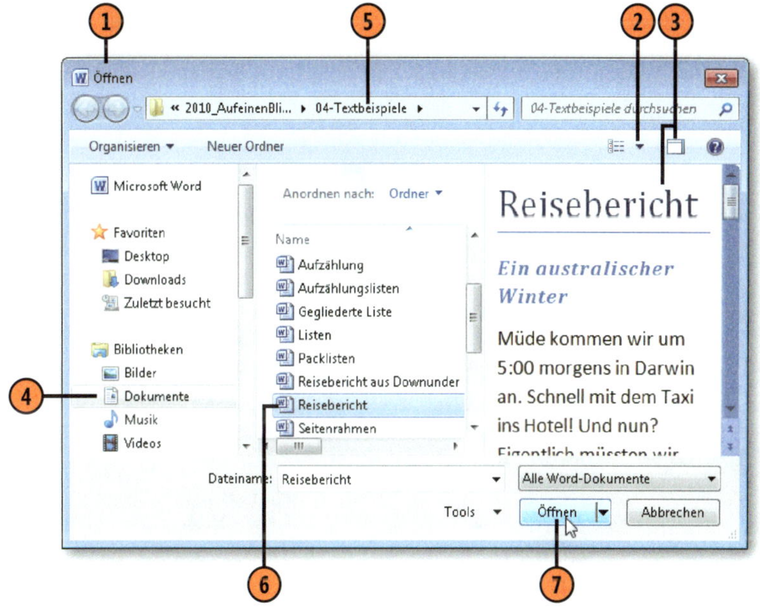

Tipp

Wenn Sie auf den Pfeil neben der Schaltfläche *Öffnen* klicken, können Sie das Dokument als Kopie oder als schreibgeschützte Datei, in geschützter Ansicht etc. öffnen.

Tipp

Wenn Sie ein Dokument nicht finden können, klicken Sie rechts oben im Dialogfeld in das Suchfeld und geben den Dateinamen oder einen Eigenschaften-Suchfilter ein, um im aktuellen Ordner und dessen Unterordnern danach zu suchen. Informationen zu Dokumenteigenschaften finden Sie auf Seite 220 f.

Dateiformate von Word 2010

Das auf XML basierende Dateiformat, das mit Office 2007 eingeführt wurde, wird in Office 2010 weitergeführt. Funktionen aus Word 2010, die es in Word 2007 noch nicht gegeben hat, stehen logischerweise aber nicht zur Verfügung, wenn Sie eine Word 2010-Datei in Word 2007 öffnen. Eine Liste aller in Word 2010 verfügbaren Dateiformate sehen Sie, wenn Sie auf der Registerkarte *Datei* den Befehl *Speichern unter* wählen und im gleichnamigen Dialogfeld auf den Pfeil des Feldes *Dateityp* klicken.

Die wichtigsten Dateiformate

- *Word-Dokument – .docx*: In diesem Dateiformat werden alle Word-Dateien standardmäßig gespeichert.
- *Word-Dokument mit Makros – .docm*: Dieses Dateiformat entspricht dem Format *Word-Dokument*. Diese Dokumente können aber darüber hinaus auch Makros enthalten. Das Öffnen von Dateien mit Makros kann über die Sicherheitseinstellungen unterdrückt werden, um den Computer beispielsweise vor Viren zu schützen
- *Word-Vorlage – .dotx*: In diesem Dateiformat speichern Sie eigene Word-Dokumentvorlagen, die wiederum als Basis zur Erstellung neuer Dokumente dienen, die einem bestimmten Format und Layout entsprechen sollen.
- *Word-Vorlage mit Makros – .dotm*: Dieses Dateiformat entspricht dem Dateiformat *Word-Vorlage*. Diese Vorlagen können aber auch Makros enthalten. Das Öffnen dieser Dokumente kann über die Sicherheitseinstellungen unterdrückt werden.
- *Word 97-2003-Dokument – .doc*: Mit diesem Format speichern Sie Ihre Dokumente im sogenannten Kompatibilitätsmodus. Damit wird gewährleistet, dass Ihre in Word 2010 erstellten Dokumente problemlos in älteren Word-Versionen geöffnet werden können (siehe auch die nächste Seite).
- *Word 97-2003-Dokument – .dot*: Mit diesem Dateityp speichern Sie Ihre Dokumentvorlagen in einem Format, das auch in älteren Word-Versionen problemlos geöffnet werden kann.
- *Webseite in einer Datei – .mht* und *.mhtl*: Durch Wahl dieses Dateityps wird das Dokument als Webseite gespeichert und alle Grafiken in dieser Datei abgelegt.
- *Webseite – .htm* und *.html*: Damit erstellen Sie eine Webseite, deren Grafiken in einem separaten Ordner abgelegt werden.
- *PDF* und *XPS*: Speichern Sie Dokumente in einem dieser Formate, wenn Sie Dokumente zum Lesen und Drucken weitergeben möchten, die nicht (ohne Weiteres) bearbeitbar sein sollen. Zum Lesen von PDF-Dateien ist ein spezieller Reader erforderlich, z.B. der Adobe Reader, der kostenlos aus dem Internet heruntergeladen werden kann.

Tipp

Um die Dateierweiterungen anzuzeigen, öffnen Sie unter Windows in einem beliebigen Ordner über *Organisieren/Ordner und Suchoptionen* das Dialogfeld *Ordneroptionen* und deaktivieren dort auf der Registerkarte *Ansicht* das Kontrollkästchen *Erweiterungen von bekannten Dateitypen ausblenden*.

Mit älteren Dokumenten in Word 2010 arbeiten

Wenn Sie ein mit einer früheren Word-Version erstelltes Dokument in Word 2010 öffnen, wird es im Kompatibilitätsmodus angezeigt. Funktionen, die es in der jeweiligen Word-Version nicht gibt, werden in Word 2010 deaktiviert und stehen zur Bearbeitung nicht zur Verfügung, z.B. Texteffekte bei Word 2007-Dateien oder Designs bei Word 2003-Dateien. Speichern Sie die Überarbeitungen im Kompatibilitätsmodus, wenn Sie das Dokument weiter in der älteren Word-Version einsetzen wollen, oder wandeln Sie es in ein Word 2010-Dokument um, um alle neuen Funktionen der neuesten Word-Version nutzen zu können.

Ältere Word-Dokumente öffnen und speichern

1. Drücken Sie Strg+O und doppelklicken Sie im Dialogfeld *Öffnen* auf die zu öffnende Datei. Sie wird im Kompatibilitätsmodus geöffnet. Die neueren Word-Funktionen stehen für die Bearbeitung nicht zur Verfügung.

2. Klicken Sie auf der Registerkarte *Datei* auf *Informationen/Konvertieren* und bestätigen Sie mit *OK*, um das Dokument in das Word 2010-Format umzuwandeln. Dann stehen zu seiner Bearbeitung alle neuen Features zur Verfügung. Das Dokument kann allerdings anschließend nicht mehr ohne Weiteres in älteren Word-Versionen geöffnet werden. Die ursprüngliche Datei bleibt aufgrund der unterschiedlichen Dateierweiterung erhalten. Alternativ dazu speichern Sie die Datei im Kompatibilitätsmodus, wenn Sie damit auch weiterhin in älteren Word-Versionen arbeiten möchten.

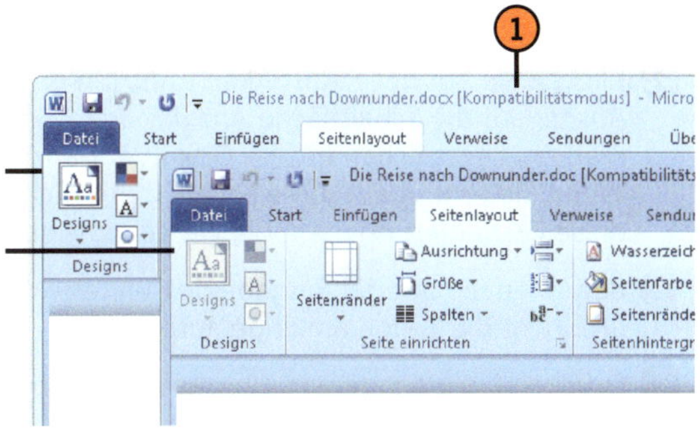

Word 2007-Datei

Word 2003-Datei mit abgeblendeter Designs-Funktion, die es in Word 2003 noch nicht gab

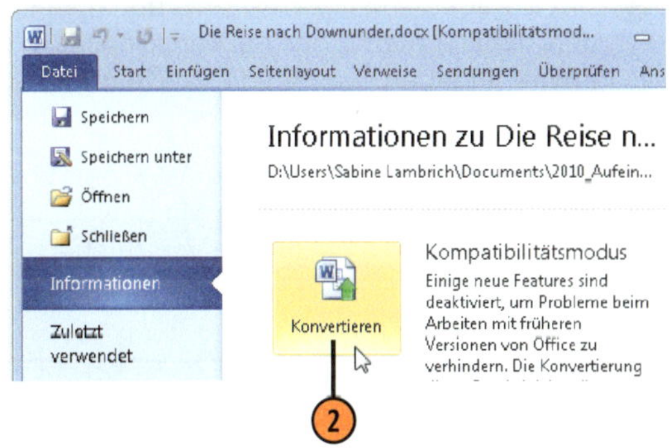

Siehe auch

Informationen zum Öffnen und Speichern von Dateien finden Sie auf den Seiten 35 und 37.

Text eingeben

Das Eingeben von Text funktioniert wie das Schreiben mit einer Schreibmaschine, mit dem Unterschied, dass Word die Zeilen automatisch umbricht. Passt ein Wort nicht mehr in eine Zeile, wird es in die nächste Zeile verschoben. Word unterscheidet zwischen Zeilen und Absätzen. Während die Zeilen fortlaufend untereinander geschrieben werden, dienen die Absätze vor allem der besseren Lesbarkeit und Gestaltung. Wenn Sie einen Absatz einfügen möchten, drücken Sie einfach die Eingabe-Taste.

Text schreiben

1. Klicken Sie auf der Registerkarte *Start* in der Gruppe *Absatz* auf die Schaltfläche *Alle anzeigen*, um Absatzmarken, Leerzeichen etc. im Dokument anzuzeigen. Wenn Sie erneut auf diese Schaltfläche klicken, werden diese Formatierungssymbole wieder ausgeblendet.
2. Beginnen Sie mit der Eingabe des Textes. Word umbricht die Zeilen am Ende automatisch.
3. Drücken Sie Eingabe, um eine Absatzmarke einzufügen.
4. Die Einfügemarke (Cursor) wird durch einen blinkenden, senkrechten Strich gekennzeichnet. Wenn Sie etwas eingeben, werden die Zeichen genau an dieser Stelle eingefügt.
5. Der Mauszeiger wird als eine Art »römische Eins« dargestellt. Klicken Sie mit dem Mauszeiger im Text, um die Einfügemarke dorthin zu verschieben.

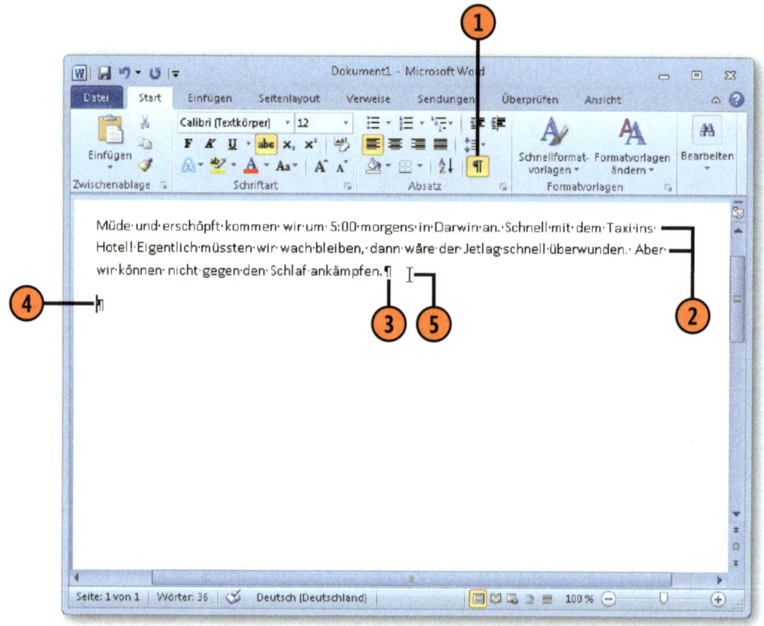

Gewusst wie

Wenn mehrere Dokumente geöffnet sind und Sie zwischen den Dokumenten hin und her wechseln möchten, zeigen Sie unter Windows 7 in der Taskleiste auf das Word-Symbol und in der dann angezeigten Liste auf das Dokument, zu dem Sie wechseln möchten.

Siehe auch

Alternative Verfahren zum Verschieben der Einfügemarke und zum Auswählen von Text finden Sie auf Seite 42 f.

Text korrigieren

Nobody is perfect. Das gilt auch für das Eingeben von Text. Sie werden sicherlich Rechtschreibfehler korrigieren und Text löschen bzw. einfügen wollen. Entscheidend beim Korrigieren ist die Position der Einfügemarke, um dort neuen Text einzufügen, bzw. das Auswählen von Text, um ihn zu überschreiben oder komplett zu löschen. Am einfachsten funktioniert das mit der Maus.

Text bearbeiten

1. Klicken Sie im Text auf die gewünschte Stelle und geben Sie neuen Text ein.
2. Ziehen Sie mit gedrückter Maustaste über einen Textbereich.
3. Drücken Sie Entf, um den ausgewählten Text zu löschen.
4. Ziehen Sie mit gedrückter Maustaste über einen Textbereich.
5. Geben Sie neuen Text ein, um den ausgewählten Text mit dem neuen zu überschrieben.

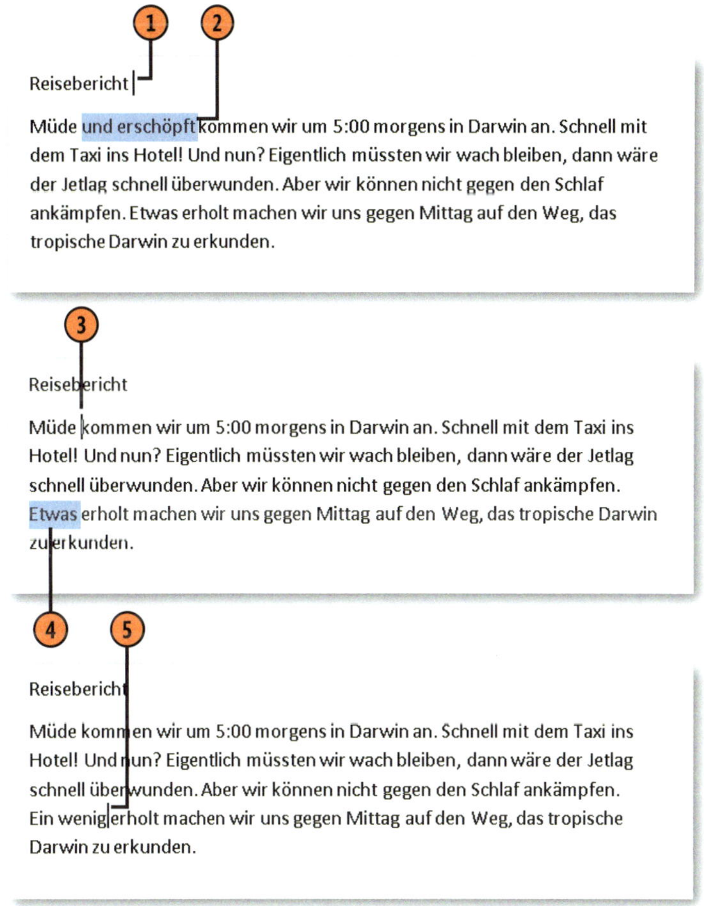

Text löschen:

Taste(n-kombination)	Löschung
Rück	einzelnes Zeichen links von der Einfügemarke
Entf	einzelnes Zeichen rechts von der Einfügemarke
Strg+Rück	Wort links von der Einfügemarke
Strg+Entf	Wort rechts von der Einfügemarke

Achtung

Vergessen Sie nicht, die Änderungen mit Strg+S zu speichern.

Bearbeitungsvariationen

Word bietet eine Reihe von Alternativen, um schnell zur gewünschten Textstelle zu gelangen und Textelemente auszuwählen. Zu Beginn werden Sie sicherlich häufig zur Maus greifen, da dieses Verfahren am intuitivsten funktioniert. Gerade aber wenn Sie mitten im Schreiben sind, bietet sich das Arbeiten mit den Tastenkombinationen an. Sie werden sich wundern, wie schnell das geht, wenn man sie sich erst einmal gemerkt hat.

Die Alternative zum Verschieben der Einfügemarke mit dem Mauszeiger sind die Tasten des numerischen Ziffernblocks. Und anstatt Text durch Ziehen mit der Maus auszuwählen, können Sie zahlreiche Tastenkombinationen, die sogenannte Erweiterungstaste sowie Mausvarianten einsetzen, um gezielt ein Wort, eine Zeile, eine Spalte etc. zu markieren.

Einfügemarke verschieben

Taste(nkombination)	Verschiebung
Pfeil oben	Eine Zeile nach oben
Pfeil unten	Eine Zeile nach unten
Pfeil rechts	Ein Zeichen nach rechts
Pfeil links	Ein Zeichen nach links
Bild auf	Eine Bildschirmseite nach oben
Bild ab	Eine Bildschirmseite nach unten
Pos1	An den Anfang der aktuellen Zeile
Ende	An das Ende der aktuellen Zeile
Strg+Pfeil oben	Einen Absatz nach oben
Strg+Pfeil unten	Einen Absatz nach unten
Strg+Pfeil rechts	Ein Wort nach rechts
Strg+Pfeil links	Ein Word nach links
Strg+Bild auf	An den oberen linken Fensterrand der vorherigen Seite
Strg+Bild ab	An den oberen linken Fensterrand der nächsten Seite
Strg+Pos1	An den Dokumentanfang
Strg+Ende	An das Dokumentende

Tipp

Drücken Sie Umschalt+F5, um zwischen den letzten drei Positionen der Einfügemarke hin und her zu wechseln.

Text mit der Tastatur auswählen

Tastenkombination	Auswahl
Umschalt+Pfeil rechts	Ein Zeichen rechts
Umschalt+Pfeil links	Ein Zeichen links
Umschalt+Strg+Pfeil rechts	Von Einfügemarke bis Wortende
Umschalt+Strg+Pfeil links	Von Einfügemarke bis Wortanfang
Umschalt+Ende	Von Einfügemarke bis Zeilenende
Umschalt+Pos1	Von Einfügemarke bis Zeilenanfang
Umschalt+Strg+Pfeil oben	Von Einfügemarke bis Absatzanfang
Umschalt+Strg+Pfeil unten	Von Einfügemarke bis Absatzende
Umschalt+Strg+Pos1	Von Einfügemarke bis Dokumentanfang
Umschalt+Strg+Ende	Von Einfügemarke bis Dokumentende
Strg+A	Gesamtes Dokument markieren

Siehe auch

Informationen zum Auswählen von Bildern finden Sie auf Seite 154.

Text mit der Maus auswählen

Aktion	Auswahl
Doppelklicken	Wort
Strg+Klicken	Satz
Mauszeiger am linken Seitenrand positionieren und klicken	Zeile
Mauszeiger am linken Seitenrand positionieren und doppelklicken	Absatz
Mauszeiger am linken Seitenrand positionieren und dreimalklicken	Dokument
Alt+nach unten ziehen	Spalte

Die Erweiterungstaste F8

Wenn Sie F8 drücken, wird der sogenannte Erweiterungsmodus aktiviert. Solange dieser Modus aktiv ist, können Sie die Textauswahl durch Verschieben der Einfügemarke vergrößern bzw. verkleinern. Drücken Sie Esc und klicken Sie auf eine beliebige Stelle im Dokument, um den Erweiterungsmodus auszuschalten und die aktuelle Auswahl aufzuheben.

F8	Auswahl
Zweimal F8	Wort
Dreimal F8	Satz
Viermal F8	Absatz
Fünfmal F8	Dokument
Umschalt+F8	Auswahl schrittweise wieder verkleinern
Umschalt+Strg+F8	Spaltenmodus zum Markieren von Textspalten

Text verschieben und kopieren

Gerade beim Schreiben von längeren Texten wird es immer wieder vorkommen, dass Sie Textpassagen von einer Stelle an eine andere verschieben oder Textbereiche kopieren und an anderer Position erneut einsetzen wollen. Sowohl beim Verschieben als auch beim Kopieren wird der ausgewählte Text in der Zwischenablage von Microsoft Office 2010 abgelegt – beim Verschieben die Originaltextauswahl, die im Text entfernt (= ausgeschnitten) wird, beim Kopieren eine Kopie der Textauswahl.

Text verschieben

1. Wählen Sie den Text aus, der ausgeschnitten werden soll.
2. Klicken Sie auf der Registerkarte *Start* in der Gruppe *Zwischenablage* auf die Schaltfläche *Ausschneiden* (oder drücken Sie Strg+X). Die Textauswahl wird gelöscht und in der Zwischenablage abgelegt.

Text kopieren

1. Wählen Sie den Text aus, der kopiert werden soll.
2. Klicken Sie auf die Schaltfläche *Kopieren* (oder drücken Sie Strg+C). Eine Kopie der Textauswahl wird in der Zwischenablage abgelegt. Die Originalauswahl bleibt im Text stehen.

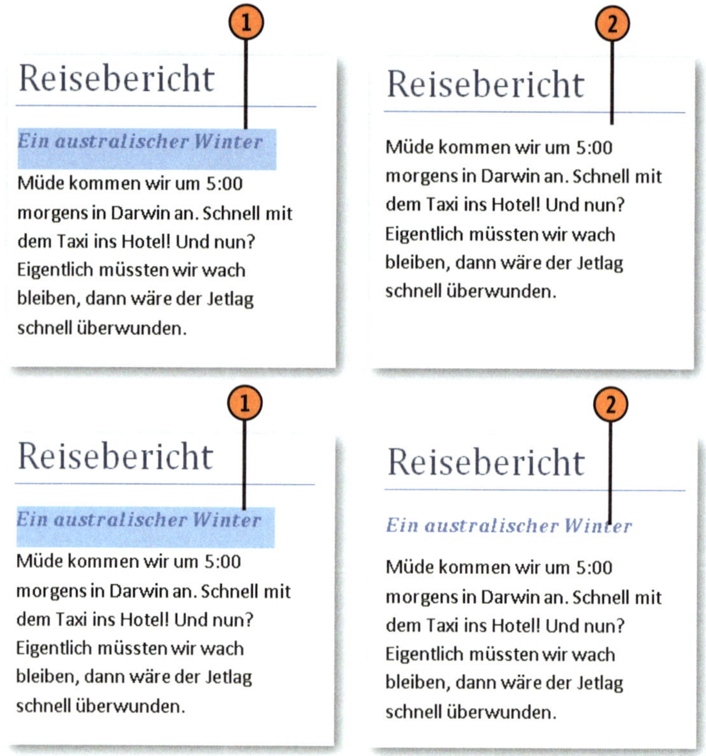

Tipp

Mit den hier beschriebenen Verfahren können Sie stets nur das zuletzt ausgeschnittene bzw. kopierte Element einfügen, dies aber so lange beliebig oft, bis Sie einen neuen Textbereich ausschneiden bzw. kopieren. Wie Sie auch auf andere in der Zwischenablage vorhandene Elemente zurückgreifen können, lesen Sie auf Seite 46.

Text einfügen

1. Setzen Sie die Einfügemarke an die Position, an der Sie den ausgeschnittenen bzw. kopierten Text aus der Zwischenablage einfügen wollen, und klicken Sie auf die Schaltfläche *Einfügen* (oder drücken Sie Strg+V).
2. Der Text wird an der aktuellen Cursorposition eingefügt.
3. Die Schaltfläche *Einfügeoptionen* wird angezeigt, mit deren Hilfe das Format des eingefügten Textes geändert werden kann.
4. Wenn die Formatierung des eingefügten Textes nicht passt, klicken Sie auf den Pfeil der Schaltfläche *Einfügeoptionen* und wählen eine der folgenden Optionen (von links nach rechts):
   - *Ursprüngliche Formatierung beibehalten* – Standard
   - *Formatierung zusammenführen* – Kombination aus Original- und Zielformaten
   - *Zieldesign verwenden* – Formatierung an das Design des Dokuments anpassen, in das der Text kopiert wird; steht nur beim Einfügen in ein anderes Dokument zur Verfügung
   - *Nur den Text übernehmen* – Text ohne Absatzmarken übernehmen

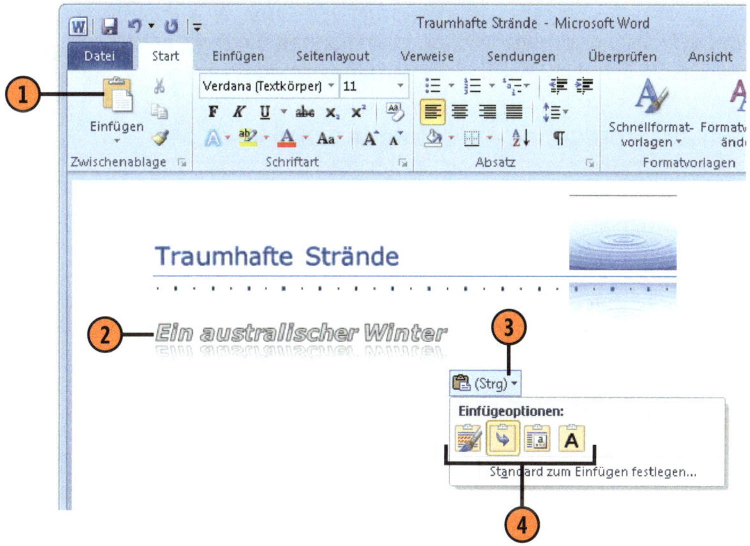

Gewusst wie

Mit F2 bzw. Umschalt+F2 können Sie ausgewählten Text ausschneiden bzw. kopieren, ohne dass er in der Zwischenablage abgelegt wird. Diese Methode ist dann hilfreich, wenn Sie den aktuellen Inhalt der Zwischenablage noch benötigen, zwischendurch aber schnell etwas ausschneiden oder kopieren wollen.

Siehe auch

Wie Sie die Einfügeeinstellungen ändern können, erfahren Sie auf Seite 241.

Tipp

Wenn Sie in der Gruppe *Zwischenablage* auf den Pfeil der Schaltfläche *Einfügen* klicken, können Sie vorab wählen, wie der ausgeschnittene bzw. kopierte Text eingefügt werden soll.

Die Zwischenablage

Bei geöffneter Zwischenablage können Sie bis zu 24 Elemente aus Windows-Programmen sammeln. Enthält die Zwischenablage bereits 24 Elemente, wird das erste Element durch ein neu ausgeschnittenes bzw. kopiertes ersetzt. Jedes Element der Zwischenablage kann beliebig oft in eine Office-Anwendung eingefügt werden. Es ist auch möglich, alle Elemente zusammen einzufügen.

Via Zwischenablage verschieben und kopieren

1. Klicken Sie auf der Registerkarte *Start* in der Gruppe *Zwischenablage* auf das Startprogramm für ein Dialogfeld, um den Aufgabenbereich *Zwischenablage* zu öffnen.
2. Wählen Sie in einem Office-Dokument einen Bereich aus und schneiden Sie ihn aus bzw. kopieren Sie ihn (siehe Seite 44).
3. Das ausgeschnittene oder kopierte Element wird in der Zwischenablage angezeigt.

   Wiederholen Sie Schritt 2 für alle weiteren Elemente.
4. Führen Sie eine der folgenden Aktionen aus:
   - Klicken Sie auf ein Element, um es einzufügen.
   - Klicken Sie auf den Pfeil rechts neben einem Element und wählen Sie *Löschen*, um es aus der Zwischenablage zu entfernen.
   - Klicken Sie auf die Schaltfläche *Alle einfügen*, um alle Elemente der Zwischenablage in das aktuelle Dokument einzufügen.
   - Klicken Sie auf die Schaltfläche *Alle löschen*, um die Zwischenablage zu leeren.
   - Klicken Sie auf die Schaltfläche *Optionen*, um die Anzeigeoptionen für die Zwischenablage zu ändern.

Verschieben und Kopieren mit der Maus

Wer nicht so gerne mit Tastenkombinationen arbeitet, der wird sich freuen zu hören, dass das Verschieben, Kopieren und Einfügen nicht nur mithilfe des Menübands, über die Zwischenablage und mit den klassischen Tastenkombinationen Strg+X, Strg+C und Strg+V, sondern auch mithilfe der Maus funktioniert. Diese Methode wird auch als »Drag & Drop« bzw. als »Ziehen und Ablegen« bezeichnet. Das heißt, Sie ziehen ausgewählten Text – Original oder Kopie – an eine neue Position und legen ihn dort ab. Text, den Sie mit der Maus verschieben oder kopieren, wird nicht in der Zwischenablage abgelegt.

Text mit der Maus verschieben

1. Wählen Sie den Text aus, den Sie verschieben wollen, und zeigen Sie auf die Auswahl.
2. Klicken Sie auf die Auswahl, halten Sie die linke Maustaste gedrückt und ziehen Sie mit dem Mauszeiger an die gewünschte Position.
3. Sobald Sie die Maustaste wieder loslassen, wird der Text an die neue Position verschoben.

Text mit der Maus kopieren

1. Wählen Sie den Text aus, den Sie kopieren wollen, und zeigen Sie auf die Auswahl.
2. Klicken Sie auf die Auswahl, halten Sie Strg und die linke Maustaste gedrückt und ziehen Sie mit dem Plus-Mauszeiger an die gewünschte Position.
3. Sobald Sie die Maustaste loslassen, wird eine Kopie des Textes an der neuen Position eingefügt.

Text suchen

Angenommen, Sie können in einem umfangreichen Dokument eine bestimmte Textstelle partout nicht finden oder Sie möchten eine bestimmte Formulierung im gesamten Dokument markieren. Dann sollten Sie die Suchfunktion von Word einsetzen. Sie war schon in den Vorgängerversionen sehr leistungsstark, wurde aber in Word 2010 noch einmal optimiert. So können Sie jetzt z.B. im Aufgabenbereich *Navigation* bequem zwischen den Fundstellen im gesamten Dokument, auf einzelnen Seiten oder in Überschriften blättern. Alles sehr übersichtlich.

Nach Text suchen

1. Setzen Sie die Einfügemarke in das Dokument und drücken Sie Strg+F, um den Aufgabenbereich *Navigation* zu öffnen.
2. Geben Sie oben in das Textfeld den Suchbegriff ein.
3. Word durchsucht das gesamte Dokument, listet alle Fundstellen im Aufgabenbereich auf und markiert die betreffenden Stellen im Text.
4. Führen Sie im Aufgabenbereich *Navigation* eine der folgenden Aktionen aus:
   - Klicken Sie oberhalb der Suchergebnisliste auf den nach unten bzw. auf den nach oben zeigenden Pfeil, um zur nächsten bzw. zur vorherigen Fundstelle zu blättern.
   - Klicken Sie in der Suchergebnisliste auf eine Fundstelle. Word blättert zur entsprechenden Textpassage im Text.
   - Klicken Sie auf *Durchsuchen der Seiten in Ihrem Dokument*, um die einzelnen Dokumentseiten mit den markierten Fundstellen aufzulisten. Klicken Sie auf eine Seite, um im Dokument dorthin zu wechseln.
   - Klicken Sie auf *Durchsuchen der Überschriften in Ihrem Dokument*, um alle Überschriften mit dem Suchtext aufzulisten. Klicken Sie auf eine Überschrift, um im Dokument dorthin zu wechseln.
   - Klicken Sie auf das »x« neben dem Feld mit dem Suchbegriff, um das Suchfeld zu leeren.

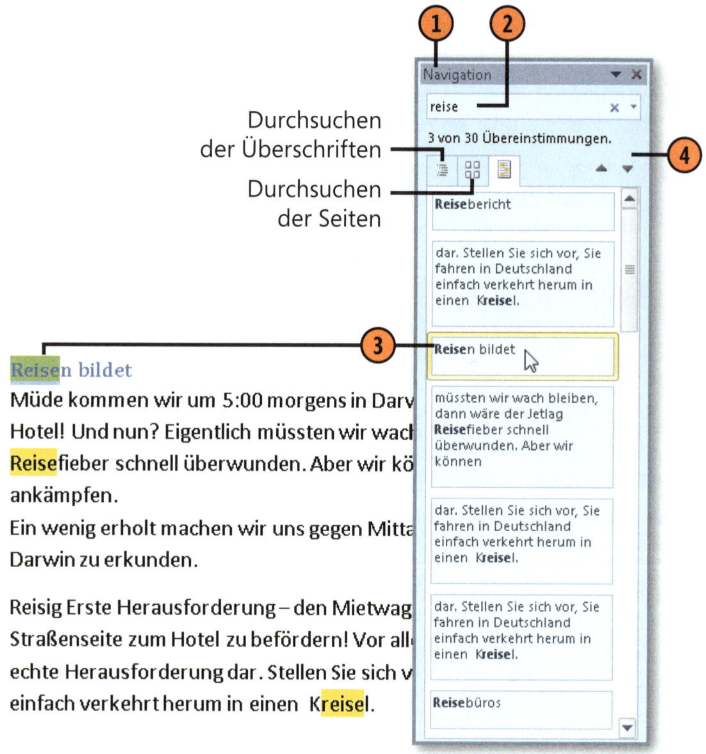

Weitere Suchmöglichkeiten

(1) Klicken Sie im Aufgabenbereich *Navigation* auf diesen kleinen Pfeil.

(2) Klicken Sie auf *Optionen*.

(3) Aktivieren bzw. deaktivieren Sie im Dialogfeld *Suchoptionen* die gewünschten Suchoptionen. Häufig verwendete Optionen sind z.B.:

- *Groß-/Kleinschreibung beachten:* Es wird nur die Zeichenfolge gefunden, deren Schreibweise exakt dem Suchtext entspricht.
- *Nur ganzes Wort suchen:* Es wird nur nach dem Suchbegriff als Wort gesucht, z.B. nach »Reise«, aber nicht nach »Reisefieber«.
- *Platzhalter verwenden:* Es können Platzhalter in der Suche eingesetzt werden. Die bekanntesten sind wohl »?« und »*«. Das Fragezeichen steht für ein beliebiges Zeichen, das Sternchen für beliebig viele Zeichen. Mit dem Suchbegriff »reise?« wird beispielsweise »reisen«, mit »reise*« wird auch »Reisebericht« gefunden.

(4) Klicken Sie auf *Ersetzen*, um einen Suchbegriff durch einen anderen Begriff zu ersetzen (siehe nächste Seite).

(5) Klicken Sie unter *Suchen* auf einen der Befehle, um nach Grafiken, Tabellen, Formeln, Fuß-/Endnoten und Kommentaren zu suchen. Suchen Sie z.B. in einem Dokument, das Bilder enthält, nach Grafiken, blättert Word zum ersten gefundenen Bild. Blättern Sie anschließend mithilfe der beiden Pfeile im Aufgabenbereich *Navigation* durch die Grafiken des Dokuments.

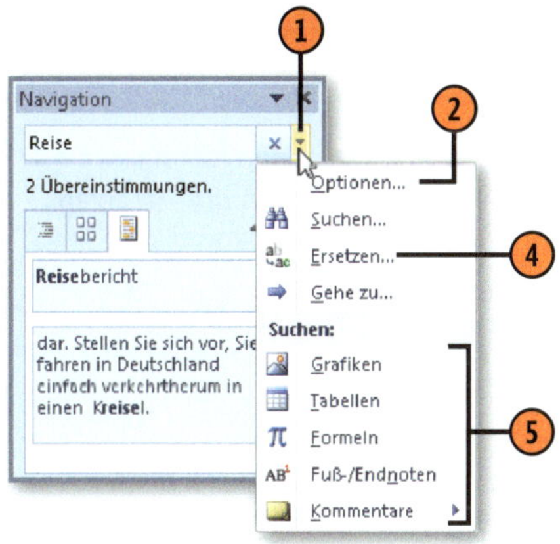

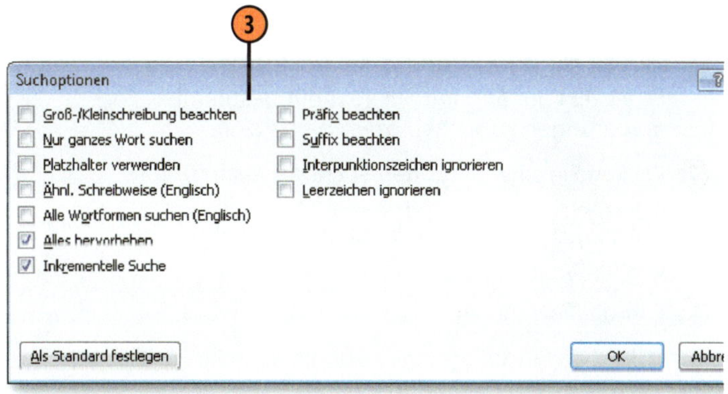

Text ersetzen

Als Erweiterung zum Suchen können Sie den gefundenen Suchtext durch einen neuen Text ersetzen. Sie haben die Möglichkeit, nicht nur Textpassagen, sondern auch Formatierungen und Sonderzeichen wie Absatzmarken oder Seitenwechsel zu suchen und zu ersetzen.

Suchbegriff ersetzen

1. Drücken Strg+H, um das Dialogfeld *Suchen und Ersetzen* zu öffnen. Die Registerkarte *Ersetzen* wird angezeigt.
2. Geben Sie einen Suchtext ein.
3. Geben Sie den Text ein, durch den der Suchtext ersetzt werden soll.
4. Klicken Sie hier, um den unteren Bereich des Dialogfeldes ein- und auszublenden.
5. Legen Sie die Suchrichtung fest und aktivieren Sie die gewünschten Optionen.
6. Klicken Sie sowohl für den Such- als auch für den Ersatztext auf *Format*, um Text mit bestimmten Formatierungen zu suchen bzw. zu ersetzen.
7. Klicken Sie sowohl für den Such- als auch für den Ersatztext auf *Sonderformat*, um spezielle Zeichen wie Absatzmarken, Seitenwechsel etc. zu suchen bzw. zu ersetzen.
8. Führen Sie eine der folgenden Aktionen aus:
   - Klicken Sie auf *Ersetzen*, um die aktuelle Fundstelle zu ersetzen.
   - Klicken Sie auf *Alle ersetzen*, um alle Fundstellen in einem Schritt zu ersetzen.
   - Klicken Sie auf *Weitersuchen*, um die aktuelle Fundstelle zu ignorieren und zur nächsten zu wechseln.

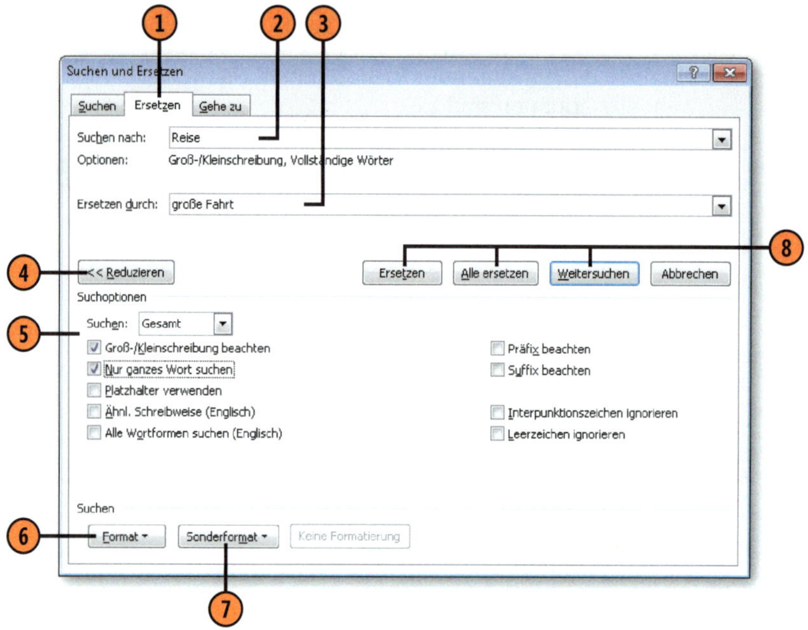

Tipp

Auf der Registerkarte *Suchen* im Dialogfeld *Suchen und Ersetzen* finden Sie zur Feinabstimmung für die Suche ähnliche Optionen wie auf der Registerkarte *Ersetzen*.

Symbole und Sonderzeichen einfügen

Wer kennt sie noch – die guten alten ANSI-Zeichen, mit deren Hilfe Symbole und Sonderzeichen eingefügt werden können? Drücken Sie z.B. NumLock, um die Zehnertastatur zu aktivieren, und anschließend Alt+0137, um das Zeichen »‰« im Text einzufügen. Mithilfe der Funktion zum Einfügen von Symbolen und Sonderzeichen geht dies natürlich viel einfacher.

Zeichen einfügen

1. Klicken Sie auf der Registerkarte *Einfügen* in der Gruppe *Symbole* auf die Schaltfläche *Symbol*. Eine Liste mit zuletzt verwendeten Symbolen wird angezeigt. Klicken Sie am Ende der Liste auf *Weitere Symbole*, um das Dialogfeld *Symbol* zu öffnen.
2. Wählen Sie im Dropdown-Listenfeld *Schriftart* einen Zeichensatz aus; *(normaler Text)* entspricht der im Dokument verwendeten Schriftart.
3. Blättern Sie im gewählten Zeichensatz – entweder mithilfe der Bildlaufleiste oder durch Auswahl eines Subsets.
4. Klicken Sie auf das gewünschte Symbol.
5. Klicken Sie zum Einfügen des markierten Symbols auf diese Schaltfläche. Das Dialogfeld bleibt zum Einfügen weiterer Zeichen geöffnet.
6. Über diese Registerkarte können Sie Sonderzeichen wie den Gedankenstrich (= Halbgeviert) einfügen.

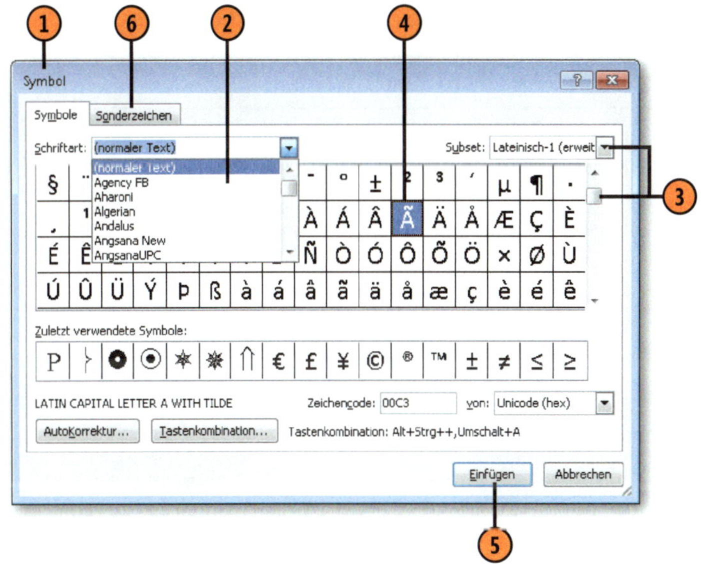

Tipp

Sie können Sonderzeichen und Symbole in die AutoKorrektur-Liste übernehmen (siehe nächste Seite). Klicken Sie dazu auf die Schaltfläche *AutoKorrektur* und schreiben Sie im Feld *Ersetzen* eine Abkürzung, die nach ihrer Eingabe automatisch durch das festgelegte Symbol ersetzt wird.

Text automatisch korrigieren

Vielleicht haben Sie schon bemerkt, dass Word während der Texteingabe bestimmte Fehler erkennt und selbstständig korrigiert. Sie beginnen z.B. einen neuen Absatz mit einem Kleinbuchstaben und schon wird er in einen Großbuchstaben umgewandelt. Das ist keine Hexerei, sondern die AutoKorrektur-Funktion von Word. Das Programm enthält eine intern geführte AutoKorrektur-Liste mit typischen Tippfehlern, die während der Eingabe automatisch korrigiert werden, sobald Sie nach Eingabe eines Wortes die Leertaste drücken. Die Liste enthält darüber hinaus auch gängige Symbole wie das Copyrightzeichen. Sie können diese Liste an Ihre eigenen Anforderungen anpassen, d.h. Ihre typischen Eingabefehler in die Liste aufnehmen und Einstellungen ändern.

AutoKorrektur-Liste bearbeiten

1. Klicken Sie auf der Registerkarte *Datei* auf *Optionen* und anschließend im Dialogfeld *Word-Optionen* im linken Bereich auf *Dokumentprüfung* und dann rechts oben auf die Schaltfläche *AutoKorrektur-Optionen*, um das Dialogfeld *AutoKorrektur* zu öffnen.
2. Klicken Sie unter *Während der Eingabe ersetzen*, dessen Kontrollkästchen standardmäßig aktiviert ist, in das Feld *Ersetzen* und geben Sie Ihren Tippfehler ein.
3. Klicken Sie in das Feld *Durch* und geben Sie die korrekte Schreibweise ein.
4. Klicken Sie auf *Hinzufügen*, um die Korrektur in die Liste aufzunehmen. Klicken Sie auf *Löschen* um einen ausgewählten Eintrag aus der Liste zu entfernen.

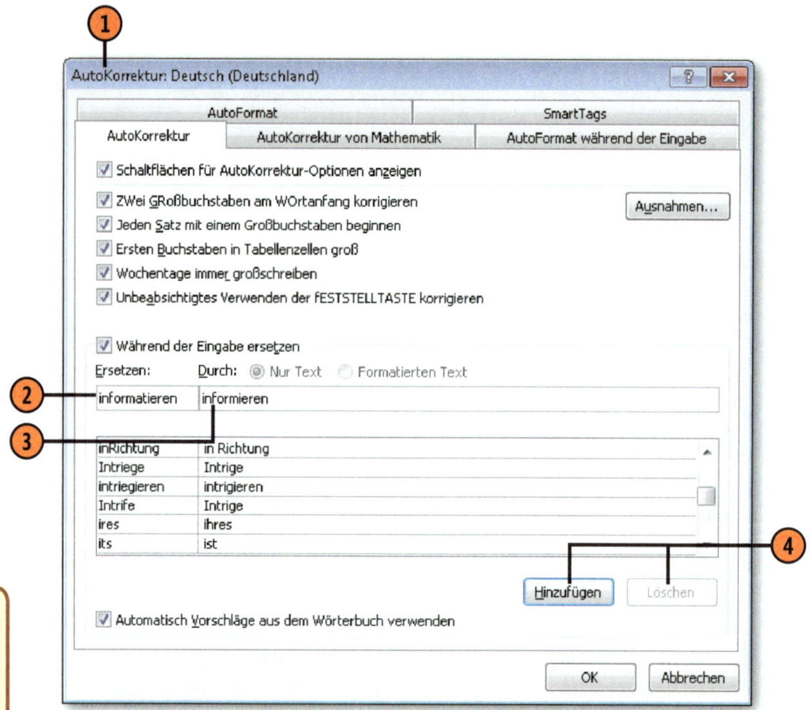

Gewusst wie

Sie können auch während der Texteingabe ein häufig falsch geschriebenes Wort in die AutoKorrektur-Liste aufnehmen: Klicken Sie mit der rechten Maustaste auf den Fehler, wählen Sie *AutoKorrektur* und dann den Vorschlag für die korrekte Schreibweise. Word korrigiert den Fehler und nimmt die Korrektur in die AutoKorrektur-Liste auf.

Weitere AutoKorrektur-Einstellungen anpassen

1. Klicken Sie hier, um die Anzeige der Schaltfläche *AutoKorrektur-Optionen* zu aktivieren bzw. zu deaktivieren.
2. Deaktivieren Sie bei Bedarf Einstellungen, die nicht automatisch durchgeführt werden sollen. Deaktivieren Sie z.B. *Jeden Satz mit einem Großbuchstaben beginnen*, wenn Sie viel mit Auflistungen arbeiten, die mit Kleinbuchstaben beginnen.
3. Definieren Sie Ausnahmen von den Regeln, z.B. für Fälle, bei denen nach einem Punkt nicht groß weitergeschrieben werden soll oder bei denen zwei Großbuchstaben am Wortanfang korrekt sind.

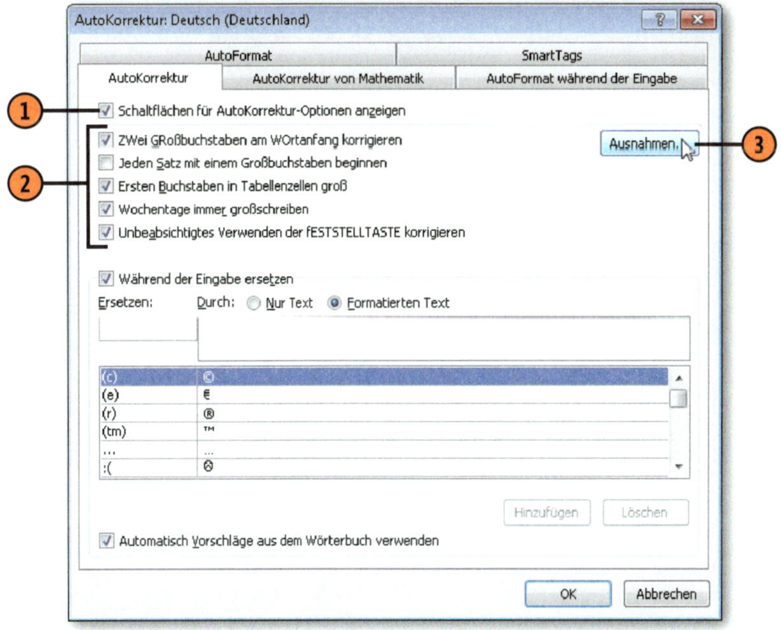

Die Schaltfläche »AutoKorrektur-Optionen«

1. Zeigen Sie im Dokument auf ein automatisch korrigiertes Wort. Word zeigt unter dem Wort ein kleines blaues Kästchen an. Zeigen Sie darauf, um die Schaltfläche *AutoKorrektur-Optionen* einzublenden.
2. Klicken Sie auf die Schaltfläche und wählen Sie eine der folgenden Aktionen:
   - Ursprünglichen Text wiederherstellen
   - Wort aus der AutoKorrektur-Liste entfernen
   - Zum Dialogfeld *AutoKorrektur* wechseln

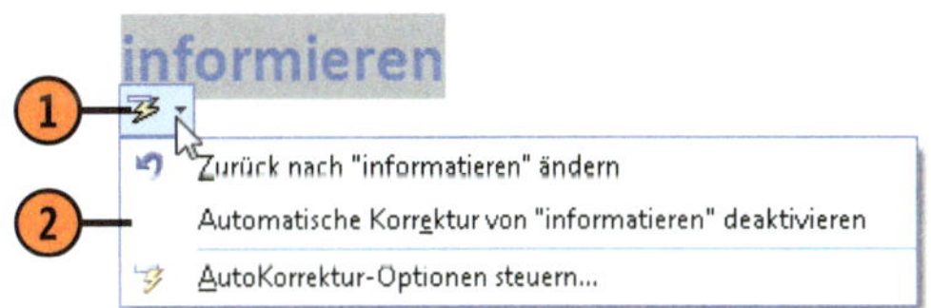

Tipp

Die AutoKorrektur steht auch in anderen Sprachen zur Verfügung. Informationen zu den Spracheinstellungen finden Sie auf der nächsten Seite.

Mit verschiedenen Sprachen arbeiten

Sie können mit Word Dokumente in anderen Sprachen verfassen und sogar mehrere Sprachen in einem Dokument verwenden. Word erkennt dabei, ob es sich um deutschen, englischen, französischen oder italienischen Text handelt und zeigt die erkannte Sprache in der Statusleiste an. Darüber hinaus stellt Word für eine erkannte Sprache automatisch die entsprechende Rechtschreib- und Grammatikprüfung, AutoKorrektur-Liste sowie Datums- und Zeitangaben zur Verfügung.

Spracheinstellungen vornehmen

1. Wenn Word bei einem Sprachwechsel im Dokument die neue Sprache nicht erkennt, markieren Sie den Textbereich und klicken auf der Registerkarte *Überprüfen* in der Gruppe *Sprache* auf *Sprache* und dann auf *Sprache für die Korrekturhilfen festlegen*, um das Dialogfeld *Sprache* zu öffnen.
2. Klicken Sie in der Liste auf die gewünschte Sprache. Nur Sprachen, denen ein Rechtschreibsymbol vorangestellt ist, verfügen über installierte Korrekturwerkzeuge.
3. Aktivieren Sie ggf. das Kontrollkästchen *Sprache automatisch erkennen*, damit Word zukünftig die im Dokument verwendeten Sprachen erkennen kann.
4. Wenn Sie einen Bereich des Dokuments in einer Sprache verfassen, für den keine Überprüfungstools installiert sind, markieren Sie diesen Bereich und aktivieren das Kontrollkästchen *Rechtschreibung und Grammatik nicht prüfen*.
5. Klicken Sie auf die Schaltfläche *Als Standard festlegen*, um die gewählte Sprache als Standardsprache zu definieren.

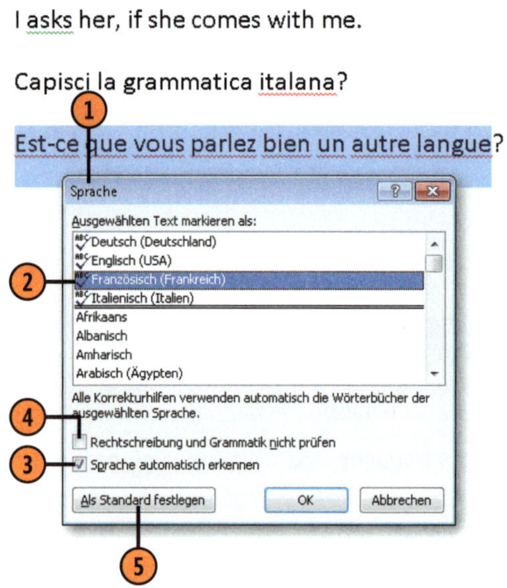

Siehe auch

Weitere Informationen zu Spracheinstellungen finden Sie auf Seite 242. Die Rechtschreib- und Grammatikprüfung wird auf den folgenden Seiten beschrieben.

Begriffe nachschlagen und übersetzen

Word stellt ein umfangreiches Recherchetool zur Verfügung, mit dem Sie Synonyme nachschlagen und Begriffe in andere Sprachen übersetzen lassen können (wenn ein integriertes bilinguales Wörterbuch eingerichtet ist).

Begriff nachschlagen

1. Halten Sie Alt gedrückt und klicken Sie auf das Wort, das Sie nachschlagen wollen. Der Aufgabenbereich *Recherchieren* wird eingeblendet und das gewählte Wort oben im Textfeld angezeigt.
2. Klicken Sie auf den Pfeil neben dem ersten Dropdown Listenfeld und wählen Sie den deutschen oder einen anderssprachigen Thesaurus aus. Eine Liste mit sinnverwandten Wörtern wird in der entsprechenden Sprache angezeigt.
3. Klicken Sie auf ein verwandtes Wort, um weiter zu recherchieren.
4. Klicken Sie auf die Schaltfläche *Zurück* bzw. *Vorwärts*, um zwischen den verschiedenen nachgeschlagenen Wörtern hin und her zu wechseln.

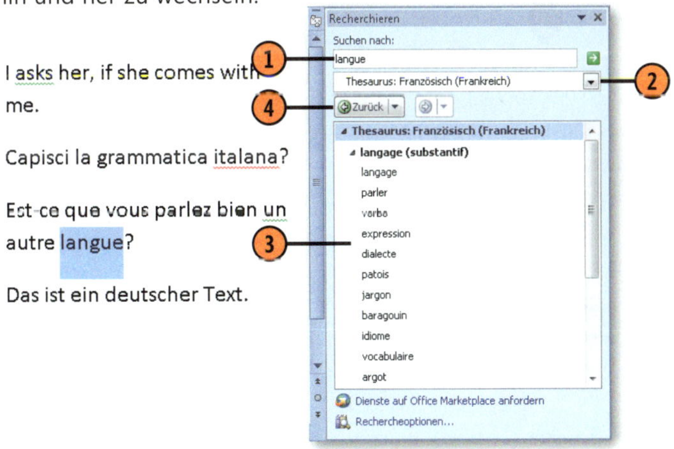

Begriff übersetzen

1. Halten Sie Alt gedrückt und klicken Sie auf das Wort, das Sie übersetzen wollen. Der Aufgabenbereich *Recherchieren* wird eingeblendet und das gewählte Wort oben im Textfeld angezeigt.
2. Klicken Sie auf den Pfeil neben dem ersten Dropdown-Listenfeld und dann auf den Eintrag *Übersetzung*.
3. Word erkennt die Standardsprachen und setzt in den Feldern *Von* und *Nach* in der Regel die korrekten Sprachen ein. Ist dies nicht der Fall, klicken Sie auf den Pfeil neben dem jeweiligen Feld und wählen Sie die gewünschte Sprache aus.
4. Word zeigt das Ergebnis seines bilingualen Wörterbuchs an.

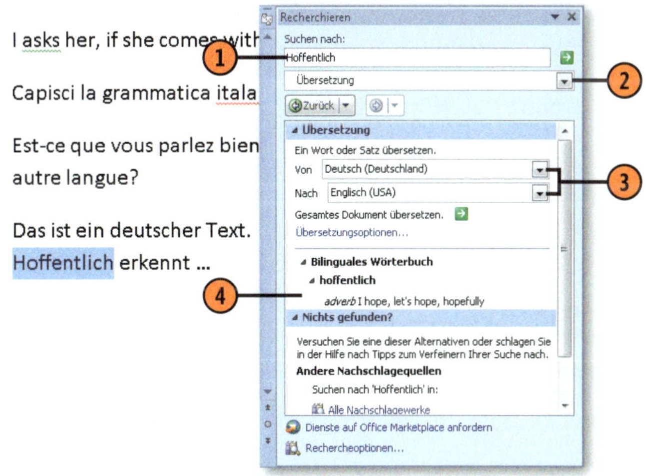

Rechtschreibung prüfen

Dokumente mit Rechtschreibfehlern machen nicht unbedingt den besten Eindruck. Word stellt daher eine Funktion zur Rechtschreibprüfung zur Verfügung, die durch rote Wellenlinien auf etwaige Tippfehler hinweist. Seine Kenntnisse bezieht das Programm aus einem integrierten Wörterbuch. Alles, was dort nicht enthalten ist, wird als Fehler gekennzeichnet. Sie können Fehler während der Texteingabe verbessern oder nach Beendigung der Eingabe die Fehler im gesamten Dokument korrigieren.

Rechtschreibung während der Eingabe prüfen

1. Klicken Sie mit der rechten Maustaste auf ein mit einer roten Wellenlinie gekennzeichnetes Wort.
2. Klicken Sie im Kontextmenü auf die korrekte Schreibweise, wenn es sich um einen Fehler handelt.
3. Handelt es sich nicht um einen Fehler, klicken Sie auf *Ignorieren*, damit Word die Schreibweise des aktuellen Worts ignoriert, bzw. auf *Alle ignorieren*, wenn das Wort im gesamten Text als korrekt erkannt werden soll.
4. Handelt es sich bei dem gekennzeichneten Wort um ein korrekt geschriebenes Wort, das Sie häufig verwenden, klicken Sie auf *Hinzufügen zum Wörterbuch*. Das Wort wird in das interne Wörterbuch aufgenommen und zukünftig nicht mehr als falsch bemängelt.

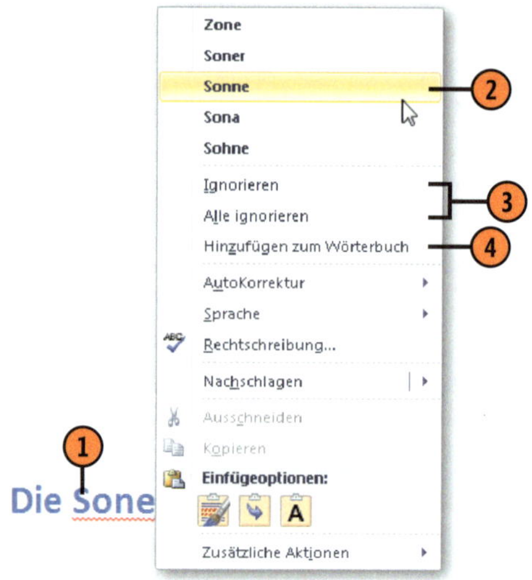

Tipp

Die Rechtschreibprüfung steht auch in anderen Sprachen zur Verfügung. Informationen zu den Spracheinstellungen finden Sie auf Seite 54.

Siehe auch

Wie Sie die Einstellungen für die Rechtschreiboptionen ändern können, erfahren Sie auf Seite 236.

Ganzes Dokument auf Rechtschreibung prüfen

1. Klicken Sie auf der Registerkarte *Überprüfen* in der Gruppe *Dokumentprüfung* auf die Schaltfläche *Rechtschreibung und Grammatik*, um das gleichnamige Dialogfeld zu öffnen. Findet Word als Erstes einen Rechtschreibfehler, werden die Rechtschreiboptionen angezeigt, ansonsten die der Grammatikprüfung.
2. Deaktivieren Sie bei Bedarf die Grammatikprüfung.
3. Klicken Sie auf den korrekten Vorschlag und danach auf die Schaltfläche *Ändern*, um den Fehler zu korrigieren. Word zeigt die nächste Fundstelle an.
4. Führen Sie abhängig davon, ob es sich um einen Rechtschreibfehler handelt oder nicht, eine der folgenden Aktionen durch:
   - *Einmal ignorieren/Alle ignorieren* – aktuelle Fundstelle/alle Fundstellen nicht korrigieren
   - *Zum Wörterbuch hinzufügen* – Schreibweise in das interne Wörterbuch als korrekt aufnehmen
   - *Ändern/Alle ändern* – aktuelle Fundstelle/alle Fundstellen mit dem gewählten Vorschlag korrigieren
   - *AutoKorrektur* – aktuellen Fehler und seine Korrektur in die Autokorrektur-Liste aufnehmen (siehe Seite 52)
   - *Löschen* (anstelle von *Ändern*) – doppeltes Wort entfernen, z.B. »die die«
5. Nach Abschluss der Rechtschreibprüfung zeigt Word eine entsprechende Meldung an, die Sie mit *OK* bestätigen.

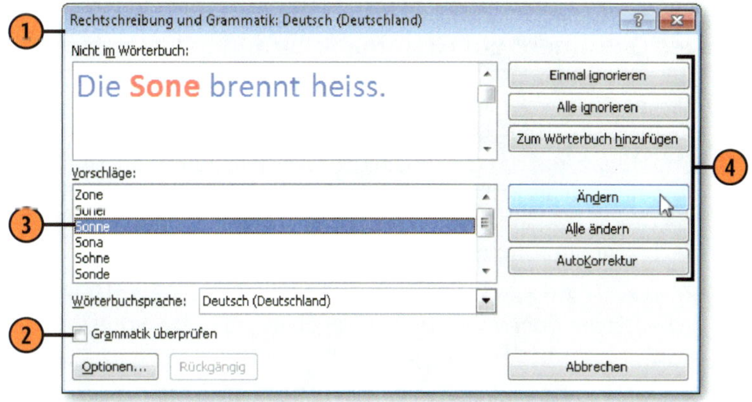

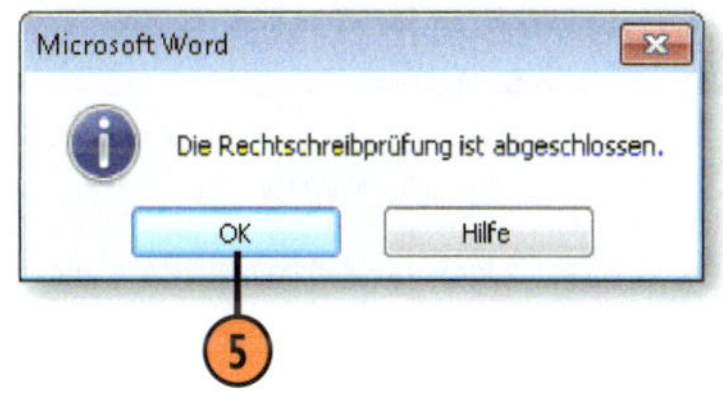

Grammatik prüfen

Word stellt eine Funktion zur Verfügung, mit der Sie Ihre Dokumente auf Grammatikfehler untersuchen können. Diese werden im Dokument durch grüne Wellenlinien angezeigt. Sie können diese Fehler während der Texteingabe korrigieren oder nach Beendigung der Eingabe im gesamten Dokument korrigieren.

Ganzes Dokument auf Grammatik prüfen

1. Klicken Sie auf der Registerkarte *Überprüfen* in der Gruppe *Dokumentprüfung* auf die Schaltfläche *Rechtschreibung und Grammatik*, um das gleichnamige Dialogfeld zu öffnen. Findet Word als Erstes einen Grammatikfehler, werden die Grammatikoptionen angezeigt, ansonsten die der Rechtschreibprüfung.
2. Klicken Sie auf den korrekten Vorschlag und danach auf die Schaltfläche *Ändern*, um den Fehler zu korrigieren. Word zeigt die nächste Fundstelle an.
3. Führen Sie abhängig davon, ob es sich um einen Grammatikfehler handelt oder nicht, eine der folgenden Aktionen durch:
   - *Einmal ignorieren/Regel ignorieren* – aktuelle Fundstelle/alle Fundstellen nicht korrigieren
   - *Nächster Satz* – nächsten Grammatikfehler anzeigen
   - *Ändern* – aktuelle Fundstelle mit dem gewählten Vorschlag korrigieren
   - *Erklären* – Grammatikregel in der Word-Hilfe einblenden

Grammatik während der Eingabe prüfen

1. Klicken Sie mit der rechten Maustaste auf ein mit einer grünen Wellenlinie gekennzeichnetes Wort.
2. Klicken Sie im Kontextmenü auf die korrekte Schreibweise/Formulierung, wenn es sich um einen Fehler handelt, oder ignorieren Sie den Vorschlag.
3. Blenden Sie bei Bedarf die Grammatikregel ein.

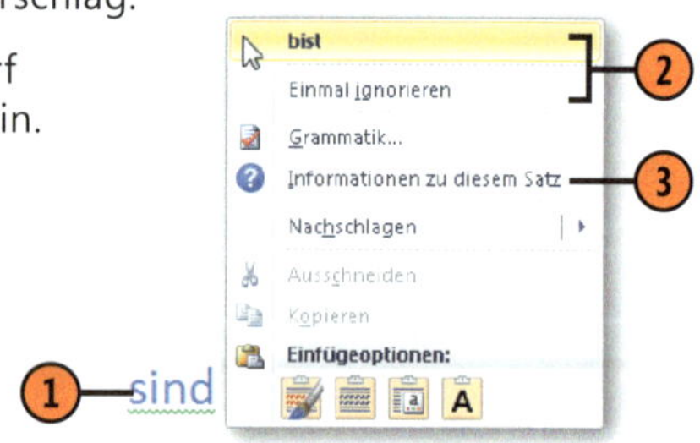

4 Dokumente direkt formatieren

In diesem Kapitel:

- Absatzeinzüge
- Absatzausrichtung
- Absatzabstände, Zeilenabstände
- Mit Tabstopps arbeiten
- Absatzrahmen und -schattierungen
- Seitenrahmen
- Schriftart und Schriftgröße
- Texteffekte
- Nummerierte Listen
- Aufzählungslisten
- Gegliederte Listen
- Formatzuweisung über die Tastatur
- Formate im Überblick
- Formate kopieren

Word bietet die Möglichkeit der sogenannten direkten Formatierung von Dokumenten. Diese Vorgehensweise empfiehlt sich vor allem dann, wenn Sie sich noch nicht so gut mit Word auskennen, wenn es schnell gehen soll und wenn es sich um kürzere Texte handelt. Word unterscheidet bei der direkten Formatierung zwischen der Gestaltung ganzer Absätze und einzelner Zeichen. Ein Absatz wird durch eine Absatzmarke (¶) definiert, in der alle zugewiesenen Gestaltungsmerkmale gespeichert sind. Um einzelne Zeichen oder Textpassagen zu gestalten, müssen diese zuvor ausgewählt, d.h. markiert werden.

In diesem Kapitel erfahren Sie, wie Sie Ihre Dokumente durch direkte Zuweisung von Absatz- und Zeichenformaten aufpeppen. Bestimmen Sie für Absätze den Einzug vom linken und/oder rechten Seitenrand, den Zeilenabstand, Tabulatoren, die Ausrichtung innerhalb des linken und rechten Seitenrandes sowie den Abstand zum vorherigen und nachfolgenden Absatz. Oder schmücken Sie Absätze mit Schattierungen und Rahmen. Absätze können außerdem schnell und einfach in Aufzählungs- oder nummerierte Listen umgewandelt werden. Wählen Sie für eine Zeichenfolge Schriftart und -größe sowie eine besondere Darstellung wie fett oder kursiv. Kennzeichnen Sie Passagen mit einem Marker, in einer anderen Schriftfarbe oder versehen Sie sie mit besonders auffälligen Effekten wie Schatten, Konturen, Spiegelung etc.

Absatzeinzüge

Unter einem Einzug versteht man das Einrücken eines Absatzes vom linken und rechten Seitenrand bzw. das Einrücken der ersten Absatzzeile oder aller Absatzzeilen außer der ersten Zeile.

Verwenden Sie beispielsweise Absätze mit eingerückter erster Zeile, um den Beginn eines neuen Absatzes besonders zu kennzeichnen.

Absatzeinzüge einstellen

1. Markieren Sie einen oder mehrere Absätze, für den/die Sie Einzüge festlegen wollen, und klicken Sie auf der Registerkarte *Seitenlayout* in der Gruppe *Absatz* auf das Startprogramm für das Dialogfeld *Absatz*.
2. Klicken Sie in das Feld *Links* bzw. *Rechts* und geben Sie einen Abstand zum linken bzw. rechten Seitenrand ein.
3. Wählen Sie im Listenfeld *Sondereinzug* zwischen:
   - *Erste Zeile* – erste Absatzzeile einrücken
   - *Hängend* – alle Absatzzeilen außer der ersten Zeile einrücken
4. Klicken Sie in das Feld *Um* und geben Sie die Einzugsgröße ein.
5. Bestätigen Sie mit *OK*.

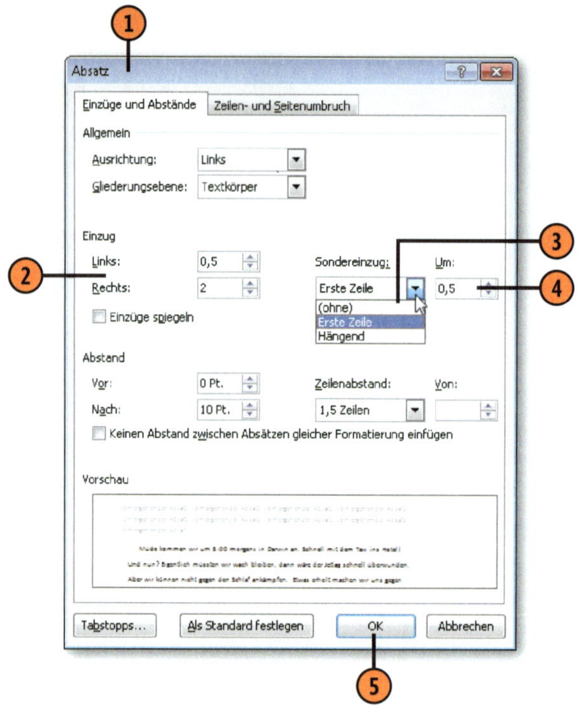

Tipp

Alternativ dazu können Sie den linken und rechten Einzug sowie den Erstzeileneinzug im Lineal definieren. Ziehen Sie dazu das entsprechende Steuerelement an die gewünschte Position.

Gewusst wie

Um einen Einzug zu erstellen, der über den linken bzw. rechten Rand hinausragt, geben Sie im Feld *Links* und/oder im Feld *Rechts* eine negative Zahl ein.

Absatzausrichtung

Bei der Ausrichtung von Absätzen definieren Sie die Position des Absatzes innerhalb des Satzspiegels bzw. zwischen den Einzügen vom linken und rechten Rand. Sie können einen Absatz, mehrere Absätze, aber auch das gesamte Dokument auswählen und ausrichten.

Absatzausrichtung einstellen

1. Markieren Sie einen oder mehrere Absätze, für den/die Sie eine andere Ausrichtung festlegen wollen.
2. Klicken Sie auf der Registerkarte *Start* in der Gruppe *Absatz* auf eine der Ausrichtungsschaltflächen (von links nach rechts):
   - *Text linksbündig ausrichten:* Der Absatztext wird am linken Rand bzw. am linken Einzug ausgerichtet.
   - *Zentriert:* Der Absatztext wird mittig zwischen linkem und rechtem Rand bzw. Einzug ausgerichtet. Dieses Format wird häufig für Überschriften verwendet.
   - *Text rechtsbündig ausrichten:* Der Absatztext wird am rechten Rand bzw. am rechten Einzug ausgerichtet, beispielsweise für das Datum in einem Anschreiben.
   - *Blocksatz:* Der Absatztext wird bündig zwischen linkem und rechtem Rand bzw. Einzug ausgerichtet. Dazu wird zwischen den einzelnen Wörtern Leerraum eingefügt. Dies kann zu unschönen Lücken führen, was durch Silbentrennung wieder ausgeglichen werden kann. Blocksatz wird vorzugsweise bei der Darstellung von Text in Spalten verwendet.

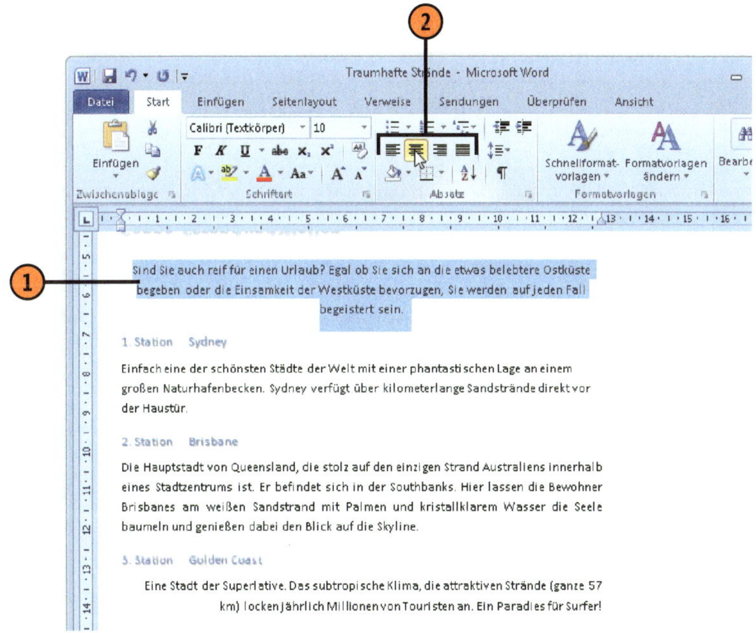

Siehe auch

Informationen zur Silbentrennung finden Sie auf Seite 106 f.

Absatz- und Zeilenabstände

Die Lesbarkeit Ihrer Texte wird durch Abstände vor und nach Absätzen deutlich erhöht. Diese Abstände werden in Punkt definiert (1 pt = 1/72 Zoll). Word stellt standardmäßig einen Abstand von 10 Punkt nach jedem Absatz ein. Darüber hinaus können Sie auch den Zeilenabstand innerhalb der Absätze regeln und wählen, ob die Abstände bei unterschiedlichen Schriftgrößen angepasst werden oder nicht.

Absatzabstände festlegen

1. Markieren Sie einen oder mehrere Absätze.
2. Klicken Sie auf der Registerkarte *Start* in der Gruppe *Absatz* auf die Schaltfläche *Zeilen- und Absatzabstand*.
3. Klicken Sie auf *Abstand vor Absatz hinzufügen*, um einen Standardabstand von 12 Punkt vor dem Absatz einzufügen. Wurde bereits ein Abstand vor dem Absatz definiert, lautet der Befehl *Abstand vor Absatz entfernen*, d.h., Sie können einen zuvor definierten Abstand vor dem Absatz löschen.
4. Klicken Sie auf *Abstand nach Absatz entfernen*, um den Standardabstand von 10 Punkt nach dem Absatz zu löschen. Wurde der Standardabsatz bereits gelöscht, lautet der Befehl *Abstand nach Absatz hinzufügen*, d.h., Sie können einen Standardabstand von 10 Punkt nach dem Absatz einfügen.
5. Um eigene Abstände zu definieren, klicken Sie auf *Zeilenabstandsoptionen* und geben im Dialogfeld *Absatz* auf der Registerkarte *Einzüge und Abstände* unter *Abstand* im Feld *Vor* und/oder *Nach* den betreffenden Wert ein.

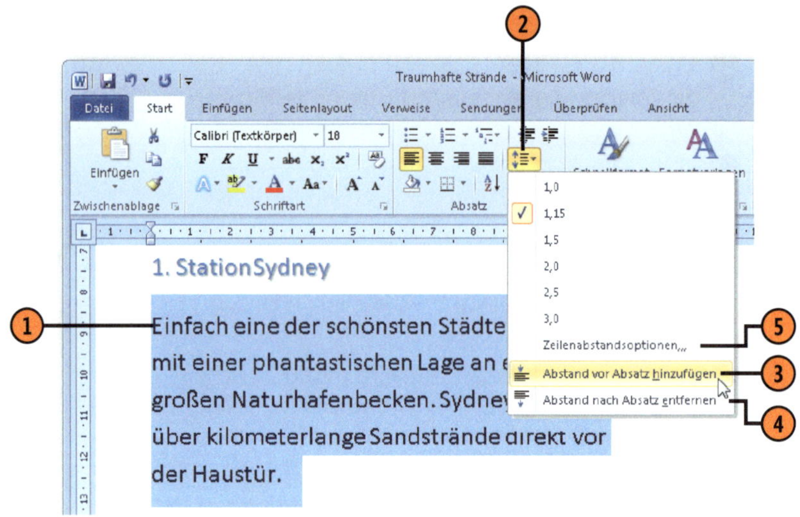

Tipp

Wenn Sie für einen Absatz einen Endabstand definieren (z.B. 10 pt) und der nachfolgende Absatz einen Anfangsabstand (z.B. 12 pt) aufweist, summiert sich der Abstand zwischen den beiden Absätzen nicht. Der Abstand entspricht dann der höheren pt-Zahl (hier: 12 pt).

Zeilenabstände festlegen

1. Markieren Sie einen oder mehrere Absätze und klicken Sie auf der Registerkarte *Start* in der Gruppe *Absatz* auf die Schaltfläche *Zeilen- und Absatzabstand*.
2. Wählen Sie einen Zeilenabstand aus.
3. Wird der gewünschte Abstand nicht angeboten oder wollen Sie die Anpassung bei unterschiedlichen Zeichengrößen regeln, klicken Sie auf *Zeilenabstandsoptionen*.
4. Wählen Sie im Dialogfeld *Absatz* einen Zeilenabstand aus.
   - *Einfach, 1,5 Zeilen, Doppelt, Mehrfach* – Zeilenabstand von 1 Zeile, 1,5 Zeilen, 2 Zeilen oder mehreren Zeilen wählen; im Fall von *Mehrfach* müssen Sie die Anzahl der Zeilen im Feld *Von* eingeben. Bei allen vier Möglichkeiten wird der Zeilenabstand automatisch an das größte Zeichen angepasst.
   - *Mindestens* – Mindestabstand im Feld *Von* in Punkt angeben, der bei einer größeren Schriftart automatisch angepasst wird.
   - *Genau* – festen Zeilenabstand im Feld *Von* in Punkt eingeben, der bei einer größeren Schriftart nicht angepasst wird; dies kann zu Überschneidungen von Zeilen führen.
5. Bestätigen Sie mit *OK*.

Tipp

Alternativ dazu können Sie die Zeilenabstände auch mithilfe von Tastenkombinationen definieren: Strg+1 für einen einfachen, Strg+2 für einen doppelten und Strg+5 für einen 1,5-fachen Zeilenabstand.

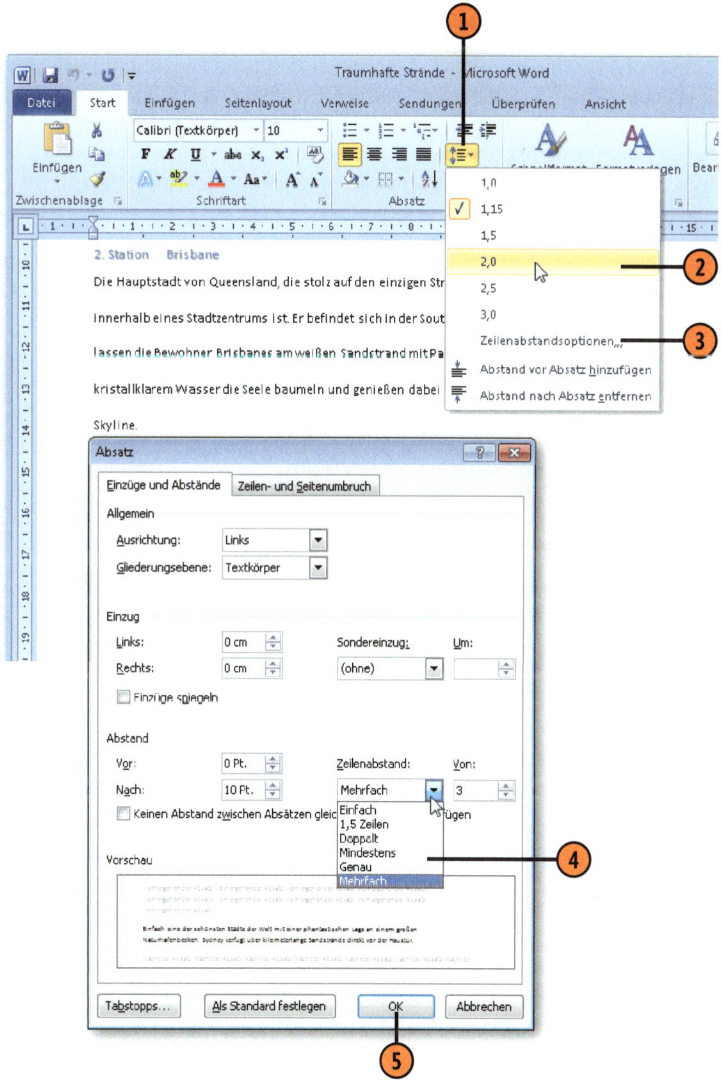

Mit Tabstopps arbeiten

Tabstopps dienen als eine Art Haltepunkt für die Eingabe innerhalb einer Zeile. Drücken Sie Tab, um zum nächsten Haltepunkt in der aktuellen Zeile zu gelangen. Word setzt standardmäßig alle 1,25 cm einen linksbündigen Tabstopp. Sobald Sie einen eigenen Tabstopp definieren, werden alle links davon befindlichen Standardtabstopps von Word aufgehoben. Sie können Tabstopps mit unterschiedlichen Ausrichtungen und Füllzeichen definieren.

Tabstopps im Lineal setzen

1. Klicken Sie hier, um die Lineale einzublenden.
2. Markieren Sie einen oder mehrere Absätze, für die die Tabulatoren gelten sollen.
3. Wählen Sie den Tabulatortyp aus. Klicken Sie so lange, bis der gewünschte Typ angezeigt wird.
4. Klicken Sie im Lineal auf die gewünschte Tabstoppposition. Wiederholen Sie die Schritte 2 und 3, um weitere Tabstopps zu definieren. Ziehen Sie einen gesetzten Tabstopp bei Bedarf an eine andere Stelle im horizontalen Lineal, um ihn zu verschieben, bzw. aus dem Lineal heraus, um ihn zu löschen.

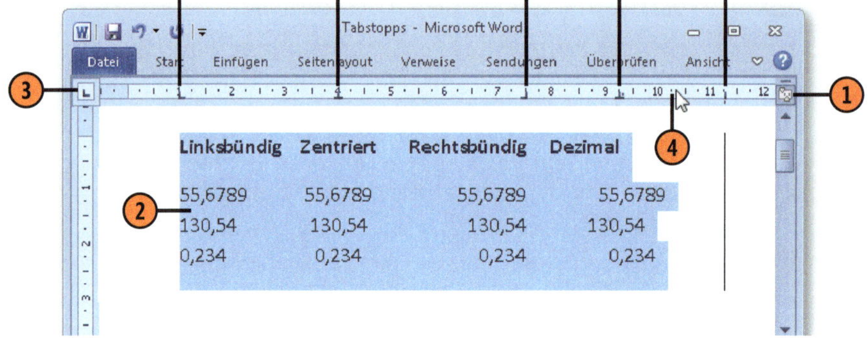

Achtung

Wenn Sie mehrere Absätze markieren, für die nicht dieselben Tabstopps definiert wurden, werden die Tabulatorzeichen für den ersten markierten Absatz im horizontalen Lineal hellgrau dargestellt.

Siehe auch

Wenn Sie häufig Text untereinander ausrichten, empfiehlt es sich, mit Tabellen statt mit Tabstopps zu arbeiten. Informationen über Tabellen finden Sie auf Seite 118 ff.

Tabstopps bearbeiten

1. Markieren Sie die Absätze, deren Tabulatoren geändert werden sollen, und doppelklicken Sie im Lineal auf einen beliebigen Tabstopp, um das Dialogfeld *Tabstopps* zu öffnen.
2. Klicken Sie auf den zu ändernden Tabstopp.
3. Definieren Sie die folgenden Elemente für den Tabstopp:
   - Geben Sie eine neue Position ein.
   - Definieren Sie eine andere Ausrichtung.
   - Wählen Sie ein Füllzeichen.
4. Klicken Sie auf *Festlegen*. Wiederholen Sie die Schritte 2 und 3, um weitere Tabstopps zu bearbeiten.
5. Führen Sie bei Bedarf eine der folgenden Aktionen aus:
   - Tabstopp löschen: Wählen Sie einen Tabstopp aus und klicken Sie auf *Löschen*.
   - Alle Tappstopps löschen: Klicken Sie auf *Alle löschen*.
   - Standardtabstopp ändern: Geben Sie im Feld *Standardtabstopps* einen anderen Wert ein.
6. Bestätigen Sie mit *OK*.

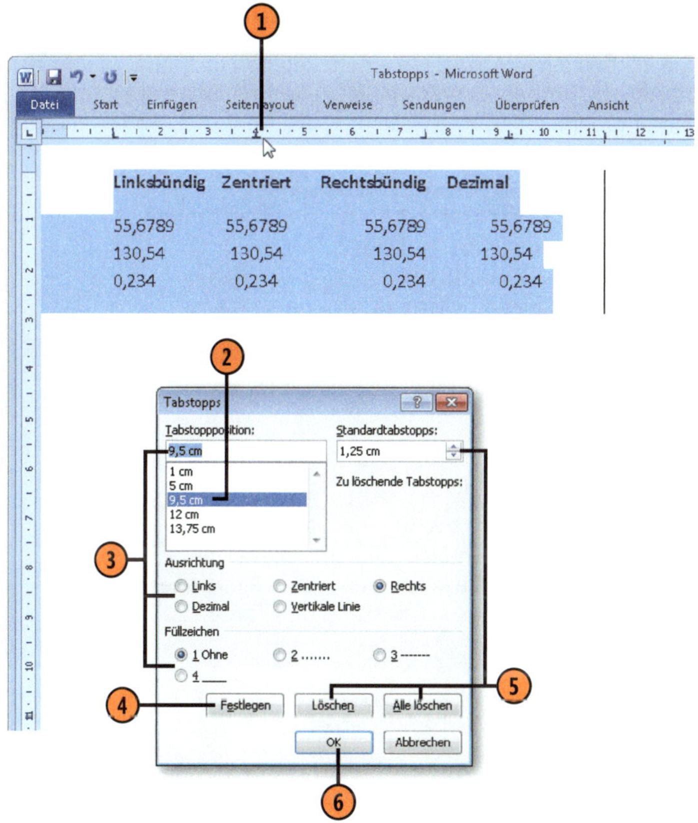

Tipp

Da die Tabulatoren zu den Absatzformaten gehören, können Sie das Dialogfeld *Tabstopps* auch öffnen, indem Sie im Dialogfeld *Absatz* auf die Schaltfläche *Tabstopps* klicken.

Achtung

Wenn Sie im Lineal auf ein Tabstoppzeichen doppelklicken und nicht richtig treffen, wird statt des Dialogfeldes *Tabstopps* das Dialogfeld *Seite einrichten* geöffnet.

Absatzrahmen und -schattierungen

Sie können einen Absatz mit einem Rahmen und farbiger Schattierung hervorheben. Wählen Sie mehrere Absätze aus, um einen Gesamtrahmen und eine Gesamtschattierung zuzuweisen. Passen Sie die Linienstärke und Farbe des Rahmens sowie die Schattierungsfarbe an Ihre Anforderungen an.

Absätzen einen Rahmen zuweisen

1. Klicken Sie auf der Registerkarte *Start* in der Gruppe *Absatz* auf den Pfeil neben der Rahmenlinienschaltfläche.
2. Klicken Sie auf eine Rahmenlinie. Klicken Sie erneut auf die gewählte Rahmenlinie, um sie zu entfernen.
3. Weisen Sie der Markierung bei Bedarf eine weitere Rahmenlinie zu.
4. Mit *Horizontale Linie* fügen Sie einen Absatz mit einer horizontalen Linie ein. Diese Linie kann als Objekt bearbeitet werden. Sie können ihre Breite, Höhe, Ausrichtung und Farbe ändern.

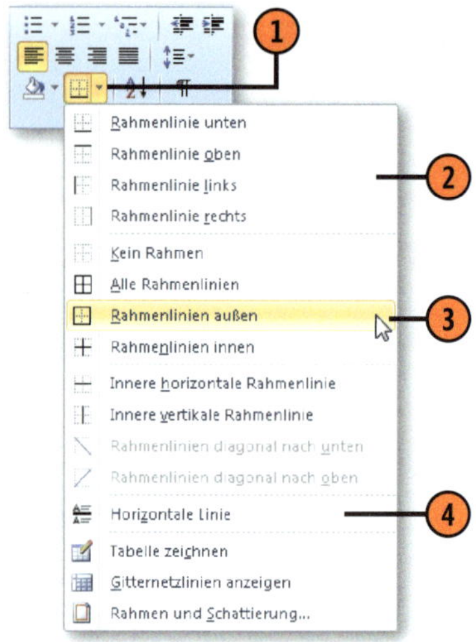

Absätzen eine Schattierung zuweisen

1. Klicken Sie auf der Registerkarte *Start* in der Gruppe *Absatz* auf den Pfeil der Schaltfläche *Schattierung*.
2. Klicken Sie auf eine Standard- oder eine Designfarbe.
3. Mischen Sie bei Bedarf eigene Farben.
4. Mit *Keine Farbe* entfernen Sie eine Farbzuweisung.

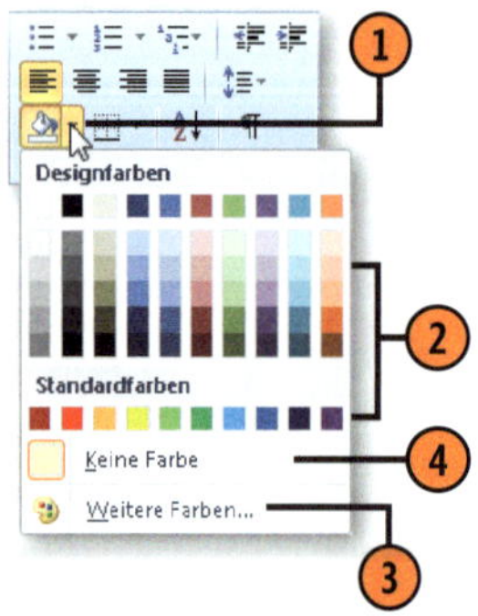

Tipp

Wenn Sie im Dropdownmenü zur Schaltfläche *Rahmenlinie* den Eintrag *Rahmen und Schattierung* wählen, können Sie im gleichnamigen Dialogfeld für Rahmen verschiedene Linienarten wählen, Linienfarbe und -breite bestimmen, den Abstand der Rahmenlinien vom Text definieren sowie die Schattierungsintensität ändern.

Seitenrahmen

Auch ganze Seiten können mit einem Rahmen versehen werden. Word stellt hierfür eine Palette von Linien und Motiven zur Verfügung. Weisen Sie verschiedene Linien mit unterschiedlichen Farben und Stärken für den oberen, unteren, rechten und linken Seitenrand zu. Im Fall eines Schmuckrahmens darf nur mit einem Effekt gearbeitet werden. Die meisten Optionen für Seitenrahmen stehen auch für die Definition von Absatzrahmen zur Verfügung (siehe vorherige Seite).

Seitenrahmen einfügen

1. Klicken Sie auf der Registerkarte *Seitenlayout* in der Gruppe *Seitenhintergrund* auf *Seitenränder*, um das Dialogfeld *Rahmen und Schattierung* zu öffnen.
2. Klicken Sie auf der Registerkarte *Seitenrand* im Bereich *Einstellungen* auf den gewünschten Rahmentyp.
3. Wählen Sie Linientyp, Linienfarbe und -breite oder einen Effekt mit Motivbreite aus.
4. Klicken Sie auf die entsprechenden Schaltflächen, um die Umrandung für eine bestimmte Seite hinzuzufügen bzw. zu entfernen. Alle Änderungen werden in der Vorschau angezeigt.
5. Klicken Sie auf die Schaltfläche *Optionen*, um den Abstand des Rahmens von den Seitenrändern zu bestimmen.
6. Bestätigen Sie mit *OK*.

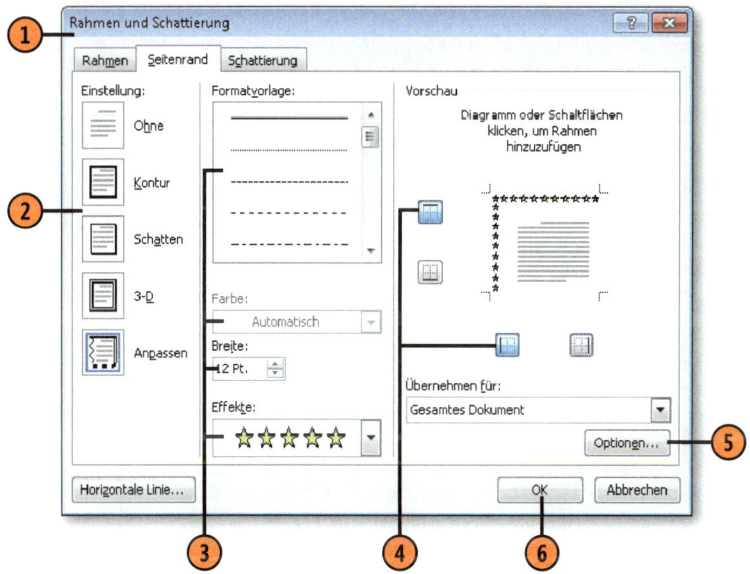

Achtung

Der Seitenrahmen wird nur in den Ansichten *Seitenlayout* und *Vollbildlesemodus* angezeigt.

Schriftart und Schriftgröße

Das Schriftbild ist entscheidend für die Lesbarkeit des Textes. In der Regel wird in einem Text mit einer Schriftart gearbeitet, während die Schriftgröße und sonstige Schriftattribute variieren, z.B. in Überschriften. Sie können aber auch Textbereiche auswählen und in einer anderen Schrift und Größe darstellen.

Schriftart ändern

1. Wählen Sie den Text aus, dessen Schriftart geändert werden soll, und klicken Sie auf der Registerkarte *Start* in der Gruppe *Schriftart* auf den Pfeil des Feldes *Schriftart*.
2. Wählen Sie eine Schriftart in der Liste aus. Es stehen folgende Gruppen zur Verfügung:
   - *Designschriftarten* – eine Schriftart für Überschriften sowie eine für den Fließtext, die beide vom verwendeten Design abhängen
   - *Zuletzt verwendete Schriftarten* – eine Liste mit Schriftarten, mit denen Sie vor Kurzem gearbeitet haben
   - *Alle Schriftarten* – eine Liste mit allen Schriftarten, aus denen Sie wählen können

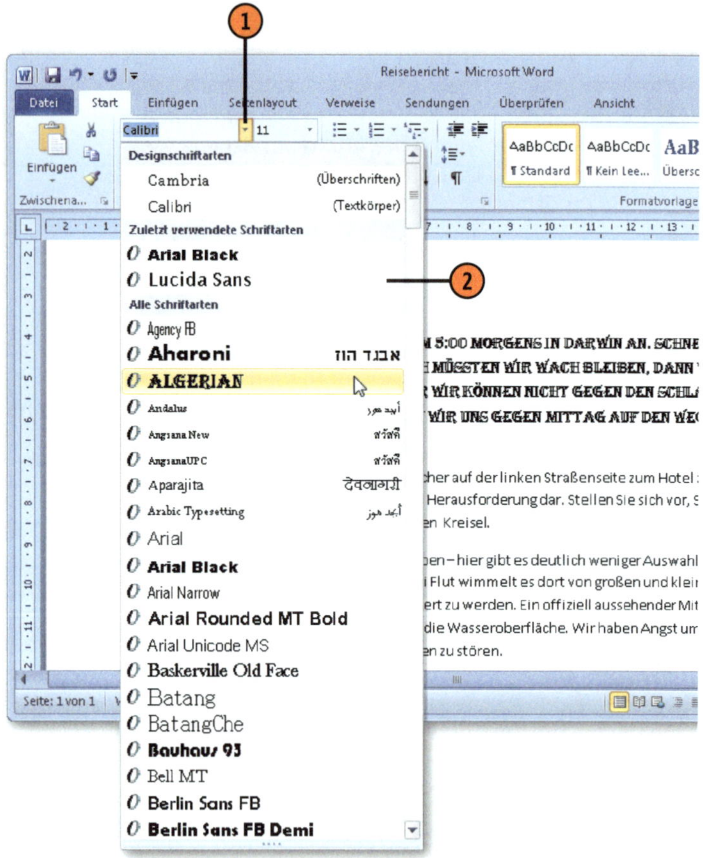

Tipp

Wenn Sie in der Liste auf eine Schriftart zeigen, wird die Livevorschau von Word aktiv und Sie sehen den ausgewählten Text in der betreffenden Schriftart.

Gewusst wie

Um alle zugewiesenen Zeichenformate in einem Arbeitsgang wieder rückgängig zu machen, markieren Sie die entsprechende Textpassage und klicken dann auf der Registerkarte *Start* in der Gruppe *Schriftart* auf die Schaltfläche *Formatierung löschen.*

Schriftgröße und -attribute ändern

1. Wählen Sie den Text aus, dessen Schriftgröße geändert werden soll, und klicken Sie auf der Registerkarte *Start* in der Gruppe *Schriftart* auf das Startprogramm für das Dialogfeld *Schriftart*.
2. Wählen Sie im Listenfeld *Schriftschnitt* eine andere Darstellung.
3. Wählen Sie im Listenfeld *Größe* eine Schriftgröße.
4. Wählen Sie eine Schriftfarbe, eine Unterstreichungsart sowie eine Farbe für die Unterstreichung.
5. Klicken Sie auf den gewünschten Effekt:
   - *Durchgestrichen* – ~~Erste Herausforderung~~
   - *Doppelt durchgestrichen* – ~~Erste Herausforderung~~
   - *Hochgestellt* – E^{rste} H^{erausforderung}
   - *Tiefgestellt* – E$_{rste}$ H$_{erausforderung}$
   - *Kapitälchen* – ERSTE HERAUSFORDERUNG
   - *Großbuchstaben* – ERSTE HERAUSFORDERUNG
   - *Ausgeblendet* – Erste Herausforderung (nur sichtbar bei eingeschalteten Formatierungssymbolen – siehe Seite 40)

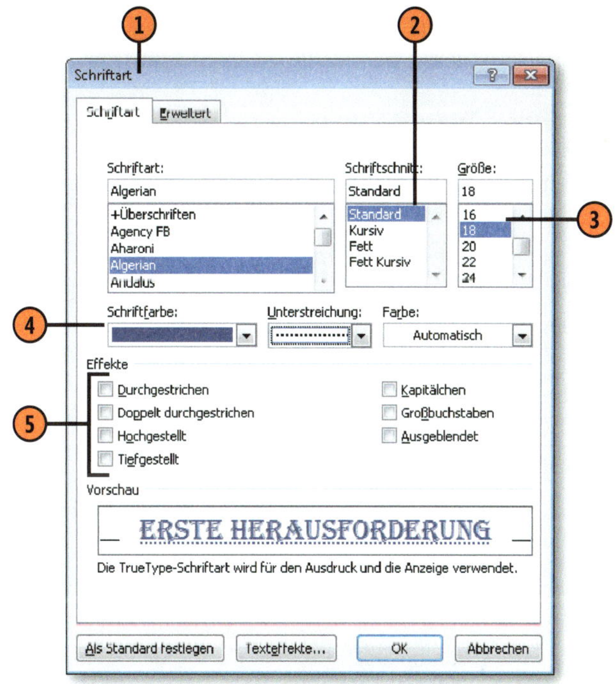

Tipp

Für die meisten Schriftattribute gibt es auf der Registerkarte *Start* in der Gruppe *Schriftart* auch die entsprechenden Schaltflächen, über die Sie die Formate zuweisen können. Außerdem wird, sobald Sie Text auswählen, die sogenannte Minisymbolleiste neben der Markierung eingeblendet, die die wichtigsten Schaltflächen zum Ändern der Darstellung von Text enthält.

Texteffekte

Die Texteffekte für einzelne Zeichen, Wörter oder Textpassagen sind neu in Word 2010. Sie sind ein echter Hingucker. Verwenden Sie sie sparsam für die Wörter, die die Leser keinesfalls übersehen sollen. Sie können einen in Word definierten Effekt wählen, eigene Effekteinstellungen vornehmen und die Effekte mischen. Ihrer Kreativität sind kaum Grenzen gesetzt.

Integrierten Texteffekt zuweisen

1. Wählen Sie den Text aus, dem Sie einen Texteffekt zuweisen wollen.
2. Klicken Sie auf der Registerkarte *Start* in der Gruppe *Schriftart* auf die Schaltfläche *Texteffekte*.
3. Wählen Sie einen vorgefertigten Texteffekt aus.

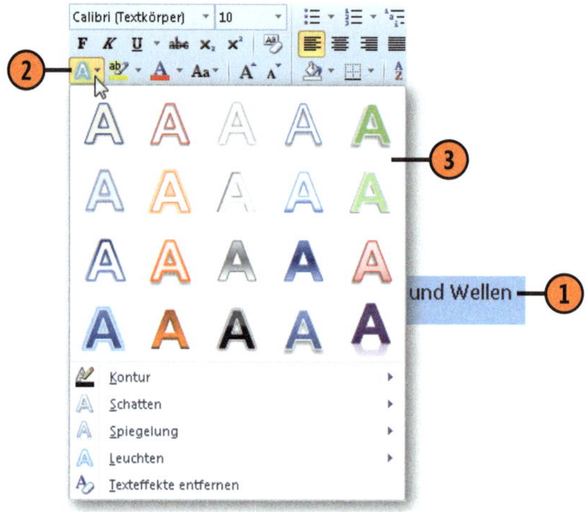

Texteffekt erstellen

1. Wählen Sie den Text aus, dem Sie einen Texteffekt zuweisen wollen, und klicken Sie dann auf der Registerkarte *Start* in der Gruppe *Schriftart* auf die Schaltfläche *Texteffekte*.
2. Klicken Sie auf die gewünschte Effektart und nehmen Sie die gewünschten Einstellungen vor:
   - *Kontur:* Wählen Sie Textfarbe, Konturfarbe, Linienstärke und Linienart.
   - *Schatten:* Wählen Sie einen Innen-, Außen- oder perspektivischen Schatten.
   - *Spiegelung:* Wählen Sie unter verschiedenen Spiegelvarianten und -optionen.
   - *Leuchten:* Wählen Sie unter verschiedenen Leuchtvarianten, -farben und -optionen.

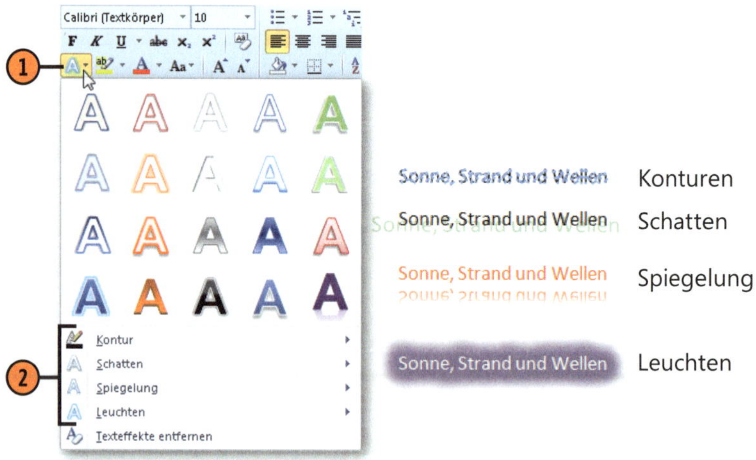

Texteffekte bearbeiten

1. Wählen Sie den Text aus, dessen Texteffekt geändert werden soll, klicken Sie auf der Registerkarte *Start* in der Gruppe *Schriftart* auf das Startprogramm für das Dialogfeld *Schriftart* und klicken Sie dort auf die Schaltfläche *Texteffekte*, um das Dialogfeld *Texteffekte formatieren* zu öffnen.
2. Wählen Sie links im Dialogfeld einen Effekt aus, um die dafür verfügbaren Optionen auf der rechten Seite anzuzeigen. Je nach gewähltem Effekt stehen unterschiedliche Optionen zur Verfügung. Hier wurde der Texteffekt *Schatten* gewählt.
3. Klicken Sie hier und wählen Sie eine Schattenvoreinstellung.
4. Klicken Sie hier und wählen Sie eine Schattenfarbe.
5. Verschieben Sie die Regler, um einen der folgenden Schattenaspekte zu bearbeiten:
   - *Transparenz:* Je weiter Sie den Regler nach rechts ziehen, umso durchsichtiger wird der Schatten.
   - *Größe:* Je weiter Sie den Regler nach rechts ziehen, umso größer wird der Schatten.
   - *Weichzeichnen:* Je weiter Sie den Regler nach rechts ziehen, umso verschwommener wird der Schatten.
   - *Winkel:* Je weiter Sie den Regler nach rechts ziehen, umso mehr wird der Schatten im Uhrzeigersinn gedreht.
   - *Abstand:* Je weiter Sie den Regler nach rechts ziehen, umso größer wird der Abstand des Schattens zum Text.
6. Bestätigen Sie Ihre Einstellungen mit *Schließen*.

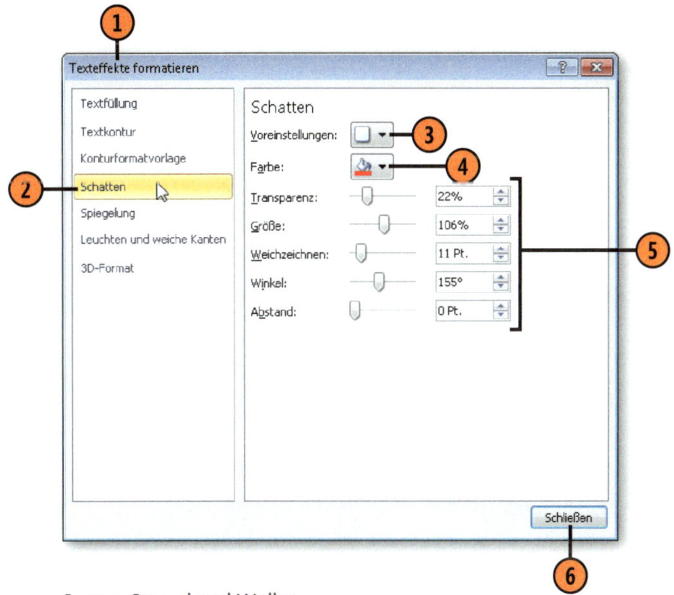

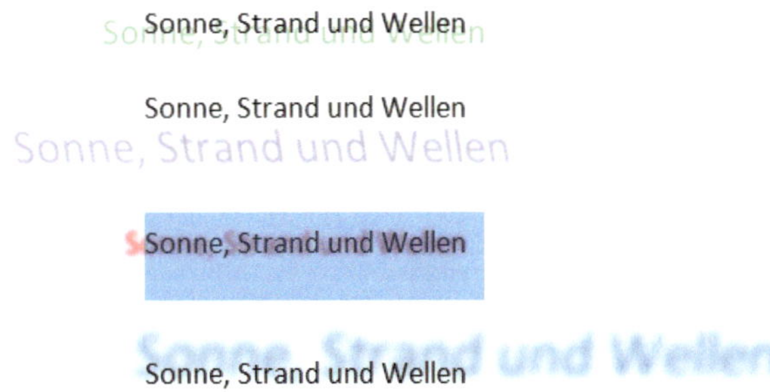

Verschiedene Schattendarstellungen

Nummerierte Listen

Eine nummerierte Liste setzt sich aus einer Folge von Absätzen mit fortlaufender Nummerierung zusammen. Word übernimmt alle notwendigen Formatzuweisungen für Sie. Wenn Sie nachträglich Absätze einfügen, löschen oder umstellen, passt das Programm die Nummerierung automatisch an.

Liste erstellen

1. Geben Sie den Listentext zeilenweise ein und wählen Sie anschließend alle Listeneinträge aus.
2. Klicken Sie auf der Registerkarte *Start* in der Gruppe *Absatz* auf die Schaltfläche *Nummerierung*, um die Standardnummerierung zuzuweisen.
3. Setzen Sie die Einfügemarke an das Listenende und drücken Sie zweimal Eingabe, um die Liste zu beenden.

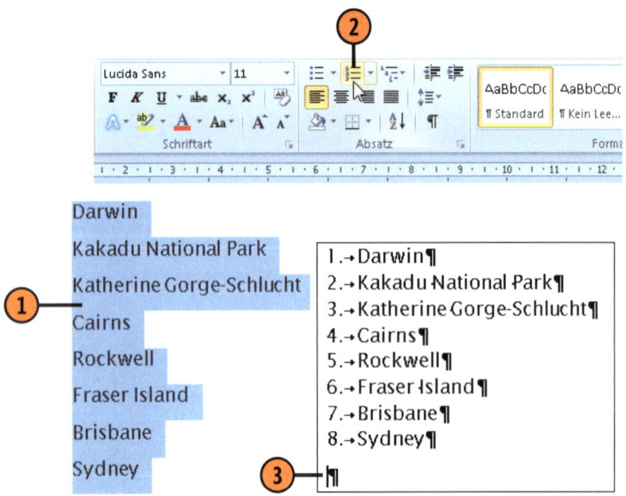

Liste neu nummerieren

1. Klicken Sie mit der rechten Maustaste auf den Listeneintrag, ab dem neu nummeriert werden soll.
2. Klicken Sie im Kontextmenü auf *Neu beginnen mit 1*.
3. Ab dem aktuell markierten Absatz wird neu nummeriert.
4. Weitere Optionen in diesem Kontextmenü, die die gesamte Liste betreffen:
   - *Nummerierungswert festlegen* – die Nummerierung der nachfolgenden Listenelemente ab einer angegebenen Zahl fortsetzen
   - *Nummerierung fortsetzen* – die Nummerierung der vorherigen Liste fortsetzen
   - *Listeneinzug anpassen* – den Einzug der Nummerierung sowie den Texteinzug ändern
   - *Aufzählungszeichen* – die nummerierte Liste in eine Aufzählungsliste umwandeln
   - *Nummerierung* – die Nummerierung bearbeiten

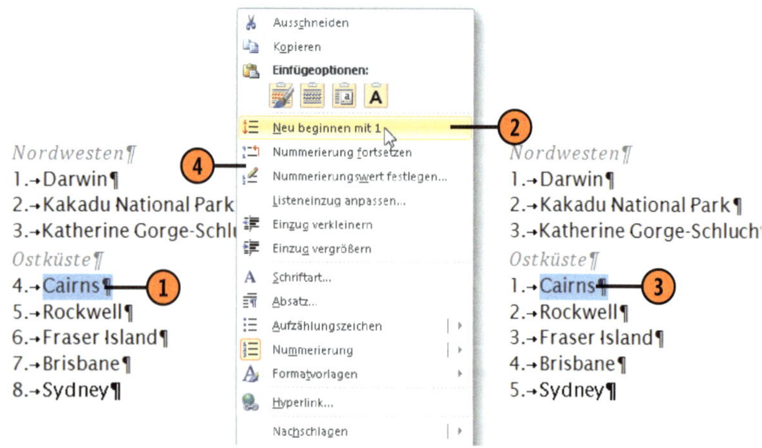

Nummerierungsart ändern

1. Klicken Sie mit der rechten Maustaste auf einen Listeneintrag, zeigen Sie im Kontextmenü auf *Nummerierung* und klicken Sie dann im Untermenü auf ein Nummerierungsformat Ihrer Wahl.
2. Um ein eigenes Nummerierungsformat zu definieren, klicken Sie unten im Untermenü auf *Neues Zahlenformat definieren*.
3. Klicken Sie auf den Pfeil neben *Zahlenformatvorlage* und wählen Sie ein Zahlenformat in der Dropdownliste aus.
4. Folgende weitere Anpassungen sind möglich:
   - Klicken Sie auf die Schaltfläche *Schriftart* und wählen Sie im gleichnamigen Dialogfeld eine Schrift und Schriftattribute für die Nummerierung aus.
   - Schreiben Sie bei Bedarf Text vor oder hinter das Zahlenformat. Der hier eingegebene Text wird Bestandteil der Nummerierung.
   - Klicken Sie auf den Pfeil neben *Ausrichtung* und legen Sie fest, ob die Nummerierung linksbündig, zentriert oder rechtsbündig zwischen Seitenrand und Listentext ausgerichtet werden soll.
5. Prüfen Sie Ihre Einstellungen in der Vorschau.

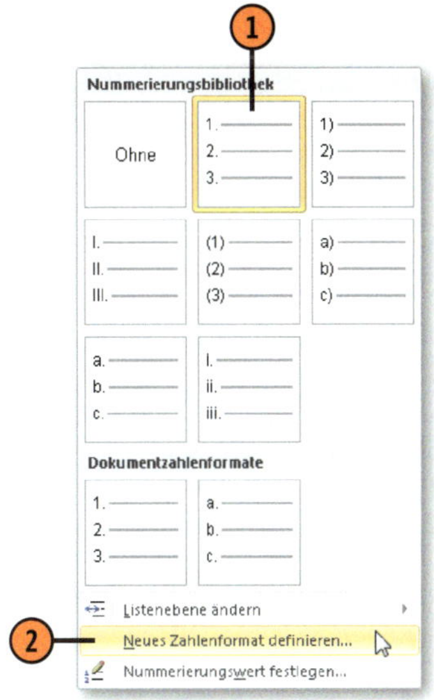

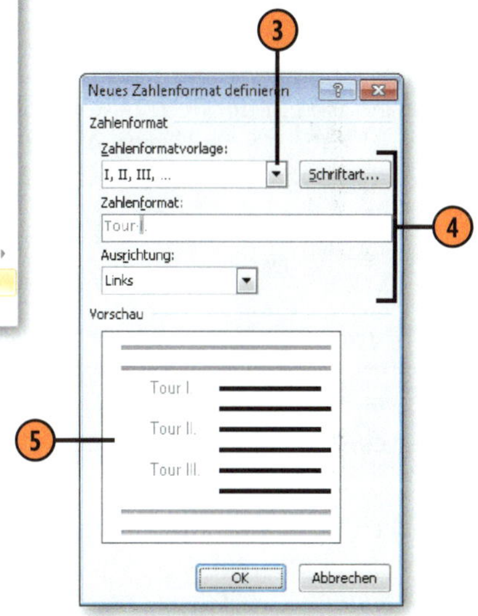

Achtung

Wenn Sie im Kontextmenü auf *Nummerierung* klicken, anstatt lediglich auf den Befehl zu zeigen, wird die Nummerierung des aktuell ausgewählten Absatzes aufgehoben.

Gewusst wie

Beim Erstellen eigener Zahlenformate mit vor- oder nachgestelltem Text müssen Sie den Einzug für die Nummerierung und den Text ggf. anpassen, wenn der Abstand zwischen Zahl und Fließtext zu groß bzw. zu klein ist. Wählen Sie dazu im Kontextmenü zu der Liste den Befehl *Listeneinzug anpassen*.

Aufzählungslisten

Eine Aufzählungsliste setzt sich aus einer Folge von Absätzen mit voranstehendem Aufzählungszeichen zusammen. Word übernimmt alle notwendigen Formatzuweisungen für Sie. Jeder Listeneintrag kann mit einem anderen Aufzählungszeichen versehen werden.

Aufzählungsliste erstellen

1. Geben Sie den Listentext ein und beginnen Sie für jeden Eintrag einen neuen Absatz. Wählen Sie alle Listeneinträge aus.
2. Klicken Sie auf der Registerkarte *Start* in der Gruppe *Absatz* auf die Schaltfläche *Aufzählungszeichen*, um das Standardaufzählungszeichen zuzuweisen.
3. Setzen Sie die Einfügemarke an das Listenende und drücken Sie zweimal Eingabe, um die Liste zu beenden.

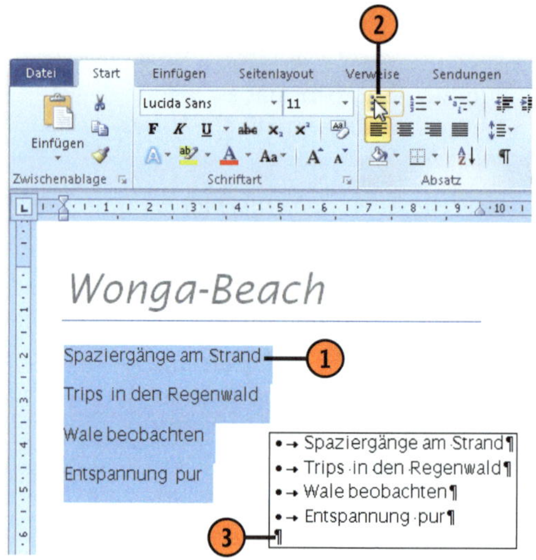

Aufzählungszeichen ändern

1. Wählen Sie einen oder mehrere Listeneinträge aus, dessen/deren Aufzählungszeichen geändert werden soll.
2. Klicken Sie auf der Registerkarte *Start* in der Gruppe *Absatz* auf den Pfeil der Schaltfläche *Aufzählungszeichen*.
3. Klicken Sie auf ein Aufzählungszeichen Ihrer Wahl.

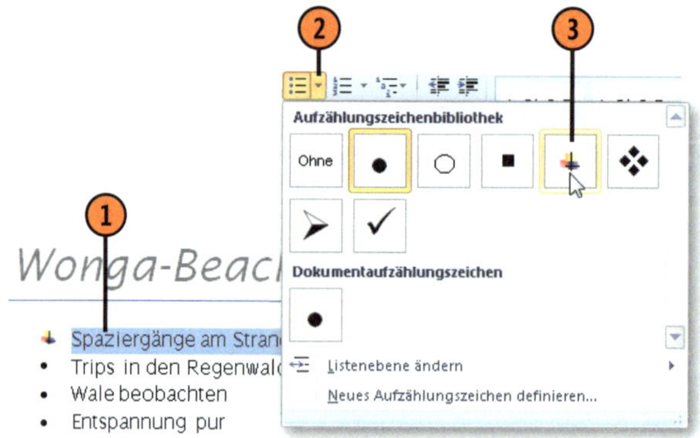

Tipp

Um eine Aufzählungsliste zu teilen, klicken Sie mit der rechten Maustaste auf den ersten Eintrag der gewünschten zweiten Liste und wählen dann im Kontextmenü den Befehl *Separate Liste*.

Neue Aufzählungszeichen definieren

1. Wählen Sie einen oder mehrere Listeneinträge aus, für den/die Sie ein neues Aufzählungszeichen definieren wollen.
2. Klicken Sie auf der Registerkarte *Start* in der Gruppe *Absatz* auf den Pfeil der Schaltfläche *Aufzählungszeichen*.
3. Klicken Sie auf *Neues Aufzählungszeichen definieren*.
4. Führen Sie im gleichnamigen Dialogfeld eine der folgenden Aktionen durch:
   - Klicken Sie auf die Schaltfläche *Symbol*, um im gleichnamigen Dialogfeld ein Symbol als Aufzählungszeichen auszuwählen, für das anschließend die Schriftattribute geändert werden können.
   - Klicken Sie auf die Schaltfläche *Bild*, um ein Bildaufzählungszeichen auszuwählen.
   - Klicken Sie auf den Pfeil neben *Ausrichtung* und wählen Sie eine Ausrichtung des Aufzählungszeichens zwischen linkem Rand und Aufzählungstext.
5. Bestätigen Sie mit *OK*.

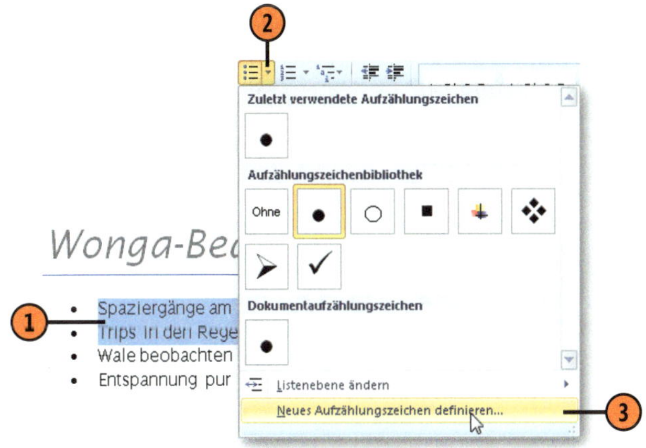

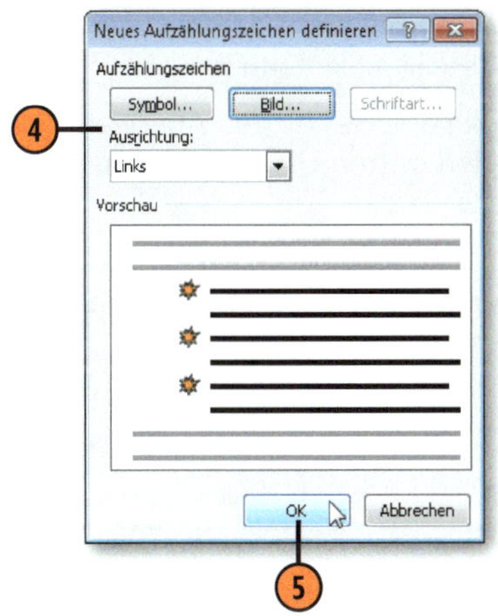

Gewusst wie

Sie können auch eigene Bilder in die Aufzählungszeichenbibliothek importieren. Klicken Sie dazu im Dialogfeld *Neues Aufzählungszeichen definieren* auf die Schaltfläche *Bild* und im dann angezeigten Dialogfeld *Bildaufzählungszeichen* auf die Schaltfläche *Importieren*. Wählen Sie eine Bilddatei aus und bestätigen Sie mit *OK*.

Gegliederte Listen

In einer Liste mit mehreren Ebenen können Sie Hierarchien darstellen. Eine solche gegliederte Liste kann sich aus nummerierten Einträgen oder Einträgen mit vorangestelltem Aufzählungszeichen zusammensetzen. Auch Mischformen aus beiden Listentypen sind möglich. Sie können bis zu neun Listenebenen darstellen.

Liste mit mehreren Ebenen erstellen

1. Schreiben Sie den ersten Listeneintrag.
2. Klicken Sie auf der Registerkarte *Start* in der Gruppe *Absatz* auf die Schaltfläche *Aufzählungszeichen* oder auf die Schaltfläche *Nummerierung*, um den Listeneintrag als Aufzählungs- bzw. nummerierten Eintrag zu formatieren, und drücken Sie Eingabe.
3. Drücken Sie am Anfang des zweiten Absatzes Tab, um den zweiten Listeneintrag eine Ebene tieferzustufen, geben Sie den zweiten Listeneintrag ein und drücken Sie dann Eingabe.
4. Drücken Sie am Anfang des dritten Absatzes erneut Tab, um den dritten Listeneintrag auf die dritte Ebene zu setzen.
5. Drücken Sie am Anfang eines Absatzes Umschalt+Tab, um den aktuellen Eintrag eine Ebene höherzustufen.

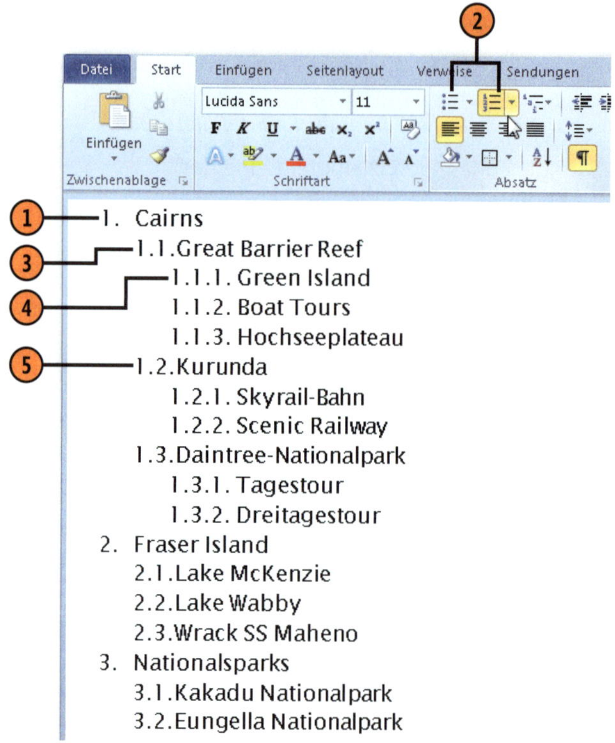

Achtung

Verwechseln Sie Listen mit mehreren Ebenen nicht mit der Gliederungsfunktion von Word. Informationen zum Arbeiten mit Gliederungen finden Sie auf Seite 186 f.

Eigene gegliederte Liste definieren

1. Klicken Sie auf der Registerkarte *Start* in der Gruppe *Absatz* auf die Schaltfläche *Liste mit mehreren Ebenen.*
2. Wählen Sie den Eintrag *Neue Liste mit mehreren Ebenen definieren.*
3. Wählen Sie im gleichnamigen Dialogfeld die zu bearbeitende Gliederungsebene aus.
4. Klicken Sie auf den Pfeil neben *Zahlenformatvorlage für diese Ebene* und wählen Sie ein neues Zahlen- oder Aufzählungsformat für die zuvor gewählte Hierarchieebene aus.
5. Folgende weitere Anpassungen sind möglich:
   - Klicken Sie auf die Schaltfläche *Schriftart*, um im gleichnamigen Dialogfeld dem gewählten Zeichen eine Schriftart und Schriftattribute zuzuweisen.
   - Wenn Sie eine Nummerierung als Format gewählt haben, können Sie angeben, welche höheren Ebenen in der Nummerierung angezeigt bzw. ausgeschlossen werden sollen.
6. Legen Sie die Position der Zahl bzw. des Aufzählungszeichens fest.
7. Klicken Sie hier, um die Position der Zahl/des Aufzählungszeichens für alle Ebenen festzulegen.

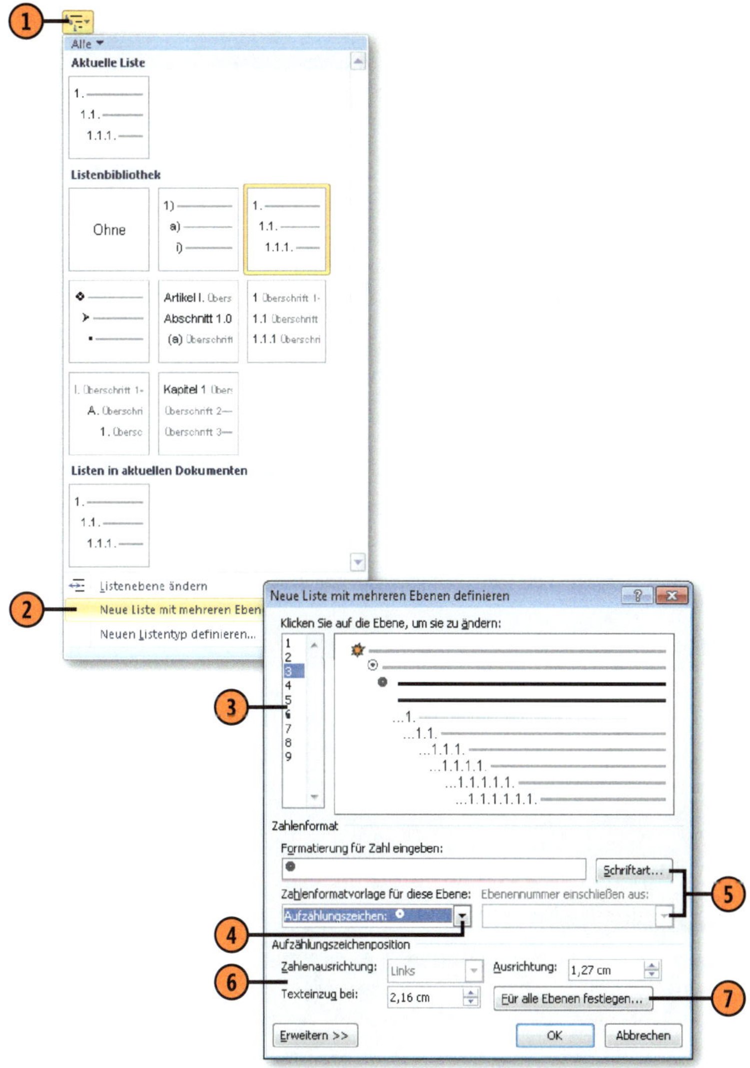

Formatzuweisung über die Tastatur

Word stellt für die Direktformatierung von Absätzen und Zeichen verschiedene Arbeitsmethoden zur Verfügung. Sie können die Formate mithilfe der Schaltflächen zuweisen, die sich auf der Registerkarte *Start* in den Gruppen *Schriftart* und *Absatz* befinden. Oder Sie nehmen den Weg über die Dialogfelder *Schriftart* und *Absatz*, die durch Klicken auf das kleine Pfeilsymbol rechts unten in den Gruppen *Schriftart* und *Absatz* – dem sogenannten Startprogramm für ein Dialogfeld – geöffnet werden. Die dritte Variante, die Word zum direkten Formatieren zur Verfügung stellt, besteht in der Verwendung von Tastenkombinationen.

Die wichtigsten Tastenkombinationen zum direkten Formatieren von Zeichen

Markieren Sie zunächst die gewünschten Zeichen und drücken Sie dann die betreffende Tastenkombination.

Tastenkombination	Aufgabe
Umschalt+F3	Wechselt zwischen Großbuchstaben, Kleinbuchstaben und nur erster Buchstabe groß
Strg+Umschalt+F	**Fett**
Strg+Umschalt+U	Einfache Unterstreichung
Strg+Umschalt+W	Nur Wörter unterstreichen
Strg+Umschalt+D	Doppelte Unterstreichung
Strg+Umschalt+H	Ausgeblendet*
Strg+Umschalt+K	*Kursiv*
Strg+Umschalt+Q	Kapitälchen
Strg+#	Tiefgestellter Text
Strg++	Hochgestellter Text
Strg+Umschalt+A	Schriftart ändern
Strg+Umschalt+P	Schriftgrad ändern
Strg+Leertaste	Alle Zeichenformatierungen entfernen

* nur sichtbar bei eingeschalteten Formatierungssymbolen (siehe Seite 40)

Siehe auch

Informationen zu verschiedenen Auswahltechniken von Zeichen und Absätzen – mit der Maus und mithilfe von Tastenkombinationen – finden Sie auf Seite 43.

Tipp

Drücken Sie die entsprechende Tastenkombination erneut, um das gerade zugewiesene Format wieder aufzuheben.

Sie werden beim Arbeiten mit Word im Laufe der Zeit merken, welche Methode Ihnen am meisten zusagt. Vielleicht schreiben Sie zuerst das Dokument und markieren und formatieren anschließend oder Sie arbeiten absatzweise. Vielleicht bevorzugen Sie die Schaltflächen im Menüband, da Sie das Ergebnis gleich in der Livevorschau prüfen können. Oder aber Sie haben lieber alle Optionen auf einen Blick und rufen daher das entsprechende Dialogfeld auf.

Vielleicht sind Sie mit der Maus nicht so geübt und weisen die gewünschten Formate daher lieber über die Tastatur zu. In Word gibt es verschiedenste Tastenkombinationen für das direkte Formatieren von Zeichen und Absätzen. Wenn Sie die entsprechende Tastenkombination erneut drücken, wird das gerade zugewiesene Format wieder aufgehoben.

Siehe auch

Informationen zum Arbeiten mit Formatvorlagen finden Sie auf Seite 88 ff.

Die wichtigsten Tastenkombinationen zum direkten Formatieren von Absätzen

Markieren Sie zunächst die gewünschten Absätze und drücken Sie dann die betreffende Tastenkombination.

Tastenkombination	Aufgabe
Strg+M	Linken Einzug bis zum nächsten Tabstopp vergrößern
Strg+Umschalt+M	Linken Einzug bis zum vorherigen Tabstopp verkleinern
Strg+T	Hängender Einzug am nächsten Tabstopp
Strg+Umschalt+T	Hängender Einzug am vorherigen Tabstopp
Strg+1 bzw. Strg+2	Ein- bzw. zweizeiliger Zeilenabstand
Strg+5	1,5-zeiliger Zeilenabstand
Strg+0	Abstand (12 pt) vor Absatz
Strg+E	Zentrierter Absatz
Strg+B	Blocksatz
Strg+R	Rechtsbündiger Absatz
Strg+Q	Absatz auf seine Formatvorlage zurücksetzen
Strg+Umschalt+N	Absatz auf Formatvorlage *Standard* zurücksetzen

Formate im Überblick

Manchmal ist es wichtig, sich über alle Formate in einem Absatz zu informieren. Wenn zugewiesene Zeichenformate ebenfalls angezeigt werden sollen, markieren Sie die entsprechende Textpassage. So erhalten Sie schnell einen Überblick über alle Zeichen-, Absatz- und Seitenformateinstellungen.

Formate einblenden

1. Klicken Sie auf der Registerkarte *Start* in der Gruppe *Absatz* auf die Schaltfläche *Alle anzeigen*, um Absatz-, Leerzeichen etc. einzublenden.
2. Setzen Sie die Einfügemarke in den Absatz bzw. markieren Sie den Textbereich, über dessen Formate Sie sich informieren wollen.
3. Drücken Sie Umschalt+F1. Der Aufgabenbereich *Formatierung anzeigen* wird rechts im Word-Fenster angedockt eingeblendet.
4. Klicken Sie hier, um den Aufgabenbereich zu verschieben, seine Größe zu ändern oder ihn zu schließen. Wenn Sie den Aufgabenbereich bereits verschoben haben, doppelklicken Sie auf seine Titelleiste, um ihn wieder rechts im Word-Fenster anzudocken.

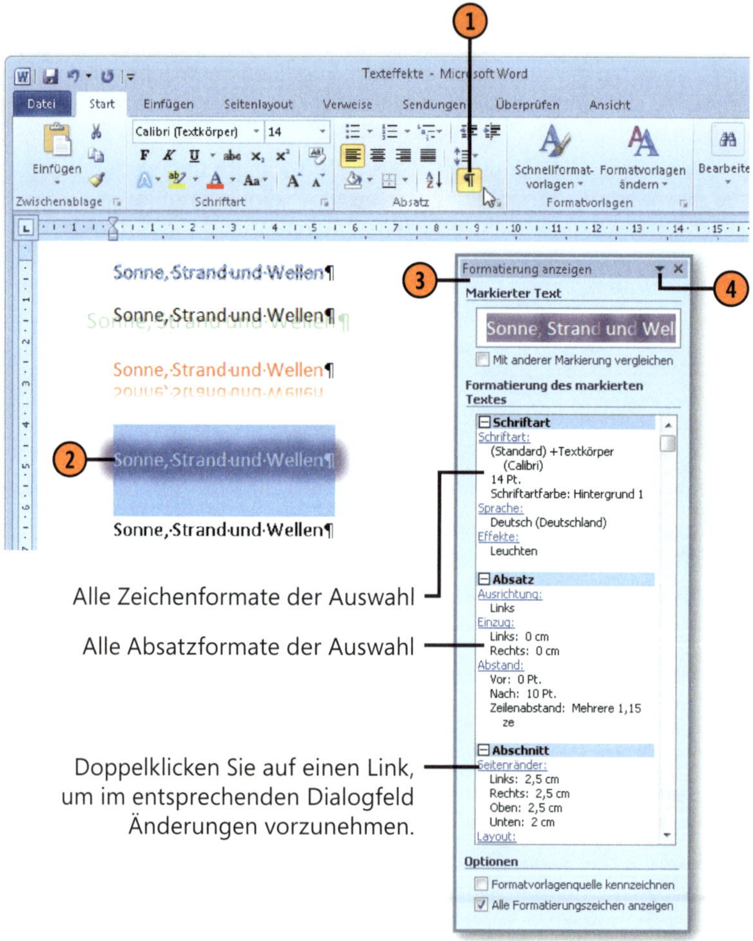

Formate übertragen

Wenn Sie ein Absatz-, Listen- oder Zeichenformat kreiert haben, das Ihnen gefällt, können Sie es schnell und einfach auf andere Textpassagen im Dokument übertragen. So ist eine schnelle einheitliche optische Darstellung Ihrer Dokumente ein Kinderspiel.

Formate mehrfach nutzen

1. Klicken Sie auf der Registerkarte *Start* in der Gruppe *Absatz* auf die Schaltfläche *Alle anzeigen*, um Absatz-, Leerzeichen etc. einzublenden.
2. Wählen Sie das Absatzzeichen des gewünschten Absatzes aus, um das Format des gesamten Absatzes zu kopieren, bzw. markieren Sie eine Zeichenfolge, um das betreffende Zeichenformat zu übertragen.
3. Klicken Sie auf der Registerkarte *Start* in der Gruppe *Zwischenablage* auf die Schaltfläche *Format übertragen*.
4. Ziehen Sie mit dem Mauszeiger (Pinselform) über die Absätze bzw. über die Zeichen, auf die das Format übertragen werden soll.

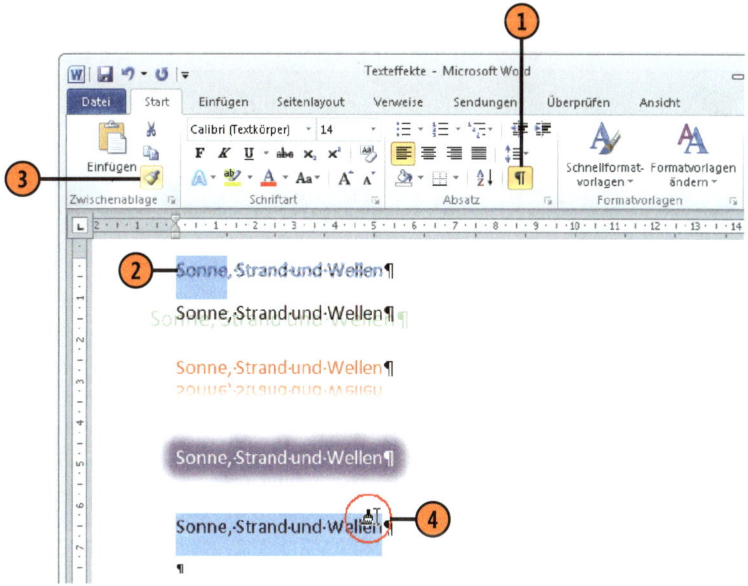

Gewusst wie

Wenn Sie ein Absatz- oder Zeichenformat mehrfach übertragen wollen, wählen Sie den entsprechenden Absatz bzw. die gewünschten Zeichen aus und doppelklicken auf die Schaltfläche *Format übertragen*. Ziehen Sie dann nacheinander über alle Bereiche, auf die das Format übertragen werden soll. Klicken Sie abschließend erneut auf die Schaltfläche *Format übertragen*, um das Übertragen zu beenden.

Text hervorheben

Last but not least soll nicht unerwähnt bleiben, wie Sie Text in Leuchtfarben hervorheben können. Stellen Sie sich das wie beim Bearbeiten eines ausgedruckten Textes vor. Sie ziehen – ähnlich wie mit einem handelsüblichen Textmarker – über wichtige Textpassagen und heben diese Passagen in einer Leuchtfarbe hervor.

Textauswahl mit Marker hervorheben

1. Wählen Sie den Text aus, den Sie wie mit einem Marker im Dokument hervorheben wollen, und klicken Sie auf der Registerkarte *Start* in der Gruppe *Schriftart* auf den Pfeil neben der Schaltfläche *Texthervorhebungsfarbe*.
2. Wählen Sie eine Leuchtfarbe aus.
3. Der Text wird in der gewählten Farbe markiert.
4. Klicken Sie auf *Keine Farbe*, um die Farbzuweisung wieder aufzuheben.

Fließtext mit Marker hervorheben

1. Setzen Sie die Einfügemarke an die Position, ab der Sie mit dem Markieren von Textpassagen beginnen wollen, klicken Sie auf den Pfeil neben der Schaltfläche *Texthervorhebungsfarbe* und wählen Sie eine Farbe aus.
2. Ziehen Sie mit dem Hervorhebungsmauszeiger über eine Textpassage. Wiederholen Sie diesen Schritt für weitere Textteile.
3. Klicken Sie auf den Pfeil neben der Schaltfläche *Texthervorhebungsfarbe* und dann auf *Hervorheben beenden*, um den Markierungsmodus zu deaktivieren.

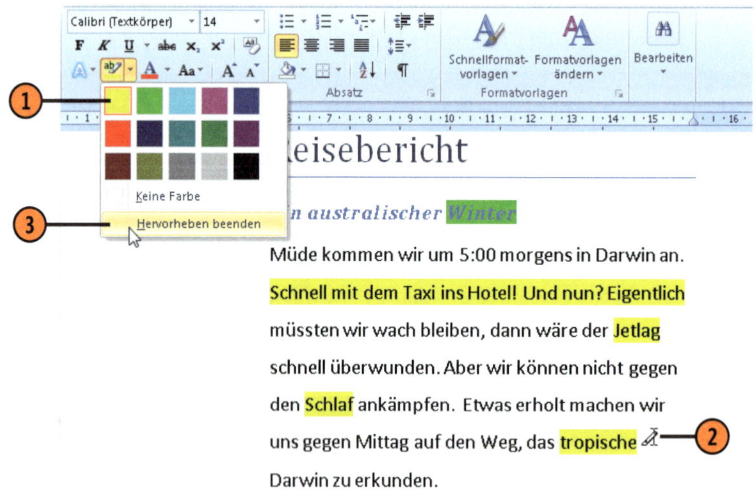

5 Dokumente mit Vorlagen gestalten

In diesem Kapitel:

- Gestaltungsbereiche und Werkzeuge
- Dokumentdesign wählen, bearbeiten
- Formatvorlagen zuweisen
- Neue Formatvorlagen erstellen
- Formatvorlagen überarbeiten
- Formatvorlagen verwalten
- Schnellformatvorlagen zuweisen
- Schnellformatvorlagen in Katalog aufnehmen
- Stil-Sets für Schnellformatvorlagen
- Integrierte Dokumentvorlagen zuweisen
- Eigene Dokumentvorlagen erstellen
- Dokumentvorlage wechseln

Beim Schreiben von kurzen Texten genügt es völlig, wenn Sie Textpassagen und Absätze mithilfe der Schaltflächen in den Gruppen *Schriftart* und *Absatz* der Registerkarte *Start* direkt gestalten. Dieses Vorgehen ist Thema von Kapitel 4.

Sobald es aber darum geht, längeren Dokumenten eine einheitliche optische Linie zu verleihen, sollten Sie sich der Vorlagenfunktionen von Microsoft Word bedienen.

Bestimmen Sie auf oberster Ebene zunächst das grundlegende Dokumentdesign, um Farbwahl und Schriftarten zu vereinheitlichen. Weisen Sie Ihren Dokumenten eine Themen-Dokumentvorlage zu oder arbeiten Sie mit der Standarddokumentvorlage *Normal.dotm*, um stets auf dieselben Formatvorlagen zur Darstellung von Absätzen, Zeichen, Listen- und Tabelleneinträgen zurückgreifen zu können. Die wichtigsten Formatvorlagen einer Dokumentvorlage finden Sie außerdem griffbereit im Menüband im Katalog für die Schnellformatvorlagen.

Sie sind aber nicht auf die integrierten Designs und Vorlagen von Word beschränkt. Lassen Sie Ihrer Kreativität freien Lauf und kreieren Sie eigene Designs, bearbeiten Sie Vorlagen, erstellen Sie eigene und zeigen Sie genau die Formatvorlagen an, die Sie häufig benötigen. So wird das Gestalten von Dokumenten sicherlich bald zu Ihren bevorzugten Aufgaben gehören.

Gestaltungsbereiche und Werkzeuge

Für das Gestalten von Dokumenten mit Vorlagen ist es zunächst notwendig, die verschiedenen Bereiche und Werkzeuge kennenzulernen und zu verstehen, wie sie ineinandergreifen. Word stellt eine Reihe von Funktionen zur Verfügung, mit deren Hilfe Sie professionell aussehende Dokumente mit einheitlichen Layouts erstellen können, die Ihren Stil widerspiegeln.

Formatvorlagen

Man unterscheidet prinzipiell zwischen Vorlagen für Absätze, Vorlagen für Zeichen, verknüpften Vorlagen, die sowohl Absatz- als auch Zeichenformate enthalten, sowie Vorlagen für Listen und Tabellen. So können Sie z.B. für ein Dokument verschiedene Absatz- und verknüpfte Vorlagen erstellen, beispielsweise eine Formatvorlage für Standardabsätze und für Überschriften, und den Absätzen im Dokument zuweisen. Zeichenvorlagen enthalten Gestaltungsmerkmale für Zeichen; sie werden markierten Textpassagen zugewiesen.

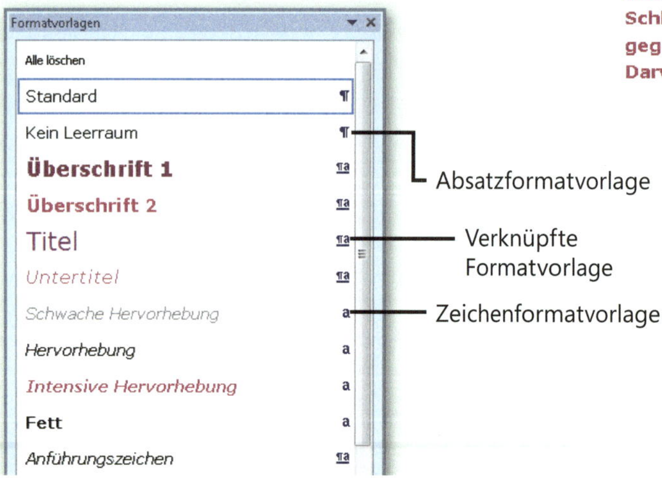

Schnellformatvorlagen

Bei den Schnellformatvorlagen handelt es sich um Formatvorlagen, die häufiger verwendet werden und daher griffbereit im Menüband in einem Schnellformatvorlagen-Katalog zur Verfügung stehen. Formatierungen im Dokument können in diesen Katalog aufgenommen werden. Bei der Erstellung und Bearbeitung von eigenen und integrierten Formatvorlagen können Sie festlegen, ob diese im Katalog für Schnellformatvorlagen angezeigt werden sollen oder nicht. Schrift und Farbe der angezeigten Vorlagen sind vom gewählten Design abhängig.

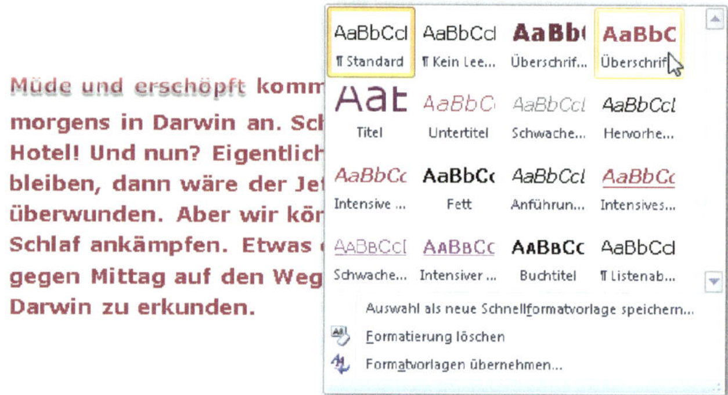

Dokumentvorlagen

Dokumentvorlagen gehen bei der einheitlichen Gestaltung von Dokumenten noch einen Schritt weiter. Sie können neben verschiedenen Formatvorlagen Textblöcke, Grafiken, Textbausteine, Makros sowie eigene Registerkarten enthalten. Sie und andere Nutzer Ihrer Dokumentvorlage greifen so beim Erstellen von Dokumenten stets auf dieselben visuellen Elemente zu. So zieht sich eine klare optische Linie durch Ihre Werke. Dokumentvorlagen werden wie herkömmliche Dokumente gespeichert, allerdings mit der Endung *.dotx* bzw. *.dotm* (Vorlage mit Makros). Word stellt verschiedene integrierte Dokumentvorlagen zur Verfügung. Standardmäßig weist das Programm jedem neu erstellten Dokument die Dokumentvorlage *Normal.dotm* zu. Sie können aber auch eigene Dokumentvorlagen erstellen und mit Ihren Dokumenten verknüpfen.

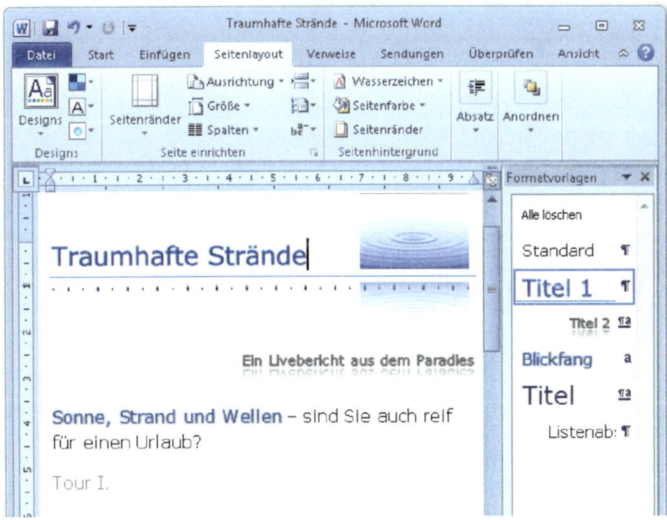

Designs

Auf oberster Gestaltungsebene stehen die Designs. Durch die Wahl eines Designs entscheiden Sie sich für den Einsatz eines bestimmten Farbschemas, das für ein harmonisches optisches Bild sorgt. Außerdem legen Sie über das Design die Schriftart für die Überschriften und den Standardtext sowie für Effekte beim Einfügen von grafischen Objekten fest. Vor allem die Aspekte Farbe und Schrift verleihen Dokumenten ihr ganz spezielles Erscheinungsbild. Word enthält eine Vielzahl von integrierten Designs. Sie haben aber auch die Möglichkeit, selbst Designs zu entwerfen.

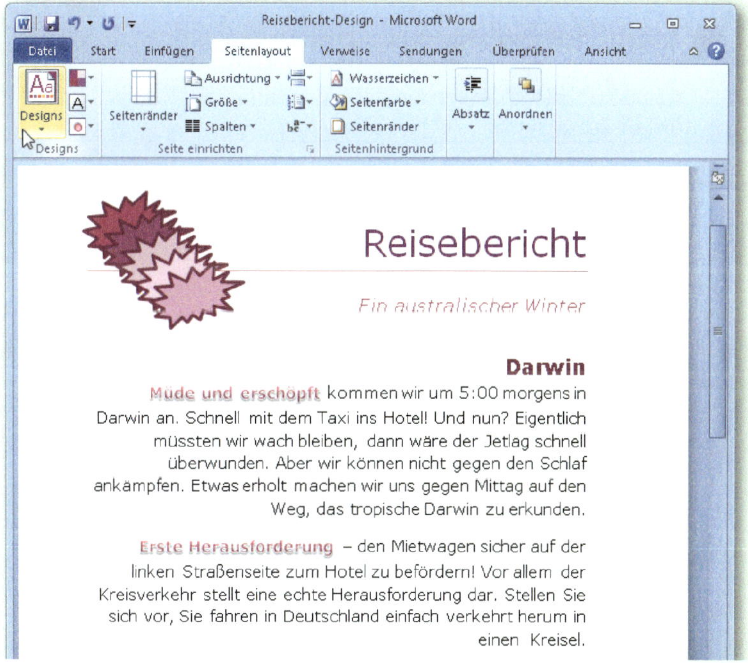

Dokumentdesigns

Word stellt für das Gestalten von Dokumenten verschiedene Designs zur Verfügung. Mit einem Design wird das gesamte Aussehen eines Dokuments bestimmt. Zu einem Design gehören Sets mit Schnellformatvorlagen, eine harmonisch aufeinander abgestimmte Auswahl von Farben, Standardschriften für Überschriften und Fließtext sowie bestimmte Effekte für das Einfügen von grafischen Elementen. Die auf das aktuelle Dokumentdesign abgestimmten Farben, Schriften und Effekte (Linien und Fülleffekte) werden über die betreffenden Schaltflächen auf der Registerkarte *Seitenlayout* in der Gruppe *Designs* zur Verfügung gestellt.

Design wählen

1. Klicken Sie auf der Registerkarte *Seitenlayout* in der Gruppe *Designs* auf die Schaltfläche *Designs*.
2. Zeigen Sie in der Designliste auf ein Design Ihrer Wahl, um seine Wirkung in der Livevorschau zu testen. Klicken Sie auf ein Design, um es zuzuweisen.
3. Des Weiteren können Sie folgende Aktionen ausführen:
   - Das Vorlagendesign wiederherstellen.
   - In einem Öffnen-Dialogfeld nach einem Design oder einem Dokument, dessen Design übernommen werden soll, suchen.
   - Das vorliegende Dokumentdesign unter einem Namen Ihrer Wahl als *.thmx*-Datei (Dateityp: *Office-Design*) speichern.

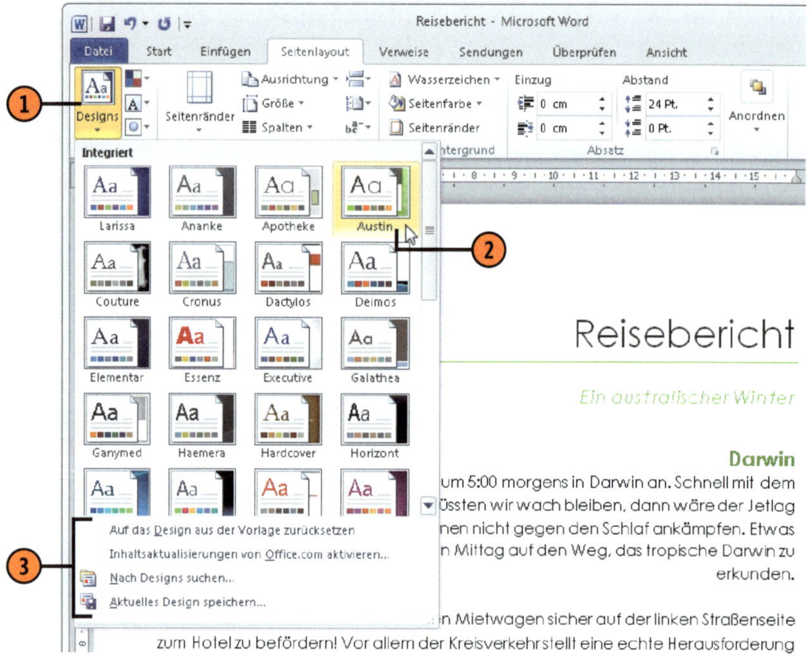

Siehe auch

Informationen zu den Schnellformatvorlagensets eines Designs finden Sie auf Seite 92 f.

Design bearbeiten und speichern

1. Klicken Sie auf der Registerkarte *Seitenlayout* in der Gruppe *Designs* auf die Schaltfläche *Designfarben* und wählen Sie in der Liste eine Farbkombination aus. Wenn Sie ganz unten in der Liste auf *Neue Designfarben erstellen* klicken, können Sie ein eigenes Farbschema erstellen.

2. Klicken Sie auf die Schaltfläche *Designschriftarten* und wählen Sie in der Liste eine andere Schriftkombination für Überschriften und Textkörper aus. Wenn Sie ganz unten in der Liste auf *Neue Designschriftarten erstellen* klicken, können Sie eine eigene Schriftkombination definieren.

3. Klicken Sie auf die Schaltfläche *Designeffekte* und wählen Sie in der Liste eine Kombination aus Linien- und Fülleffekten für grafische Elemente aus.

4. Klicken Sie auf der Registerkarte *Seitenlayout* in der Gruppe *Designs* auf die Schaltfläche *Designs* und dann auf *Aktuelles Design speichern*. Vergeben Sie einen Namen für das geänderte Design, um es als Designdatei im Dateiformat *Office-Design* mit der Erweiterung *.thmx* zu speichern.

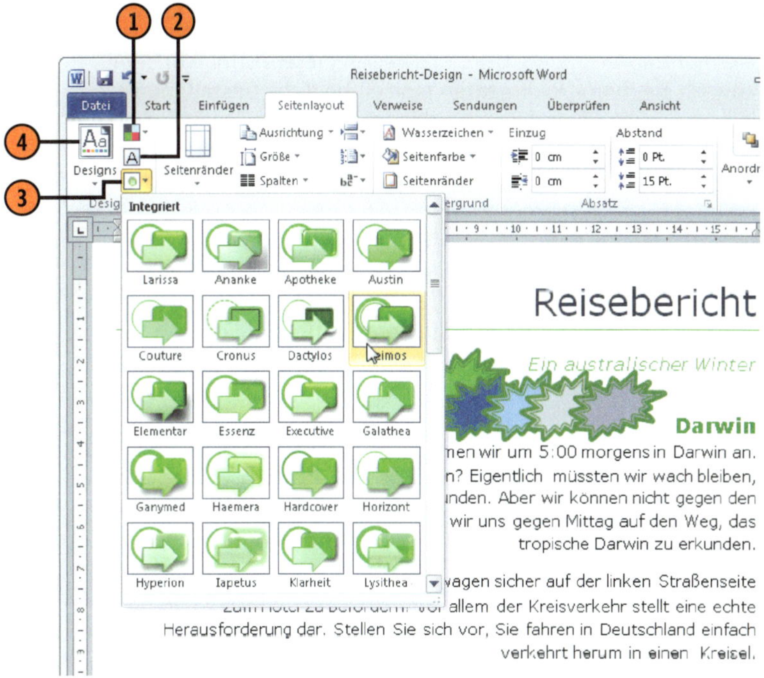

Tipp

Wenn Sie auf die Schaltfläche *Designs* klicken, werden die von Ihnen erstellten und gespeicherten Designs oben in der Designliste im Abschnitt *Benutzerdefiniert* aufgelistet.

Formatvorlagen zuweisen

Wenn Sie nichts anderes bestimmen, stehen jedem neuen Dokument standardmäßig die Formatvorlagen der Dokumentvorlage *Normal* zur Verfügung. Durch Zuweisen dieser Formatvorlagen können Sie Ihren Dokumenten eine einheitliche Gestaltung verleihen. Es gibt Absatzformatvorlagen, mit denen Zeilenabstände, Einzüge, Rahmen etc. definiert werden, Zeichenformatvorlagen, in denen die Schrift, Fettdruck etc. festgelegt sind, sowie verknüpfte Formate, die sowohl Absatz- als auch Zeichenformatierungen enthalten.

Formatvorlage auswählen

1. Wählen Sie den Dokumentbereich aus, dem Sie eine Formatvorlage zuweisen wollen, und klicken Sie auf der Registerkarte *Start* in der Gruppe *Formatvorlagen* auf das Startprogramm für ein Dialogfeld, um den Aufgabenbereich *Formatvorlagen* einzublenden.
2. Aktivieren Sie das Kontrollkästchen *Vorschau anzeigen*, um die Zuweisung in der Livevorschau prüfen zu können.
3. Klicken Sie im Aufgabenbereich *Formatvorlagen* auf die gewünschte Formatvorlage, um sie der Textauswahl zuzuweisen.

Siehe auch

Informationen über die Schnellformatvorlagen finden Sie auf Seite 92 f.

Tipp

Zeigen Sie im Aufgabenbereich *Formatvorlagen* auf eine Vorlage, um eine Zusammenfassung ihrer Formatierungen einzublenden.

Neue Formatvorlagen erstellen

Wenn Sie feststellen, dass Sie immer wieder gleiche direkte Formatierungen vornehmen, sollten Sie für das benötigte Format eine neue Formatvorlage erstellen. Dabei ist es möglich zu bestimmen, ob die neue Vorlage nur im aktuellen Dokument oder in allen mit der Dokumentvorlage erstellten Dokumenten zur Verfügung stehen soll.

Formatvorlage erstellen

1. Klicken Sie im Aufgabenbereich *Formatvorlagen* (siehe vorherige Seite) auf die Schaltfläche *Neue Formatvorlage*, um das Dialogfeld *Neue Formatvorlage von Formatierung erstellen* zu öffnen.
2. Klicken Sie in das Textfeld *Name* und geben Sie einen Namen ein.
3. Legen Sie den Vorlagentyp (*Absatz*, *Zeichen*, *Verknüpft* etc.) fest.
4. Weisen Sie der Vorlage eine Basis und das Format für den Folgeabsatz zu.
5. Ändern Sie die gängigsten Zeichen- und Absatzformate.
6. Klicken Sie auf *Format* und wählen Sie im Dropdownmenu einen Befehl, um zum entsprechenden Dialogfeld zu wechseln und dort Einstellungen für die Vorlage festzulegen.

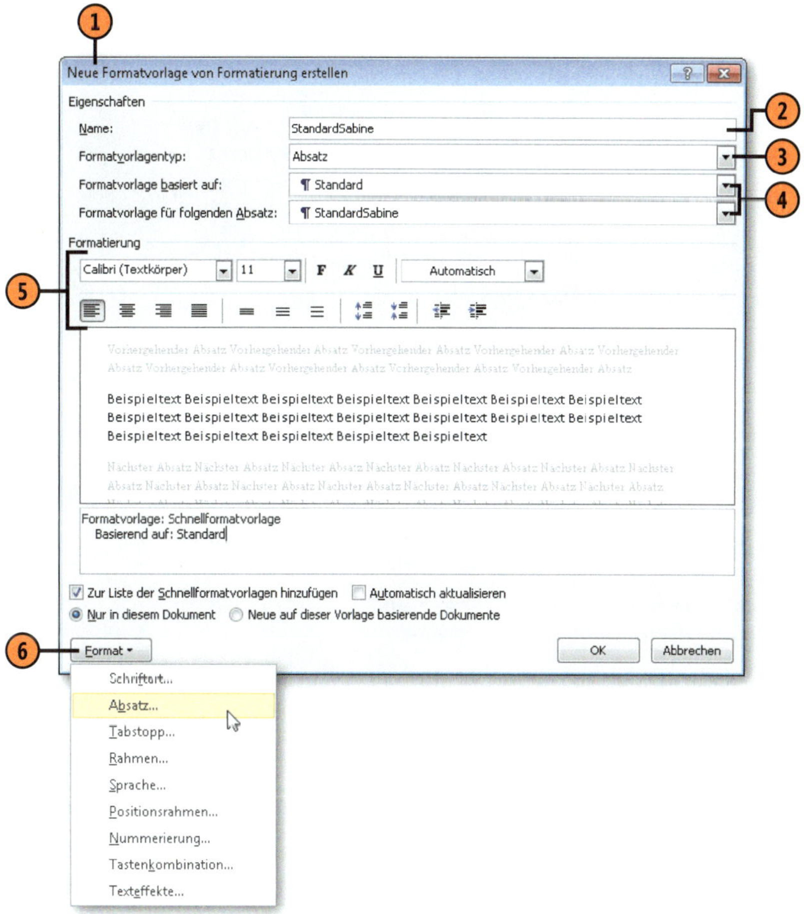

Gewusst wie

Sie können auch Formatvorlagen für Listen und Tabellen erstellen. Informationen zu Listen finden Sie auf Seite 72 ff. und zu Tabellen auf Seite 118 ff.

Formatvorlagen überarbeiten

Im Aufgabenbereich *Formatvorlagen* erhalten Sie einen optimalen Überblick über die im aktuellen Dokument verwendeten Formatvorlagen. Hier können Sie die Formatvorlagen ändern und selbst erstellte Vorlagen löschen oder die Anzeige der Vorlagen im Katalog für Schnellformatvorlagen unterdrücken.

Formatvorlage bearbeiten

1. Wählen Sie den Dokumentbereich aus, dessen Formatvorlage geändert werden soll, und klicken Sie auf der Registerkarte *Start* in der Gruppe *Formatvorlagen* auf dieses Symbol, um den Aufgabenbereich *Formatvorlagen* einzublenden.
2. Klicken Sie auf den Pfeil der gewünschten Formatvorlage.
3. Führen Sie eine der folgenden Aktionen aus:
   - Klicken Sie auf den Eintrag zum Aktualisieren, wenn Sie die Textauswahl zusätzlich formatiert haben und diese Formatierung in der Formatvorlage übernehmen wollen.
   - Klicken Sie auf *Ändern*, um im Dialogfeld *Formatvorlage ändern* Änderungen an den Formaten vorzunehmen. Das Dialogfeld sieht ähnlich wie das zum Erstellen einer neuen Formatvorlage aus (siehe vorherige Seite).
   - Klicken Sie auf den Eintrag zum Löschen, um eigene Formatvorlagen zu entfernen.
   - Klicken Sie auf *Aus Schnellformatvorlagen-Katalog entfernen*, um die gewählte Formatvorlage nicht mehr in diesem Katalog anzuzeigen.

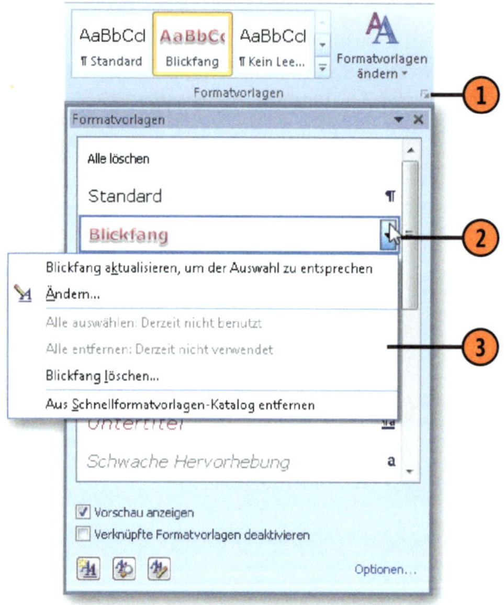

Siehe auch

Informationen zu den Schnellformatvorlagen finden Sie auf Seite 92 f.

Siehe auch

Informationen zum Organisieren von Formatvorlagen finden Sie auf Seite 207.

Formatvorlagen verwalten

Es passiert leicht, dass man bei den Formatvorlagen den Überblick verliert. Sie können daher genau festlegen, welche Formatvorlagen angezeigt werden sollen. Und mit dem Formatinspektor erkennen Sie schnell, an welchen Stellen im Dokument zusätzliche direkte Formatierungen durchgeführt wurden.

Anzeigeoptionen einstellen

1. Klicken Sie im Aufgabenbereich *Formatvorlagen* auf den Link *Optionen*, um das Dialogfeld *Optionen für Formatvorlagenbereich* zu öffnen.
2. Legen Sie hier fest, ob empfohlene, verwendete, im aktuellen Dokument enthaltene oder alle Formatvorlagen im Aufgabenbereich angezeigt werden sollen.
3. Legen Sie eine Sortierfolge für die Anzeige im Aufgabenbereich fest.
4. Aktivieren Sie die Einstellungen, um Formatvorlagen plus eventuell direkt enthaltene Formatierungen im Aufgabenbereich anzuzeigen.

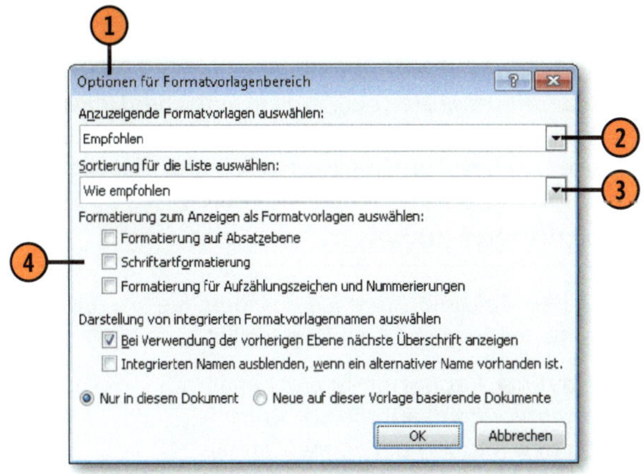

Formatvorlagen prüfen

1. Klicken Sie im Aufgabenbereich *Formatvorlagen* auf die Schaltfläche *Formatinspektor*.
2. Der Formatinspektor zeigt zusätzliche direkte Formatierungen in der Formatvorlage an – auf Absatz- und auf Zeichenebene.
3. Klicken Sie hier, um direkte Absatz- bzw. Zeichenformate zu entfernen (zu direkten Formatierungen siehe Kapitel 4).

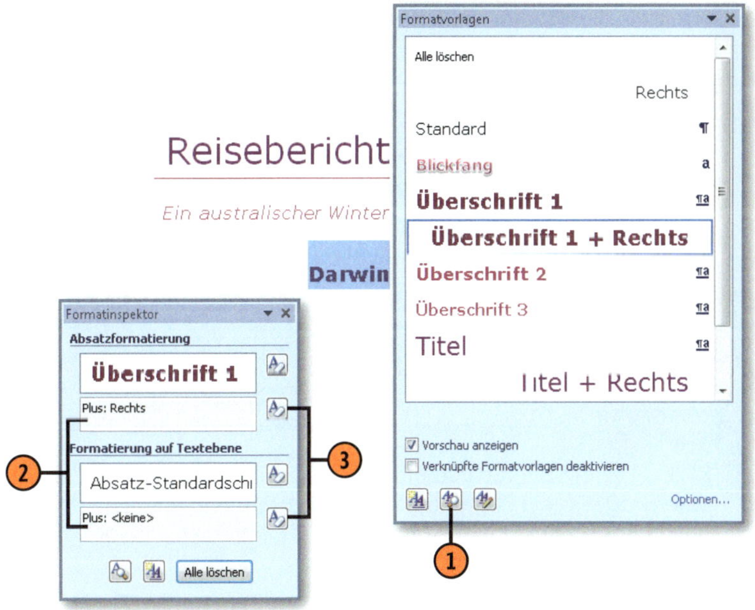

Mit Schnellformatvorlagen arbeiten

Der Schnellformatvorlagen-Katalog enthält ein Set mit Formatvorlagen, die in der Regel ausreichen, um ein einfaches Dokument ansprechend und einheitlich zu gestalten. Darüber hinaus haben Sie die Möglichkeit, eigene Formate zu erstellen und diese in den aktuellen Katalog aufzunehmen, sowie nicht benötigte Formate aus dem Katalog zu entfernen. Word stellt zusätzlich verschiedene Stil-Sets mit Schnellformatvorlagen zur Verfügung, mit denen Sie für Ihre Dokumente eine bestimmte Richtung vorgeben können.

Schnellformatvorlage zuweisen

1. Wählen Sie den Dokumentbereich aus, dem Sie eine Schnellformatvorlage zuweisen wollen.
2. Klicken Sie auf der Registerkarte *Start* in der Gruppe *Formatvorlagen* auf die Schaltfläche *Weitere*, um den Katalog mit Schnellformatvorlagen aufzuklappen.
3. Klicken Sie auf eine Vorlage, um sie dem Dokumentbereich zuzuweisen.
4. Klicken Sie im Schnellformatvorlagen-Katalog auf *Formatierung löschen*, um eine zuvor zugewiesene Formatierung wieder aufzuheben.
5. Über *Formatvorlagen übernehmen* können Sie der Textauswahl eine Formatvorlage aus der Dokumentvorlage für das aktuelle Dokument zuweisen.

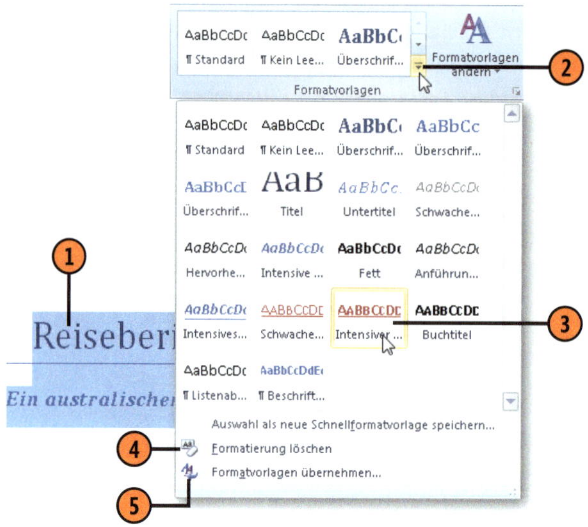

Tipp

Klicken Sie mit der rechten Maustaste auf eine Schnellformatvorlage im Katalog und dann im Kontextmenü auf den Befehl *Aus Schnellformatvorlagen-Katalog entfernen*, um die Vorlage aus dem Katalog zu nehmen.

Neue Vorlage in den Katalog aufnehmen

1. Formatieren Sie im Dokument einen Absatz oder einen Textbereich, dessen Formatierung Sie als Schnellformatvorlage in den Katalog aufnehmen wollen, und wählen Sie ihn aus.
2. Klicken Sie auf der Registerkarte *Start* in der Gruppe *Formatvorlagen* auf die Schaltfläche *Weitere* und dann auf *Auswahl als neue Schnellformatvorlage speichern*.
3. Vergeben Sie im Dialogfeld *Neue Formatvorlage von Formatierung erstellen* einen Vorlagennamen.
4. Bestätigen Sie mit *OK*, um die neue Vorlage an erster Position in den Schnellformatvorlagen-Katalog aufzunehmen.

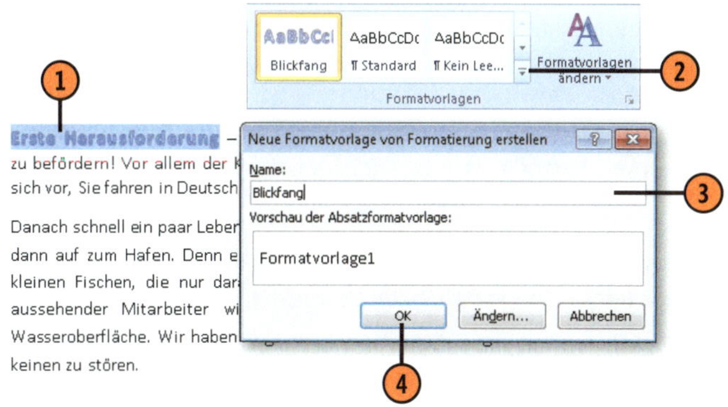

Stil-Set wechseln

1. Klicken Sie auf der Registerkarte *Start* in der Gruppe *Formatvorlagen* auf die Schaltfläche *Formatvorlagen ändern*.
2. Klicken Sie auf *Stil-Set* und zeigen Sie dann auf ein Set.
3. Prüfen Sie das Set in der Livevorschau, bevor Sie es durch <Klicken zuweisen.
4. Speichern Sie das gewählte Set bei Bedarf als neues Stil-Set unter einem Namen Ihrer Wahl. Das neue Set wird dann in die Liste der Stil-Sets aufgenommen.

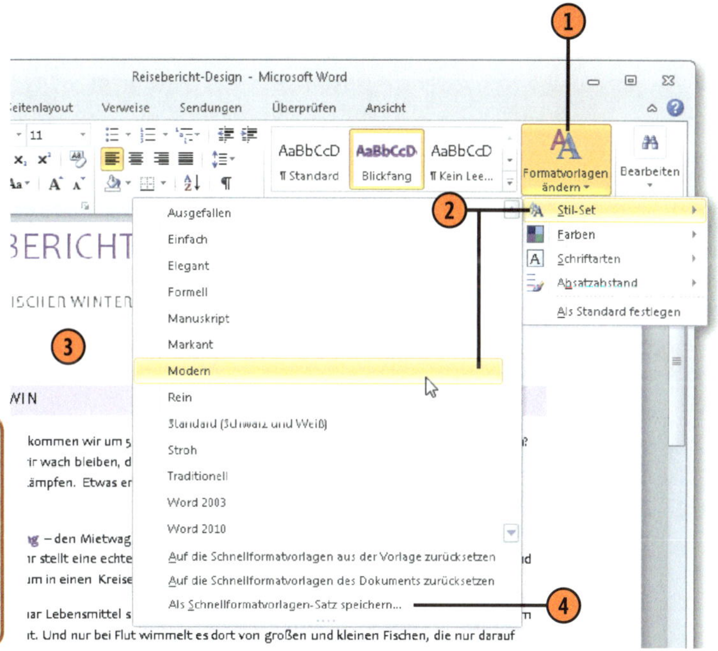

Gewusst wie

Sie können für Schnellformatvorlagen nicht nur das Stil-Set ändern, sondern auch neue Farbkombinationen, andere Schriftarten für die Überschriften und den Fließtext sowie andere Absatzabstände wählen. Damit ändern Sie für das aktuelle Dokument die verfügbaren Designfarben und Standardschriftarten für Überschrift und Fließtext sowie den Standardzeilenabstand.

Mit Dokumentvorlagen arbeiten

Word stellt eine Vielzahl von themenspezifischen Dokumentvorlagen auf Ihrem Rechner und online für das Erstellen neuer Dokumente zur Verfügung. Sie können aber auch eigene Dokumentvorlagen zusammenstellen und diese mit neuen Dokumenten verknüpfen.

Integrierte Vorlage für neues Dokument wählen

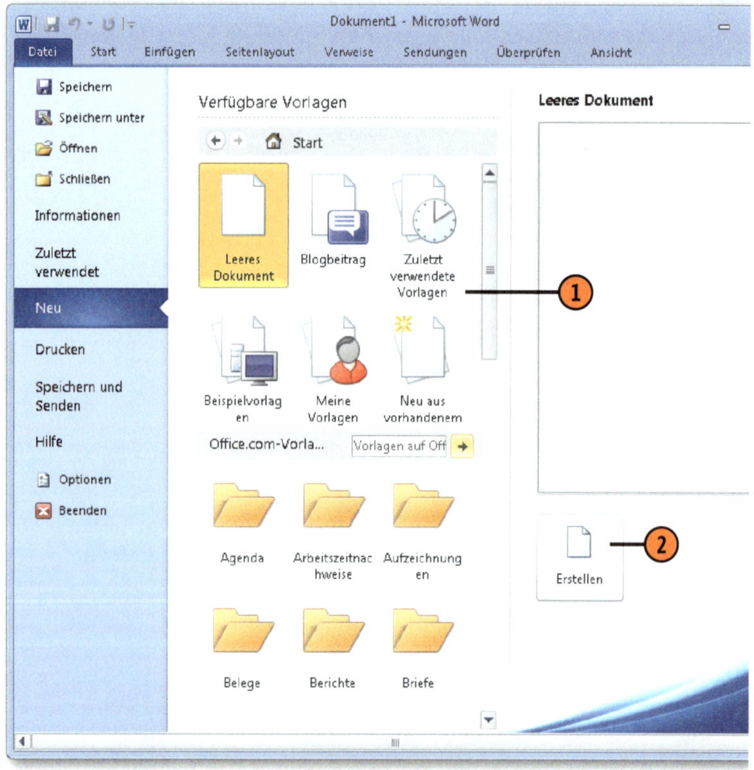

1. Klicken Sie auf der Registerkarte *Datei* auf *Neu* und wählen Sie dann im Bereich *Verfügbare Vorlagen* unter folgenden Möglichkeiten aus:
   - *Beispielvorlagen* – eine integrierte Word 2010-Vorlage auswählen
   - *Meine Vorlagen* – eine im Ordner für Benutzervorlagen abgelegte Vorlage wählen
   - *Neu aus vorhandenem Dokument* – ein Dokument wählen, dessen Dokumentvorlage verwendet werden soll
   - *Zuletzt verwendete Vorlagen* – eine Vorlage wählen, mit der Sie vor Kurzem gearbeitet haben
   - *Office.com-Vorlagen* – ein Thema und eine Vorlage von der Microsoft-Website auf Ihren Rechner herunterladen
2. Klicken Sie auf die Schaltfläche *Erstellen* und bearbeiten Sie das neue Dokument mit den verfügbaren Formatvorlagen und sonstigen Elementen der Dokumentvorlage.

Eigene Vorlage erstellen

1. Öffnen Sie ein Dokument oder eine Dokumentvorlage, das/die bereits Elemente enthält, die Sie in der neuen Vorlage übernehmen wollen, oder erstellen Sie ein neues Dokument mit entsprechenden Elementen. Klicken Sie auf der Registerkarte *Datei* auf *Speichern unter*, um das Dialogfeld *Speichern unter* zu öffnen.
2. Wechseln Sie zum Vorlagenordner von Word.
3. Vergeben Sie einen Vorlagennamen.
4. Klicken Sie auf den Pfeil neben dem Feld *Dateityp* und dann in der Liste auf den Eintrag *Word-Vorlage*. Enthält die neue Vorlage Makros, wählen Sie stattdessen den Eintrag *Word-Vorlage mit Makros*.

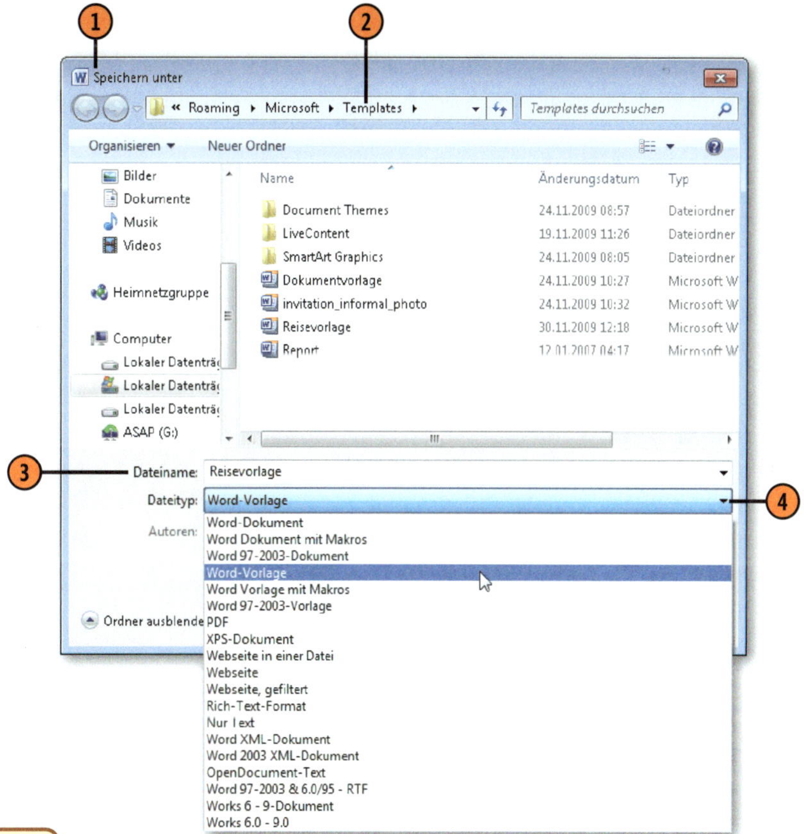

Gewusst wie

Soll die neue Vorlage angeboten werden, wenn Sie beim Erstellen eines neuen Dokuments im Bereich *Verfügbare Vorlagen* auf *Meine Vorlagen* klicken, speichern Sie sie im Standardvorlagenordner (*AppData**Roaming**Microsoft**Templates*). Wie Sie diesen Standard ändern können, erfahren Sie auf Seite 239.

Dokumentvorlagen wechseln

Wenn Sie einem Dokument bereits eine Dokumentvorlage zugewiesen haben, können Sie die Vorlage jederzeit wechseln, um auf andere Elemente zuzugreifen. Es ist außerdem möglich, für die aktuelle Arbeitssitzung weitere Vorlagen als globale Dokumentvorlagen hinzufügen.

Vorlage in einem Dokument wechseln

1. Klicken Sie auf der Registerkarte *Datei* auf *Optionen*, wechseln Sie zur Kategorie *Add-Ins*, klicken Sie rechts unten auf den Pfeil neben *Verwalten*, wählen Sie den Listeneintrag *Vorlagen* und klicken Sie dann auf die Schaltfläche *Gehe zu*, um das Dialogfeld *Dokumentvorlagen und Add-Ins* zu öffnen.
2. Klicken Sie auf die Schaltfläche *Anfügen* und wählen Sie im Vorlagenordner die gewünschte Dokumentvorlage aus.
3. Aktivieren Sie dieses Kontrollkästchen, um alle Formatvorlagen der neu zugewiesenen Dokumentvorlage im aktuellen Dokument zu übernehmen.
4. Klicken Sie auf *Hinzufügen* und wählen Sie im Vorlagenordner die gewünschte Dokumentvorlage aus, deren Elemente global, d.h. überall in der aktuellen Arbeitssitzung zur Verfügung stehen.

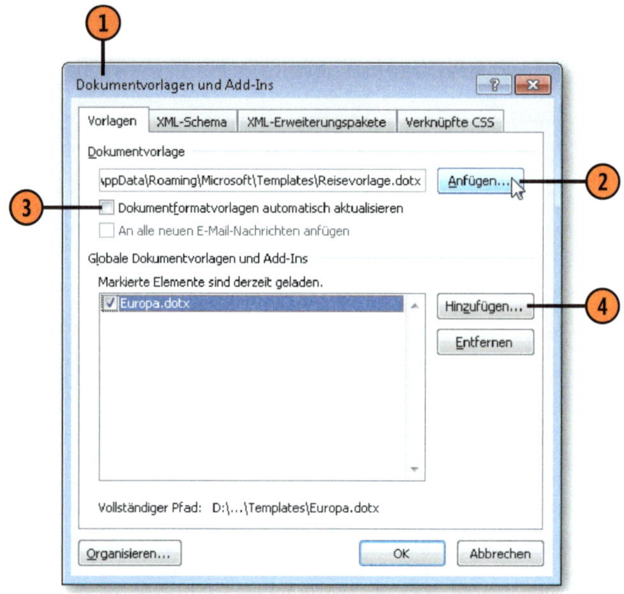

Siehe auch

Informationen zum Organisieren von Dokumentvorlagen finden Sie auf Seite 207.

6 Dokumente einrichten

In diesem Kapitel:

- Standardseiten einrichten
- Spezielle Seitenlayouts
- Layouts für Dokumentbereiche ändern
- Spaltensatz
- Silbentrennung
- Kopf- und Fußzeilen definieren
- Seitenzahlen gestalten
- Seitenumbrüche einfügen
- Spaltenumbrüche einfügen
- Abschnittsumbrüche einfügen

Angenommen, Sie haben ein Dokument – sei es ein kurzes Memo oder ein längeres Buchkapitel – erstellt und ihm mithilfe von direkten Formatierungen oder Word-Vorlagen den gestalterischen Feinschliff verliehen. Was jetzt noch fehlt, ist das sogenannte Einrichten des Dokuments, bevor Sie es an andere weitergeben. Und genau das ist das Thema in diesem Kapitel.

Zum Einrichten des Dokuments gehört zum einen das Festlegen des Papierformats. Word stellt eine Reihe von verschiedenen Formaten zur Verfügung, u.a. verschiedene Papiergrößen und Formate für Karteikarten und Fotos. Zum anderen legen Sie beim Einrichten die Seitenränder und die Ausrichtung für Ihr Dokument fest und definieren Kopf- und Fußzeilen. Sie haben dabei die Möglichkeit, das Dokument einheitlich zu gestalten oder in Abschnitte zu unterteilen, die dann mit unterschiedlichen Layouts versehen werden können.

Last but not least legen Sie beim Einrichten des Dokuments den Umbruch der Seiten fest. Sie können aufgrund inhaltlicher Aspekte manuelle Seitenumbrüche einfügen sowie Spalten- und Abschnittsumbrüche manuell steuern.

Standardseiten einrichten

Beim Erstellen und Gestalten eines Dokuments müssen Sie einige generelle Einstellungen für die Seiten festlegen, bevor Sie sie drucken. Beim Einrichten der Standardseiten legen Sie das Papierformat, die Seitenränder und die Seitenausrichtung fest.

Standardpapierformat wählen

1. Klicken Sie auf der Registerkarte *Seitenlayout* in der Gruppe *Seite einrichten* auf die Schaltfläche *Größe*.
2. Klicken Sie auf das gewünschte Standardformat.
3. Klicken Sie auf *Weitere Papierformate*, um im Dialogfeld *Seite einrichten* auf der Registerkarte *Papier* ein eigenes Papierformat für das gesamte Dokument bzw. ab der aktuellen Seite zu definieren. Wenn Sie häufig mit einem selbst erstellten Papierformat arbeiten wollen, können Sie es zum Standardpapierformat für alle neuen Dokumente machen, die mit der Standarddokumentvorlage *Normal* erstellt werden. Klicken Sie dazu im Dialogfeld auf die Schaltfläche *Als Standard festlegen*.

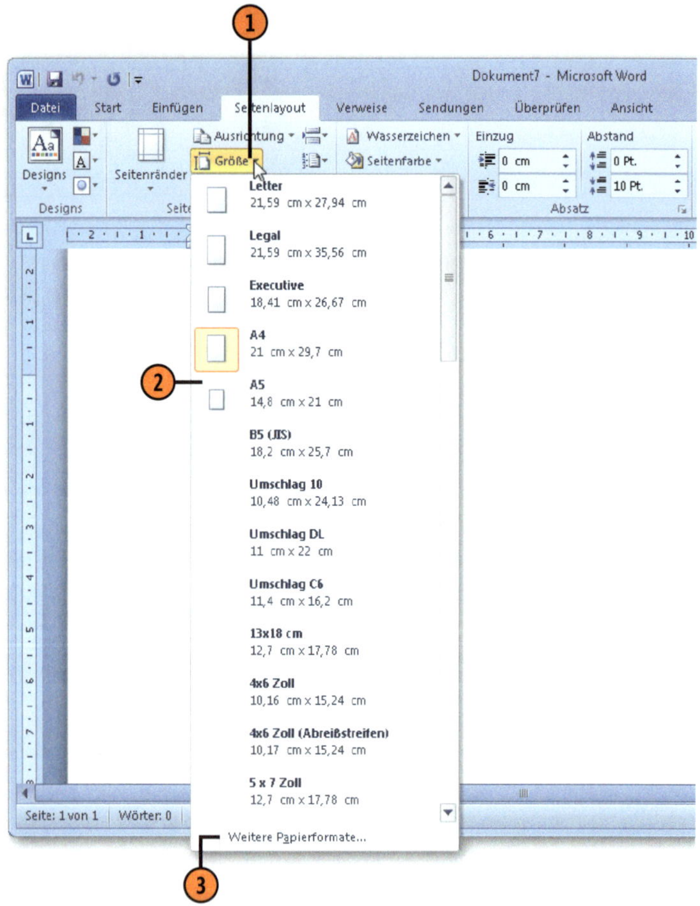

Tipp

Standardmäßig wird jedem Dokument das Papierformat A4 zugewiesen. Die Liste der integrierten Seitenformate enthält darüber hinaus weitere Formate nach DIN, amerikanische und englische Papierformate sowie Formate für Umschläge, Karteikarten und Fotogrößen.

Seitenränder festlegen

1. Klicken Sie auf der Registerkarte *Seitenlayout* in der Gruppe *Seite einrichten* auf die Schaltfläche *Seitenränder*.
2. Klicken Sie auf das gewünschte Standardformat.
3. Klicken Sie auf *Benutzerdefinierte Seitenränder*, um im Dialogfeld *Seite einrichten* auf der Registerkarte *Seitenränder* eigene Randeinstellungen für das gesamte Dokument bzw. ab der aktuellen Seite zu definieren. Wenn Sie häufig mit eigenen Seitenrändern arbeiten wollen, können Sie Ihre Einstellungen zum Standard für alle neuen Dokumente machen, die mit der Standarddokumentvorlage *Normal* erstellt werden. Klicken Sie hierzu auf die Schaltfläche *Als Standard festlegen*.

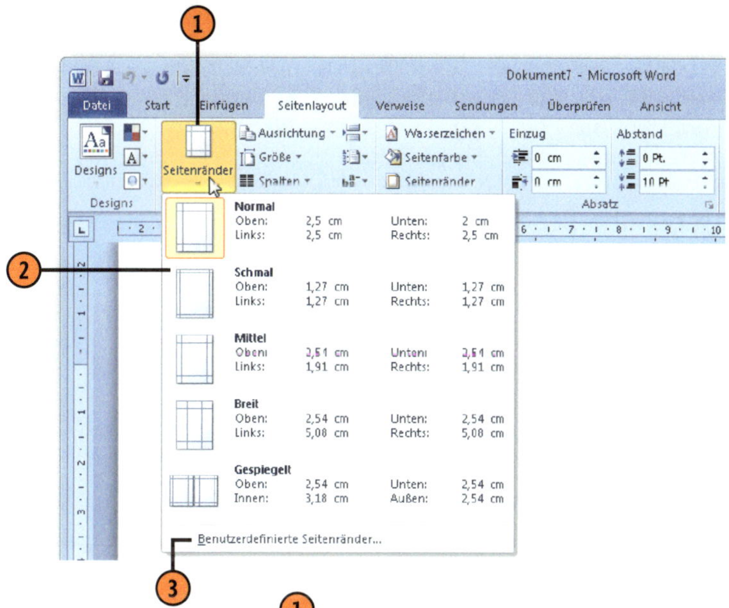

Seitenausrichtung wählen

1. Klicken Sie auf der Registerkarte *Seitenlayout* in der Gruppe *Seite einrichten* auf die Schaltfläche *Ausrichtung*.
2. Klicken Sie auf *Hochformat* (A4: Höhe 29,7 cm; Breite 21 cm) bzw. auf *Querformat* (A4: Höhe 21 cm; Breite 29,7 cm), um die Seitenausrichtung festzulegen.

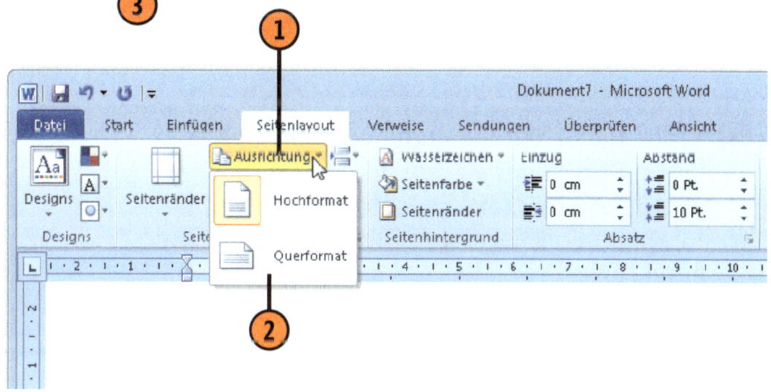

Siehe auch

Informationen zum Seitenrandformat *Gespiegelt* finden Sie auf der nächsten Seite.

Spezielle Seitenlayouts

Wenn Sie vorhaben, die Seiten Ihres Dokuments später ein- oder beidseitig zu drucken und anschließend zu binden, müssen Sie vorab ein paar Einstellungen vornehmen, damit der Ausdruck korrekt erfolgen kann. Sie benötigen einen sogenannten Bundsteg, der zusätzlich zur Randeinstellung definiert werden muss. In gebundenen Werken werden die Seiten grundsätzlich so angeordnet, dass sich gerade Seiten links und ungerade Seiten rechts befinden.

Gegenüberliegende Seiten

1. Klicken Sie auf der Registerkarte *Seitenlayout* in der Gruppe *Seite einrichten* auf die Schaltfläche *Seitenränder* und wählen Sie unten in der Liste den Eintrag *Benutzerdefinierte Seitenränder*, um das Dialogfeld *Seite einrichten* zu öffnen.
2. Klicken Sie auf der Registerkarte *Seitenränder* auf den Pfeil des Listenfeldes *Mehrere Seiten* und wählen Sie die Option *Gegenüberliegende Seiten*.
3. Geben Sie in den Feldern *Innen* und *Außen* die gewünschten Randeinstellungen ein. Der Innenrand ist auf geraden Seiten rechts und auf ungeraden Seiten links.
4. Sollen die Seiten gebunden werden, geben Sie im Feld *Bundsteg* den gewünschten Wert ein. Die Position des Bundstegs ist fix, da sie für gegenüberliegende Seiten zum Innenrand addiert wird.

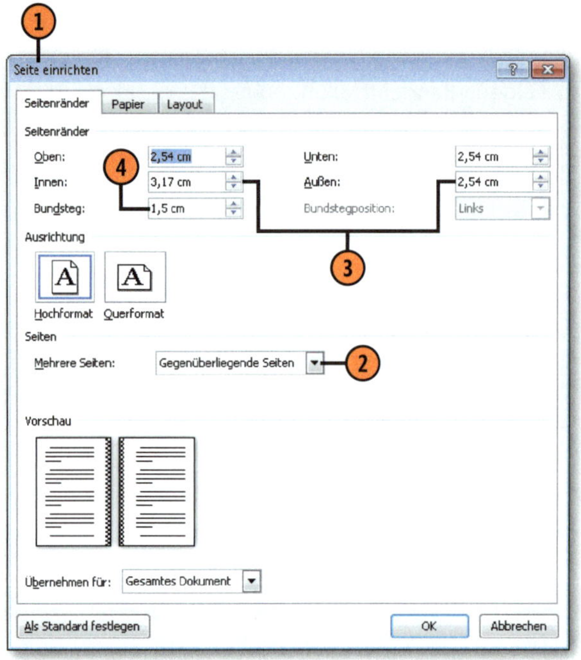

Tipp

Um schnell Standardränder für gegenüberliegende Seiten ohne Bundsteg zu definieren, klicken Sie auf der Registerkarte *Seitenlayout* in der Gruppe *Seite einrichten* auf die Schaltfläche *Seitenränder* und wählen die Option *Gespiegelt*.

Gebundene Seiten

1. Klicken Sie auf der Registerkarte *Seitenlayout* in der Gruppe *Seite einrichten* auf die Schaltfläche *Seitenränder* und wählen Sie unten in der Liste den Eintrag *Benutzerdefinierte Seitenränder*, um das Dialogfeld *Seite einrichten* zu öffnen.
2. Legen Sie die Seitenausrichtung fest.
3. Legen Sie einen Bundsteg fest.
4. Legen Sie fest, ob die Bindung am oberen oder am linken Rand erfolgen soll.

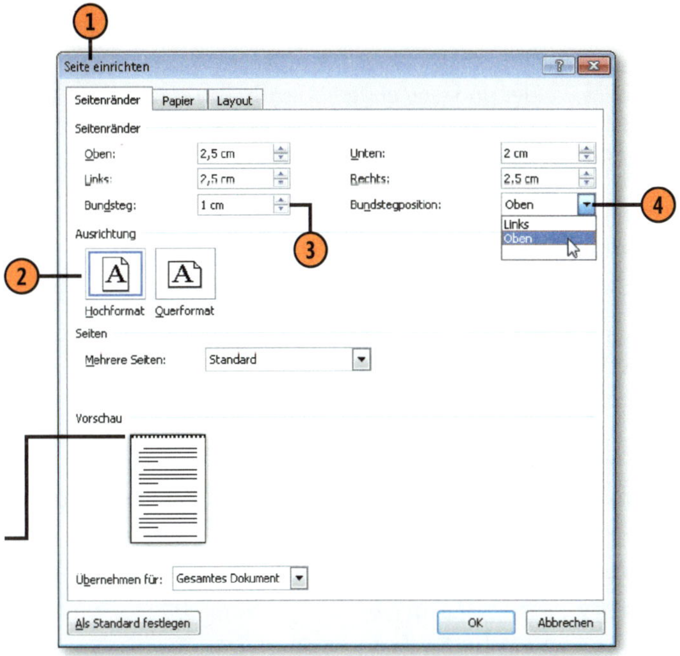

Bundsteg am oberen Rand für eine Bindung im Hochformat

Gewusst wie

Wählen Sie im Dropdown-Listenfeld *Mehrere Seiten* die Option *Buch*, um je zwei Seiten verkleinert auf eine Querformatseite zu drucken. Legen Sie den Innen- und Außenrand sowie die Breite des Bundstegs fest. Die Bundstegposition wird durch das Layout bestimmt. Wählen Sie dann im Dropdown-Listenfeld *Seiten pro Broschüre*, ob das Dokument als ein Buch oder in mehrere Broschüren mit 4, 8, 12 etc. Seiten gedruckt werden soll. Im letzteren Fall beginnt der Druck bei jeder ersten Seite einer neuen Broschüre in der rechten Papierhälfte, die linke bleibt leer.

Layouts für Dokumentbereiche ändern

Sie haben die Möglichkeit, für Dokumentabschnitte ein anderes Format, andere Ränder und eine andere Ausrichtung zu wählen. So bietet es sich beispielsweise an, eine Seite mit einer Tabelle im Querformat darzustellen, wenn die Tabelle breiter als die Satzspiegelbreite des Fließtextes ist. Oder Sie ändern die Randeinstellungen für einen bestimmten Bereich, um diesen besonders hervorzuheben. Word kennzeichnet Textbereiche mit einer anderen Ausrichtung oder anderen Randeinstellungen mit sogenannten Abschnittswechseln. Sie können bestimmen, ob der Wechsel fortlaufend oder auf der nächsten Seite erfolgen soll.

Ausrichtung und Ränder neu definieren

1. Wählen Sie den Bereich aus, für den ein anderes Layout gelten soll, und klicken Sie auf der Registerkarte *Seitenlayout* rechts in der Gruppe *Seite einrichten* auf den kleinen Pfeil, das Startprogramm für das Dialogfeld *Seite einrichten*, um dieses zu öffnen.
2. Klicken Sie im Bereich *Ausrichtung* auf die Option *Querformat*.
3. Geben Sie bei Bedarf neue Randeinstellungen ein.
4. Wählen Sie im Dropdown-Listenfeld *Übernehmen für* die Option *Markierten Text*. Die neuen Einstellungen werden nach Klicken auf *OK* für den markierten Text übernommen. Word fügt am Anfang und am Ende der Textmarkierung jeweils einen Abschnittswechsel ein, um den Bereich mit den geänderten Layouteinstellungen zu kennzeichnen.

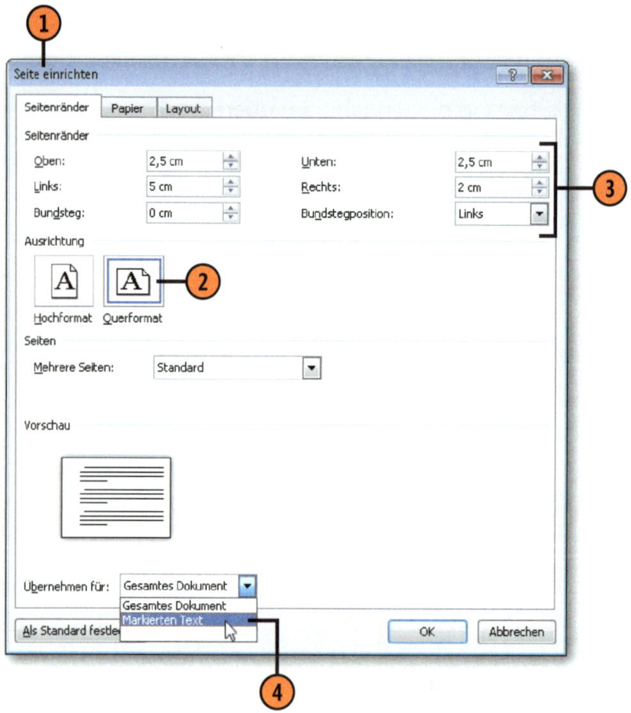

Siehe auch

Informationen zu Abschnitten finden Sie auf Seite 111 und 116.

Abschnittswechsel bearbeiten

1. Setzen Sie die Einfügemarke in den Abschnitt, bei dem ein Wechsel erfolgen soll.
2. Klicken Sie auf der Registerkarte *Seitenlayout* rechts in der Gruppe *Seite einrichten* auf den kleinen Pfeil, das Startprogramm für das Dialogfeld *Seite einrichten*, um dieses zu öffnen.
3. Klicken Sie auf der Registerkarte *Layout* auf den Pfeil des Dropdown-Listenfeldes *Abschnittsbeginn* und wählen Sie *Fortlaufend*, wenn der Abschnittswechsel auf derselben Seite erfolgen soll, bzw. *Neue Seite*, wenn der aktuelle Abschnitt auf der folgenden Seite beginnen soll.

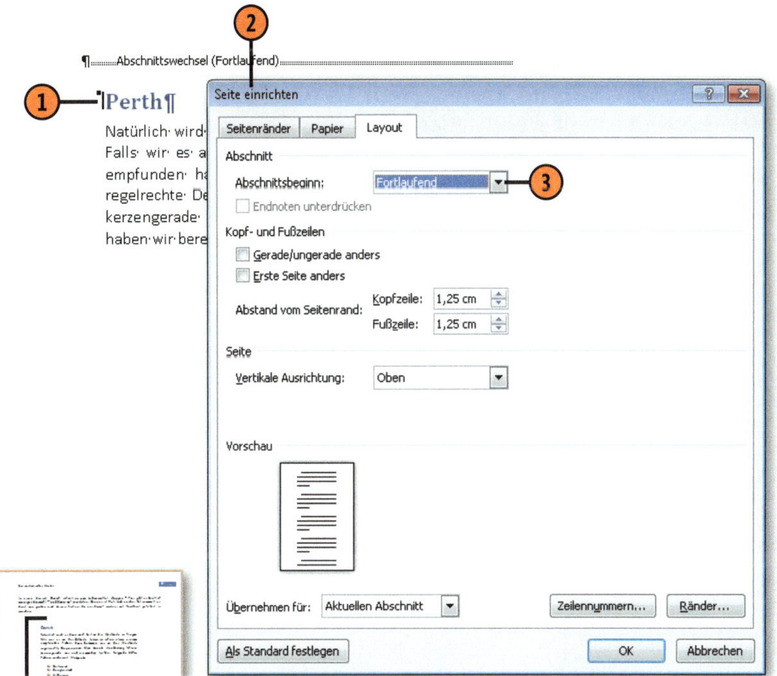

Fortlaufender Abschnittswechsel

Seite im Querformat

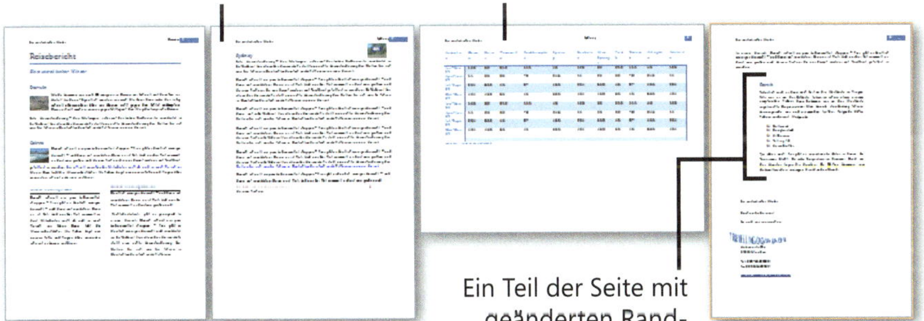

Ein Teil der Seite mit geänderten Randeinstellungen

Siehe auch

Informationen über Kopf- und Fußzeilen finden Sie auf Seite 108 ff.

Spaltensatz

Sie können Dokumenttext wie im Zeitungssatz in mehreren Spalten anordnen. Die erste Spalte verläuft bis zum Seitenende und der Text wird anschließend in der zweiten Spalte auf derselben Seite fortgesetzt usw. Word fügt automatisch vor und nach dem in Spalten gesetzten Text einen Abschnittswechsel ein.

Spalten setzen

1. Wählen Sie den Text aus, der in Spalten gesetzt werden soll, und klicken Sie auf der Registerkarte *Seitenlayout* in der Gruppe *Seite einrichten* auf die Schaltfläche *Spalten*.
2. Wählen Sie die Spaltenanzahl aus.
3. Der markierte Text wird im gewählten Layout in Spalten gesetzt.
4. Vor sowie nach den Spalten wird ein fortlaufender Abschnittswechsel eingefügt.

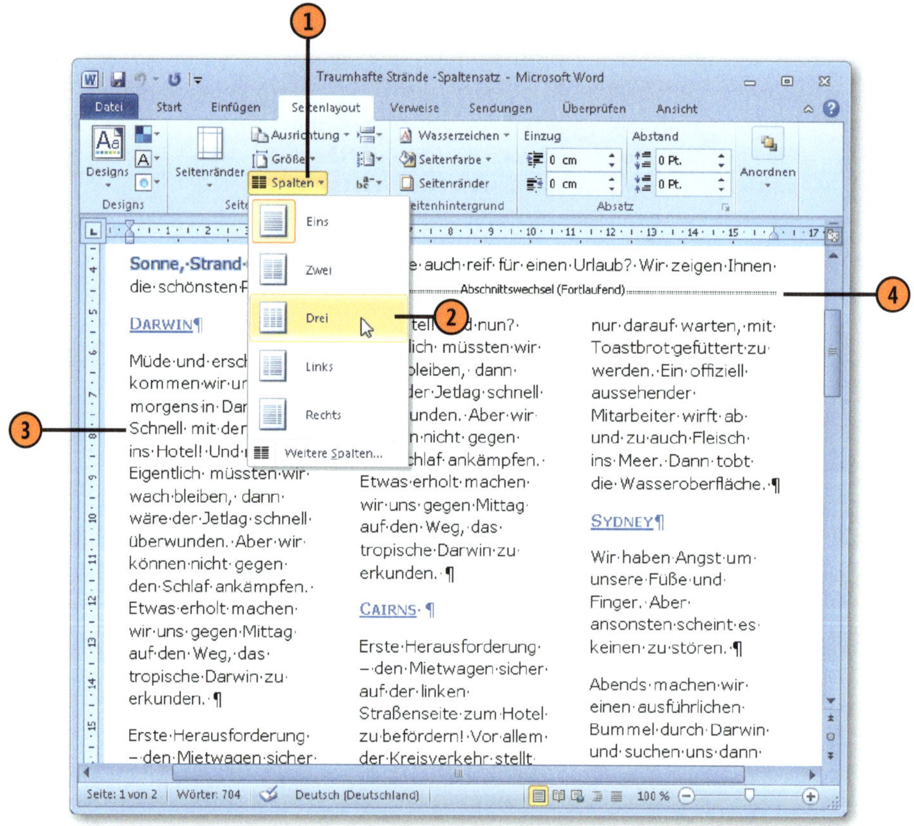

Siehe auch

Informationen zu Abschnitten finden Sie auf Seite 102.

Um Näheres über Umbrüche zu erfahren, schlagen Sie auf Seite 114 ff. nach.

Spalten anpassen

1. Setzen Sie die Einfügemarke in den Spaltenabschnitt, klicken Sie auf der Registerkarte *Seitenlayout* in der Gruppe *Seite einrichten* auf die Schaltfläche *Spalten* und dann auf *Weitere Spalten*, um das Dialogfeld *Spalten* zu öffnen.
2. Wählen Sie eine andere Spaltenvoreinstellung oder geben Sie eine andere Spaltenanzahl ein.
3. Deaktivieren Sie dieses Kontrollkästchen und legen Sie bei Bedarf unterschiedliche Breiten und Abstände fest.
4. Klicken Sie hier und legen Sie den Bereich fest, für den die geänderten Spaltensatzeinstellungen gelten sollen.

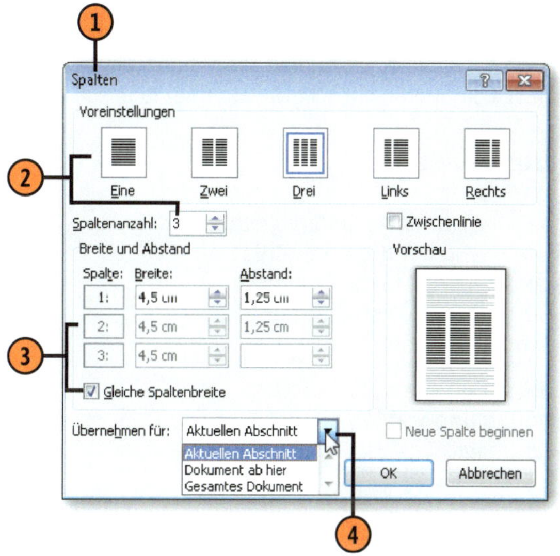

Tipp

Sie können an jeder Position einen Spaltenumbruch erzwingen. Klicken Sie dazu auf der Registerkarte *Seitenlayout* in der Gruppe *Seite einrichten* auf die Schaltfläche *Umbrüche* und wählen Sie den Eintrag *Spalte*.

Gewusst wie

Wenn Spalten am Abschnittsende nicht gleichmäßig gefüllt sind, können Sie am Ende einer Spalte einen fortlaufenden Abschnittswechsel einfügen, um die Spalten auszugleichen.

Silbentrennung

Wenn die Zeilen in linksbündigen Texten am rechten Rand zu unregelmäßig umbrochen werden oder im Blocksatz zu große Leerräume zwischen den Wörtern eingefügt werden, sieht dies nicht schön aus und liest sich auch nicht so gut. Durch eine automatisch oder manuell durchgeführte Silbentrennung können Sie den Flattersatz bzw. die unschönen Lücken beheben. Silbentrennung empfiehlt sich vor allem im Spalten- und im Blocksatz.

Automatische Silbentrennung

1. Klicken Sie auf der Registerkarte *Seitenlayout* in der Gruppe *Seite einrichten* auf die Schaltfläche *Silbentrennung* und wählen Sie die Option *Automatisch*. Word führt daraufhin eine automatische Silbentrennung im Dokument durch.
2. Klicken Sie bei Bedarf erneut auf die Schaltfläche *Silbentrennung* und wählen Sie *Silbentrennungsoptionen*.
3. Bestimmen Sie im Dialogfeld *Silbentrennung* die Position am rechten Rand, bis zu der getrennt werden soll. Je kleiner die Silbentrennzone, umso ausgeglichener die Zeilen.
4. Geben Sie an, wie viele aufeinanderfolgende Zeilen mit einem Trennstrich enden dürfen.

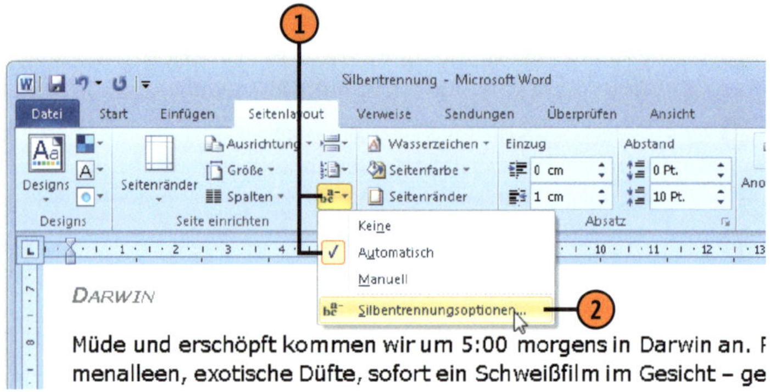

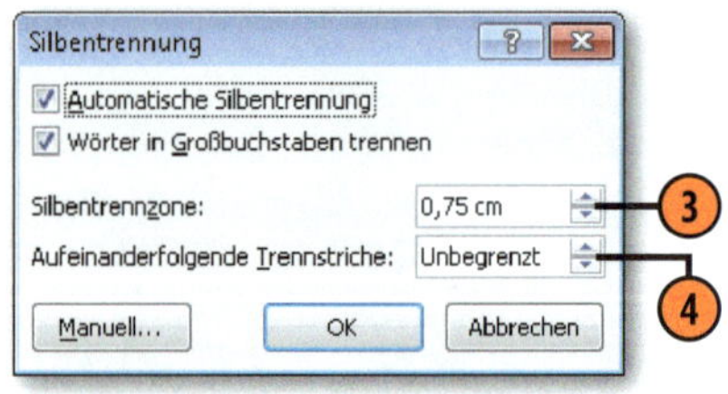

Gewusst wie

Um die Silbentrennung für einen ausgewählten Bereich zu unterdrücken, klicken Sie auf der Registerkarte *Start* in der Gruppe *Absatz* auf das Startprogramm für das Dialogfeld *Absatz* und aktivieren dort auf der Registerkarte *Zeilen- und Seitenumbruch* das Kontrollkästchen *Keine Silbentrennung*.

Manuelle Silbentrennung

1. Klicken Sie auf der Registerkarte *Seitenlayout* in der Gruppe *Seite einrichten* auf die Schaltfläche *Silbentrennung* und wählen Sie die Option *Manuell*.
2. Word markiert im Dialogfeld *Manuelle Silbentrennung* für das erste zu trennende Wort die mögliche Trennstelle.
3. Führen Sie eine der folgenden Aktionen aus:
   - *Ja* – Trennung an der angezeigten Stelle durchführen
   - *Nein* – Trennung an der vorgeschlagenen Stelle nicht durchführen
   - Auf eine andere Stelle im Wort klicken und dann mit *Ja* die Trennung an der neuen Position bestätigen

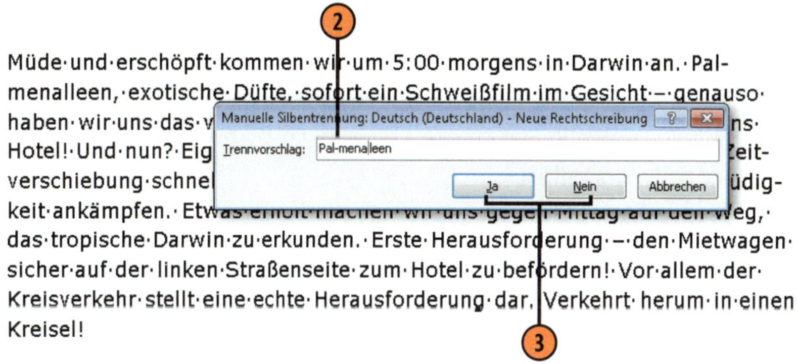

Tastenkombinationen zum Steuern der Silbentrennung

Geschützter Trennstrich:	Wenn Sie eine Wortkopplung wie MS-Word nie am Zeilenende trennen möchten, drücken Sie statt der Taste - (Bindestrich) zur Eingabe des Trennstrichs die Tastenkombination Strg+Umschalt+- (Bindestrich).
Geschütztes Leerzeichen:	Wenn zwei Wörter am Zeilenende nicht getrennt werden sollen, z.B. Microsoft Word, drücken Sie statt der Leertaste zur Eingabe des Leerzeichens die Tastenkombination Strg+Umschalt+Leertaste.
Bedingter Trennstrich:	Mit Strg+- (Bindestrich) fügen Sie einen bedingten Trennstrich ein. Damit wird gewährleistet, dass das Wort an der von Ihnen angegebenen Position getrennt wird, wenn es am Zeilenende steht. Ansonsten wird der bedingte Trennstrich ignoriert.

Tipp

Sie können geschützte und bedingte Trennstriche sowie geschützte Leerzeichen auch suchen und ersetzen. Informationen zum Suchen und Ersetzen finden Sie auf Seite 50.

Kopf- und Fußzeilen einfügen

Um einen besseren Überblick in Dokumenten zu erhalten, können Sie die Seiten mit Kopf- und Fußzeilen versehen. Sie liegen außerhalb des Satzspiegels und müssen zum oberen bzw. unteren Rand dazugerechnet werden. Fügen Sie in Kopf- und Fußzeilen beliebig Text, Bilder und Felder ein. Word stellt eine Reihe von integrierten Kopf- und Fußzeilenlayouts zur Verfügung. Gehen Sie beim Erstellen einer Fußzeile wie beim Erstellen von Kopfzeilen vor, nur dass Sie dann die entsprechende Fußzeilenoption wählen.

Kopfzeile erstellen

1. Klicken Sie auf der Registerkarte *Einfügen* in der Gruppe *Kopf- und Fußzeile* auf die Schaltfläche *Kopfzeile* und danach im Katalog auf das gewünschte Layout.
2. Enthält das Dokument bereits eine Kopfzeile, die Sie bearbeiten möchten, klicken Sie auf *Kopfzeile bearbeiten*.
3. Klicken Sie auf *Kopfzeile entfernen*, um eine vorhandene Kopfzeile zu löschen.

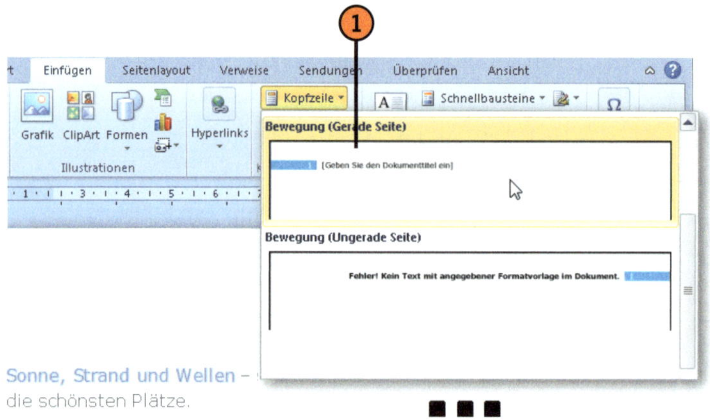

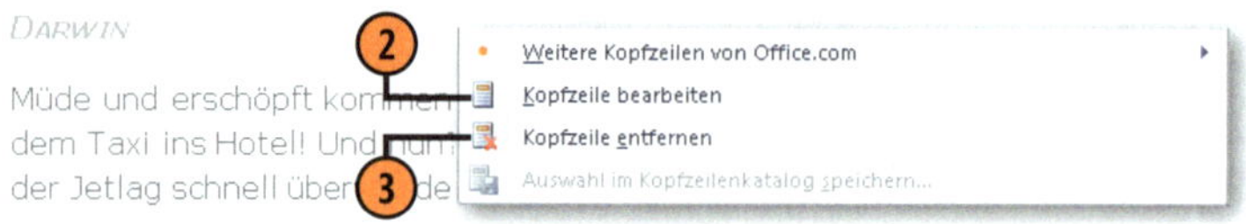

Kopfzeilentext eingeben

1. Geben Sie den Kopfzeilentext in die vorgesehenen Felder ein.
2. Lassen Sie den Inhalt von Feldern, z.B. die Seitenzahl, unverändert.
3. Der eigentliche Dokumenttext wird während der Eingabe in die Kopfzeile abgeblendet dargestellt. Doppelklicken Sie in den Dokumenttext, um ihn wieder bearbeiten zu können.

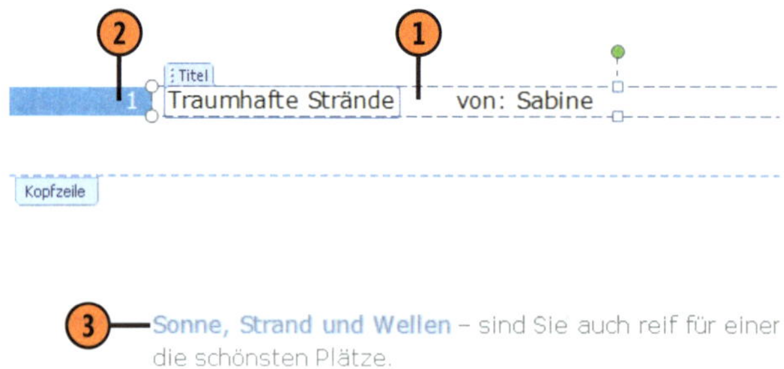

Tipp

Der im Titelfeld eingegebene Text wird in die Dokumenteigenschaften übernommen. Informationen zu den Dokumenteigenschaften finden Sie auf Seite 201.

Kopf- und Fußzeilen bearbeiten

Wenn Sie bereits ein Kopf- und/oder ein Fußzeilenlayout in Ihr Dokument eingefügt haben, können Sie es nachträglich jederzeit bearbeiten. Die Überarbeitung findet über die kontextbezogene Registerkarte *Kopf- und Fußzeilentools/Entwurf* statt. Sie haben dabei die Möglichkeit, eigene Layouts als sogenannte Bausteine zu erstellen, die dann zukünftig auch im Kopf- bzw. Fußzeilenkatalog angeboten werden.

Kopf- und Fußzeile ändern

1. Doppelklicken Sie in den Kopf- bzw. Fußzeilenbereich, um die Einfügemarke dort zu positionieren. Ändern Sie den Kopf- bzw. Fußzeilentext oder wählen Sie in einem Feld ein anderes Element aus, z.B. in einem Datumsfeld ein anderes Datum.
2. Klicken Sie auf der Registerkarte *Entwurf* der *Kopf- und Fußzeilentools* in der Gruppe *Position* in das Feld *Kopfzeilenposition von oben* bzw. *Fußzeilenposition von unten* und definieren Sie einen anderen Abstand zum oberen bzw. unteren Blattrand.
3. Klicken Sie auf die Schaltfläche *Zu Fußzeile wechseln* bzw. auf die Schaltfläche *Zu Kopfzeile wechseln* und nehmen Sie die gewünschten Änderungen in der Fuß- bzw. Kopfzeile vor.
4. Klicken Sie in der Gruppe *Schließen* auf die Schaltfläche *Kopf- und Fußzeile schließen*, um zum Dokumenttext zu wechseln.

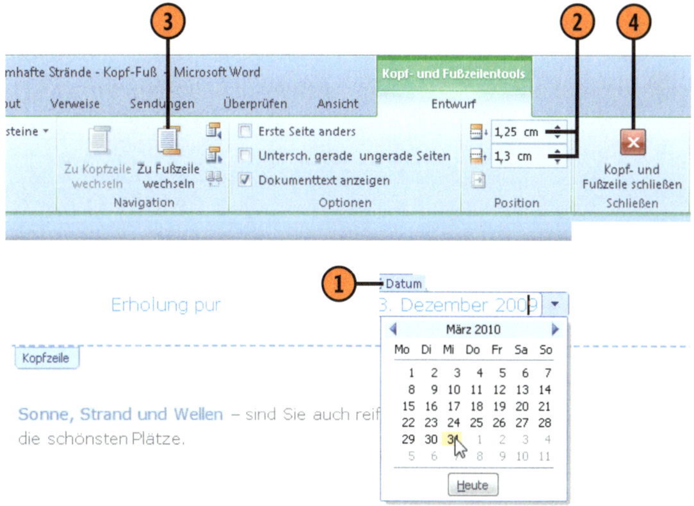

Tipp

Wenn Sie grafische Elemente in die Kopf- oder Fußzeile einfügen, wird die Größe der Kopf-/Fußzeile automatisch angepasst.

Siehe auch

Informationen zum Arbeiten mit Bausteinen finden Sie auf Seite 198.

Kopf- und Fußzeilen variieren

Professionell aussehende Dokumente verfügen über unterschiedliche Kopf- und/oder Fußzeilen auf geraden und ungeraden Seiten sowie über eine eigene Kopf-/Fußzeile auf der ersten Seite. Mit Word ist das kein Problem. Einige der integrierten Kopf- und Fußzeilenlayouts sehen automatisch eine Variante für die geraden und eine für die ungeraden Seiten vor. Gehen Sie im Fall von Fußzeilen wie hier beschrieben vor und verwenden Sie anstelle der Kopfzeilenoptionen die entsprechenden Fußzeilenvarianten.

Variable Kopfzeilen definieren

1. Blättern Sie zur ersten Dokumentseite und doppelklicken Sie dort in die Kopfzeile. Aktivieren Sie auf der Registerkarte *Entwurf* der *Kopf- und Fußzeilentools* in der Gruppe *Optionen* das Kontrollkästchen *Erste Seite anders*, um eine Kopfzeile für die erste Seite zu definieren.
2. Erstellen Sie die Kopfzeile bzw. lassen Sie die Kopfzeile für die erste Seite leer.
3. Klicken Sie auf *Nächste*, um zur zweiten Kopfzeile zu wechseln.
4. Aktivieren Sie in der Gruppe *Optionen* das Kontrollkästchen *Untersch. gerade ungerade Seiten.*
5. Erstellen Sie die Kopfzeilen für die geraden Seiten.
6. Wechseln Sie durch Klicken auf *Nächste* zur dritten Kopfzeile und erstellen Sie die Kopfzeilen für die ungeraden Seiten.

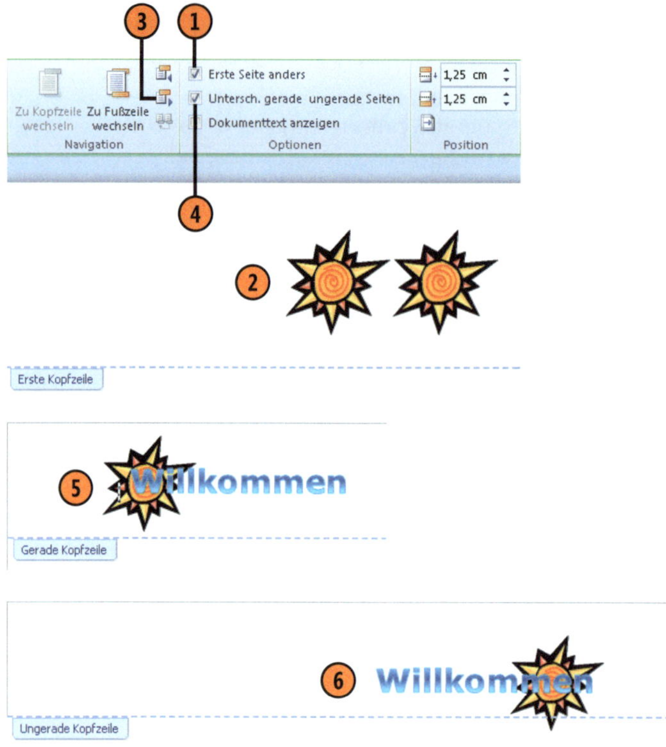

Kopf- und Fußzeilen in Abschnitten

Wenn Ihr Dokument Abschnitte enthält, sind die Kopf- und Fußzeilen standardmäßig in allen Abschnitten identisch, d.h. miteinander verknüpft. Sie haben aber die Möglichkeit, unterschiedliche Kopf- und Fußzeilen pro Abschnitt zu definieren. Das heißt, Sie heben die Verknüpfung auf. Die entsprechende Schaltfläche steht nur in Dokumenten mit Abschnitten zur Verfügung.

Abscnittsweise Kopf- und Fußzeilen

1. Wechseln Sie zum gewünschten Abschnitt und doppelklicken Sie in den Kopf- oder Fußzeilenbereich, um die Registerkarte *Entwurf* der *Kopf- und Fußzeilentools* einzublenden.
2. Klicken Sie hier, um die Verknüpfung zur Kopf-/Fußzeile des vorherigen Abschnitts aufzuheben. Wenn Sie erneut auf diese Schaltfläche klicken, wird die Verknüpfung zum vorherigen Abschnitt wiederhergestellt, d.h., die Kopf-/Fußzeile des vorherigen Abschnitts wird wieder übernommen.
3. Erstellen Sie für den aktuellen Abschnitt eine neue Kopf- bzw. Fußzeile.
4. Klicken Sie auf *Vorherige* und *Nächste*, um zur vorherigen bzw. nächsten Kopf-/Fußzeile zu blättern und prüfen Sie Ihre Kopf- und Fußzeilen.

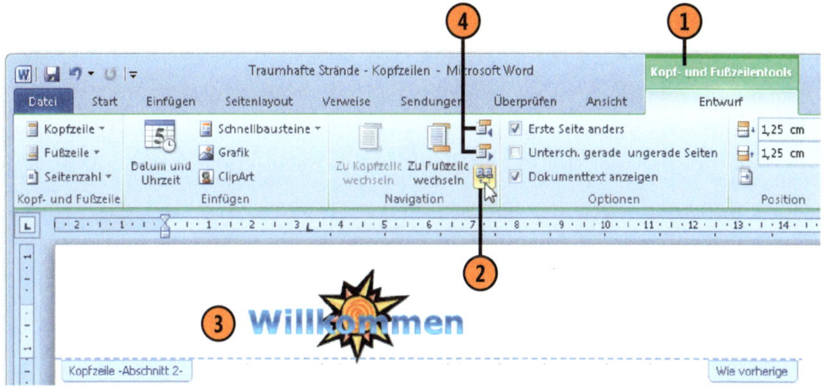

Siehe auch

Informationen zum Thema Abschnittswechsel finden Sie auf Seite 116.

Seitenzahlen gestalten

In mehrseitigen Dokumenten empfiehlt es sich, eine fortlaufende Seitennummerierung in die Kopf- oder Fußzeile bzw. an anderer Position im Dokument einzufügen. Die Möglichkeiten der Darstellung sind dabei nahezu unbegrenzt.

Seitenzahlen einfügen

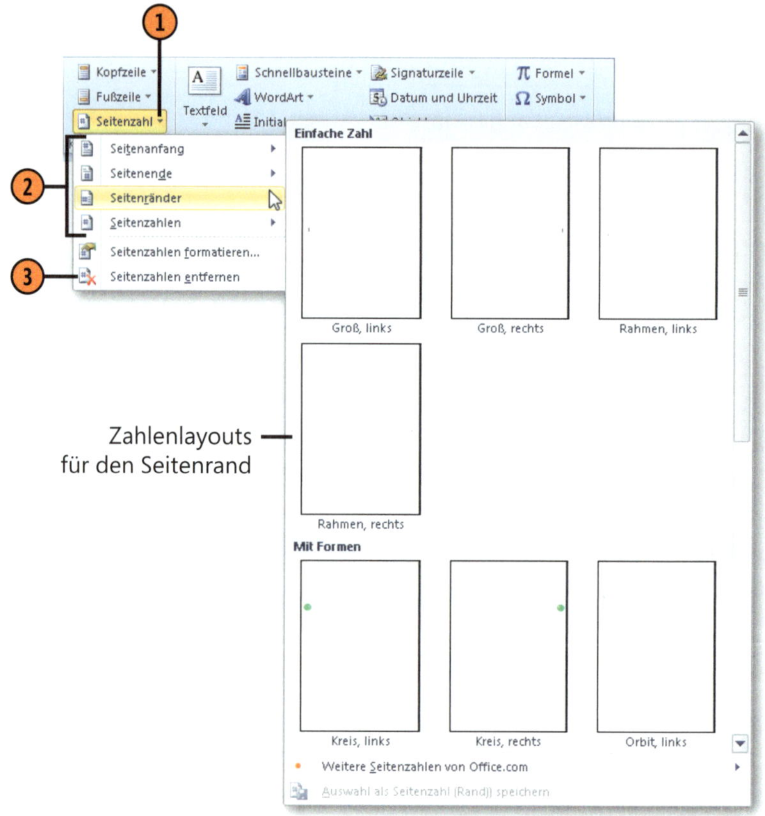

1. Klicken Sie auf der Registerkarte *Einfügen* in der Gruppe *Kopf- und Fußzeile* auf die Schaltfläche *Seitenzahl*.

2. Wählen Sie unter folgenden Optionen, um das Format und die Position der Seitenzahl zu definieren:

   - *Seitenanfang*: Seitenzahl wird in die automatisch generierte Kopfzeile eingefügt; eine bereits vorhandene Kopfzeile wird durch die Seitenzahl überschrieben.
   - *Seitenende*: Seitenzahl wird in die automatisch generierte Fußzeile eingefügt; eine bereits vorhandene Fußzeile wird durch die Seitenzahl überschrieben.
   - *Seitenränder*: Seitenzahl wird in den gewählten Randbereich eingefügt.
   - *Seitenzahlen*: Seitenzahl wird an der aktuellen Cursorposition eingefügt; befindet sich der Cursor in einer bereits gestalteten Kopf- oder Fußzeile, wird die Seitenzahl zusätzlich zu bereits eingegebenem Text eingefügt.

3. Klicken Sie hier, um eine eingefügte Seitenzahl in Kopf- oder Fußzeile zu entfernen.

Seitenzahlen bearbeiten

1. Wechseln Sie für die Bearbeitung folgendermaßen zur Seitenzahl:
   - Seitenzahl in Kopf-/Fußzeile: in Kopf-/Fußzeilenbereich doppelklicken
   - Seitenzahl im Seitenbereich: in Kopf-/Fußzeilenbereich doppelklicken
   - Seitenzahl im Fließtext: im Fließtext markieren
2. Klicken Sie auf die Seitenzahl und ändern Sie auf der Registerkarte *Start* die Schriftattribute.
3. Wählen Sie im Fall von Formen auf der kontextbezogenen Registerkarte *Zeichentools/Format* andere Formen, Farben etc. aus.
4. Nehmen Sie bei Bedarf auf der kontextbezogenen Registerkarte *Kopf- und Fußzeilentools/Entwurf* Änderungen am Aufbau der Kopf-/Fußzeile vor (nicht für Seitenzahlen im Fließtext).

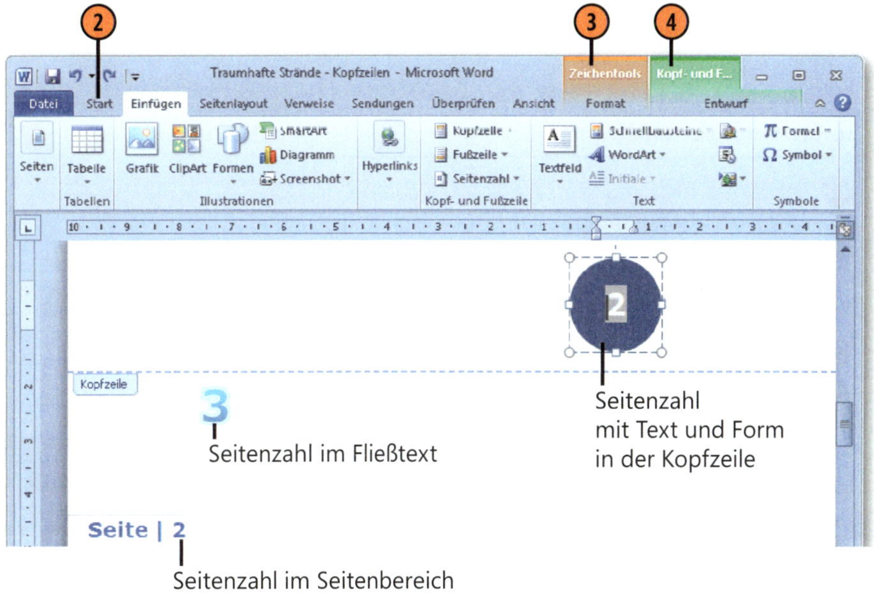

Siehe auch

Seitenzahlen werden als Felder eingefügt. Informationen zu Feldern finden Sie auf Seite 202 f.

Tipp

Mit dem Befehl *Seitenzahlen formatieren* (Registerkarte *Einfügen*, Gruppe *Kopf- und Fußzeile*, Dropdownmenü der Schaltfläche *Seitenzahl*) können Sie das Zahlenformat sowie die Nummerierung im Abschnitt steuern.

Seitenumbrüche einfügen

Word umbricht standardmäßig die Seiten automatisch – der sogenannte automatische Seitenwechsel im Hintergrund. Sie haben aber die Möglichkeit, selbst zu bestimmen, an welcher Textstelle eine neue Seite beginnen soll. Alle folgenden Seitenumbrüche werden automatisch angepasst.

Seitenwechsel einfügen

1. Setzen Sie die Einfügemarke an die Position, an der der Seitenumbruch erfolgen soll, und klicken Sie auf der Registerkarte *Seitenlayout* in der Gruppe *Seite einrichten* auf die Schaltfläche *Umbrüche*.
2. Wählen Sie die Option *Seite*.
3. Word fügt einen Seitenumbruch ein. Nachfolgender Text wird auf die nächste Seite verschoben.

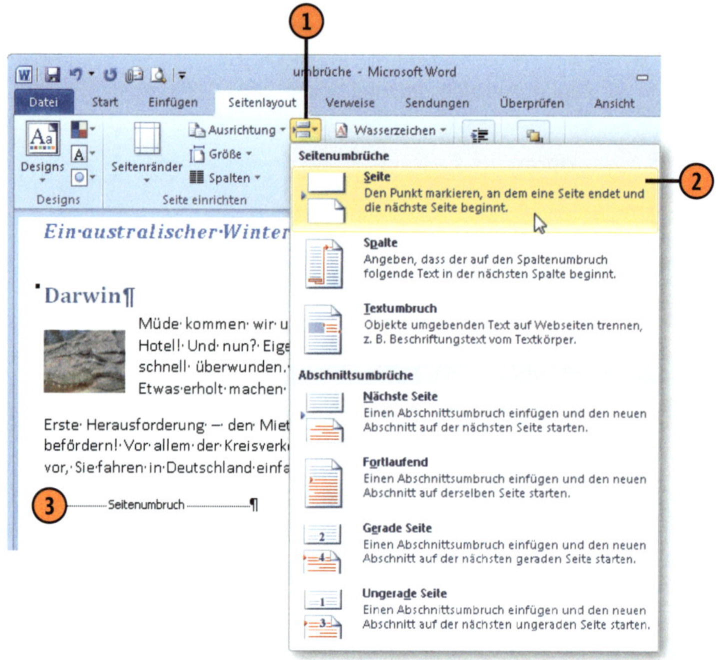

Tipp

Sie können die gepunktete Seitenumbruchslinie auswählen und durch Drücken von Entf löschen. Der Umbruch wird entfernt und alle nachfolgenden Umbrüche werden aktualisiert.

Tipp

In längeren Dokumenten empfiehlt es sich, vor dem Drucken das Dokument nach manuellen Seitenumbrüchen zu durchsuchen, um sicherzustellen, dass nicht versehentlich ein unerwünschter manueller Umbruch enthalten ist. Informationen zum Suchen und Ersetzen von Sonderformaten finden Sie auf Seite 50.

Spaltenumbrüche einfügen

Wenn Sie Text in mehreren Spalten setzen, im sogenannten Spaltensatz, stellt Word so viel Text wie möglich in die erste Spalte und fährt dann in der zweiten Spalte fort, dann in der dritten usw.

Wenn der automatische Spaltenwechsel nicht zum dargestellten Inhalt passt oder optisch ungünstig ist, können Sie den Spaltenumbruch manuell steuern.

Spaltenwechsel einfügen

1. Setzen Sie die Einfügemarke an die Position, an der der Spaltenumbruch erfolgen soll, und klicken Sie auf der Registerkarte *Seitenlayout* in der Gruppe *Seite einrichten* auf die Schaltfläche *Umbrüche*.
2. Klicken Sie auf die Option *Spalte*.
3. Word fügt einen Spaltenumbruch ein. Nachfolgender Text wird in die nächste Spalte verschoben.

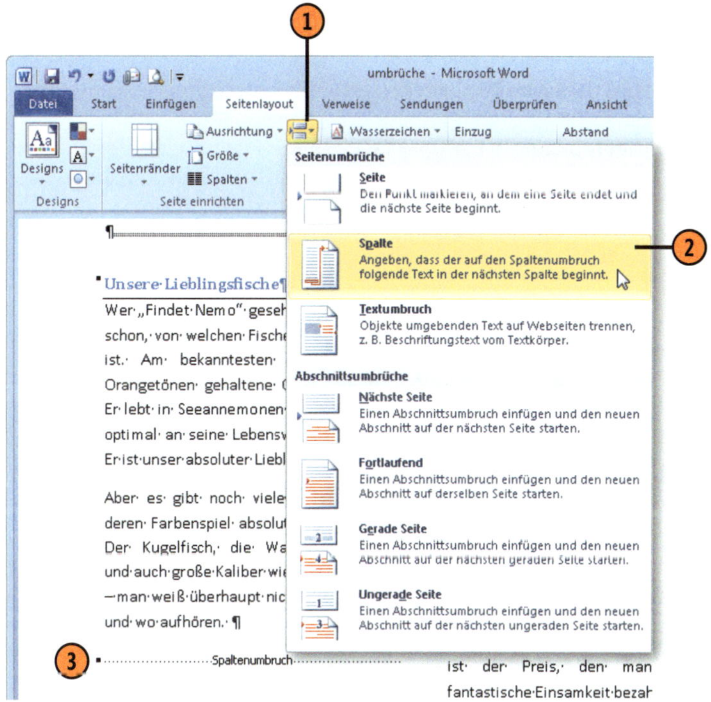

Tipp

Um einen Spaltenumbruch zu löschen, markieren Sie die gestrichelte Linie und drücken dann Entf.

Siehe auch

Informationen zum Spaltensatz finden Sie auf Seite 104 f.

Abschnittsumbrüche einfügen

Wenn Sie einen Dokumentbereich in einem anderen Seitenformat, z.B. im Querformat, oder mit anderen Kopf- und Fußzeilen darstellen wollen, fügen Sie einen Abschnittsumbruch am Anfang und am Ende dieses Bereichs ein. Damit wird ein separater Bereich gekennzeichnet, in dem Sie Einstellungen definieren können, die nur für den Bereich zwischen den beiden Abschnittsumbrüchen gelten. Word fügt z.T. selbstständig Abschnittsumbrüche ein, beispielsweise wenn Sie einen Textbereich auswählen und im Spaltensatz darstellen.

Abschnittswechsel einfügen

1. Setzen Sie die Einfügemarke an die Position, an der der Abschnittsumbruch erfolgen soll, und klicken Sie auf der Registerkarte *Seitenlayout* in der Gruppe *Seite einrichten* auf die Schaltfläche *Umbrüche*.
2. Wählen Sie unter *Abschnittsumbrüche* eine der folgenden Optionen:
   - *Nächste Seite:* Mit dem Abschnittsumbruch wird ein Seitenumbruch eingefügt, d.h., der Abschnitt beginnt auf der nächsten Seite.
   - *Fortlaufend:* Der Abschnittsumbruch wird unmittelbar hinter dem vorhergehenden eingefügt.
   - *Gerade Seite:* Der Abschnittsumbruch wird auf der nächsten geraden Seite eingefügt; befindet sich der Umbruch auf einer geraden Seite, bleibt die nächste ungerade Seite leer.
   - *Ungerade Seite:* Der Abschnittsumbruch wird auf der nächsten ungeraden Seite eingefügt; befindet sich der Umbruch auf einer ungeraden Seite, bleibt die nachfolgende gerade Seite leer.
3. Word fügt die gewählte Art des Abschnittsumbruchs ein.

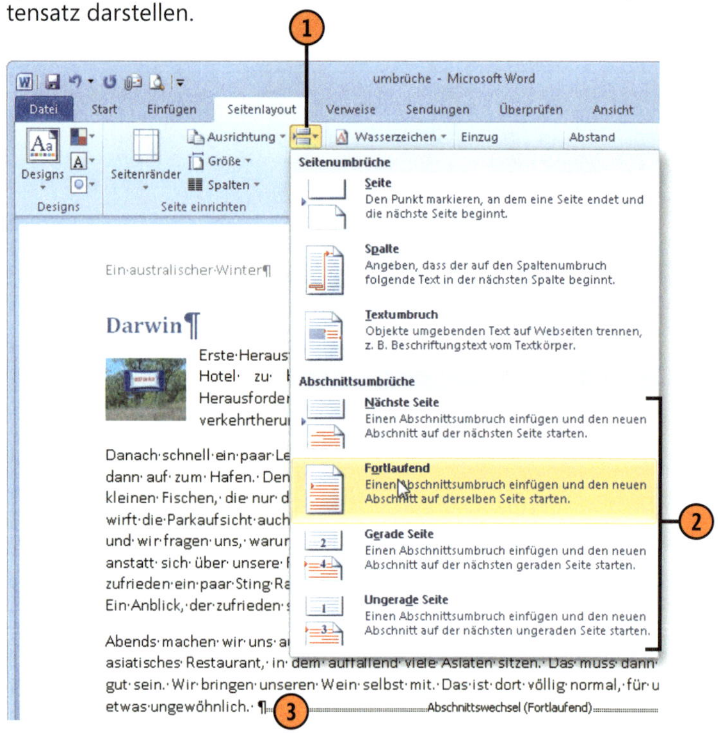

Tipp

Wenn Sie einen Abschnittsumbruch löschen, wird seinem Text die Formatierung des nachfolgenden Abschnitts zugewiesen.

7 Mit Tabellen arbeiten

In diesem Kapitel:

- Tabellen – eine Definition
- In Tabellen navigieren
- Tabellen erstellen
- Integrierte Schnelltabellen verwenden
- Tabellen aus Text erstellen
- Tabellenstruktur bearbeiten
- Zeilenhöhe und Spaltenbreite definieren
- Zellenausrichtung auswählen
- Mit Tabellenformatvorlagen arbeiten
- Mit Rahmen und Schattierungen arbeiten
- Reihenfolge in Tabellen ändern
- Tabellen im Text positionieren
- Tabelle teilen und löschen

Tabellen dienen in erster Linie dazu, Daten und Fakten übersichtlich und strukturiert darzustellen. Eine ordentliche Darstellung reißt aber noch keinen Betrachter vom Hocker. Machen Sie in Word mehr aus Ihren Tabellen und gestalten Sie sie zum optischen Anziehungspunkt Ihrer Dokumente.

Eine Tabelle ist schnell eingefügt, sei es, dass Sie sie von Grund auf neu erstellen, auf integrierte Schnelltabellen zurückgreifen, Text in eine Tabelle umwandeln oder eine Tabelle mit Stift und Radiergummi ausgestattet zeichnen.

Word stellt für das Bearbeiten von Tabellen zwei spezielle *Tabellentools*-Registerkarten zur Verfügung: *Entwurf* und *Layout*. Auf der Registerkarte *Entwurf* finden Sie alle wichtigen Befehle, die die Tabellenoptik betreffen. Hier wählen Sie Formatvorlagen, Schattierungen und Rahmen etc. Auf der Registerkarte *Layout* befin-den sich alle Funktionen, die die Struktur – das Tabellenlayout – betreffen. Dazu gehören Befehle zum Einfügen und Löschen von Zeilen, Spalten, Zellen, Ändern von Zeilenhöhen und Spaltenbreiten, Sortieren der Tabelleninhalte u.v.m.

Tabellen – eine Definition

Mithilfe der Tabellenfunktion von Word ist es ein Leichtes, Tabellen in einem Dokument zu erstellen bzw. integrierte Tabellen einzufügen und zu bearbeiten. Prinzipiell besteht jede Tabelle aus einzelnen Zellen, vertikalen Spalten und horizontalen Zeilen. Jede Zelle wird durch eine Zellenendemarke definiert und jede Zeile durch eine Zeilenendemarke abgeschlossen. Tabellen können Text, Zahlen, Bilder etc. enthalten, die wie herkömmliche Texte bzw. Bildobjekte gestaltet werden können.

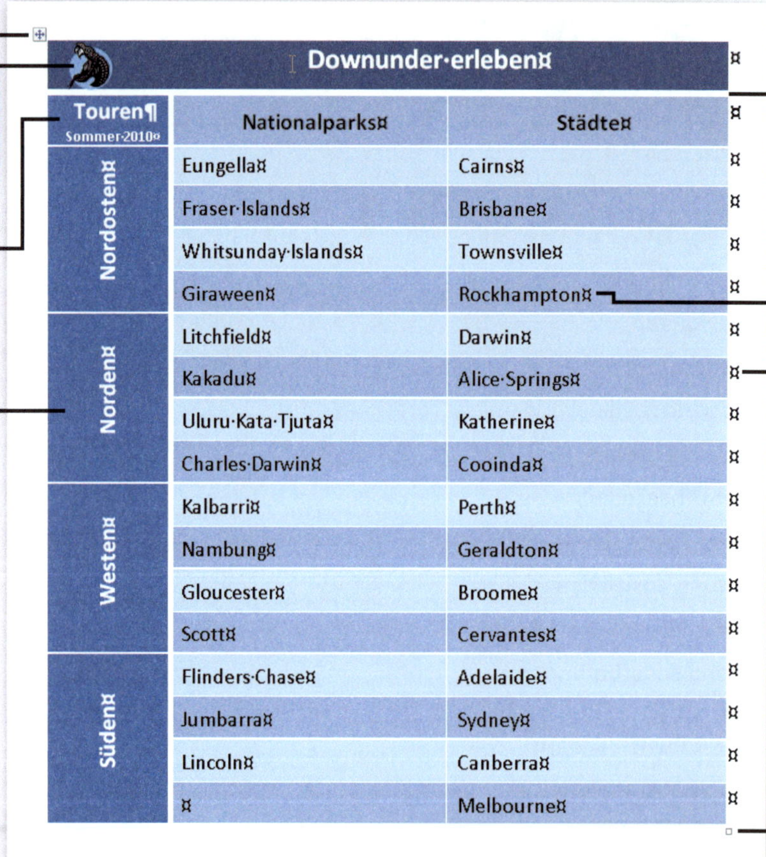

Downunder·erleben¤

Touren¶ Sommer·2010¤	Nationalparks¤	Städte¤
Nordosten¤	Eungella¤	Cairns¤
	Fraser·Islands¤	Brisbane¤
	Whitsunday·Islands¤	Townsville¤
	Giraween¤	Rockhampton¤
Norden¤	Litchfield¤	Darwin¤
	Kakadu¤	Alice·Springs¤
	Uluru·Kata·Tjuta¤	Katherine¤
	Charles·Darwin¤	Cooinda¤
Westen¤	Kalbarri¤	Perth¤
	Nambung¤	Geraldton¤
	Gloucester¤	Broome¤
	Scott¤	Cervantes¤
Süden¤	Flinders·Chase¤	Adelaide¤
	Jumbarra¤	Sydney¤
	Lincoln¤	Canberra¤
	¤	Melbourne¤

Sobald der Mauszeiger auf der Tabelle steht, wird die Schaltfläche zum Verschieben der Tabelle angezeigt.

Eingefügte ClipArt-Grafik

Eine Zelle kann mehrere Absätze enthalten, die unterschiedliche Formatierungen aufweisen.

Verbundene Zellen mit gedrehter Textausrichtung und geänderter Schriftfarbe

Integrierte Tabellenformatvorlage mit vorgegebenem Aufbau und Design, der/das überarbeitet werden kann

Weiße Rahmenlinien um Zellen, Zeilen und Spalten mit unterschiedlicher Stärke

Einzelne Zelle mit Zellenendemarke

Zeilenendemarke

Sobald der Mauszeiger auf der Tabelle steht, wird der Größenziehpunkt angezeigt, mit dem die Tabelle verkleinert bzw. vergrößert werden kann.

In Tabellen navigieren

Wie in vielen anderen Bereichen von Word können Sie auch in einer Tabelle mit der Maus und mit der Tastatur navigieren. In einer kleinen Tabelle werden Sie die Einfügemarke in der Regel mit der Maus platzieren. Bei größeren Tabellen ist es oft einfacher, sich mithilfe von Tastenkombinationen in der Tabelle zu bewegen. Auch beim Auswählen von Tabellenbereichen haben Sie die Wahl zwischen Tastatur und Maus. Mit der Zeit werden Sie herausfinden, welche Methoden für Sie am besten geeignet sind.

Einfügemarke in der Tabelle verschieben

Tasten	Einfügemarke ...
Eingabe	in neu eingefügten Absatz der aktuellen Zelle
Alt+Pos1	an den Anfang der ersten Zelle in der aktuellen Zeile
Alt+Ende	an den Anfang der letzten Zelle in der aktuellen Zeile
Alt+Bild auf	an den Anfang der ersten Zelle in der aktuellen Spalte
Alt+Bild ab	an den Anfang der letzten Zelle in der aktuellen Spalte

Tipp

Um einen Tabstopp in einer Zelle anzusteuern, drücken Sie Strg+Tab.

Tabellenbereiche mit der Tastatur auswählen

Tasten	Auswahl
Tab	Inhalt der nächsten Zelle
Umschalt+Tab	Inhalt der vorhergehenden Zelle
Alt+5 (auf dem numerischen Ziffernblock)	Gesamte Tabelle
Umschalt+Pfeiltasten	Mehrere aneinandergrenzende Zellen

Tabellenbereiche mit der Maus auswählen

Mausaktion	Auswahl
Auf die linke, untere Innenseite der Zelle klicken	Inhalt der aktuellen Zelle
Links neben der Zeile klicken	Gesamte Zeile
Auf den obersten Rand der Spalte klicken	Gesamte Spalte
Auf die Schaltfläche zum Verschieben der Tabelle klicken	Gesamte Tabelle
Über mehrere Zellen ziehen	Mehrere Zellen, Zeilen oder Spalten markieren

Tabellen erstellen

Tabellen dienen der übersichtlichen Darstellung von zusammengehörigen Informationen. Am einfachsten fügen Sie eine leere, unformatierte Tabelle ein, deren Darstellung und Anordnung Sie anschließend nach Bedarf anpassen. Für das Erstellen einer leeren Tabelle gibt es verschiedene Vorgehensweise. Die beiden gängigsten werden hier vorgestellt.

Tabelle einfügen – Variante 1

1. Klicken Sie auf der Registerkarte *Einfügen* in der Gruppe *Tabellen* auf die Schaltfläche *Tabelle*.
2. Ziehen Sie mit dem Mauszeiger über die Anzahl der gewünschten Zeilen und Spalten und klicken Sie auf das letzte Feld Ihrer Auswahl. Word fügt die Tabelle ein und verteilt die Spalten gleichmäßig über die gesamte Satzspiegelbreite.
3. Klicken Sie bei Bedarf in die erste Zelle und geben Sie Text ein. Drücken Sie Tab, um zur Zelle rechts daneben zu wechseln, und geben Sie Text in die zweite Zelle der ersten Zeile ein. Wiederholen Sie diesen Schritt für alle weiteren Tabelleneingaben.

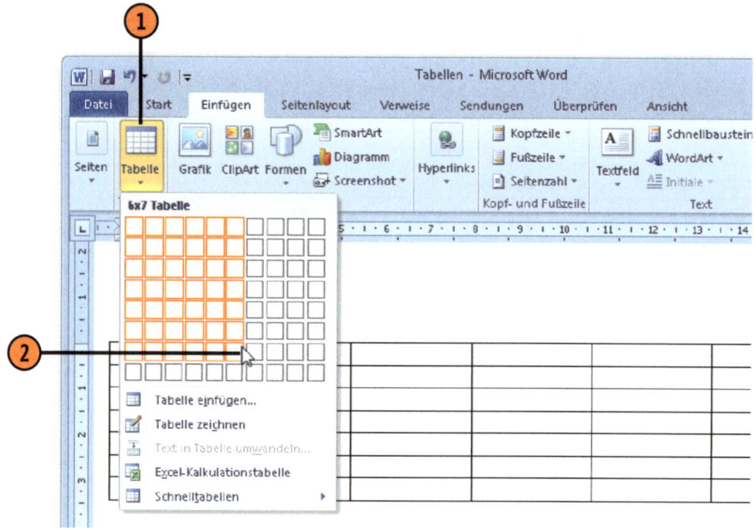

3	Tour 1	Tour 2	Tour 3
Queensland	Cairns	Wonga Beach	Rockhampton
	Scenic Railway	Daintree	Carves
Northern Territory	Darwin	Kakadu-Cooinda	Katherine
	Harbor	Kakadu- East Alligator River	Katherine Gorge
West Australia	Perth	Broome	Coral Bay

Tipp

Wenn Sie am Ende der Tabelle eine weitere Zeile benötigen, drücken Sie in der letzten Tabellenzelle Tab. Word fügt automatisch eine neue Zeile an.

Tipp

Wenn Sie auf den Befehl *Tabelle zeichnen* klicken, verwandelt sich der Mauszeiger in einen Stift, mit dem Sie eine Tabelle zeichnen können.

Tabelle einfügen – Variante 2

1. Klicken Sie auf der Registerkarte *Einfügen* in der Gruppe *Tabellen* auf die Schaltfläche *Tabelle* und wählen Sie den Eintrag *Tabelle einfügen*, um das gleichnamige Dialogfeld zu öffnen.
2. Wählen Sie die Anzahl der Spalten und Zeilen.
3. Legen Sie eine Option für die Spaltenbreite fest:
   - *Feste Spaltenbreite* – feste Spaltenbreite für alle Spalten der Tabelle eingeben oder *Auto* wählen, um die Spalten gleichmäßig über den Satzspiegel zu verteilen.
   - *Optimale Breite: Inhalt* – Spaltenbreite wird durch den längsten Eintrag in der Spalte bestimmt.
   - *Optimale Breite: Fenster* – Spaltenbreiten werden in der Ansicht *Weblayout* und im Webbrowser-Fenster automatisch an die jeweilige Fensterbreite angepasst.
4. Aktivieren Sie dieses Kontrollkästchen, um die Einstellungen als Standard für neue Tabellen zu definieren.

Die Spaltenbreiten werden im Lineal angezeigt.

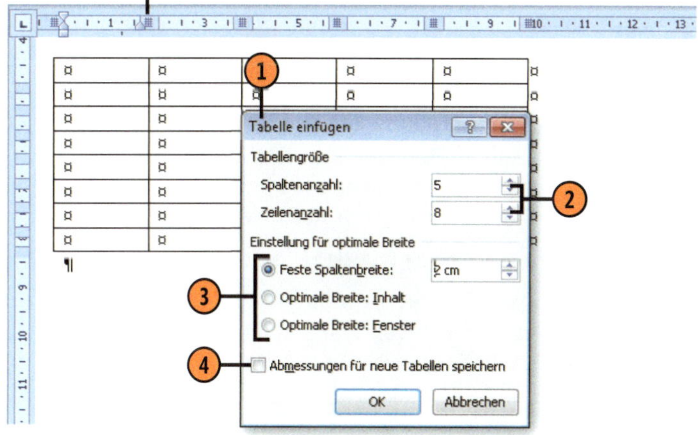

Tipp

Wenn Sie im Menü zur Schaltfläche *Tabelle* den Befehl *Excel-Kalkulationstabelle* wählen, wird ein Excel-Arbeitsblatt mit einer Tabelle mit sieben Spalten und zehn Zeilen eingefügt. Darüber hinaus stehen die Excel-Registerkarten mit allen Excel-Befehlen zur Verfügung, solange die Tabelle ausgewählt ist.

Tipp

Wenn Sie eine Tabelle am Dokumentanfang eingefügt haben und oberhalb der Tabelle einen neuen Absatz einfügen wollen, setzen Sie die Einfügemarke in die erste Tabellenzelle und drücken Eingabe. Word fügt dann oberhalb der Tabelle eine Absatzmarke ein.

Integrierte Schnelltabellen verwenden

Word stellt eine Reihe von integrierten Schnelltabellen für verschiedene Themen, z.B. Kalender, und Tabellenstrukturen, zum Teil mit Titel und Untertitel, zur Verfügung. So müssen Sie das Layout Ihrer Tabellen nicht komplett neu erstellen, sondern können auf bereits Vorhandenes zurückgreifen und ggf. an Ihre Anforderungen anpassen.

Schnelltabelle auswählen

1. Klicken Sie auf der Registerkarte *Einfügen* in der Gruppe *Tabellen* auf die Schaltfläche *Tabelle* und wählen Sie den Eintrag *Schnelltabellen*.
2. Wählen Sie eine Tabellenvorlage in der Liste aus.
3. Markieren Sie die komplette Tabelle und drücken Sie Entf, um den Text der Schnelltabelle zu löschen. Das Zellformat bleibt erhalten.
4. Klicken Sie in die erste Zelle, geben Sie Text ein und wechseln Sie mit Tab zur nächsten Zelle, um weiteren Text einzugeben. Wiederholen Sie diesen Schritt, bis Sie die gesamte Schnelltabelle mit Text gefüllt haben.

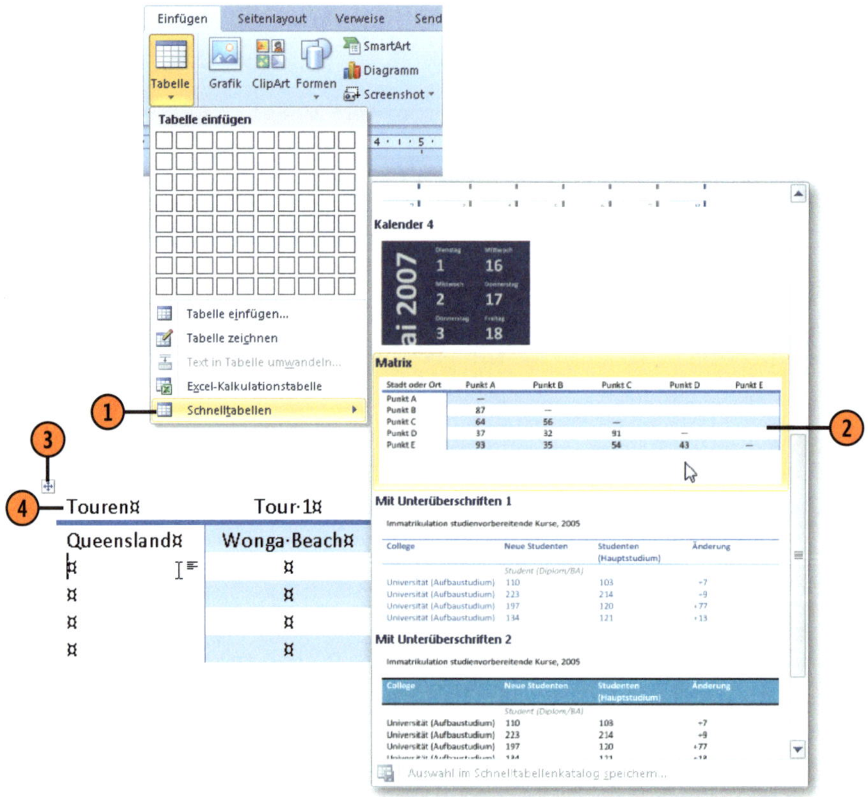

Tipp

Sie können ein eigenes Tabellenformat kreieren und die ausgewählte Tabelle über *Einfügen/Tabelle/Schnelltabellen/Auswahl in Schnelltabellenkatalog speichern* als benutzerdefinierte Schnelltabelle in den Katalog aufnehmen.

Siehe auch

Schnelltabellen gehören zu den sogenannten Bausteinen von Word (Details hierzu auf Seite 198 f.).

Tabellen aus Text erstellen

Wenn Ihnen Text vorliegt, der durch Tabstopps oder andere Trennzeichen tabellenförmig aufgebaut ist, können Sie ihn in eine Word-Tabelle umwandeln. Dies hat den Vorteil, dass Sie den Text mit den Tabellenwerkzeugen von Word bequem bearbeiten und gestalten können.

Text in eine Tabelle umwandeln

1. Achten Sie darauf, dass die Spalteninformationen im Text jeweils durch ein Trennzeichen, z.B. Tabulatorzeichen, voneinander getrennt sind.
2. Wählen Sie die Daten aus, die in eine Tabelle umgewandelt werden sollen.
3. Klicken Sie auf der Registerkarte *Einfügen* in der Gruppe *Tabellen* auf die Schaltfläche *Tabelle* und wählen Sie *Text in Tabelle umwandeln*, um das gleichnamige Dialogfeld zu öffnen.
4. Geben Sie bei Bedarf eine höhere Spaltenzahl ein, um zusätzliche leere Spalten einzufügen. Die Zeilenzahl ist durch die vorherige Auswahl fix.
5. Wählen Sie das Trennzeichen aus, mit dem die Spalten gekennzeichnet sind.

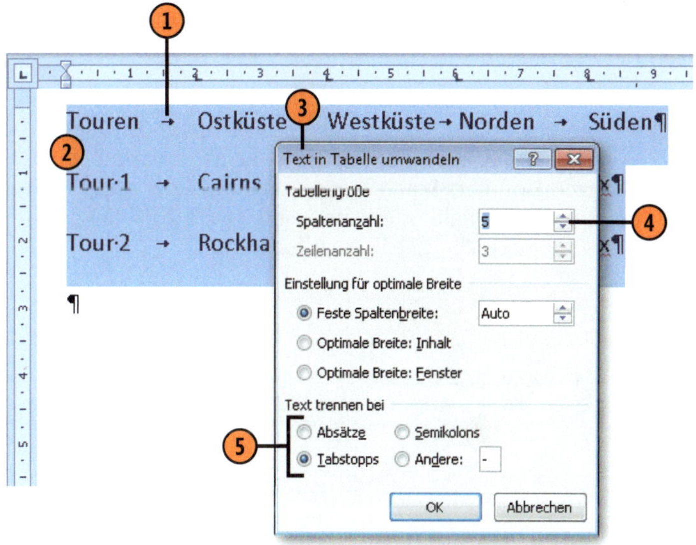

Siehe auch

Informationen zur Einstellung der optimalen Spaltenbreite finden Sie auf Seite 121.

Tabellenstruktur bearbeiten

Bearbeiten Sie bei Bedarf die Tabellenstruktur, indem Sie Spalten und Zeilen hinzufügen oder löschen. Außerdem können Sie einzelne Zellen bzw. Zellinhalte löschen sowie Zellen verbinden und teilen.

Zeilen/Spalten einfügen

① Klicken Sie in der Tabelle auf eine Stelle, an der eine Zeile oder Spalte eingefügt werden soll.

② Klicken Sie auf der Registerkarte *Tabellentools/Layout* in der Gruppe *Zeilen und Spalten* auf eine der angebotenen Einfügen-Schaltflächen, um eine Zeile oberhalb bzw. unterhalb oder eine Spalte rechts bzw. links neben der aktuellen Zelle einzufügen.

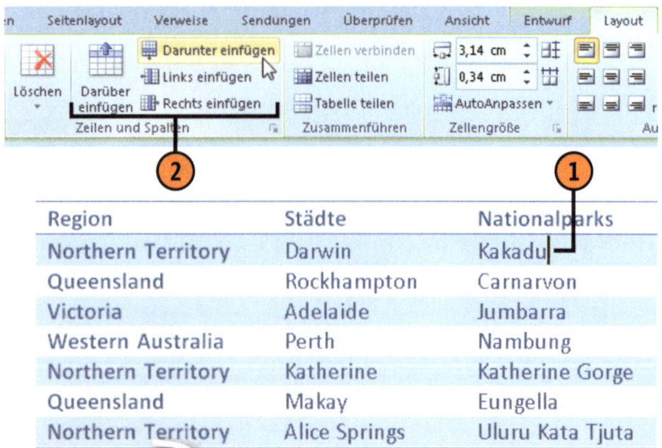

Gewusst wie

Wenn Sie mehrere Zeilen/Spalten markieren und auf eine der Einfügen-Schaltfläche klicken, wird die Anzahl der ausgewählten Zeilen bzw. Spalten ober-/unterhalb oder neben der Auswahl eingefügt.

Zellen teilen

① Klicken Sie in die Zelle, die geteilt werden soll.

② Klicken Sie auf der Registerkarte *Tabellentools/Layout* in der Gruppe *Zusammenführen* auf *Zellen teilen*, um das gleichnamige Dialogfeld zu öffnen.

③ Geben Sie an, in wie viele Zeilen und/oder Spalten die Zelle geteilt werden soll.

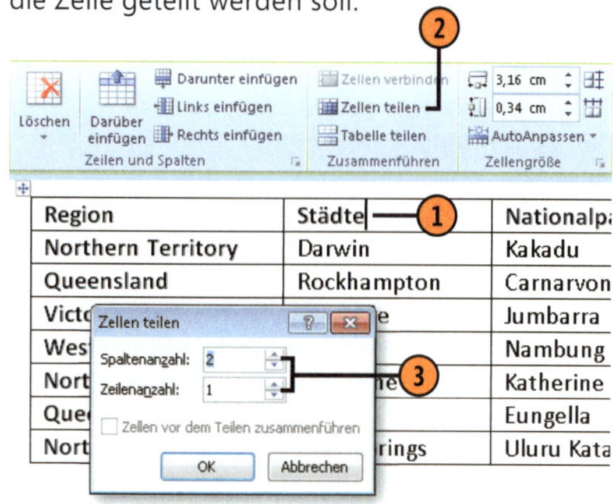

Gewusst wie

Wenn Sie mehrere Zellen vor dem Teilen markieren, werden die ausgewählten Zellen vor dem Teilen zu einer Zelle verbunden. So ändern Sie schnell die Tabellenstruktur.

Spalten/Zeilen/Zellen löschen

1. Klicken Sie in der Tabelle auf die Stelle, an der eine Spalte, Zeile oder Zelle gelöscht werden soll.

2. Klicken Sie auf der Registerkarte *Tabellentools/Layout* in der Gruppe *Zeilen und Spalten* auf *Löschen* und wählen Sie in der Liste das zu entfernende Element aus:

   - *Tabelle löschen*: Die gesamte Tabelle wird gelöscht.
   - *Spalten/Zeilen löschen:* Die aktuelle Spalte bzw. Zeile wird entfernt.
   - *Zellen löschen:* Wählen Sie im Dialogfeld *Zellen löschen*, ob die Lücke durch die Zellen rechts davon bzw. darunter gefüllt werden soll, oder entscheiden Sie sich zum Löschen der ganzen Zeile bzw. Spalte.

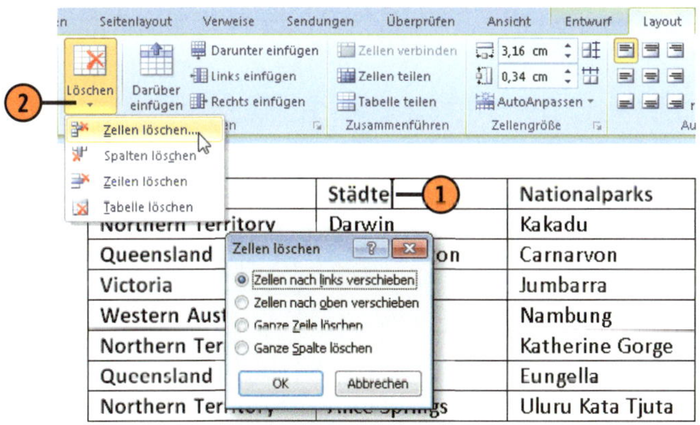

Zellen verbinden

1. Wählen Sie die Zellen aus, die verbunden werden sollen.

2. Klicken Sie auf der Registerkarte *Tabellentools/Layout* in der Gruppe *Zusammenführen* auf *Zellen verbinden*.

3. Die Zellinhalte verbundener Zellen werden untereinander in eine Zelle geschrieben, jeweils in einen separaten Absatz.

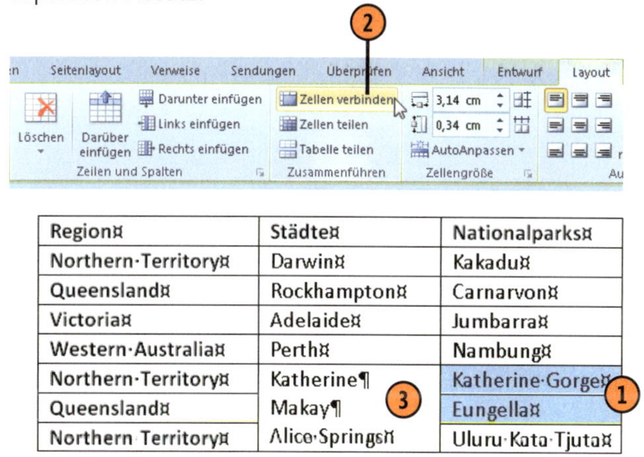

Achtung

Wenn Sie eine Zelle markieren und Entf drücken, wird der Zellinhalt gelöscht. Die Zelle selbst bleibt erhalten.

Zeilenhöhe und Spaltenbreite definieren

Ändern Sie bei Bedarf die Höhe und Breite einzelner Zeilen und Spalten und legen Sie die allgemeine Spaltenanpassung fest, d.h. ob die Spalte bei einem längeren Zelleintrag automatisch in der Breite angepasst wird oder nicht.

Höhe/Breite definieren

1. Klicken Sie in die gewünschte Zeile bzw. Spalte.
2. Machen Sie auf der Registerkarte *Tabellentools/Layout* in der Gruppe *Zellengröße* die betreffende(n) Angabe(n):
   - Klicken Sie in das Feld *Tabellenzeilenhöhe* und geben Sie einen Wert für die Höhe der Zeile ein.
   - Klicken Sie in das Feld *Tabellenspaltenbreite* und geben Sie einen Wert für die Breite der Spalte ein.

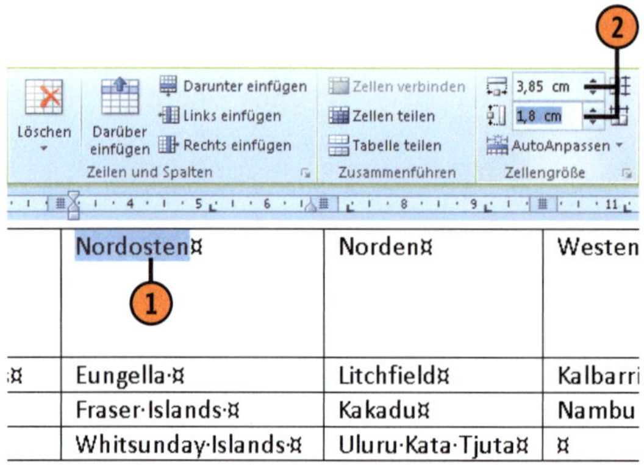

Spaltenanpassung einstellen

1. Klicken Sie in die Tabelle und dann auf der Registerkarte *Tabellentools/Layout* in der Gruppe *Zellengröße* auf *AutoAnpassen* und wählen Sie eine der folgenden Möglichkeiten:
   - *Inhalt automatisch anpassen*: Spaltenbreite dem längsten Inhalt in der Spalte anpassen.
   - *Fenster automatisch anpassen*: Spaltenbreite in der Ansicht *Weblayout* und im Webbrowser der Fenstergröße anpassen.
   - *Feste Spaltenbreite*: Die aktuellen Spaltenbreiten fixieren; benötigt der Text mehr Platz, wird automatisch ein Zeilenumbruch in der Zelle durchgeführt.

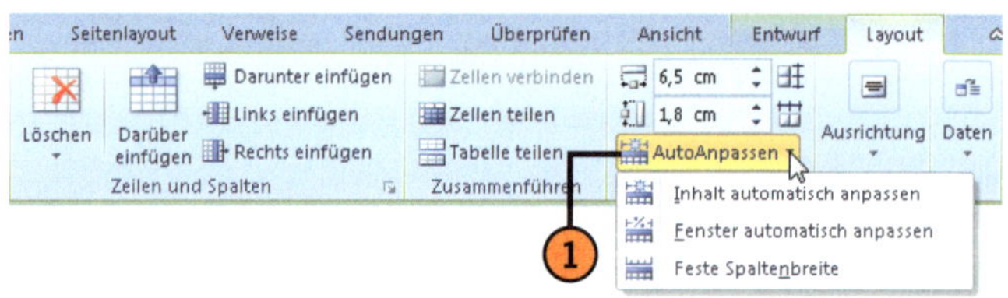

Tipp

Wenn Sie unterschiedliche Zeilenhöhen/Spaltenbreiten wieder ausgleichen wollen, klicken Sie in der Gruppe *Zellengröße* auf *Zeilen verteilen* bzw. *Spalten verteilen*.

Zellenausrichtung auswählen

Bei der Textausrichtung in Zellen können Sie Ihre Kreativität voll entfalten. Word erlaubt fast alles. Sie können in jeder Zelle nicht nur entscheiden, ob Sie den Text links, zentriert oder rechts anordnen wollen, sondern können auch wählen, auf welcher Höhe der Text in der Zelle stehen soll, d.h. oben, zentriert oder unten. Und wenn mal wenig Platz ist, drehen Sie den Text und bestimmen seine Position innerhalb der Zelle.

Ausrichtung von Zellen festlegen

1. Wählen Sie die Zelle(n) aus, deren Ausrichtung geändert werden soll.
2. Klicken Sie auf der Registerkarte *Tabellentools/Layout* in der Gruppe *Ausrichtung* auf eine der Schaltflächen, um folgende Aktionen durchzuführen:
   - Verwenden Sie beispielsweise *Mitte links ausrichten*, um die aktuelle Zelle mittig zwischen oberem und unterem Zellenrand sowie linksbündig am linken Zellenrand auszurichten.
   - Verwenden Sie *Textrichtung*, um den Text im Uhrzeigersinn zu drehen. Die Zeilenhöhe wird dabei automatisch angepasst.
   - Verwenden Sie *Zellenbegrenzungen*, um im Dialogfeld *Tabellenoptionen* den Abstand des Zellinhalts von den Zellenrändern zu definieren und einen Abstand zwischen den einzelnen Zellen einzufügen.

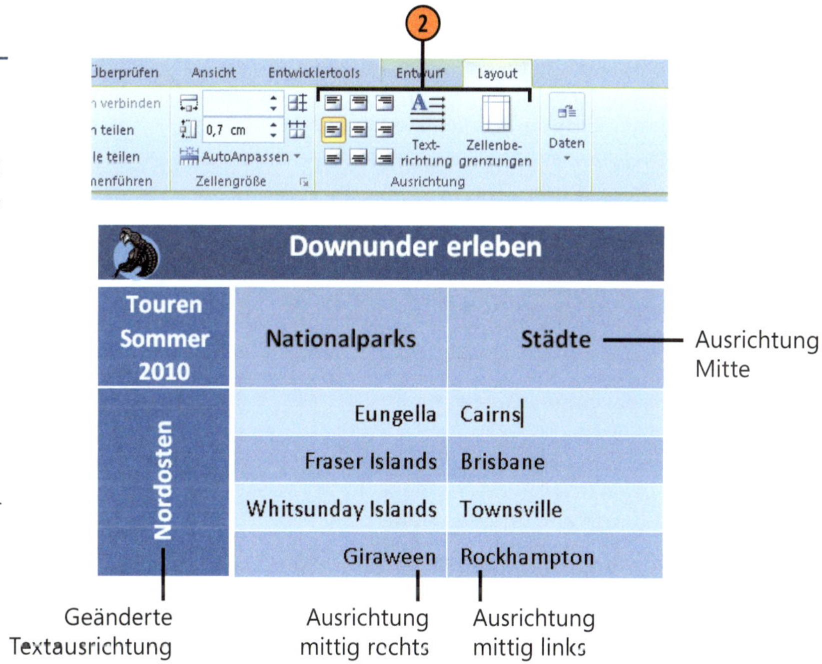

Tipp

Wenn Sie die Textrichtung geändert haben, werden im Menüband die Schaltflächen zum Ausrichten des Zellinhalts entsprechend gedreht angezeigt. So kann man sich die Ausrichtung, die die jeweilige Schaltfläche bewirkt, einfacher vorstellen.

Tabellenformatvorlagen zuweisen

Word stellt für Tabellen eine Reihe von vorgefertigten Formatvorlagen zur Verfügung, auf die Sie nach dem Einfügen einer Tabelle über die Registerkarte *Tabellentools/Entwurf* zugreifen können.

Sie können die integrierten Vorlagen bearbeiten oder eigene Tabellenformatvorlagen erstellen und diese in den Tabellenformatvorlagen-Katalog aufnehmen.

Tabellenformatvorlage auswählen

1. Setzen Sie die Einfügemarke in die Tabelle und klicken Sie auf der Registerkarte *Tabellentools/Entwurf* in der Gruppe *Tabellenformatvorlagen* auf *Weitere*.
2. Klicken Sie im Katalog auf eine Vorlage, um sie der Tabelle zuzuweisen.
3. Aktivieren bzw. deaktivieren Sie in der Gruppe *Optionen für Tabellenformat* die betreffenden Kontrollkästchen, um Formatierungselemente der Vorlage ein- bzw. auszublenden:
   - *Überschrift* – Überschriftszeile
   - *Ergebniszeile* – Format für letzte Zeile
   - *Verbundene Zeilen* – unterschiedliche Formatierung für gerade und ungerade Zeilen
   - *Verbundene Spalten* – unterschiedliche Formatierung für gerade und ungerade Spalten
   - *Erste Spalte* – Format für erste Spalte
   - *Letzte Spalte* – Format für letzte Spalte
4. Klicken Sie auf *Löschen*, um eine bereits zugewiesene Vorlage aus der Tabelle zu entfernen.

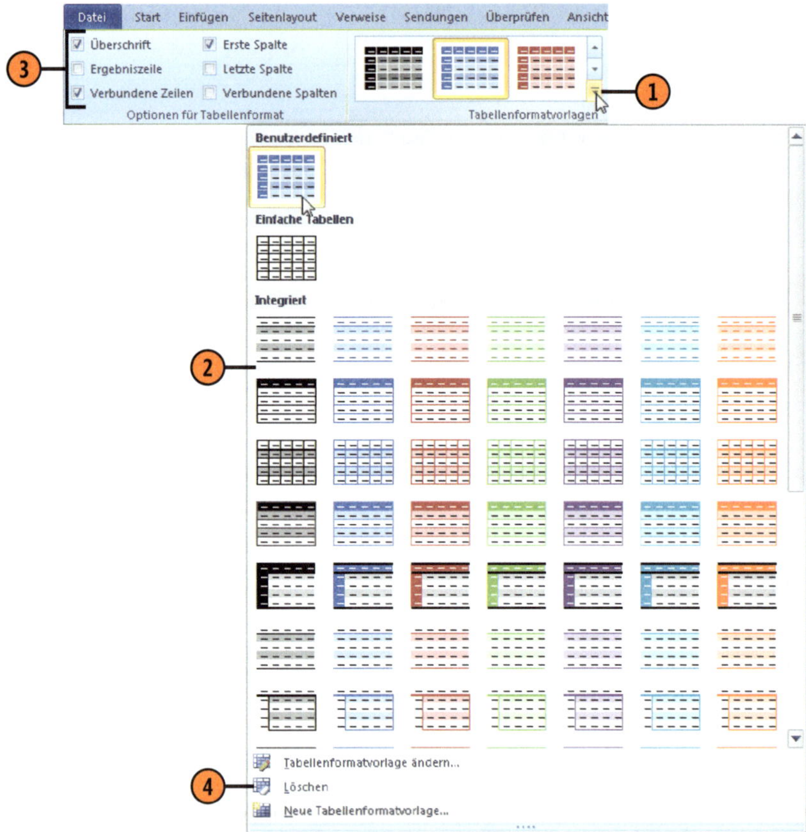

Tabellenformatvorlagen erstellen

Wenn Ihnen keine der Tabellenvorlagen zusagt, greifen Sie zunächst auf eine Vorlage zurück, die Ihren Vorstellungen am Nächsten kommt und ändern sie anschließend nach Wunsch.

Benutzerdefinierte Vorlage erstellen

1. Erstellen Sie eine Tabelle und formatieren Sie sie mithilfe der *Tabellentools*-Registerkarten *Entwurf* und *Layout*. Klicken Sie auf der Registerkarte *Entwurf* in der Gruppe *Tabellenformatvorlagen* auf *Weitere* und dann auf *Tabellenformatvorlage ändern*, um das Dialogfeld *Formatvorlage ändern* zu öffnen.
2. Geben Sie einen Namen für die Vorlage ein.
3. Wählen Sie im Dropdown-Listenfeld *Formatierung übernehmen für* den Eintrag *Gesamte Tabelle*.
4. Ändern Sie bei Bedarf Formatierungseinstellungen.
5. Legen Sie fest, ob die neue Vorlage nur für das aktuelle Dokument oder für alle mit derselben Dokumentvorlage verbundenen Dokumente gelten soll.

Die neue Vorlage wird oben im Vorlagenkatalog im Bereich *Benutzerdefiniert* angezeigt.

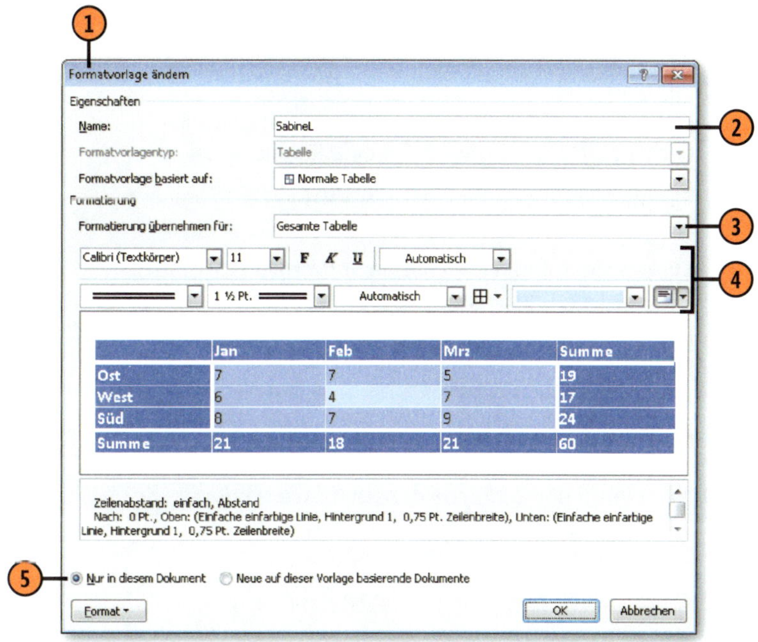

Siehe auch

Weitere Informationen zum Erstellen und Bearbeiten von Formatvorlagen finden Sie auf Seite 89 ff.

Mit Rahmen und Schattierungen arbeiten

Fügen Sie eine einfache Tabelle ein und peppen Sie sie mit Rahmenlinien und Zellschattierungen auf. Sie können dabei die Rahmenart, die Linienstärke und die Rahmen- oder Schattierungsfarbe bestimmen. Die Linien werden mit dem Stift oder durch Auswählen zugewiesen.

Rahmeneigenschaften wählen

1. Klicken Sie auf der Registerkarte *Tabellentools/Entwurf* in der Gruppe *Rahmenlinien zeichnen* auf den Pfeil neben *Stiftart* und wählen Sie eine Rahmenart aus.
2. Klicken Sie auf den Pfeil neben *Stiftstärke* und wählen Sie die Breite der Rahmenlinie aus.
3. Klicken Sie auf den Pfeil neben *Stiftfarbe* und wählen Sie eine Linienfarbe aus.
4. Die Schaltfläche *Tabelle zeichnen* wird automatisch aktiviert.

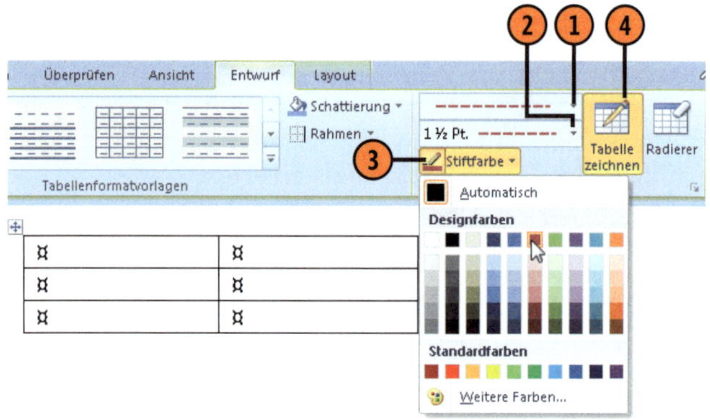

Rahmenlinien zeichnen

1. Nach Wahl der Rahmeneigenschaften wird der Mauszeiger automatisch als Stift angezeigt, mit dem Sie die Rahmenlinien ziehen können.
2. Klicken Sie in der Tabelle auf eine Rahmenlinie. Solange Sie die linke Maustaste gedrückt halten, zeigt eine graue Linie die zu zeichnende Linie an. Sobald Sie die Maustaste loslassen, wird die Rahmenlinie eingefügt.
3. Wiederholen Sie Schritt 2 für alle weiteren Rahmenlinien, die Sie ändern möchten. Sie können zwischendurch jederzeit die Rahmeneigenschaften ändern. Drücken Sie Esc, um den Zeichenmodus zu beenden.

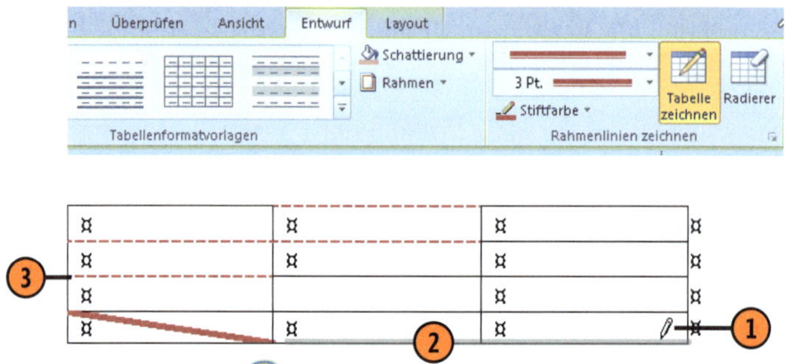

Tipp

Sie können die Tabelle mit dem Stift auch beliebig erweitern, d.h. Zeilen, Spalten und Zellen anfügen. Mit dem Radierer wird nicht nur der Rahmen entfernt, sondern die benachbarten Zellen werden verbunden, d.h., die Tabellenstruktur wird geändert.

Rahmenlinien einfügen oder löschen

1. Wählen Sie den Tabellenbereich aus, dem ein Rahmen zugewiesen werden soll, und legen Sie die Rahmeneigenschaften fest (siehe vorherige Seite).
2. Klicken Sie auf der Registerkarte *Tabellentools/Entwurf* in der Gruppe *Tabellenformatvorlagen* auf den Pfeil neben *Rahmen* und weisen Sie der Auswahl die gewünschten Rahmenlinien zu. (Damit wird der Zeichenmodus deaktiviert.)
3. Klicken Sie für dieselbe Auswahl erneut auf den Pfeil neben Rahmen:
   - Die farbigen Rahmenoptionen kennzeichnen bereits gesetzte Rahmen. Klicken Sie auf eine solche Option, um die entsprechenden Rahmenlinien zu entfernen.
   - Klicken Sie auf eine nicht farbige Rahmenoption, um die entsprechende Rahmenlinie der Auswahl zuweisen.
4. Weisen Sie weitere Rahmenlinien zu. Sie können die Rahmeneigenschaften zwischendurch ändern.

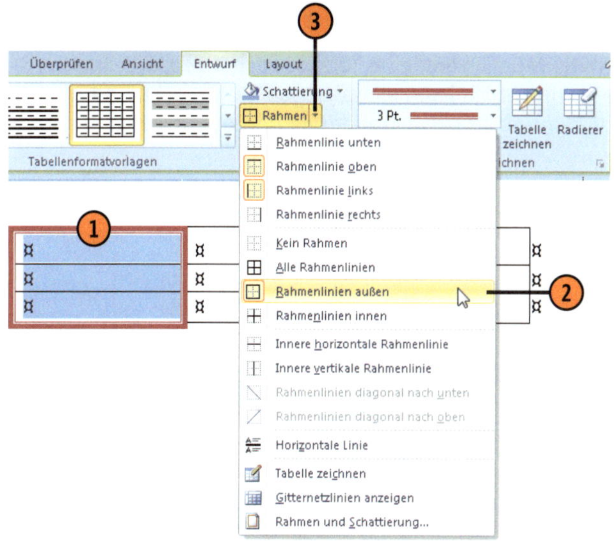

Schattierung zuweisen oder entfernen

1. Wählen Sie den Tabellenbereich aus, der mit einer Schattierung versehen werden soll.
2. Klicken Sie auf der Registerkarte *Tabellentools/Entwurf* in der Gruppe *Tabellenformatvorlagen* auf die Schaltfläche *Schattierung*.
3. Wählen Sie eine Design- oder Standardfarbe für die Schattierung aus.

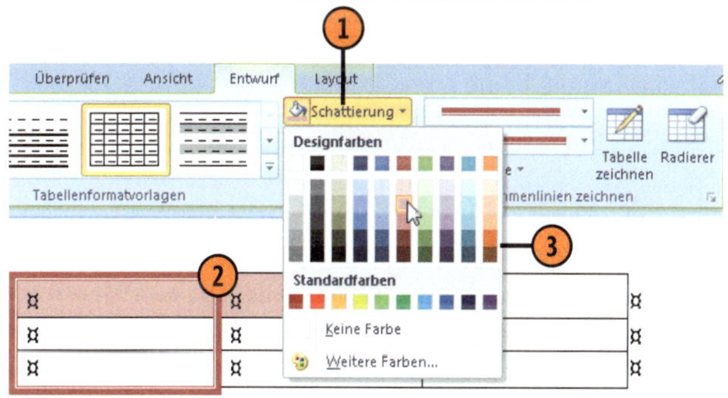

Tipp

Über den Befehl *Rahmen und Schattierung* im Dropdownmenü *Rahmen* können Sie im gleichnamigen Dialogfeld Rahmen und Schattierungen zuweisen.

Tabelleninhalte sortieren

Sie haben die Möglichkeit, eine Tabelle nach bis zu drei Spalten zu sortieren. Inhaltlich kann alphabetisch, numerische und chronologisch in auf- oder absteigender Reihenfolge sortiert werden.

Reihenfolge der Tabelleninhalte ändern

1. Klicken Sie in die Tabelle und danach auf der Registerkarte *Tabellentools/Layout* in der Gruppe *Daten* auf *Sortieren*, um das gleichnamige Dialogfeld zu öffnen.
2. Klicken Sie auf *Überschrift*, um festzulegen, dass die Tabelle Spaltenüberschriften enthält, die dann vom Sortiervorgang ausgeschlossen werden. Ansonsten klicken Sie auf *Keine Überschrift*.
3. Legen Sie folgende Kriterien fest:
   - Titel der Spalte, nach der sortiert wird; enthält die Tabelle keine Überschrift, werden stattdessen fortlaufend nummerierte Spalten angeboten (*Spalte1*, *Spalte2* etc.)
   - Inhalt der Spalte, d.h. Text, Zahl oder Datum
   - Sortierreihenfolge; aufsteigend von A bis Z, niedrigste bis höchste Zahl, ältestes bis neuestes Datum; absteigend in umgekehrter Reihenfolge
4. Wiederholen Sie Schritt 3 bei Bedarf für ein zweites und drittes Sortierkriterium.

Die Sortierfunktion funktioniert nicht nur in Tabellen. Sie können damit auch Fließtext nach Absätzen sortieren.

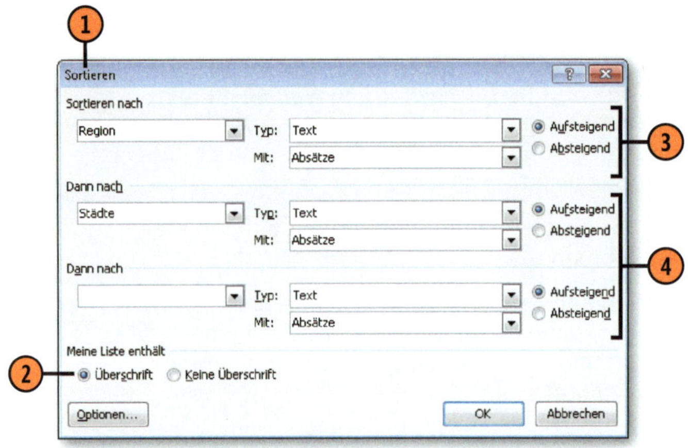

Region	Städte	Nationalparks
Northern Territory	Alice Springs	Uluru Kata Tjuta
Northern Territory	Darwin	Kakadu
Northern Territory	Katherine	Katherine Gorge
Queensland	Makay	Eungella
Queensland	Rockhampton	Carnarvon
Victoria	Adelaide	Jumbarra
Western Australia	Perth	Nambung

Tabelle sortiert nach Region und dann nach Städten

Gewusst wie

So wie Sie Tabellen sortieren, können Sie auch die Reihenfolge von Text und Listen ändern. Im Fall von nummerierten Listen passt Word die Nummerierung automatisch an.

Tabellen im Text platzieren

Je nach Größe und Gewichtung empfiehlt es sich, die Tabelle für sich allein stehen zu lassen oder in den nachfolgenden Text zu integrieren. Bestimmen Sie dabei Größe, Ausrichtung, Position und Textumbruch.

Tabelle positionieren

1. Klicken Sie in die Tabelle und anschließend auf der Registerkarte *Tabellentools/Layout* in der Gruppe *Tabelle* auf *Eigenschaften*, um das Dialogfeld *Tabelleneigenschaften* zu öffnen.
2. Geben Sie auf der Registerkarte *Tabelle* eine bevorzugte Breite in Zentimetern oder als prozentualen Anteil der Seitenbreite für die Anzeige in der Ansicht *Weblayout* oder im Webbrowser ein.
3. Führen Sie eine der folgenden Aktionen durch:
   - Wählen Sie die Ausrichtung für die Tabelle.
   - Bestimmen Sie den Textfluss für die gewählte Ausrichtung.
4. Klicken Sie auf *Positionierung* und bestimmen Sie zusätzlich zur horizontalen Ausrichtung die vertikale Tabellenausrichtung sowie den Abstand der Tabelle vom Fließtext.
5. Klicken Sie auf *Rahmen und Schattierung*, um für die gesamte Tabelle, für die aktuelle Zelle oder die aktuelle Zellauswahl einen Rahmen und/oder eine Schattierung zuzuweisen.
6. Klicken Sie auf *Optionen*, um den Abstand zwischen Zellbegrenzung und Zellinhalt sowie zwischen den Zellen der Tabelle zu definieren.

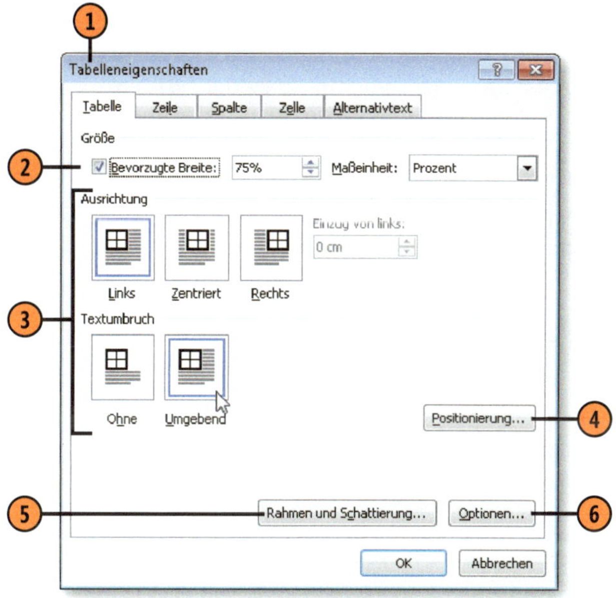

Tabellen teilen und löschen

Sie können eine Tabelle beliebig unterbrechen und in zwei Tabellen aufteilen. Word fügt zwischen den beiden neuen Tabellen eine Absatzmarke zur Trennung ein. Und natürlich ist eine Tabelle auch wieder zu löschen, wenn Sie sie nicht mehr benötigen.

Tabelle teilen

1. Klicken Sie in die Zeile, die zur ersten Zeile der zweiten Tabelle werden soll, und dann auf der Registerkarte *Tabellentools/Layout* in der Gruppe *Zusammenführen* auf *Tabelle teilen*.
2. Die Tabelle wird geteilt. Die Zeile, in der sich die Einfügemarke befindet, wird zur ersten Zeile der zweiten Tabelle.

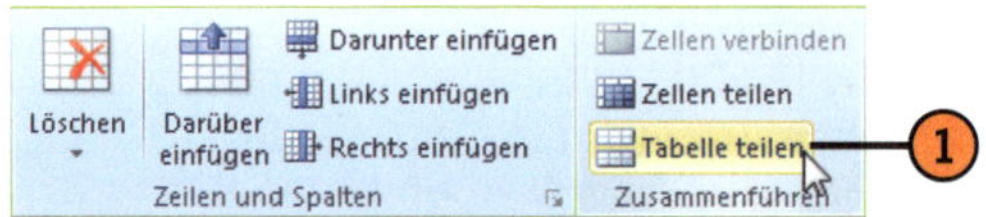

Touren¤	Nordosten¤	Norden¤	Westen¤
Nationalparks¤	Eungella·¤	Litchfield¤	Kalbarri¤
¤	Fraser·Islands·¤	Kakadu¤	Nambung¤
¤	Whitsunday·Islands·¤	Uluru·Kata·Tjuta¤	¤

¶

Städte¤	Cairns¤	Darwin¤	Perth¤
¤	Brisbane¤	Alice·Springs¤	Geraldton¤
¤	Townsville¤	Katherine¤	Broome¤
¤	Rockhampton¤	Cooinda¤	Cervantes¤

Tipp

Wollen Sie eine in zwei Tabellen aufgeteilte Tabelle wieder verbinden, löschen Sie einfach die dazwischenliegende Absatzmarke.

Tabelle löschen

1. Setzen Sie die Einfügemarke in die Tabelle und klicken Sie auf der Registerkarte *Tabellentools/Layout* in der Gruppe *Zeilen und Spalten* auf die Schaltfläche *Löschen* und dann auf *Tabelle löschen*, um die gesamte Tabelle zu entfernen.

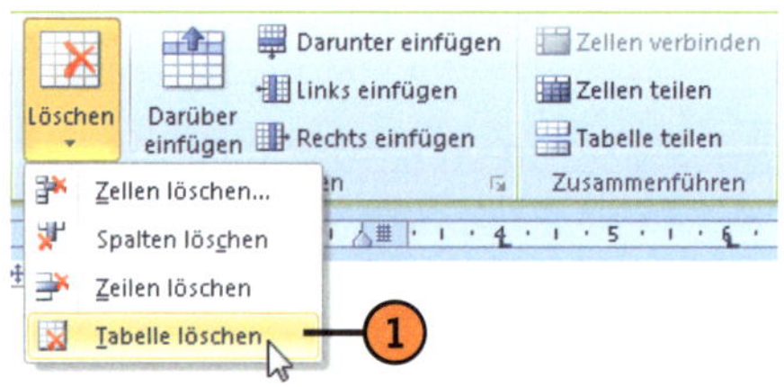

Tipp

Sie können eine Tabelle in Text umwandeln. Klicken Sie dazu auf der Registerkarte *Tabellentools/Layout* in der Gruppe *Daten* auf *In Text konvertieren* und legen Sie ein Trennzeichen, z.B. Tabstopps oder Absatzmarken, fest.

8 Mit Bildern arbeiten

In diesem Kapitel:

- Grafiken, ClipArts, Bildschirmabbildungen einfügen
- Darstellung nachbearbeiten
- Layout bearbeiten
- Freistellen, Bildausschnitt ändern
- Formen einfügen
- WordArts einfügen und bearbeiten
- SmartArts einfügen und bearbeiten
- Bildgröße und Bildanordnung ändern
- Bilder ausrichten und drehen
- Bildgruppierungen erstellen
- Überlappung von Bildern ändern
- Textfelder einfügen und bearbeiten
- Diagramme einfügen und bearbeiten

Das Einfügen und Bearbeiten von Bildern – Thema in diesem Kapitel – ist äußerst vielschichtig und komplex. Word unterscheidet hier verschiedene Bildgruppen mit unterschiedlichen Bearbeitungsmöglichkeiten:

- Grafiken, ClipArts und Bildschirmabbildungen
- Formen, WordArts und Textfelder
- SmartArts
- Diagramme

Wenn Sie Grafiken, ClipArts oder Bildschirmabbildungen einfügen, stellt Word die kontextbezogene *Bildtools*-Registerkarte *Format* zur Bearbeitung der Bilder zur Verfügung.

Nach dem Einfügen von Formen, WordArts und Textfeldern steht die kontextbezogene *Zeichentools*-Registerkarte *Format* zur Bearbeitung dieser Bildelemente bereit.

Für eingefügte SmartArts stehen mit der kontextbezogenen Registerkarte *SmartArt-Tools* gleich zwei Registerkarten zur Verfügung: *Entwurf* und *Format*, mit denen Sie die Darstellung dieser Organigramme bestimmen.

Für Diagramme stehen mit den kontextbezogenen *Diagrammtools* die drei Registerkarten *Entwurf*, *Layout* und *Format* zur Bearbeitung zur Verfügung.

Grafiken einfügen

Bei Grafiken kann es sich um verschiedenste Bildmaterialien handeln, die in elektronischer Form, d.h. als Datei, vorliegen. Einzige Voraussetzung ist, dass Word das Dateiformat unterstützt, in der die Grafik vorliegt. Zu den klassischen, von Word unterstützten Formaten gehören u.a. JPG, BMP, GIF, PICT.

Grafik hinzufügen

1. Klicken Sie im Dokument auf die Stelle, an der die Grafik eingefügt werden soll, und anschließend auf der Registerkarte *Einfügen* in der Gruppe *Illustrationen* auf *Grafik*, um das Dialogfeld *Grafik einfügen* zu öffnen.
2. Wechseln Sie zu dem Ordner, der die gewünschte Grafik enthält (standardmäßig ist das die Bibliothek *Bilder*), und wählen Sie sie aus.
3. Klicken Sie auf *Einfügen*. Die Grafik wird im Dokument gespeichert. Nachteil dieser Methode: Wird anschließend das Originalbild bearbeitet, kann die Grafik nicht aktualisiert werden, d.h., sie muss erneut eingefügt werden.

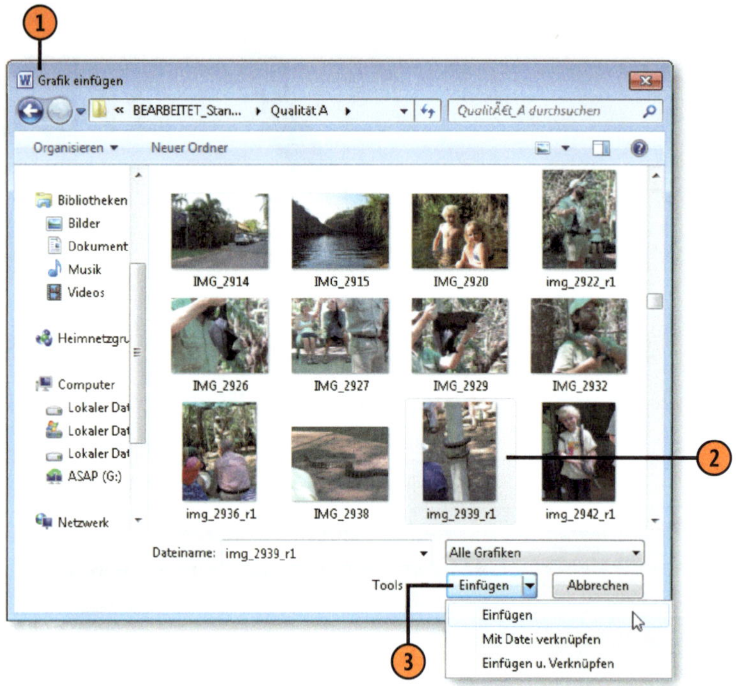

Gewusst wie

Klicken Sie auf den Pfeil neben *Einfügen*, um eine Verknüpfungsoption zu wählen:

- *Mit Datei verknüpfen:* Nicht das Bild, sondern eine Verknüpfung zum Bild wird gespeichert. Vorteil: spart Speicherplatz, Änderungen im Original werden automatisch aktualisiert; Nachteil: Grafik darf nicht in einen anderen Ordner verschoben werden, ansonsten muss der Bildpfad manuell aktualisiert werden.
- *Einfügen u. Verknüpfen:* Grafik und Verknüpfung werden gespeichert; Änderungen im Original können manuell aktualisiert werden.

ClipArts einfügen

Bei ClipArts kann es sich um Zeichnungen, Fotos, Video- und Audioclips handeln, die Sie in Ihre Dokumente einfügen können. Sie werden als fester Bestandteil des Dokuments gespeichert.

Microsoft stellt eine umfangreiche ClipArt-Bibliothek online zur Verfügung.

ClipArt hinzufügen

1. Klicken Sie im Dokument auf die Stelle, an der das ClipArt eingefügt werden soll, und anschließend auf der Registerkarte *Einfügen* in der Gruppe *Illustrationen* auf *ClipArt*, um den Aufgabenbereich *ClipArt* zu öffnen.
2. Geben Sie hier ein oder mehrere Stichwörter zum Einschränken der Suche ein.
3. Wählen Sie den Medientyp aus, z.B. Illustration, Foto etc.
4. Klicken Sie hier, um die Suche auf Office.com zu erweitern.
5. Starten Sie die Suche mit *OK*.
6. Klicken Sie auf das ClipArt Ihrer Wahl, um es einzufügen.

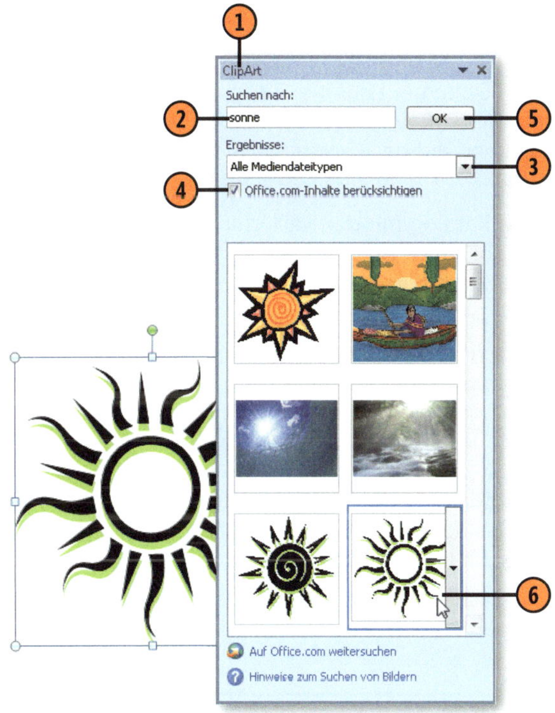

Siehe auch

Informationen zu Grafik- und ClipArt-spezifischen Bearbeitungsfunktionen finden Sie auf Seite 139 ff.

Bearbeitungsfunktionen, die auf (fast) alle Illustrationen angewendet werden können, werden auf Seite 150 ff. beschrieben.

Screenshots einfügen

Mit diesem neuen Feature von Word können Sie eine Art »Schnappschuss« eines auf Ihrem Rechner geöffneten Anwendungsfensters als Bild in das Dokument einfügen. Darüber hinaus ist es möglich, nur einen Ausschnitt eines Fensters zu kennzeichnen, der dann als Bild in das Dokument übernommen wird.

Bildschirmabbildung hinzufügen

1. Klicken Sie im Dokument auf die Stelle, an der die Bildschirmabbildung eingefügt werden soll, und anschließend auf der Registerkarte *Einfügen* in der Gruppe *Illustrationen* auf *Screenshot*.
2. Klicken Sie im Katalog mit den verfügbaren Fenstern auf das gewünschte Fenster, um das gesamte Fenster als Bild in das Dokument einzufügen.
3. Klicken Sie auf *Bildschirmausschnitt*. Word wechselt zum Programmfenster, in dem Sie zuletzt gearbeitet haben, und stellt es abgeblendet dar. Ziehen Sie mit gedrückter Maustaste über den Bereich, den Sie als Ausschnitt einfügen wollen. Der Ausschnitt wird in seinen Originalfarben angezeigt. Sobald Sie die Maustaste loslassen, wird der Ausschnitt in das Dokument eingefügt.

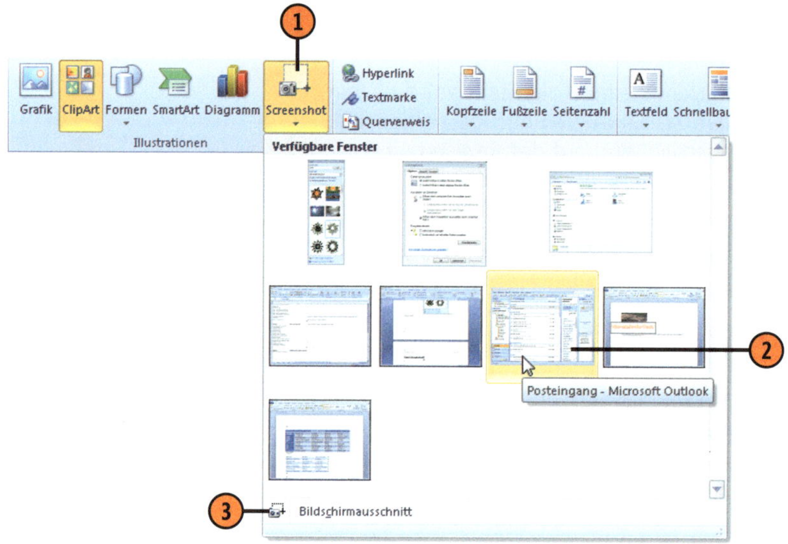

Siehe auch

Informationen zu Grafik-, ClipArt- und Screenshot-spezifischen Bearbeitungsfunktionen finden Sie auf Seite 139 ff.

Bearbeitungsfunktionen, die auf (fast) alle Illustrationen angewendet werden können, werden auf Seite 150 ff. beschrieben.

Gewusst wie

Um ein Bild von einer Webseite in das aktuelle Dokument einzufügen, klicken Sie mit der rechten Maustaste auf das Bild und wählen im Kontextmenü den Befehl *Kopieren*. Wechseln Sie dann zum Dokument und drücken Sie Strg+V, um das Bild einzufügen. Wichtig: Beachten Sie beim Kopieren von Bildmaterial geltende Copyright-Bestimmungen.

Darstellung nachbearbeiten

Bearbeiten Sie Ihre Grafiken, Screenshots und ClipArts nach Belieben. Ob Schärfe, Kontrast, Farbeinstellungen oder Spezialeffekte, fast alles ist möglich. Sobald Sie ein Bild markieren, wird im Menüband die kontextbezogene *Bildtools*-Registerkarte *Format* angezeigt. Hier stehen Ihnen alle Bearbeitungsmöglichkeiten für die eingefügten Bilder zur Verfügung.

Schärfe und Kontrast

1. Klicken Sie auf das Bild, um es auszuwählen, und danach auf der Registerkarte *Bildtools/Format* in der Gruppe *Anpassen* auf *Korrekturen*.
2. Entscheiden Sie sich für eine Schärfen sowie eine Helligkeits- und Kontrasteinstellung. Schärfe und Helligkeit nehmen im Katalog von links nach rechts zu.
3. Die Einstellungen werden sofort im Bild angezeigt.

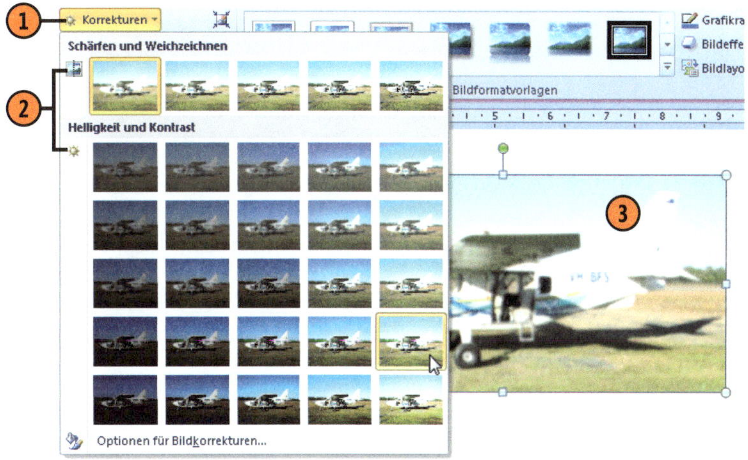

Farben und Effekte

1. Klicken Sie auf das Bild, um es auszuwählen, und danach auf der Registerkarte *Bildtools/Format* in der Gruppe *Anpassen* auf *Farbe*, um Farbton und Farbsättigung zu wählen bzw. das Bild neu einzufärben.
2. Klicken Sie auf *Künstlerische Effekte* und wählen Sie einen Effekt aus.

Tipp

Wenn Sie unten im Katalog auf den jeweiligen Optionenbefehl für Grafiken, ClipArts und Screenshots klicken, wird das Dialogfeld *Grafik formatieren* geöffnet, in dem alle Bearbeitungsmöglichkeiten zusammengefasst angeboten werden.

Layout bearbeiten

Word stellt für Grafiken, ClipArts und Screenshots eine Reihe von Bildformatvorlagen zur Verfügung. So ist es möglich, Ihre Bilder effektiv zu stylen. Eine Vorlage kann nach ihrer Zuweisung beliebig bearbeitet werden. Sie brauchen sich aber nicht unbedingt für eine Vorlage zu entscheiden, sondern können einer Illustration einen oder mehrere Bildeffekte wie Schatten, Spiegelung, 3D-Effekt etc. zuweisen und die Farbe und Linien des Grafikrahmens bearbeiten.

Bildformatvorlage zuweisen

1. Klicken Sie auf das Bild, um es auszuwählen, und danach auf der Registerkarte *Bildtools/Format* in der Gruppe *Bildformatvorlagen* auf *Weitere*, um den Katalog mit allen Vorlagen einzublenden.
2. Klicken Sie im Katalog auf die Vorlage Ihrer Wahl.

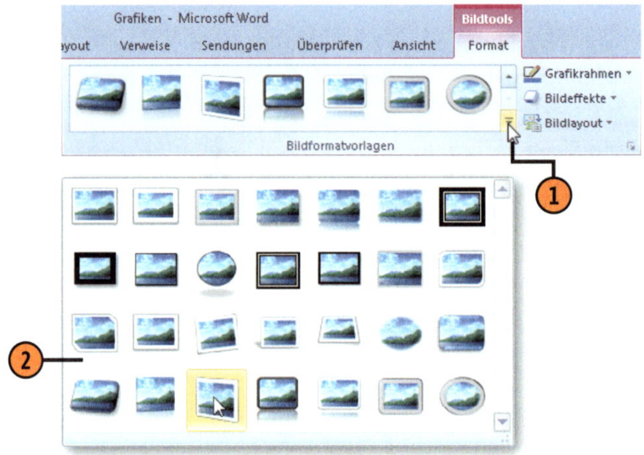

Grafikrahmen bearbeiten

1. Enthält die gewählte Vorlage einen Rahmen, klicken Sie in der Gruppe *Bildformatvorlagen* auf *Grafikrahmen*.
2. Führen Sie eine der folgenden Aktionen durch:
   - Weisen Sie dem Rahmen eine Design- oder Standardfarbe zu.
   - Ändern Sie die Strichstärke und/oder Strichart.

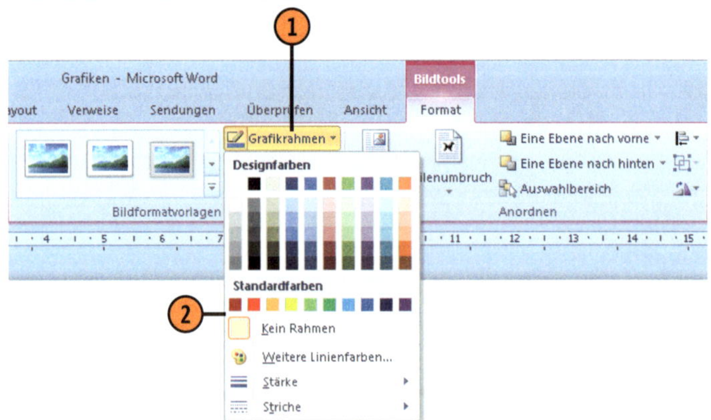

Tipp

Wenn Ihnen die gewählte Vorlage und Ihre eigenen Bearbeitungen nicht gefallen, klicken Sie in der Gruppe *Anpassen* auf *Bild zurücksetzen*, um das Originalbild wiederherzustellen. Das heißt, alle Bearbeitungen werden aufgehoben.

Bildeffekte zuweisen

1. Klicken Sie auf das Bild, um es auszuwählen, und danach auf der Registerkarte *Bildtools/Format* in der Gruppe *Bildformatvorlagen* auf *Bildeffekte*.

2. Zeigen Sie auf einen Effekt, z.B. *Spiegelung*, und wählen Sie eine Darstellung im Katalog aus.

3. Wählen Sie den untersten Befehl im Katalog, um Aspekte des gewählten Effekts, z.B. Farbe, Transparenz, Größe, Weichzeichnung, Winkel und Abstand, an Ihre Anforderungen anzupassen.

4. Kombinieren Sie nach Belieben verschiedene Bildeffekte.

   - *Schatten* – außen, innen, perspektivisch; Transparenz
   - *Leuchten* – leuchtende Umrandungen in verschiedenen Farben und Stärken
   - *Weiche Kanten* – Umrandungen in verschiedenen Stärken, die je nach Größe in das Bild laufen
   - *Abschrägung* – abgeschrägte Kanten
   - *3D-Drehung* – räumliche Darstellung, sieht in Kombination mit Abschrägungen beeindruckend aus

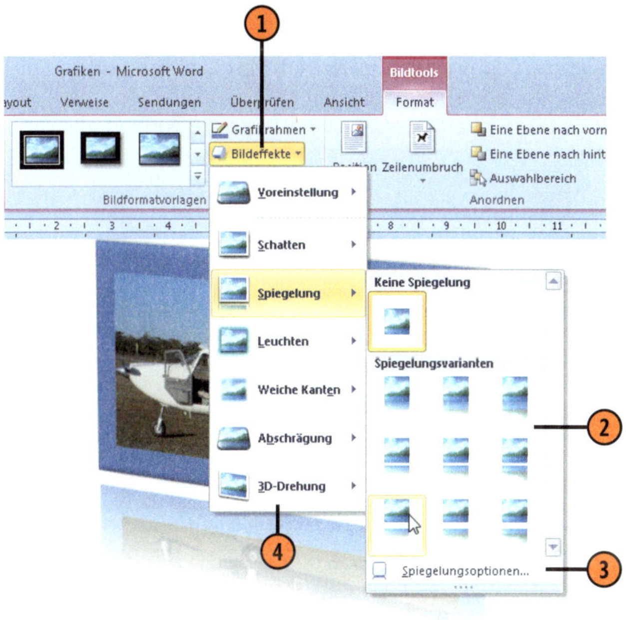

Siehe auch

Die Anordnung und Größeneinstellung von Grafiken, ClipArts und Screenshots entspricht denen von Formen, WordArts und SmartArts – siehe hierzu Seite 150 ff.

Gewusst wie

Wenn Sie in der Gruppe *Bildformatvorlagen* auf *Bildlayout* klicken, können Sie eine Kombination aus Bild- und Textdarstellung wählen. Gleichzeitig wird das Bild in ein SmartArt-Objekt umgewandelt. Näheres zu SmartArts finden Sie auf Seite 148 f.

Freistellen

Ein brandneues Feature zum Bearbeiten von Grafiken und Screenshots ist die Freistellungsfunktion. Damit werden unerwünschte Bildbereiche automatisch entfernt. Sie können aber auch selbst Feinjustierungen vornehmen, um weitere Bereiche zu entfernen bzw. Bereiche wieder anzuzeigen. Dieses Feature funktioniert am besten, wenn die Grafik ein eindeutiges Element enthält, das herausgestellt werden soll.

Grafik freistellen

1. Wählen Sie die gewünschte Grafik aus und klicken Sie auf der Registerkarte *Bildtools/Format* in der Gruppe *Anpassen* auf *Freistellen*. Word wechselt zur Registerkarte *Freistellen* und schlägt den freizustellenden Bereich vor.
2. Ziehen Sie den Rahmen nach innen bzw. nach außen, um den anzuzeigenden Bereich zu verkleinern bzw. zu erweitern.
3. Führen Sie folgende Feinabstimmungen durch:
   - Klicken Sie auf *Zu behaltende Bereiche markieren* und markieren Sie mit dem Bleistift-Mauszeiger mit gedrückter Maustaste die betreffenden Bereiche. Diese Linien werden mit einem Pluszeichen versehen.
   - Klicken Sie auf *Zu entfernende Bereiche markieren* und markieren Sie mit dem Bleistift-Mauszeiger mit gedrückter Maustaste die betreffenden Bereiche. Diese Linien werden mit einem Minuszeichen versehen.
   - Klicken Sie auf *Markierung löschen* und anschließend auf ein Pluszeichen oder auf ein Minuszeichen, um die betreffende Markierung zu entfernen.
4. Klicken Sie auf *Änderungen beibehalten.*
5. Word schaltet zur Standardansicht zurück, und der freigestellte Ausschnitt wird angezeigt.
6. Wollen Sie keine Änderungen übernehmen, klicken Sie auf *Alle Änderungen verwerfen.*

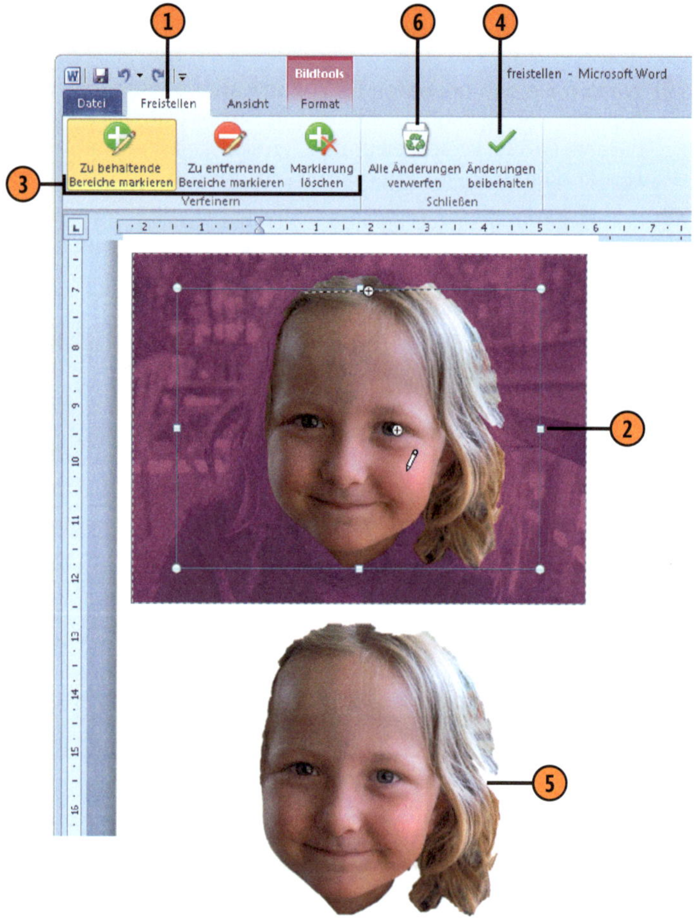

Bildausschnitt ändern

Neben dem einfachen Zurechtschneiden von Grafiken, ClipArts und Screenshots stellt Word verschiedene, recht raffinierte Zuschneideverfahren für eingefügte Grafiken, ClipArts und Screenshots zur Verfügung, die mit Sicherheit das Interesse der Betrachter wecken werden.

Bild zuschneiden

1. Klicken Sie auf das Bild, um es auszuwählen, und dann auf der Registerkarte *Bildtools/Format* in der Gruppe *Größe* auf *Zuschneiden.*
2. Ziehen Sie einen Zuschneidepunkt nach innen, um nicht erwünschte Bereiche des Bildes abzuschneiden. Klicken Sie außerhalb des Bildes, um das Zuschneiden abzuschließen.

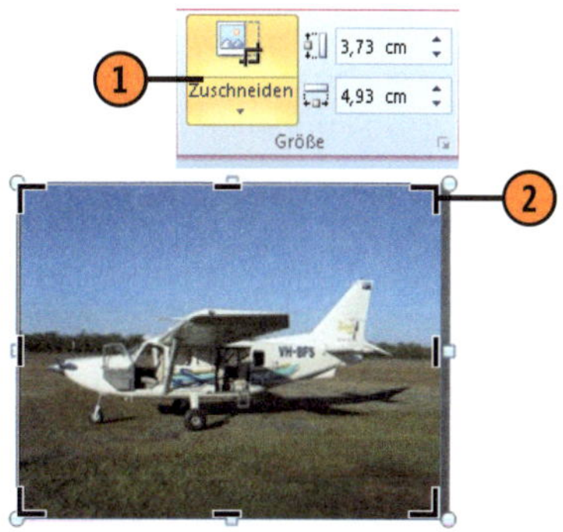

Weitere Zuschneideverfahren

1. Markieren Sie das eingefügte Bild und klicken Sie auf der Registerkarte *Bildtools/Format* in der Gruppe *Größe* auf den Pfeil von *Zuschneiden* und wählen Sie zwischen:
   - *Auf Form zuschneiden:* Wählen Sie im Katalog eine Form aus, auf die das Bild zugeschnitten wird, z.B. eine wolkenförmige Legende.
   - *Seitenverhältnis:* Wählen Sie ein Verhältnis im Format 1:1 oder ein Hoch- bzw. Querformat und den Bildausschnitt zum Zuschneiden aus.
   - *Füllbereich:* In einem zugeschnittenen Bild wird im Zuschnittsbereich von innen nach außen die gesamte Bildfläche mit den Originalbildelemente gefüllt. Elemente, die außerhalb der zugeschnittenen Bildfläche liegen, werden abgeschnitten.
   - *Einpassen:* In einem bereits zugeschnittenen Bildausschnitt wird das gesamte Originalbild »eingepasst«, ohne verzerrt zu werden.

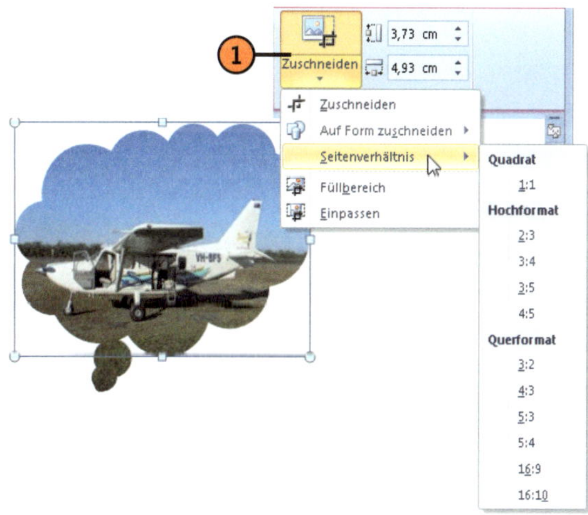

Formen einfügen

Word stellt eine Vielzahl von verschiedenen Formen wie Linien, Pfeile, Sterne, Banner und Legenden zur Verfügung. Sobald Sie eine eingefügte Form markieren, wird im Menüband die kontextbezogene Registerkarte *Zeichentools/Format* angezeigt. Hier stehen Ihnen alle Bearbeitungsmöglichkeiten für die eingefügten Formen zur Verfügung.

Form hinzufügen

1. Klicken Sie auf der Registerkarte *Einfügen* in der Gruppe *Illustrationen* auf *Formen*.
2. Klicken Sie im Katalog auf eine Form.
3. Klicken Sie im Dokument auf die Stelle, an der die Form eingefügt werden soll, und ziehen Sie mit gedrückter Maustaste ein Rechteck auf, um die Form zu erstellen. Sobald Sie die Maus loslassen, wird die Form in der aktuellen Größe eingefügt.

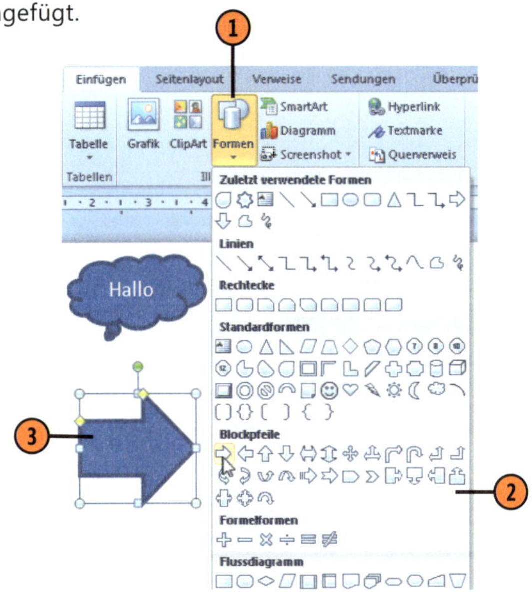

Form ändern

1. Klicken Sie auf die eingefügte Form, um sie auszuwählen und danach auf der Registerkarte *Zeichentools/Format* in der Gruppe *Formen einfügen* auf die Schaltfläche *Form bearbeiten*.
2. Wählen Sie den Befehl *Form ändern* und danach eine neue Form, um die markierte Form durch die neue zu ersetzen. Alle zuvor festgelegten Darstellungsoptionen werden in der neuen Form übernommen.
3. Wählen Sie den Befehl *Punkte bearbeiten*, um die Punkte, die die Form bestimmen, zu verändern. Klicken Sie außerhalb der Form, um die Bearbeitung zu übernehmen.

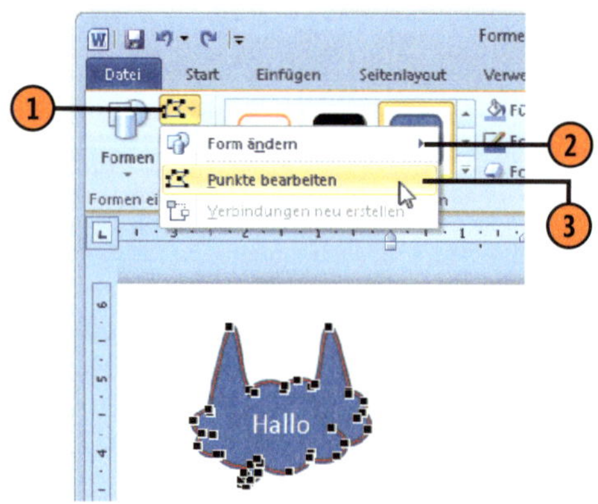

WordArts einfügen

Ein WordArt ist eine grafische Darstellung von Text, mit dem Sie das Interesse Ihrer Leser mit Sicherheit gewinnen werden. In Word stehen verschiedene WordArt-Vorlagen zur Verfügung, die Sie nach Belieben bearbeiten können.

WordArt hinzufügen

1. Klicken Sie auf der Registerkarte *Einfügen* in der Gruppe *Text* auf *WordArt*.
2. Klicken Sie im Katalog auf die gewünschte Darstellung.
3. Word fügt den Standardtext *Hier steht Ihr Text.* in der gewählten Darstellung auf der aktuellen Dokumentseite ein.
4. Geben Sie den gewünschten WordArt-Text ein, solange das WordArt-Objekt ausgewählt ist. So wird der Standardtext durch Ihren Text ersetzt. Drücken Sie Eingabe, um eine neue Zeile im WordArt-Objekt einzufügen. Klicken Sie außerhalb des WordArt-Objekts, um es in das Dokument einzufügen.

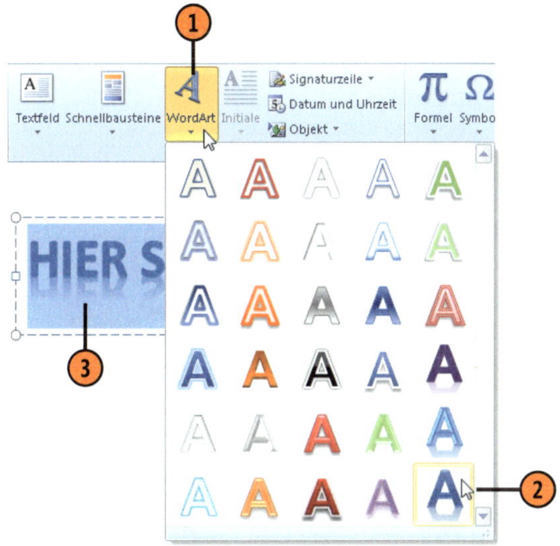

Tipp

Sie können herkömmlichen Text in ein WordArt-Objekt umwandeln. Ziehen Sie dazu mit der Maus über den betreffenden Text, klicken Sie auf die *WordArt*-Schaltfläche und wählen Sie dann die gewünschte Darstellung.

WordArt-Text bearbeiten

Sobald Sie ein eingefügtes WordArt auswählen, wird im Menüband die kontextbezogene Registerkarte *Zeichentools/Format* angezeigt. Hier stehen Ihnen alle Bearbeitungsmöglichkeiten für die eingefügten WordArts zur Verfügung. Wechseln Sie beispielsweise zu einer anderen Vorlage, ändern Sie die Textausrichtung und Textoptik. Beeindruckend sind die verfügbaren Texteffekte, mit denen Sie Ihren Text in bizarren Formen dreidimensional darstellen können.

Text(aus)richtung ändern

1. Markieren Sie das WordArt-Objekt.
2. Klicken Sie auf der Registerkarte *Zeichentools/Format* in der Gruppe *Text* auf *Textrichtung* und wählen Sie die gewünschte Drehung (90° oder 270°) aus.
3. Klicken Sie auf *Text ausrichten* und legen Sie fest, ob der WordArt-Text innerhalb seines Feldes oben, zentriert oder unten bzw. bei gedrehtem Text rechts, zentriert oder links ausgerichtet werden soll.

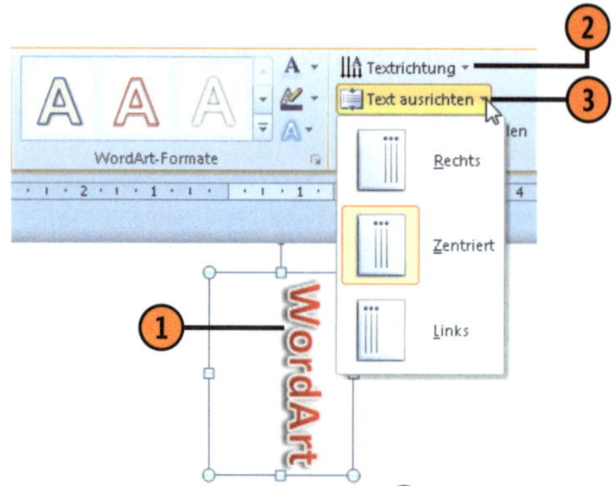

WordArt-Vorlage ändern

1. Markieren Sie das WordArt-Objekt oder wählen Sie die WordArt-Zeichen aus, dessen/deren Vorlage geändert werden soll.
2. Klicken Sie auf der Registerkarte *Zeichentools/Format* in der Gruppe *WordArt-Formate* auf *Weitere*.
3. Wählen Sie eine neue Vorlage für den markierten Text aus.

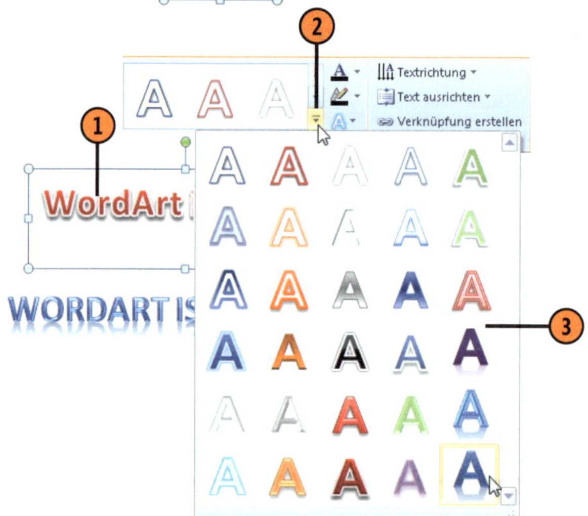

Tipp

Um die Schriftart und Schriftgröße von WordArt-Text zu ändern, verwenden Sie auf der Registerkarte *Start* in der Gruppe *Schriftart* die entsprechenden Optionen.

Textdarstellung ändern

1. Wählen Sie das WordArt-Objekt aus.
2. Klicken Sie auf der Registerkarte *Zeichentools/ Format* in der Gruppe *WordArt-Formate* auf den Pfeil der Schaltfläche *Textfüllung* und führen Sie eine der folgenden Aktionen aus:
   - Design- oder Standardfarbe für die Textfüllung wählen
   - Farbverlauf für die Textfüllung wählen
3. Klicken Sie auf den Pfeil der Schaltfläche *Textkontur* und führen Sie eine der folgenden Aktionen aus:
   - Design- oder Standardfarbe für die Textumrandung wählen
   - Strichstärke und Strichart für die Textumrandung wählen
4. Klicken Sie auf die Schaltfläche *Texteffekte* und wählen Sie einen Texteffekt aus (siehe auch Seite 141).
5. Wählen Sie den speziell nur für WordArts verfügbaren Texteffekt *Transformieren* und klicken Sie im Katalog auf eine Darstellung.
6. Die Transformation wird in der Livevorschau angezeigt.

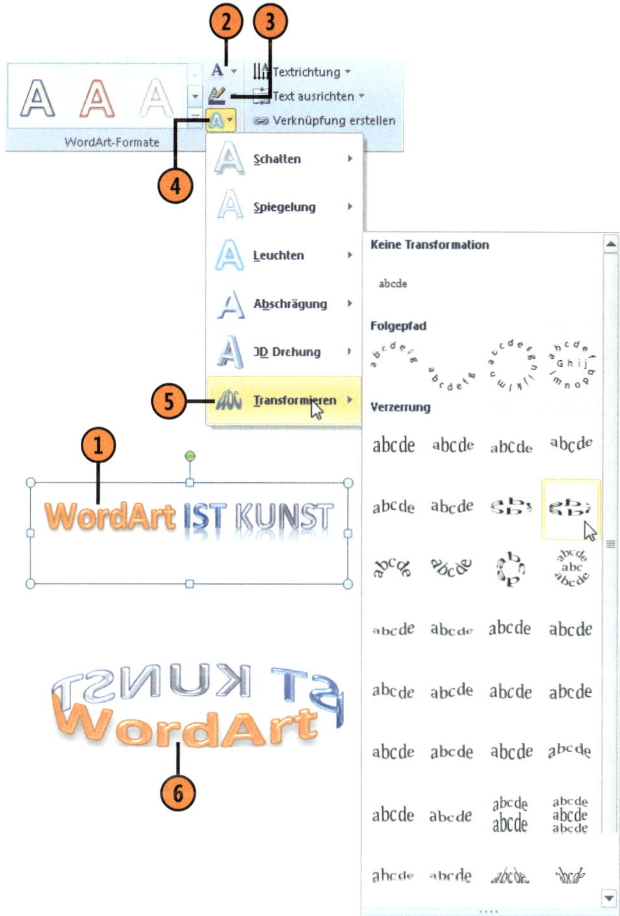

Tipp

Sie haben mithilfe der Schaltflächen in der Gruppe *Formenarten* die Möglichkeit, das WordArt-Objekt mit einem Rahmen und Hintergrund Ihrer Wahl auszustatten.

SmartArts einfügen

Bei SmartArts handelt es sich um sogenannte Organigramme, in denen Abläufe, Beziehungen, Hierarchien etc. grafisch dargestellt werden. Sobald Sie auf ein eingefügtes SmartArt klicken, werden im Menüband die kontextbezogenen *SmartArt-Tools*-Registerkarten *Entwurf* und *Format* angezeigt. Hier stehen Ihnen alle Bearbeitungsmöglichkeiten für eingefügte SmartArts zur Verfügung.

SmartArt hinzufügen

1. Klicken Sie auf der Registerkarte *Einfügen* in der Gruppe *Illustrationen* auf *SmartArt*, um das Dialogfeld *SmartArt-Grafik auswählen* zu öffnen.
2. Wählen Sie links eine Kategorie und in der Mitte eine SmartArt-Form aus und bestätigen Sie dann mit *OK*. Word fügt das SmartArt in einem separaten Bereich in das Dokument ein.

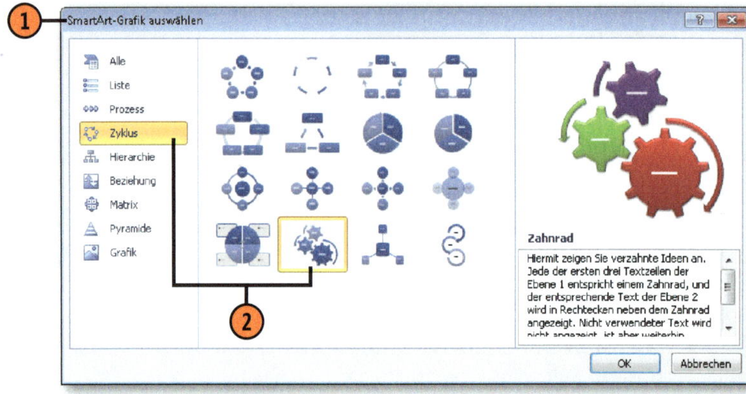

Text eingeben

1. Klicken Sie ganz links im SmartArt-Fenster auf den Bereich mit den beiden Pfeilen, um das Textfenster einzublenden.
2. Klicken Sie in die erste Zeile und geben Sie den gewünschten Text ein. Wiederholen Sie diesen Schritt für alle weiteren Zeilen. Klicken Sie erneut auf die beiden Pfeile bzw. auf das »x« in der Titelleiste des Textbereichs, um den Textbereich wieder auszublenden.

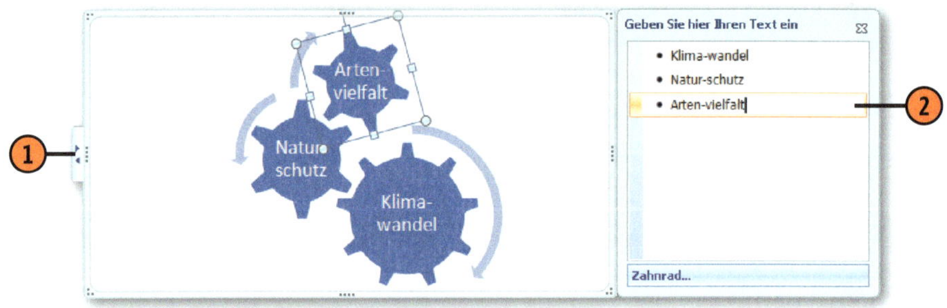

Tipp

Alternativ dazu können Sie auch direkt in ein SmartArt-Element klicken und den Text eingeben.

Siehe auch

Informationen zum Arbeiten mit der kontextbezogenen Registerkarte *Format* finden Sie auf Seite 144 (Ändern der Form) und 146 f. (Ändern der Texteffekte).

SmartArts bearbeiten

Mithilfe der Registerkarte *Entwurf* können Sie die Optik und den Aufbau des gesamten SmartArts bearbeiten. Auf der Registerkarte *Format* finden Sie Funktionen zum Bearbeiten der Form und des Textes der einzelnen SmartArt-Elemente.

Darstellung bearbeiten

1. Wählen Sie das SmartArt aus und klicken Sie auf der Registerkarte *SmartArt-Tools/Entwurf* in der Gruppe *SmartArt-Formatvorlagen* auf *Farben ändern* und wählen Sie ein anderes Farbschema aus.
2. Klicken Sie in derselben Gruppe auf *Weitere* und wählen Sie eine passende SmartArt-Vorlage aus.
3. Klicken Sie in der Gruppe *Layouts* auf *Layout ändern*, um ein anderes Layout derselben oder einer anderen SmartArt-Kategorie auszuwählen.

Aufbau ändern

1. Wählen Sie ein SmartArt-Element aus.
2. Führen Sie in der Gruppe *Grafik erstellen* eine der folgenden Aktionen aus (abhängig vom SmartArt-Typ):
   - Element in der Hierarchie höher- oder tieferstufen
   - Element nach oben oder nach unten verschieben
   - SmartArt-Aufbau spiegelverkehrt anzeigen
   - Layout des aktuellen Organigramms ändern

Tipp

Klicken Sie ganz rechts im Menüband auf die Schaltfläche *Grafik zurücksetzen*, um alle Änderungen rückgängig zu machen.

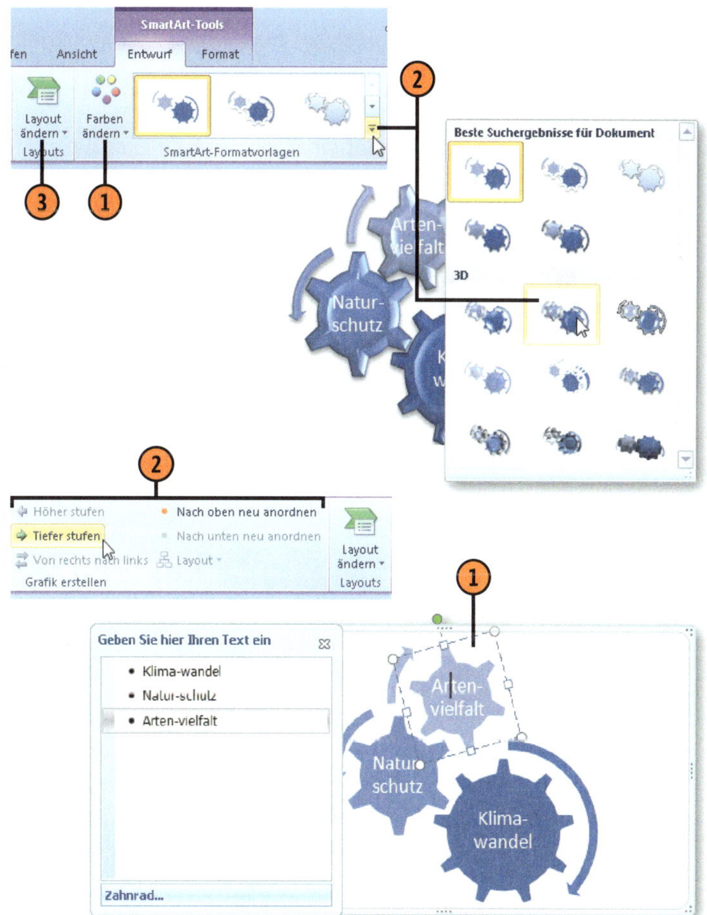

Bildgröße ändern

Die Größe von eingefügten Illustrationen – Grafiken, ClipArts, Screenshots, Formen, WordArts, SmartArts, Textfelder, Diagramme – kann beliebig geändert werden. Vor allem Fotos werden nach dem Einfügen in der Regel viel zu groß angezeigt. Sie können das Bild auf eine beliebige Größe einstellen. Am besten geht das mit der Maus.

Größe ändern

1. Klicken Sie auf das Bild, um es auszuwählen.
2. Zeigen Sie mit der Maus auf einen der Ziehpunkte. Der Mauszeiger ändert sich in einen Doppelpfeil.
3. Ziehen Sie mit gedrückter Maustaste einen der Ziehpunkte nach innen bzw. nach außen, um das Bild zu verkleinern bzw. zu vergrößern. Beim Ziehen wird der Mauszeiger als Pluszeichen angezeigt.
4. Lassen Sie die Maustaste los, wenn die gewünschte Größe erreicht ist.

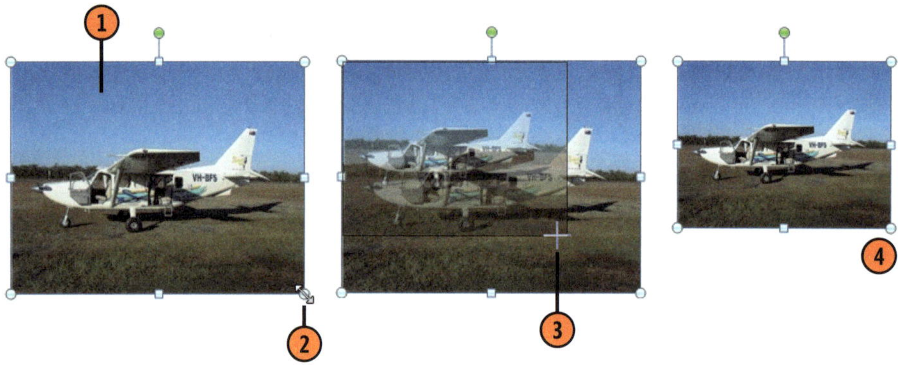

Gewusst wie

Halten Sie beim Ziehen die Strg-Taste gedrückt, um das Bild von der Mitte aus an der aktuellen und der gegenüberliegenden Seite auseinander-/zusammenzuziehen.

Halten Sie beim Ziehen die Umschalt-Taste gedrückt, um die Bildproportionen zu erhalten.

Mit gedrückter Strg- und Umschalt-Taste wird das Bild von der Mitte aus auseinander-/zusammengezogen und die Proportionen bleiben erhalten.

Tipp

Sie können Höhe und Breite auch direkt auf der kontextbezogenen Registerkarte *Format* in der Gruppe *Größe* in die beiden Größenfelder eingeben.

Bildanordnung ändern

Wenn Sie ein Bild – Grafik, ClipArt, Screenshot, Form, WordArt, SmartArt, Textfeld, Diagramm – einfügen, behält es seine Position relativ zum Text bei, d.h., es ist verankert und kann nicht frei verschoben werden. Sie haben aber die Möglichkeit, die Position des Bildes zu ändern, d.h. es aus seiner Verankerung zu lösen, und festzulegen, wie der Text um das Bild herumfließen soll.

Position festlegen

1. Wählen Sie das Bild aus, dessen Position bestimmt werden soll.
2. Klicken Sie auf der kontextbezogenen Registerkarte *Format* in der Gruppe *Anordnen* auf *Position*.
3. Wählen Sie eine Bildposition aus.

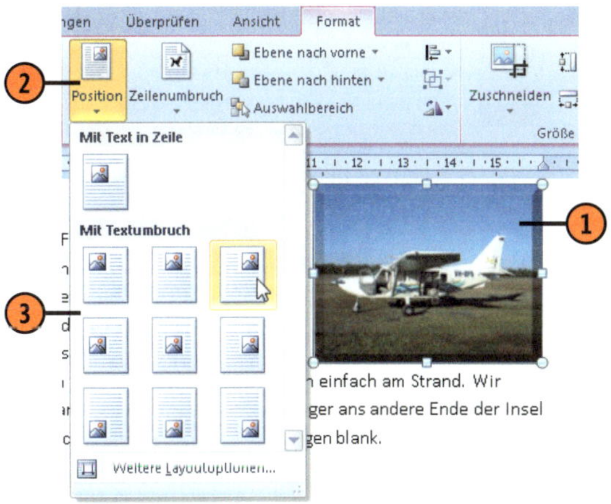

Tipp

Wenn Sie sich für eine andere Bildposition als *Mit Text in Zeile* entschieden haben, können Sie das eingefügte Bild an eine beliebige Stelle im Text ziehen.

Zeilenumbruch festlegen

1. Wählen Sie das Bild aus, für das der Zeilenumbruch bestimmt werden soll, und klicken Sie auf *Zeilenumbruch*.
2. Wählen Sie eine Option aus.
3. Die Livevorschau zeigt, wie Bild und Text angeordnet werden.

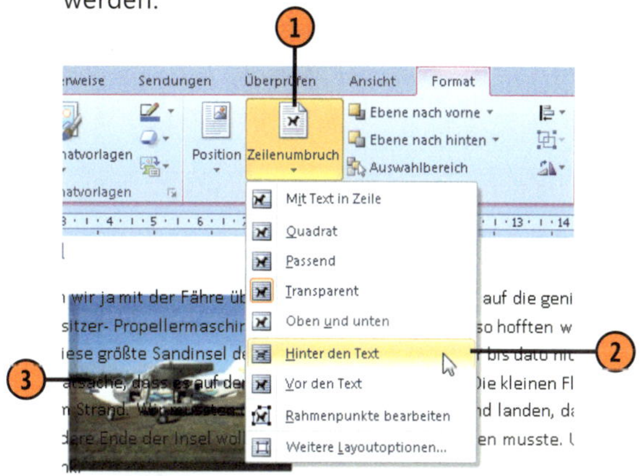

Tipp

Mit der Zeilenumbruchoption *Passend* passt sich der Fließtext so weit wie möglich dem Bild an. Ziehen Sie anschließend mit *Rahmenpunkte bearbeiten* die dann angezeigten Rahmenpunkte nach innen, damit Text und Bild möglichst dicht abschließen.

Bilder ausrichten und drehen

Sie können mehrere Bilder zusammen ausrichten. Die Ausrichtung kann dabei auf die Seite, sprich ohne Ränder, oder auf die Seitenränder bezogen werden. Mit der Ausrichtungsfunktion ist es auch ein Leichtes, nicht genau positionierte Bilder aufeinander abzustimmen. Außerdem können Bilder gedreht, auf den Kopf gestellt und auch spiegelverkehrt dargestellt werden.

Bilder ausrichten

1. Wählen Sie ein Bild aus und klicken Sie mit gedrückter Strg-Taste auf alle weiteren Bilder, die Sie in die Auswahl aufnehmen wollen.
2. Klicken Sie auf der kontextbezogenen Registerkarte *Format* in der Gruppe *Anordnen* auf die Schaltfläche *Ausrichten*.
3. Bestimmen Sie, ob sich die Ausrichtung auf die Papierseite, auf den eingestellten Seitenrand beziehen soll oder ungenau platzierte Objekte aneinander ausgerichtet werden sollen.
4. Wählen Sie eine der folgenden Ausrichtungsoptionen:
   - Horizontale Ausrichtung – links, zentriert, rechts
   - Vertikale Ausrichtung – oben, zentriert, unten
   - Gleichmäßige horizontale bzw. vertikale Verteilung der markierten Bilder
5. Klicken Sie auf eine Position außerhalb der markierten Bilder, um die Mehrfachauswahl aufzuheben.

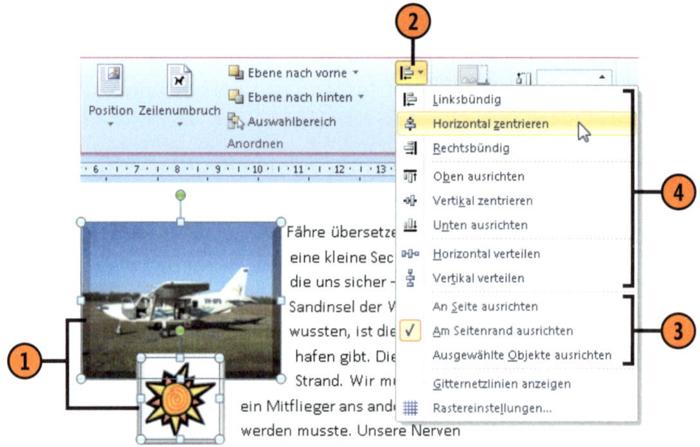

Bilder drehen

1. Wählen Sie das oder die zu drehenden Bilder aus und klicken Sie auf der kontextbezogenen Registerkarte *Format* in der Gruppe *Anordnen* auf die Schaltfläche *Drehen*.
2. Wählen Sie eine Drehoption aus.

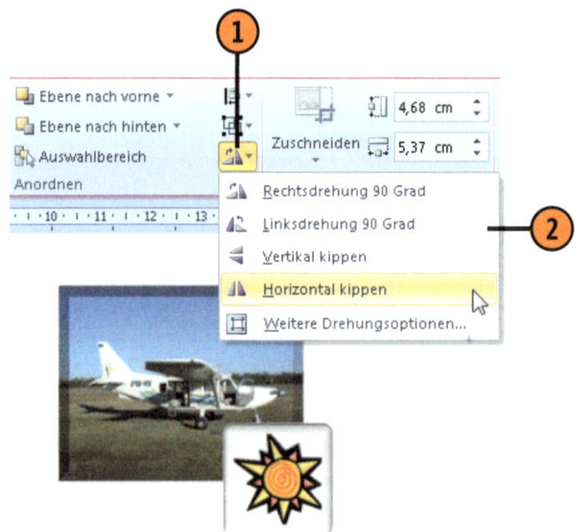

Bildgruppierungen erstellen

Wenn Sie feststellen, dass Sie immer wieder dieselben Bilder zusammen bearbeiten, fassen Sie sie zu einer Gruppe zusammen. Dann ist es möglich, sie als ein Objekt zu bearbeiten. Besonders hilfreich kann eine Gruppierung von Bild und Textfeld sein, um das Bild zusammen mit seiner Bildunterschrift zu positionieren.

Bilder gruppieren

1. Markieren Sie die gewünschten Bilder und klicken Sie auf der kontextbezogenen Registerkarte *Format* in der Gruppe *Anordnen* auf die Schaltfläche *Gruppieren* und dann auf *Gruppieren*.
2. Die ausgewählten Bilder werden von einem gemeinsamen Markierungsrahmen umgeben und können nun als ein einziges Objekt bearbeitet werden.
3. Klicken Sie im Menü zur Schaltfläche *Gruppieren* auf *Gruppierung aufheben*, um die Gruppierung aufzulösen.

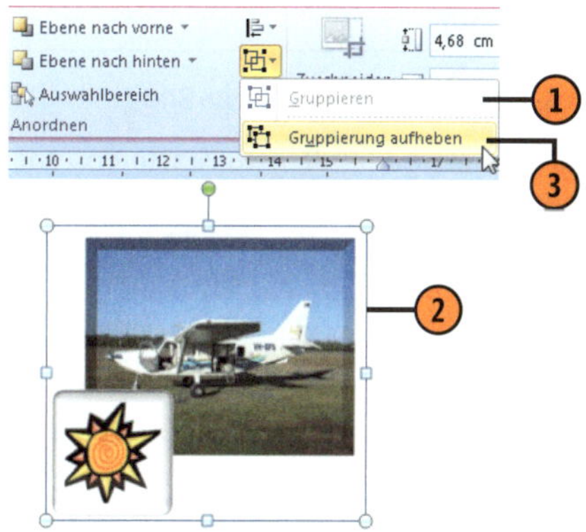

Bild und Textfeld gruppieren

1. Markieren Sie das Bild und das Textfeld und bei Bedarf weitere Objekte, klicken Sie auf der kontextbezogenen Registerkarte *Format* auf die Schaltfläche *Gruppieren* und dann auf *Gruppieren*.
2. Die Auswahl wird zu einer Gruppe zusammengefasst. Verschieben Sie die Gruppe beliebig im Text. Bild und Bildunterschrift bleiben stets zusammen.

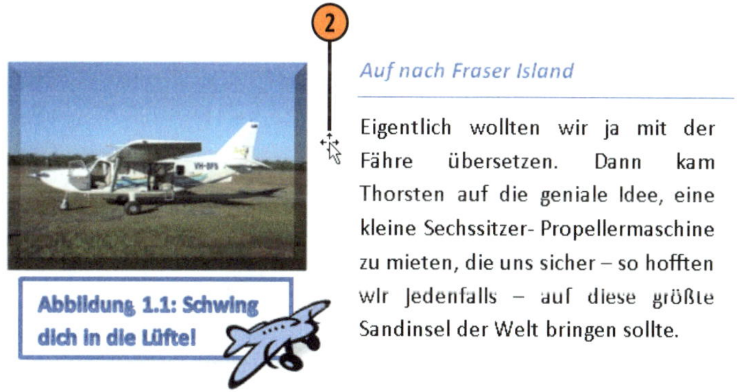

Siehe auch

Informationen zu Textfeldern finden Sie auf Seite 155 f.

Wie Sie spezielle Abbildungsbeschriftungen erstellen, erfahren Sie auf Seite 192.

Überlappung von Bildern ändern

Wenn mehrere Bilder – Grafiken, ClipArts, Formen, WordArts etc. – übereinanderliegen, ist vielleicht genau das Objekt nicht sichtbar, das Ihnen besonders wichtig ist. Sie können daher Bilder ebenenweise nach vorn oder nach hinten verschieben. Ist ein Objekt überhaupt nicht mehr zu sehen und daher auch nicht zu markieren, stellt Word den Auswahlbereich zur Verfügung, der einen optimalen Überblick garantiert.

Ebene verschieben

1. Klicken Sie auf das im Stapel zu verschiebende Bild.
2. Klicken Sie auf der kontextbezogenen Registerkarte *Format* in der Gruppe *Anordnen* auf *Ebene nach vorne* bzw. *Ebene nach hinten* und verschieben Sie das ausgewählte Bild um eine Ebene nach vorn bzw. nach hinten, auf die vorderste bzw. hinterste Ebene oder vor bzw. hinter den Text.

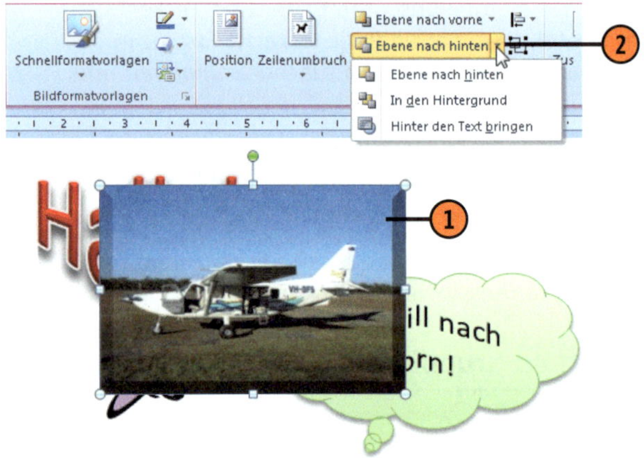

Auswahl und Sichtbarkeit

1. Klicken Sie in derselben Gruppe auf die Schaltfläche *Auswahlbereich*, um das Fenster *Auswahl und Sichtbarkeit* zu öffnen.
2. Klicken Sie auf das Bild, dessen Anzeige Sie ändern möchten.
3. Führen Sie im Fenster *Auswahl und Sichtbarkeit* folgende Aktionen aus:
   - Klicken Sie auf die betreffende Augenschaltfläche, um das Bild aus- bzw. wieder einzublenden.
   - Über den nach oben bzw. nach unten zeigenden Pfeil lässt sich das ausgewählte Bild ebenenweise nach vorn bzw. nach hinten zu verschieben.
   - Über *Alle ausblenden* bzw. *Alle anzeigen* lassen sich sämtliche Bilder auf einmal ausblenden bzw. einblenden.
   - Klicken Sie auf die Schließen-Schaltfläche (das x), um das Fenster *Auswahl und Sichtbarkeit* wieder auszublenden.

Textfelder einfügen

Textfelder sind leere Kästchen, die mit Text gefüllt werden können. Sie sind frei positionierbar und dienen der Gestaltung von Dokumenten. Word stellt eine Reihe von integrierten Textfeldern zur Verfügung, die vor allem als Elemente in der Marginalspalte am linken oder rechten Seitenrand eingesetzt werden können.

Textfeld erstellen

1. Klicken Sie auf der Registerkarte *Einfügen* in der Gruppe *Text* auf *Textfeld*.
2. Wählen Sie in dem Katalog ein integriertes Textfeld aus.
3. Das Textfeld wird im Dokument eingefügt. Geben Sie den gewünschten Text in das Textfeld ein. Wenn Sie mehr Text eingeben, als im Textfeld angezeigt werden kann, wird dieser zwar im Textfeld gespeichert, ist aber nicht sichtbar. Ziehen Sie in diesem Fall an einem der Größenziehpunkte, um das Textfeld zu vergrößern und den gesamten Text anzuzeigen.

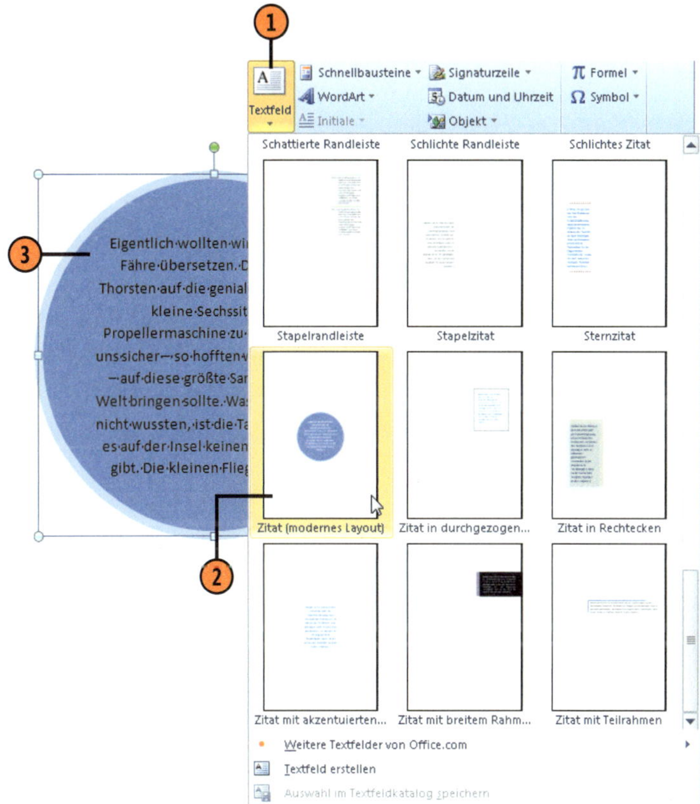

Tipp

Wenn Sie im Menü zur Schaltfläche *Textfeld* den Befehl *Textfeld erstellen* wählen, können Sie mit dem Mauszeiger (in Form eines großen Pluszeichens) ein Rechteck in beliebiger Größe aufziehen, das dann eine Absatzmarke enthält. So erstellen Sie ein einfaches Textfeld, in das Sie Ihren Text eingeben können.

Gewusst wie

Alternativ können Sie auch eine beliebige Form einfügen und diese zum Textfeld umfunktionieren. Sobald Sie bei ausgewählter Form Text eingeben, werden eine Absatzmarke und der von Ihnen eingegebene Text in der Form angezeigt.

Textfelder bearbeiten

Wenn Sie ein Textfeld erstellt haben und es auswählen, wird im Menüband die kontextbezogene *Zeichentools*-Registerkarte *Format* angezeigt. Hier stehen Ihnen alle Bearbeitungsmöglichkeiten für eingefügte Textfelder zur Verfügung.

Textfeld ändern

1. Klicken Sie auf das eingefügte Textfeld und ändern Sie zuerst die Form und die Darstellung der Form. Die Befehle dazu finden Sie in den beiden ersten Gruppen der Registerkarte *Zeichentools/Format*.
2. Ändern Sie die Textdarstellung und die Textrichtung. Die Befehle dazu finden Sie in der Gruppe *WordArt-Formate* und *Text*.
3. Ändern Sie die Position des Textfeldes sowie den Zeilenumbruch des Fließtextes mit den Befehlen der Gruppe *Anordnen*.

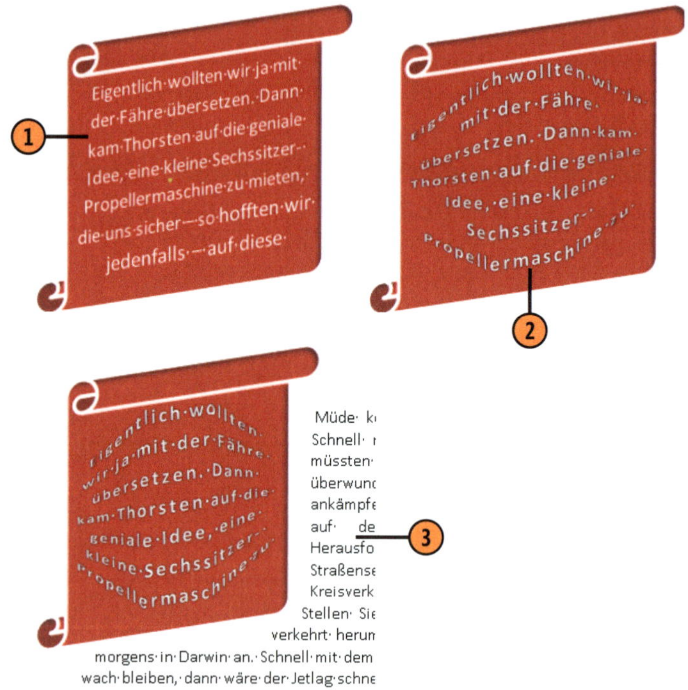

Siehe auch

Detaillierte Informationen über das Arbeiten mit der Registerkarte *Zeichentools/Format* finden Sie zum

- Ändern der Form auf Seite 144.
- Ändern der Textdarstellung auf Seite 146 f.
- Ändern der Position und des Textumbruchs auf Seite 151.

Informationen darüber, wie Sie Textfelder und Grafiken gruppieren, um sie als Bildunterschriften zusammen mit Grafiken zu positionieren, finden Sie auf Seite 153.

Bearbeitetes Textfeld in Katalog aufnehmen

1. Klicken Sie auf das bearbeitete Textfeld, um es auszuwählen.
2. Klicken Sie auf der Registerkarte *Einfügen* in der Gruppe *Text* auf die Schaltfläche *Textfeld* und dann auf *Auswahl im Textfeldkatalog speichern*, um das Dialogfeld *Neuen Baustein erstellen* zu öffnen.
3. Führen Sie dort folgende Aktionen aus:
   - Geben Sie einen Namen für den Baustein ein.
   - Klicken Sie wenn nötig auf den Pfeil neben *Katalog* und wählen Sie *Textfelder*.
   - Geben Sie eine Beschreibung ein, die später im Katalog als QuickInfo angezeigt wird.
4. Sobald Sie mit *OK* bestätigen und erneut auf der Registerkarte *Einfügen* in der Gruppe *Text* auf die Schaltfläche *Textfeld* klicken, wird Ihr Textfeld oben im Katalog zum Einfügen angeboten.

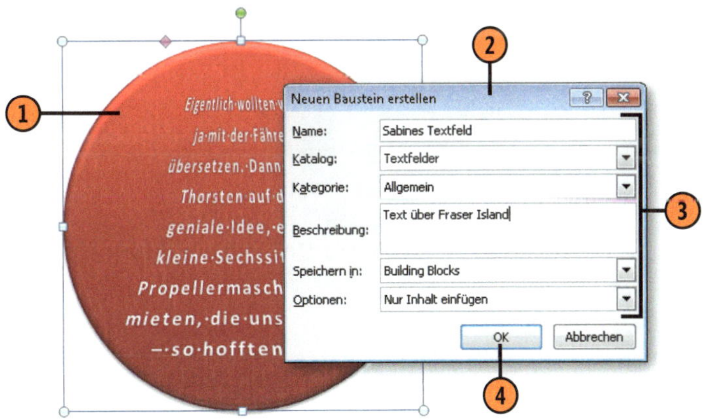

Textfelder verknüpfen

1. Erstellen Sie ein weiteres Textfeld.
2. Wählen Sie das Textfeld aus, das mehr Text enthält, als im Textfeld angezeigt werden kann.
3. Klicken Sie auf der kontextbezogenen Registerkarte *Format* in der Gruppe *Text* auf die Schaltfläche *Verknüpfung erstellen*.
4. Der Mauszeiger verwandelt sich in eine Tasse, aus der Sie quasi den nicht sichtbaren Text in das zweite Textfeld kippen können. Wiederholen Sie diese Schritte für weitere verknüpfte Textfelder. Wenn Sie jetzt das erste Textfeld auswählen, lautet der Befehl in der Gruppe *Text Verknüpfung aufheben*. Klicken Sie darauf, um die Verknüpfung zum zweiten Textfeld und alle eventuell erstellten Folgeverknüpfungen zu lösen.

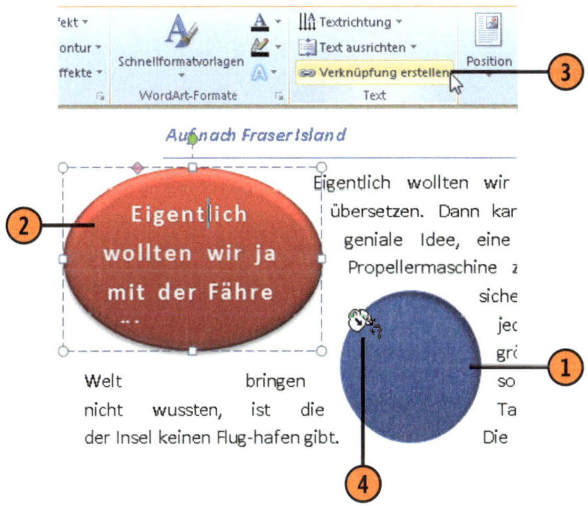

Diagramme einfügen

Wenn Sie Microsoft Excel auf Ihrem Rechner installiert haben, ist das Erstellen von anschaulichen Diagrammen in Word ein Kinderspiel. Sie geben die Daten für das Diagramm in Excel ein und Word setzt sie in dem von Ihnen gewählten Diagrammtyp um. Sobald Sie auf ein eingefügtes Diagramm klicken, werden im Menüband die kontextbezogenen *Diagrammtools*-Registerkarten *Entwurf*, *Layout* und *Format* angezeigt. Hier stehen Ihnen alle Bearbeitungsmöglichkeiten für Ihre Diagramme zur Verfügung.

Diagramm hinzufügen

1. Positionieren Sie die Einfügemarke im Dokument und klicken Sie auf der Registerkarte *Einfügen* in der Gruppe *Illustrationen* auf *Diagramm*, um das Dialogfeld *Diagramm einfügen* zu öffnen.
2. Wählen Sie links einen Diagrammtyp und rechts eine Variante des gewählten Typs aus. Bestätigen Sie mit *OK*.
3. Microsoft Excel wird geöffnet und zeigt einen Datenbereich an, den Sie mit Text und Zahlen füllen.
4. Sobald Sie zurück zu Word wechseln, wird das Diagramm mit den eingegebenen Daten im Dokument angezeigt (siehe die nächste Seite).

Siehe auch

Über die Optionen auf der Registerkarte *Diagrammtools/Format* können Sie die einzelnen Diagrammelemente vielseitig bearbeiten. Informationen finden Sie zum

- Ändern der Form auf Seite 144.
- Ändern der Textdarstellung auf Seite 146 f.
- Ändern der Position und des Textumbruchs auf Seite 151.

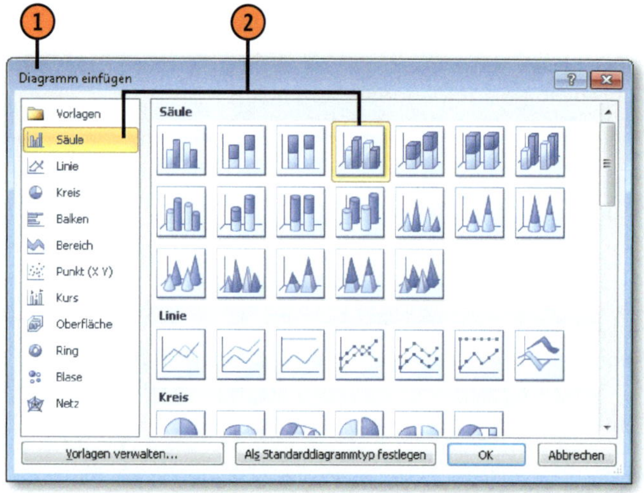

3

	A	B	C	D
1		Datenreihe 1	Datenreihe 2	Datenreihe 3
2	Kategorie 1	4,3	2,4	2
3	Kategorie 2	2,5	4,4	2
4	Kategorie 3	3,5	1,8	3
5	Kategorie 4	4,5	2,8	5

Diagramme bearbeiten

Über die Optionen auf der Registerkarte *Diagrammtools/Entwurf* können Sie jederzeit die Daten für das Diagramm bearbeiten, den Datenbereich ändern und den Diagrammtyp wechseln. Zudem können Sie hier eine integrierte Diagrammformatvorlage wählen und dem Diagramm ein anderes Layout zuweisen.

Format zuweisen

1. Wählen Sie das Diagramm aus und klicken Sie auf der Registerkarte *Diagrammtools/Entwurf* in der Gruppe *Diagrammformatvorlagen* auf die Vorlage Ihrer Wahl. Die Vorlagen werden passend zum beim Erstellen gewählten Diagrammtyp angeboten. Damit bestimmen Sie die farbliche Darstellung des Diagramms.
2. Klicken Sie in der Gruppe *Diagrammlayouts* auf ein Layout Ihrer Wahl. Mit dem gewählten Layout bestimmen Sie, welche Diagrammelemente (z.B. Legende, Achsenbeschriftungen, Überschrift) an welcher Position angezeigt werden.

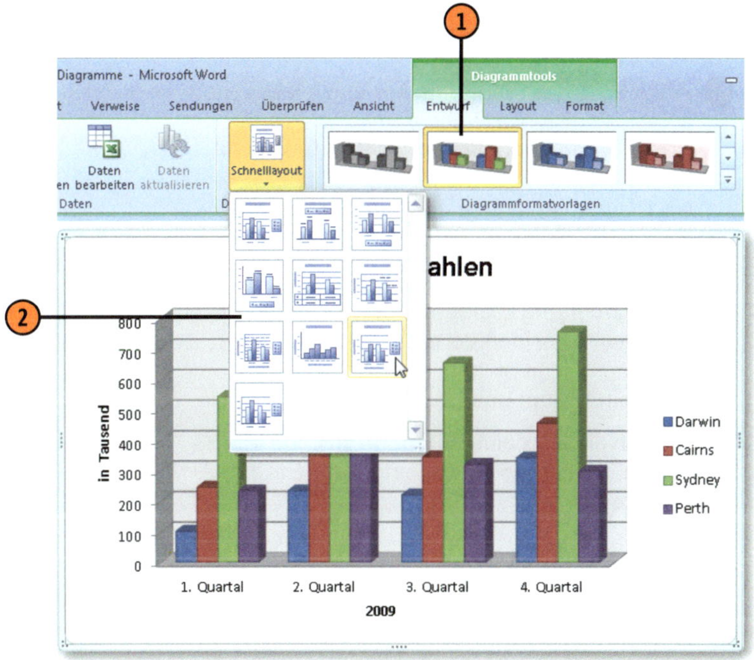

Tipp

Es außerdem möglich, ein überarbeitetes Diagramm als Vorlage unter einem Namen Ihrer Wahl zu speichern. Alle von Ihnen gespeicherten Vorlagen werden im Dialogfeld *Diagramm einfügen* angezeigt, wenn Sie links auf den Eintrag *Vorlagen* klicken.

Diagrammelemente bearbeiten

Ein Diagramm setzt sich aus verschiedenen Elementen zusammen. Sie können über die Registerkarte *Diagrammtools/Layout* diese Elemente ein- und ausblenden, zwischen ein paar klassischen Darstellungsvarianten wählen sowie die Darstellung für diese Elemente komplett überarbeiten.

Diagrammelement ändern

1. Wählen Sie das Diagramm aus und klicken Sie auf der Registerkarte *Diagrammtools/Layout* in der Gruppe *Aktuelle Auswahl* auf den Pfeil neben *Diagrammelemente* und wählen Sie ein Diagrammelement aus (hier: *Horizontale (Kategorie) Achse*).
2. Klicken Sie auf *Auswahl formatieren*, um das Bearbeitungsdialogfeld (hier: *Achse formatieren*) zu öffnen. Je nach gewähltem Diagrammelement stehen unterschiedliche Bearbeitungsoptionen zur Verfügung.
3. Wählen Sie links eine Kategorie aus und legen Sie die im rechten Bereich angezeigten Optionen fest.

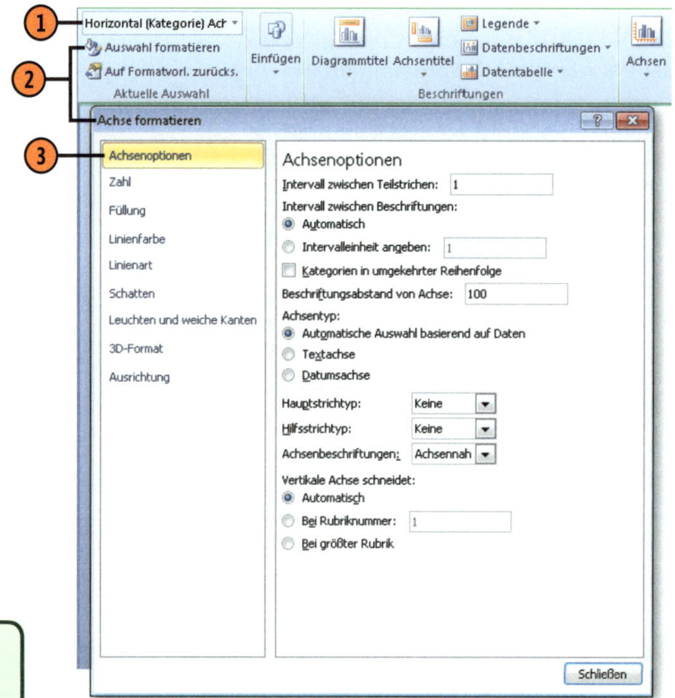

Tipp

Sie können stattdessen auch auf der Registerkarte *Diagrammtools/Layout* auf die entsprechende Schaltfläche klicken, z.B. in der Gruppe *Achsen* auf *Achsen* und dann auf *Horizontale Primärachse*. Klicken Sie dann unten in der Liste auf den letzten Befehl, um zum entsprechenden Formatierungsdialogfeld zu wechseln.

9 Dokumente drucken und veröffentlichen

In diesem Kapitel:

- Dokumente drucken
- Seriendruck – was ist das?
- Seriendruck – Hauptdokument
- Seriendruck – Datenquelle
- Seriendruck – Felder, Bedingungsfelder, übereinstimmende Felder
- Seriendruck prüfen und erstellen
- Briefumschläge und Etiketten erstellen
- Webseiten erstellen und testen
- Mit Hyperlinks arbeiten
- Dokumente im Web bereitstellen und als Blogbeitrag veröffentlichen
- Dokumente per E-Mail senden und empfangen
- Dokumente übers Internet faxen

In diesem Kapitel geht es darum, in welcher Form Sie Ihre Dokumente nach der Fertigstellung an andere weitergeben bzw. anderen zugänglich machen. Dieses Thema reicht vom ganz normalen Ausdruck auf Papier bis hin zum Publizieren von Webseiten im Internet.

Die in der Version 2010 komplett überarbeitete Druckfunktion macht das Drucken zum Kinderspiel. In der Backstage-Ansicht zum Drucken finden Sie alle Optionen, die den Drucker und die Seiteneinstellungen betreffen, auf einen Blick. Außerdem wird hier das Dokument in der Seitenansicht angezeigt, sodass die Auswirkungen von Einstellungen sofort ersichtlich sind.

Ein weiterer Schwerpunkt in diesem Kapitel ist der Seriendruck. Egal ob Sie einen Serienbrief, eine Serienmail, Umschläge oder Etiketten mit der Seriendruckfunktion erstellen wollen, die Vorgehensweise ist stets dieselbe.

Zum Veröffentlichen Ihrer Dokumente im Internet stehen in Word mehrere Möglichkeiten zur Verfügung: Speichern Sie Ihre Dokumente im Webseitenformat, stellen Sie sie im Web für die gemeinsame Bearbeitung bereit oder veröffentlichen Sie sie in Ihrem Blog. Darüber hinaus können Sie Ihre Dokumente per E-Mail weitergeben und über das Internet faxen.

Dokumente drucken

Das Drucken eines Dokuments geht schnell und einfach. Um Papier und Nerven zu sparen, sollten Sie aber vorab im Dokument prüfen, ob das Ergebnis wie beabsichtigt ausfällt. Sie initiieren das Drucken über den betreffenden Befehl auf der Registerkarte *Datei* in der Backstage-Ansicht. Der Ausdruck selbst wird unter Windows gesteuert. Das Dokument wird in die Druckwarteschlange von Windows gestellt und von dort aus im Hintergrund gedruckt. Sie können Ihre Druckaufträge über das Druckerfenster von Windows steuern.

Dokument prüfen und drucken

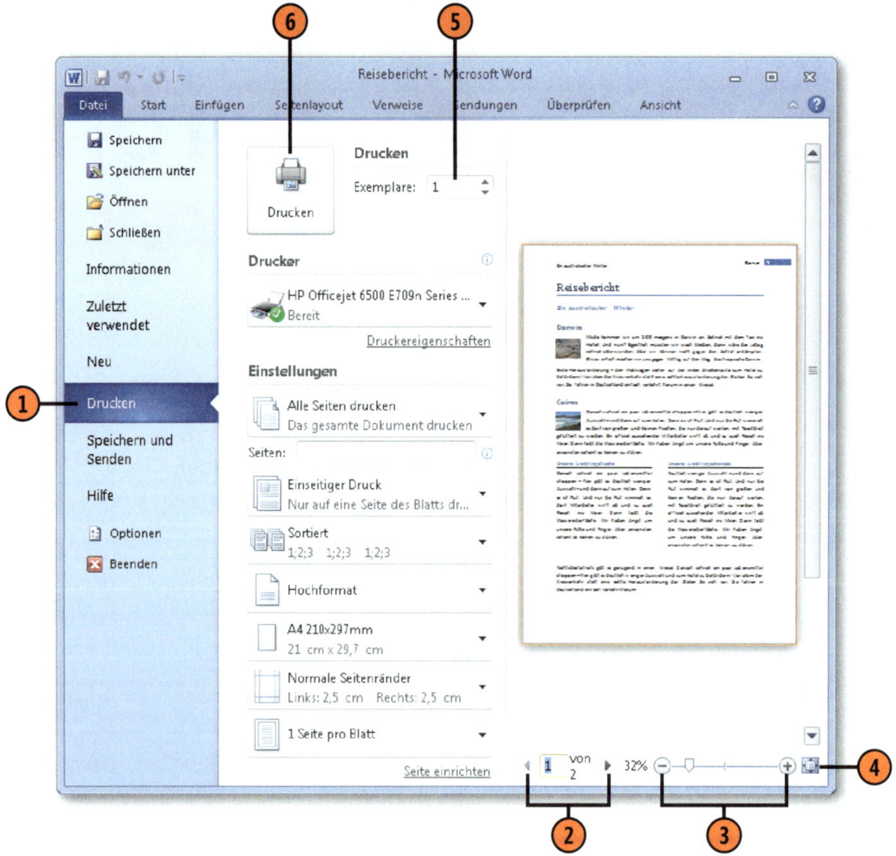

1. Klicken Sie auf der Registerkarte *Datei* auf den Befehl *Drucken*. Die Backstage-Ansicht zeigt alle Einstellungsmöglichkeiten für den Drucker und das Drucken an. Darüber hinaus wird das Dokument in der Seitenansicht dargestellt.
2. Klicken Sie hier, um in der Seitenansicht des Dokuments eine Seite zurück bzw. vor zu blättern.
3. Klicken Sie in der Zoomsteuerung auf das Pluszeichen, um die Darstellung der Dokumentseite zu vergrößern, bzw. auf das Minuszeichen, um die Darstellung zu verkleinern.
4. Klicken Sie hier, um die Darstellung wieder auf die Anzeige einer Druckseite zu setzen.
5. Klicken Sie hier und geben Sie die Anzahl der zu druckenden Kopien ein.
6. Klicken Sie auf die Schaltfläche *Drucken*, um den Ausdruck zu starten

Siehe auch

Informationen zum Ändern der Einstellungen für den Ausdruck finden Sie auf Seite 164 f.

Informationen zum Ändern der Druckoptionen finden Sie auf Seite 234 f.

Druckereinstellungen ändern

Sind mehrere Drucker unter Windows eingerichtet, wählen Sie das Gerät aus, mit dem Sie drucken möchten. Anschließend haben Sie die Möglichkeit, die Eigenschaften des gewählten Druckers zu ändern, beispielsweise Papierformat, Druckqualität, Papierzufuhr, Farbdruck etc. Die hier angebotenen Auswahlmöglichkeiten sind drucker- und aufgabenspezifisch.

Drucker wählen

1. Klicken Sie auf der Registerkarte *Datei* auf *Drucken* und danach im Bereich *Drucker* auf den Pfeil der Schaltfläche mit dem aktuellen Druckernamen.
2. Wählen Sie den gewünschten Drucker aus.
3. Wählen Sie alternativ eine der folgenden Aktionen aus:
   - Senden Sie Ihr Dokument an OneNote, die zu Office 2010 gehörige elektronische Version eines Notizbuchs.
   - Wählen Sie den Eintrag für das Faxgerät aus, wenn das Dokument gefaxt werden soll.
   - Klicken Sie auf *Ausgabe in Datei umleiten*, wenn das Dokument in eine Datei ausgegeben werden soll. Die Druckdatei wird als Dateityp *Druckerdateien* mit der Dateinamenerweiterung *.prn* gespeichert.

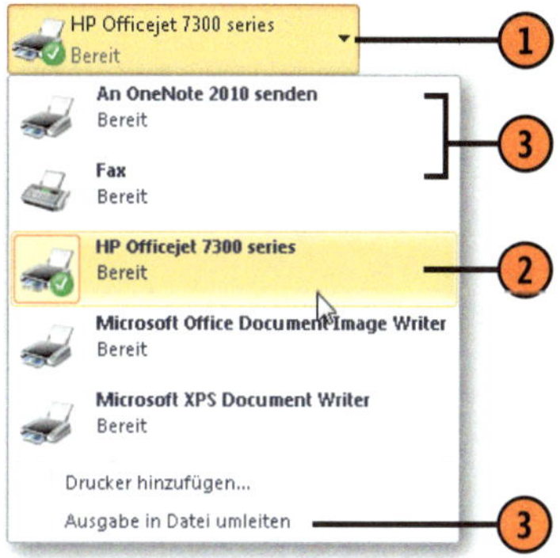

Druckereigenschaften ändern

1. Klicken Sie im Bereich *Drucker* auf den Link *Drucker-eigenschaften*, um das Eigenschaftendialogfeld für den gewählten Drucker zu öffnen. Die Darstellung dieses Dialogfeldes hängt vom gewählten Drucker ab.
2. Ändern Sie bei Bedarf Eigenschaften für den aktuell gewählten Drucker.

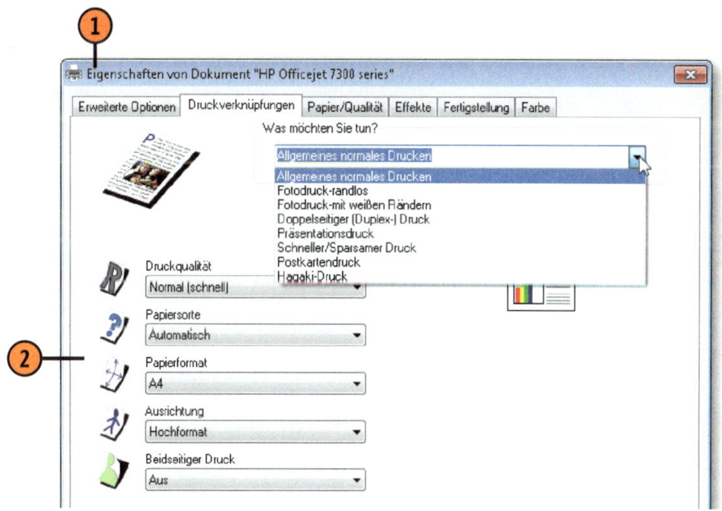

Einstellungen für den Ausdruck ändern

Sie können in der Backstage-Ansicht zum Drucken im Bereich *Einstellungen* gezielt und detailliert druck- und seitenspezifische Einstellungen vornehmen, bevor Sie drucken. Die druckspezifischen Einstellungen wurden in vorherigen Word-Versionen im Dialogfeld *Drucken* definiert, das es in dieser Form in Word 2010 nicht mehr gibt. Die seitenspezifischen Einstellungen können wie früher auch vor dem Ausdruck auf der Registerkarte *Seitenlayout* bzw. im Dialogfeld *Seite einrichten* festgelegt werden. Wenn Sie eine Seiteneinstellung aber im letzten Moment vor dem Drucken noch einmal ändern möchten, können Sie dies direkt in den Druckoptionen durchführen. Die Druckvorschau in der Backstage-Ansicht ersetzt die in früheren Versionen enthaltene Seitenansicht.

Seitenbereiche drucken

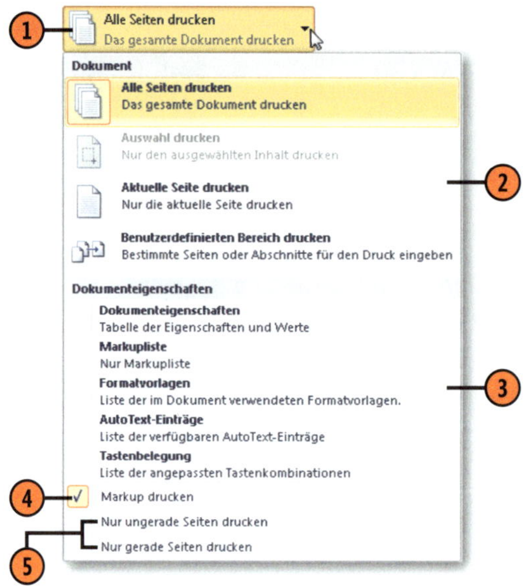

1. Klicken Sie auf der Registerkarte *Datei* auf den Befehl *Drucken* und öffnen Sie im Bereich *Einstellungen* die erste Dropdownliste.
2. Wählen Sie eine der folgenden Möglichkeiten aus:
   - *Alle Seiten drucken:* Alle Seiten des Dokuments werden gedruckt.
   - *Auswahl drucken:* Nur die im Dokument markierten Passagen werden gedruckt.
   - *Aktuelle Seite drucken:* Nur die Seite, auf der sich aktuell die Einfügemarke befindet, wird gedruckt.
   - *Benutzerdefinierten Bereich drucken:* Geben Sie im Textfeld *Seiten* die zu druckenden Einzelseiten oder Seitenbereiche ein (z.B. **10-12;14;16**).
3. Wählen Sie einen der speziellen Dokumentinhalte aus, die anstelle des Dokuments gedruckt werden sollen.
4. Aktivieren bzw. deaktivieren Sie den Ausdruck der Korrekturkennung in überarbeiteten Dokumenten.
5. Klicken Sie hier, um nur ungerade bzw. gerade Dokumentseiten zu drucken, z.B. für manuellen beidseitigen Druck.

Weitere Einstellung für den Ausdruck ändern

1. Öffnen Sie im Bereich *Einstellungen* die zweite Dropdownliste und legen Sie fest, ob das Papier ein- oder zweiseitig bedruckt werden soll. Der zweiseitige Ausdruck ist nur verfügbar, wenn der Drucker über diese Funktionalität verfügt.
2. Öffnen Sie die Dropdownliste für die Sortierfolge und wählen Sie, ob im Fall von mehreren Kopien zunächst alle Seiten einer Kopie und danach alle Seiten der zweiten Kopie usw. gedruckt werden sollen. Ansonsten werden alle Kopien der ersten Seite, dann die der zweiten Seite usw. gedruckt.
3. Öffnen Sie die Dropdownliste für die Papierausrichtung und wählen Sie, ob im Hoch- oder Querformat gedruckt werden soll.
4. Führen Sie eine der folgenden Aktionen durch:
   - Öffnen Sie die Dropdownliste für die Papiergröße und wählen Sie ein Papierformat aus.
   - Öffnen Sie die Dropdownliste für die Seitenränder und ändern Sie bei Bedarf die Seitenränder.
   - Öffnen Sie die letzte Dropdownliste und bestimmen Sie, wie viele Dokumentseiten verkleinert auf ein Blatt Papier gedruckt werden sollen.
5. Klicken Sie ganz unten auf den Link *Seite einrichten*, um das gleichnamige Dialogfeld zu öffnen. Dort finden Sie auf einen Blick alle Optionen zum Einstellen von Seitenrändern, Papier und Layout.

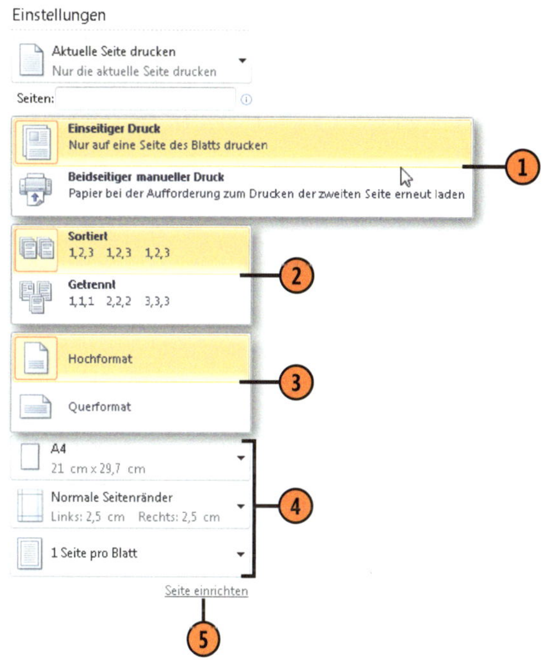

Siehe auch

Informationen zum Einrichten von Dokumentseiten finden Sie auf Seite 98 ff.

Seriendruck – was ist das?

Die Seriendruckfunktion von Word ist extrem leistungsfähig und flexibel. Nichtsdestotrotz ist ein einfacher Serienbrief schnell erstellt. Sobald Sie aber nur bestimmte Bereiche Ihrer Datenquelle nutzen und Bedingungen mit bestimmten Inhalten im Schreiben verknüpfen wollen, wird es schon komplexer und Sie sind gut beraten, Ihre Schreiben vor dem Ausdruck sorgfältig zu testen.

Egal ob Sie einen Serienbrief, eine Serienmail, Umschläge oder Etiketten erstellen wollen, die Vorgehensweise ist prinzipiell immer dieselbe. Sie benötigen ein sogenanntes Hauptdokument, z.B. einen Brief, und eine Datenquelle, z.B. eine Adressliste. Die Datenquelle ist eine Datei, die Informationen für den Seriendruck in Form von Datensätzen und Datenfeldern enthält.

Prinzipielle Vorgehensweise

1. Erstellen Sie das Hauptdokument mit dem Standardtext.
2. Erstellen Sie die Datenquelle bzw. weisen Sie dem Hauptdokument eine bereits bestehende Datenquelle zu.
3. Bearbeiten Sie die Datenquelle.
4. Fügen Sie die Felder der Datenquelle in das Hauptdokument ein.
5. Prüfen Sie das Ergebnis in der Vorschau.
6. Erstellen Sie die Seriendokumente.

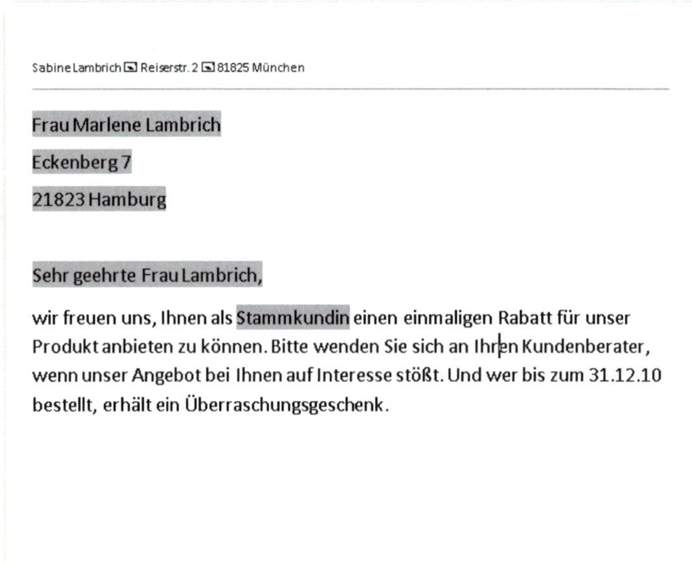

Sabine Lambrich Reiserstr. 2 81825 München

Frau Marlene Lambrich

Eckenberg 7

21823 Hamburg

Sehr geehrte Frau Lambrich,

wir freuen uns, Ihnen als Stammkundin einen einmaligen Rabatt für unser Produkt anbieten zu können. Bitte wenden Sie sich an Ihren Kundenberater, wenn unser Angebot bei Ihnen auf Interesse stößt. Und wer bis zum 31.12.10 bestellt, erhält ein Überraschungsgeschenk.

Serienbrief mit eingefügten Feldern in der Vorschau

Die variablen Elemente des Briefes – Adresse, Anrede etc. – werden mithilfe von Feldern aus der Datenquelle in das Hauptdokument eingefügt. Beim Drucken werden dann die Feldinhalte aus der Datenquelle nacheinander in die Serienbrieffelder eingefügt. So erhalten Sie ein Standardschreiben mit individuellen Elementen.

Wenn Sie sich noch unsicher fühlen, sollten Sie die Seriendruckfunktion zunächst einmal mit dem Seriendruck-Assistenten ausprobieren, der Sie sozusagen an die Hand nimmt und Schritt für Schritt durch den Prozess führt.

Der Seriendruck-Assistent

1. Klicken Sie auf der Registerkarte *Sendungen* in der Gruppe *Seriendruck starten* auf die Schaltfläche *Seriendruck starten* und dann auf den Eintrag *Seriendruck-Assistent mit Schritt-für-Schritt-Anweisungen*, um den Aufgabenbereich *Seriendruck* rechts im Word-Fenster anzuzeigen.
2. Wählen Sie im oberen Bereich den Typ des Hauptdokuments.
3. Klicken Sie im Bereich *Schritt 1 von 6* auf den Link *Weiter*, um das Hauptdokument zu erstellen.
4. Wählen Sie, ob das aktuelle Dokument, eine Vorlage oder ein bereits vorhandenes Dokument als Hauptdokument verwendet werden soll.
5. Klicken Sie im Bereich *Schritt 2 von 6* auf den Link *Weiter: Empfänger wählen*, um die Datenquelle zu definieren.
6. Folgen Sie den Anweisungen des Seriendruck-Assistenten bis einschließlich Schritt 6 von 6 und erstellen Sie so Ihren Serienbrief.

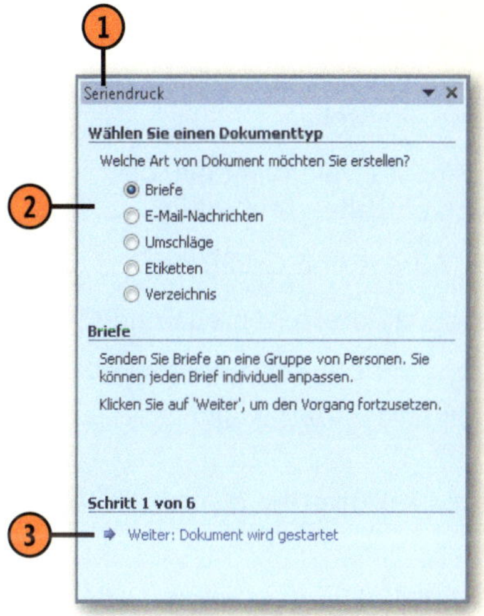

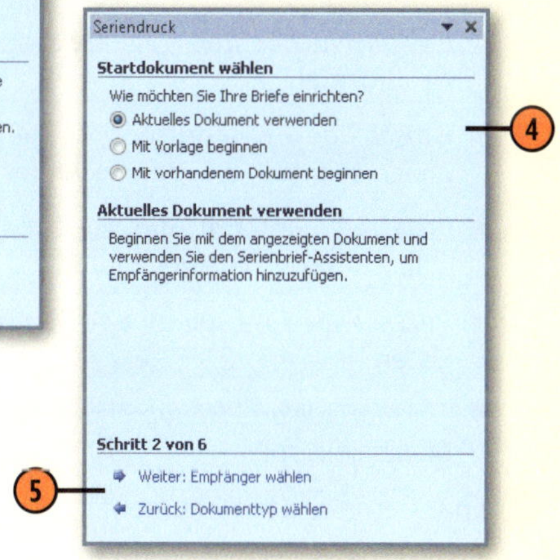

Seriendruck – Hauptdokument

Im Hauptdokument steht der allgemeine Standardtext, den alle Empfänger identisch erhalten sollen. Sie können wählen, ob Sie einen Brief, eine E-Mail, eine Liste, Umschläge oder Etiketten mithilfe der Serienbrieffunktion erstellen wollen.

Hauptdokument erstellen

1. Klicken Sie auf der Registerkarte *Sendungen* in der Gruppe *Seriendruck starten* auf die Schaltfläche *Seriendruck starten* und wählen Sie aus, ob Sie einen Brief, eine E-Mail, Umschläge, Etiketten, eine Liste oder ein Standard-Word-Dokument als Hauptdokument erstellen wollen.
2. Geben Sie die Textpassagen in ein neues Dokument ein, die in jedem Hauptdokument identisch enthalten sein sollen:
   - *Briefe* – Fließtext ohne Adresse, Anrede und Grußformel
   - *E-Mail-Nachrichten* – Fließtext ohne Adresse, Anrede und Grußformel
   - *Umschläge* – Beschriftung, die auf allen Umschlägen gleich sein soll, z.B. der Absender
   - *Etiketten* – Beschriftung, die auf allen Etiketten gleich sein soll, z.B. Produktbezeichnung
   - *Verzeichnis* – beispielsweise Spaltenbeschriftungen in Listen
   - *Normales Word-Dokument* – Fließtext, der in allen Texten gleich sein soll
3. Speichern Sie das Dokument.

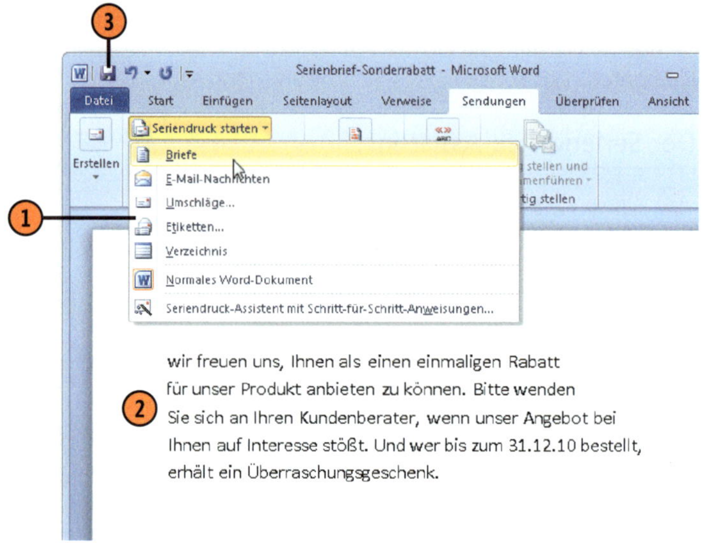

Siehe auch

Wie Sie mit dem Seriendruck-Assistenten arbeiten, erfahren Sie auf der vorherigen Seite.

Seriendruck – Datenquelle

Die Datenquelle enthält Datensätze mit Feldern, deren Inhalte in das Hauptdokument eingefügt werden. Es kann sich dabei um ein in Word, Excel oder Access erstelltes Dokument, um eine sonstige Datei in einem von Word lesbaren Format oder um die Einträge in Ihrem Outlook-Kontakte-Ordner handeln. Sie können die Datenquelle anschließend nach Kriterien filtern, z.B. alle Adressen mit Wohnort Hamburg, oder auf- bzw. absteigend sortieren.

Datenquelle definieren

1. Klicken Sie auf der Registerkarte *Sendungen* in der Gruppe *Seriendruck starten* auf die Schaltfläche *Empfänger auswählen* und legen Sie fest, woher die Daten für den Seriendruck kommen sollen:
   - *Neue Liste eingeben:* Geben Sie im Dialogfeld *Neue Adressliste* Ihre Daten ein. Dort stehen bereits Spalten für die Eingabe von Adressen bereit. Sie können diese Spalten entfernen und eigene Spalten definieren, wenn Sie andere Dateninhalte benötigen.
   - *Vorhandene Liste verwenden:* Wechseln Sie zu dem Dokument, das die Seriendruckdaten enthält.
   - *Aus Outlook-Kontakten auswählen:* Wählen Sie einen Kontakteordner in Outlook aus.

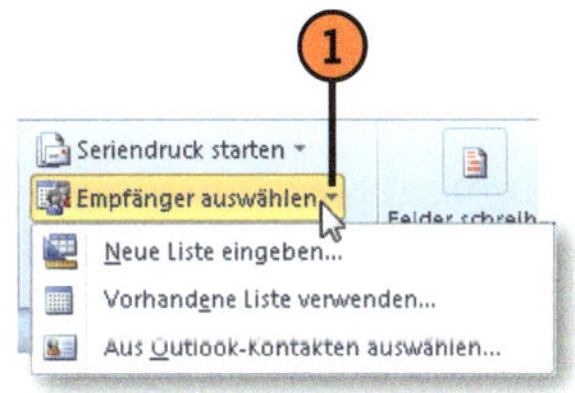

Datenquelle bearbeiten

1. Klicken Sie auf der Registerkarte *Sendungen* in der Gruppe *Seriendruck starten* auf die Schaltfläche *Empfängerliste bearbeiten*, um das Dialogfeld *Seriendruckempfänger* zu öffnen.
2. Klicken Sie auf die Kontrollkästchen, um einzelne Empfänger in den Seriendruck ein- bzw. auszuschließen.
3. Klicken Sie auf einen der Links, um die Datensätze zu filtern, zu sortieren, doppelte Einträge zu suchen oder Adressen mithilfe von Add-On-Programmen zu überprüfen.

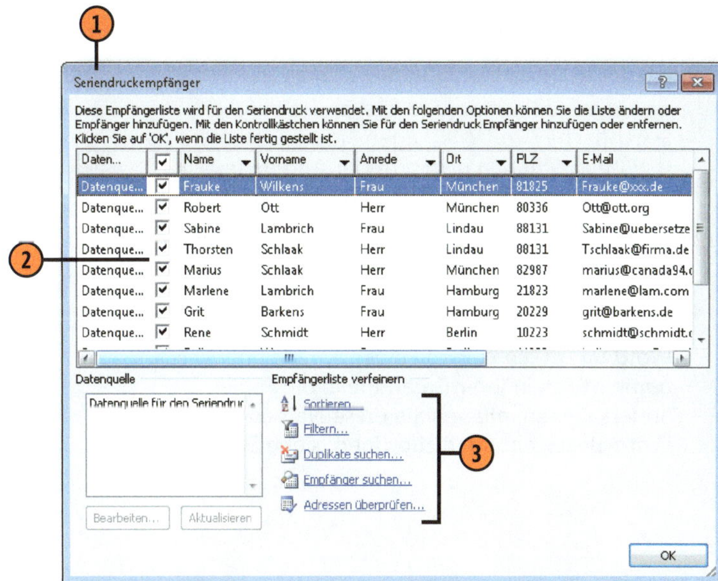

Seriendruck – Felder

Die Felder einer Datenquelle werden im Format «*feldname*» im Hauptdokument eingefügt. Erst wenn Sie den Seriendruck fertigstellen, werden die Feldnamen durch die Feldinhalte aus der Datenquelle ersetzt. Word bietet standardmäßig einen Adressblock und eine Grußzeile an, für die Sie die Feldnamen Ihrer Datenquelle mit den internen Adressfeldern von Word abstimmen können. Jedes Feld der Datenquelle kann beliebig oft in das Hauptdokument eingefügt und später mit Inhalt gefüllt werden.

Seriendruckfeld einfügen

1. Setzen Sie die Einfügemarke im Dokument an die Stelle, an der ein Feld eingefügt werden soll, klicken Sie auf der Registerkarte *Sendungen* in der Gruppe *Felder schreiben und einfügen* auf die Schaltfläche *Adressblock* und bestimmen Sie im Dialogfeld *Adressblock einfügen* die Darstellung der Adresse. Nach dem Bestätigen mit *OK* wird das Feld für den Adressblock in das Dokument eingefügt.
2. Verschieben Sie die Einfügemarke an die gewünschte Position und klicken Sie auf die Schaltfläche *Grußzeile*. Legen Sie im Dialogfeld *Grußzeile einfügen* die Form der Anrede fest. In der Vorschau wird das Ergebnis angezeigt.
3. Klicken Sie bei Bedarf auf die Schaltfläche *Felder wählen* und passen Sie die Feldbezeichnungen Ihrer Datenquelle den internen Feldbezeichnungen von Word an. Für die Grußzeile führt Word intern die beiden Felder *Anrede* und *Nachname*. Wenn in Ihrer Datenquelle die Felder anders heißen, müssen Sie diese Namen den Word-Bezeichnungen zuordnen (siehe Seite 172).

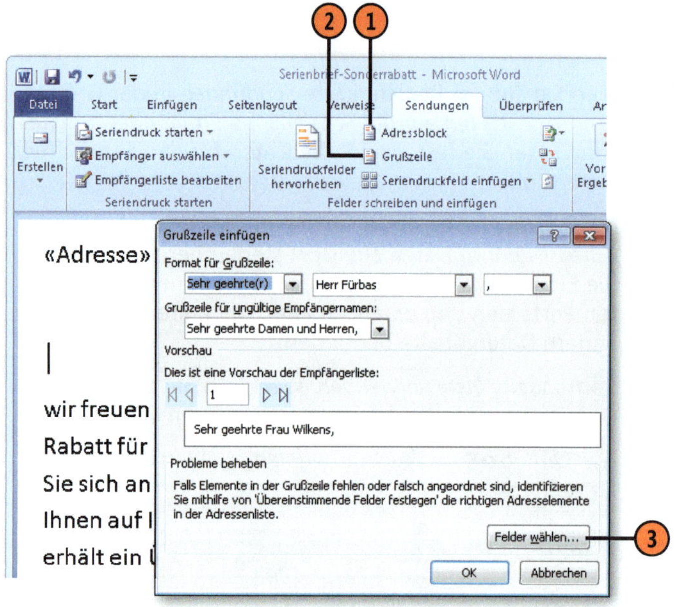

Tipp

Wenn Sie auf die Schaltfläche *Seriendruckfelder einfügen* klicken, können Sie im gleichnamigen Dialogfeld beliebig viele Felder aus Ihrer Datenquelle an der aktuellen Cursorposition im Dokument einfügen. Vergessen Sie aber nicht, diese anschließend durch Leerzeichen voneinander zu trennen und Satzzeichen einzufügen.

Seriendruck – Bedingungsfelder

Um Ihre Serienbriefe noch individueller zu gestalten, können Sie sogenannte Bedingungsfelder in das Hauptdokument einfügen. Damit können Sie beispielsweise Daten, die sich von Dokument zu Dokument ändern, vor dem Ausdruck eines jeden Dokuments separat eingeben oder einen Datensatz überspringen. Ein klassisches Bedingungsfeld ist das *Wenn...Dann...Sonst...*-Feld, mit dem Sie eine Bedingung in der Datenquelle abfragen und abhängig davon, ob die Bedingung erfüllt ist oder nicht, einen Textinhalt definieren.

Bedingungsfeld einfügen

1. Setzen Sie die Einfügemarke im Dokument an die Stelle, an der ein Feld eingefügt werden soll, und klicken Sie auf der Registerkarte *Sendungen* in der Gruppe *Felder schreiben und einfügen* auf die Schaltfläche *Regeln*. Wählen Sie eine Regel aus, die Sie definieren möchten, z.B. *Wenn...Dann...Sonst*, um das entsprechende Regeldialogfeld zu öffnen.
2. *Wenn*: Wählen Sie als Feldname das Feld *Anrede*, im Feld *Vergleich* den Operator *Gleich* und geben Sie im Feld *Vergleichen mit* den Text **Frau** ein.
3. *Dann*: Geben Sie im Textfeld *Dann diesen Text einfügen* das Wort **Stammkundin** ein.
4. *Sonst*: Geben Sie im Textfeld *Sonst diesen Text einfügen* das Wort **Stammkunde** ein und bestätigen Sie mit *OK*.
5. Drücken Sie im Hauptdokument Alt+F9, um anstelle der Feldinhalte die Feldfunktionen anzuzeigen und das Bedingungsfeld zu prüfen. Drücken Sie die Tastenkombination erneut, um zu den Feldinhalten zurückzuschalten.

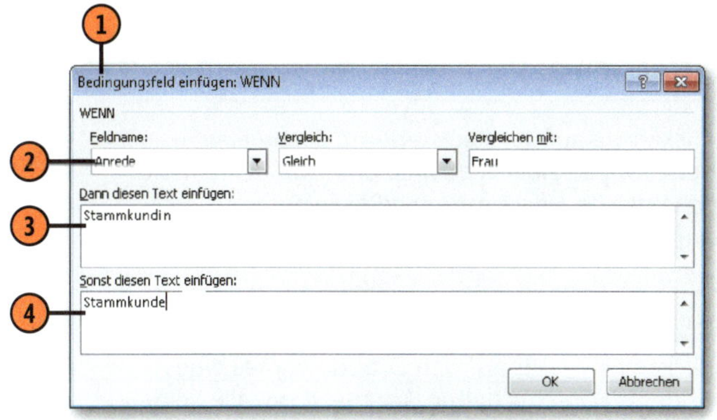

wir freuen uns, Ihnen als Stammkundin ...

5 { IF { MERGEFIELD Anrede } = "Frau" "Stammkundin" "Stammkunde" }

Siehe auch

Weitere Informationen zum Arbeiten mit Feldern finden Sie auf Seite 202 f.

Seriendruck – übereinstimmende Felder

Beim Erstellen eines Seriendokuments mit Adressfeldern stellt Word intern eine Reihe von Feldbezeichnungen zur Verfügung, die beispielsweise im Adressblock und in der Grußzeile verwendet werden. Arbeiten Sie mit einer eigenen Datenquelle, deren Feldbezeichnungen nicht mit den Word-internen Bezeichnungen übereinstimmen, können Sie festlegen, welche Feldbezeichnungen Ihrer Datenquelle mit welchen Feldbezeichnungen der internen Word-Felder übereinstimmen. Lautet die Feldbezeichnung für den Straßennamen in Ihrer Datenquelle z.B. »Straße«, können Sie das Feld »Straße« dem internen Feld »Adresse 1« zuordnen.

Felder zuordnen

1. Klicken Sie auf der Registerkarte *Sendungen* in der Gruppe *Felder schreiben und einfügen* auf die Schaltfläche *Übereinstimmende Felder festlegen*, um das gleichnamige Dialogfeld zu öffnen.
2. Links werden die internen Feldbezeichnungen von Word angezeigt.
3. Klicken Sie rechts auf den Dropdownpfeil eines Feldes, z.B. rechts neben *Adresse 1*, um alle Feldbezeichnungen Ihrer Datenquelle anzuzeigen, die Sie dem Hauptdokument zugewiesen haben. Klicken Sie auf die Entsprechung für das Word-interne Feld, hier: *Straße*. Wiederholen Sie diesen Schritt für alle weiteren Felder, deren interne Bezeichnung nicht mit der Bezeichnung in Ihrer Datenquelle übereinstimmt.

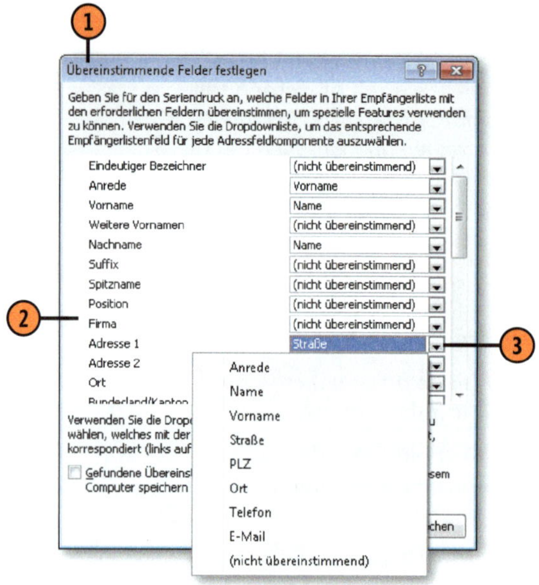

Siehe auch

Wie Sie die Felder *Adressblock* und *Grußzeile* einfügen, erfahren Sie auf Seite 170.

Seriendruck prüfen und erstellen

Wenn Sie meinen, Ihr Seriendokument »steht«, blättern Sie in der Vorschau durch die Datensätze und prüfen Sie, ob alles Ihren Vorstellungen entspricht. Führen Sie auch die automatische Fehlerprüfung durch. Danach können Sie die Seriendokumente direkt drucken oder in einer Datei zusammenführen und zu einem späteren Zeitpunkt drucken.

Prüfen und fertigstellen

1. Klicken Sie auf der Registerkarte *Sendungen* in der Gruppe *Vorschau Ergebnisse* auf *Vorschau Ergebnisse*.
2. Im Hauptdokument wird der Feldinhalt des ersten Datensatzes angezeigt sowie Bedingungsfelder aktualisiert.
3. Führen Sie eine der folgenden Aktionen durch:
   - Klicken Sie auf die Navigationsschaltflächen, um zum ersten, vorherigen, nächsten oder letzten Datensatz der Datenquelle zu blättern.
   - Klicken Sie auf *Empfänger suchen*, um gezielt zu einem Datensatz zu springen.
   - Klicken Sie auf *Automatische Fehlerüberprüfung*, um den Seriendruck entsprechend zu untersuchen.
4. Klicken Sie auf der Registerkarte *Sendungen* in der Gruppe *Fertig stellen* auf *Fertig stellen und zusammenführen*.
5. Führen Sie eine der folgenden Aktionen für alle Datensätze, den aktuellen Datensatz oder einen Datensatzbereich (z.B. 3 bis 5) aus:
   - *Einzelne Dokumente bearbeiten:* Die Auswahl an Datensätzen wird in einem neuen Dokument mit der Bezeichnung *Serienbriefe1* angezeigt.
   - *Dokumente drucken:* Die Auswahl wird gedruckt.
   - *E-Mail-Nachrichten senden:* Geben Sie einen Betreff ein, und das Seriendokument wird an die Auswahl gesendet.

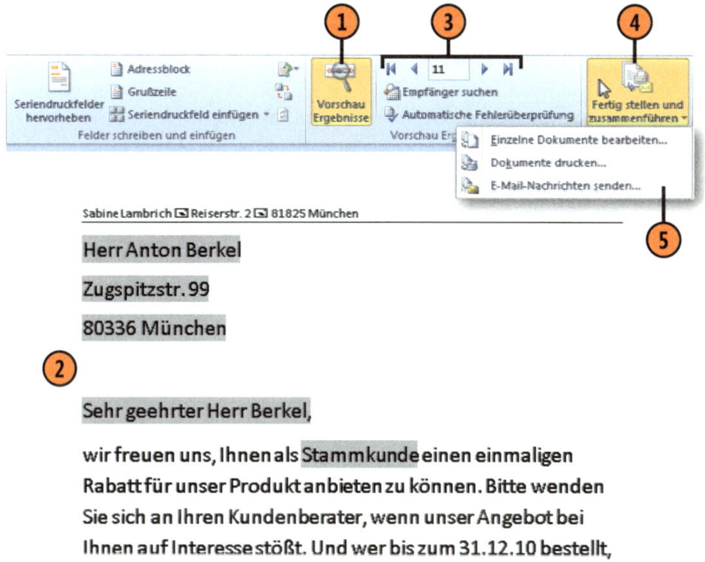

Briefumschläge und Etiketten erstellen

Um Briefumschläge und Etiketten zu erstellen, brauchen Sie nicht unbedingt mit der Seriendruckfunktion zu arbeiten. Generell gilt: Wenn Sie einen Brief geschrieben haben, können Sie sofort einen dazu passenden professionellen Umschlag oder ein Etikett erstellen. Enthält der Brief eine Empfängeradresse, wird die Adresse automatisch für den Umschlag bzw. das Etikett übernommen. Ansonsten geben Sie sie selbst ein. Sie können aus einer Reihe von Umschlaggrößen und Etikettenformaten wählen.

Briefumschlag erstellen

1. Setzen Sie die Einfügemarke im Dokument in die Empfängeradresse. Klicken Sie anschließend auf der Registerkarte *Sendungen* in der Gruppe *Erstellen* auf die Schaltfläche *Umschläge*, um das Dialogfeld *Umschläge und Etiketten* zu öffnen.
2. Prüfen Sie auf der Registerkarte *Umschläge*, ob die Empfängeradresse korrekt ist.
3. Die Absenderadresse wird, wenn vorhanden, aus den intern gespeicherten Benutzerdaten übernommen. Ansonsten geben Sie sie hier direkt ein.
4. Führen Sie eine der folgenden Aktionen aus:
   - Klicken Sie auf *Optionen* und bestimmen Sie im Dialogfeld *Umschlagoptionen* auf der gleichnamigen Registerkarte das Umschlagformat sowie die Schrift und Position für die Absender- und Empfängerdaten.
   - Klicken Sie auf *Zum Dokument hinzufügen*, um den erstellten Umschlag als separate Seite in das Dokument zu speichern.
   - Klicken Sie auf *Drucken*, um den Umschlag zu drucken.

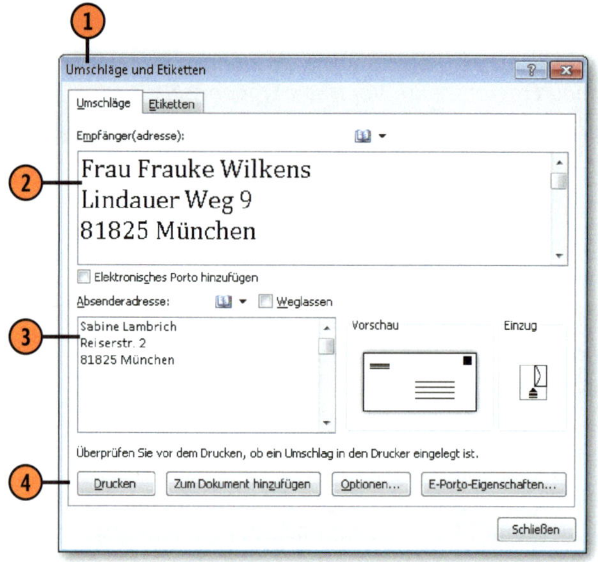

Gewusst wie

Wenn Sie Ihre Adresse im Feld *Absenderadresse* eingeben, wird – sobald Sie den Umschlag drucken oder zum Dokument hinzufügen – abgefragt, ob die Adresse als Standardabsenderadresse gespeichert werden soll. Sie wird dann im internen Feld *UserAdress* abgelegt.

Etikett erstellen

1. Öffnen Sie das Briefdokument und setzen Sie die Einfügemarke in die Empfängeradresse. Klicken Sie anschließend auf der Registerkarte *Sendungen* in der Gruppe *Erstellen* auf die Schaltfläche *Beschriftungen*, um das Dialogfeld *Umschläge und Etiketten* zu öffnen.
2. Prüfen Sie auf der Registerkarte *Etiketten*, ob die Adresse korrekt ist.
3. Klicken Sie hier, um anstelle der Empfänger- die Absenderadresse zu verwenden.
4. Legen Sie fest, ob Sie eine ganze Seite mit Etiketten bzw. ein einzelnes Etikett erstellen wollen.
5. Klicken Sie auf die Schaltfläche *Optionen* und legen Sie im Dialogfeld *Etiketten einrichten* den Druckerschacht, den Etikettenhersteller sowie den Etikettentyp fest.
6. Führen Sie eine der folgenden Aktionen aus:
   - Klicken Sie auf die Schaltfläche *Drucken*, um die Etikettenseite bzw. das einzelne Etikett zu drucken.
   - Klicken Sie auf die Schaltfläche *Neues Dokument*, um die Etikettenseite in einem neuen Dokument mit der Bezeichnung *Adressetiketten1* abzulegen. Diese Möglichkeit steht für ein einzelnes Etikett nicht zur Verfügung.

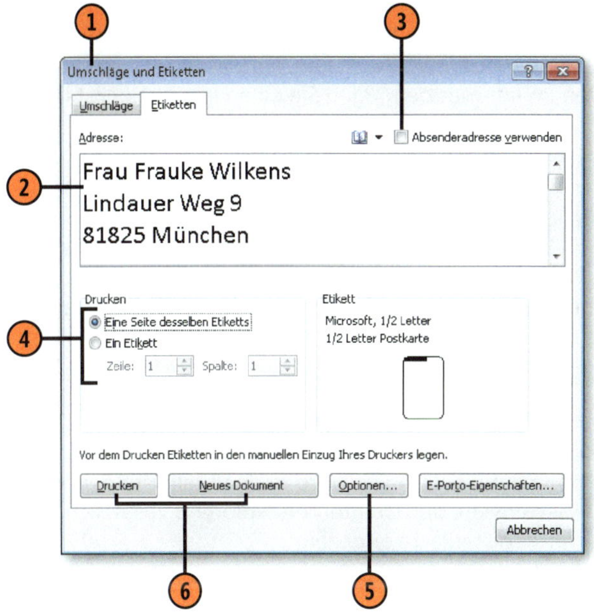

Tipp

Wenn Sie nicht nur einzelne Umschläge oder Etiketten, sondern eine ganze Reihe mit verschiedenen Adressen benötigen, gehen Sie wie beim Erstellen eines Serienbriefs vor. Wählen Sie in diesem Fall als Hauptdokument den Typ *Umschläge* oder *Etiketten*. Informationen zum Erstellen eines Hauptdokuments finden Sie auf Seite 168.

Webseiten erstellen

Mit Word können Sie ohne besondere Vorkenntnisse Webseiten (HTML- oder MHTML-Dateien) für die Publikation im Internet oder Intranet erstellen. Andere Benutzer können sich diese Webseiten dann in ihrem Webbrowser ansehen. Für das Publizieren Ihrer Webseiten im Internet benötigen Sie einen Internetdienstanbieter, der diesen Service zur Verfügung stellt. In einem Intranet legen Sie Ihre Webseiten in einem Webordner (Verknüpfung zu einem Server), auf einem Server oder in einem freigegebenen Ordner ab, damit andere Benutzer darauf zugreifen können.

Webseite erstellen

1. Erstellen Sie ein Dokument in Word, klicken Sie auf der Registerkarte *Datei* auf den Befehl *Speichern unter* und dann im gleichnamigen Dialogfeld auf den Pfeil neben *Dateityp* und wählen Sie in der Dropdownliste das Format *Webseite*.
2. Klicken Sie auf die Schaltfläche *Titel ändern*.
3. Geben Sie im Dialogfeld *Text eingeben* im Textfeld *Seitentitel* den Titel für die Webseite ein und klicken Sie dann auf *OK*. Der Titel wird in der Titelleiste des Browserfensters und in Internet Explorer 8 zusätzlich auf der Registerkarte angezeigt.
4. Speichern Sie die Webseite im gewählten Ordner.

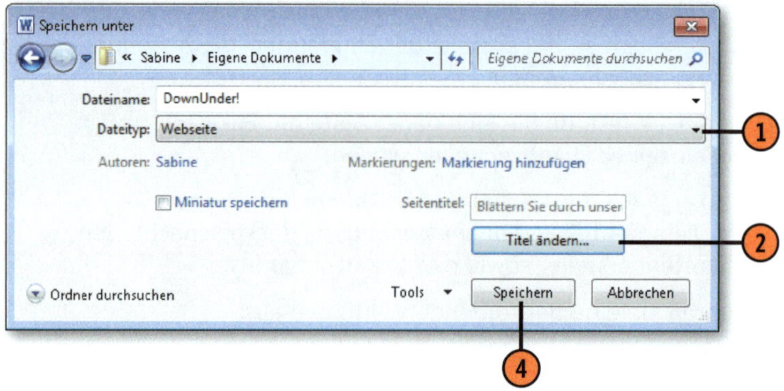

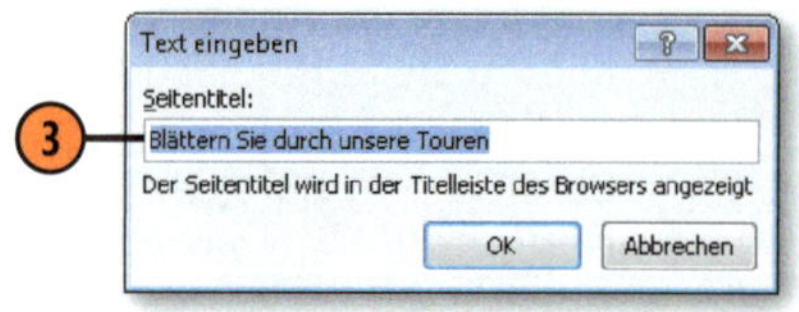

Siehe auch

Informationen zum Bereitstellen von Word-Dateien in Windows Live SkyDrive oder in einer SharePoint-Bibliothek finden Sie auf Seite 180.

Webseiten testen

Damit Sie eine Vorstellung davon erhalten, wie Ihre Webseite aussehen und funktionieren wird, können Sie sie vorab zum einen in der *Weblayout*-Ansicht von Word und zum anderen in Ihrem Webbrowser testen.

Webseite in Word prüfen

1. Klicken Sie auf der Registerkarte *Ansicht* in der Gruppe *Dokumentansichten* auf die Schaltfläche *Weblayout*.
2. Das Dokument wird wie in einem Webbrowser angezeigt. Wenn Sie das Fenster verkleinern, wird der Zeilenumbruch automatisch an die neue Fensterbreite angepasst.
3. Klicken Sie mit gedrückter Strg-Taste auf einen Hyperlink, um zu testen, ob er zur korrekten Sprungadresse wechselt.

Webseite im Webbrowser prüfen

1. Öffnen Sie den Webbrowser, z.B. Internet Explorer, und geben Sie oben in der Adressleiste den Pfad zum Webseitendokument ein, um die Webseite im Browser zu öffnen.
2. Ein beim Speichern definierter Titel wird in der Titelleiste und auf der Registerkarte angezeigt.
3. Klicken Sie auf alle Links, um zu prüfen, ob sie korrekt funktionieren. Prüfen Sie, ob alle Formatierungen sowie eventuell enthaltene Grafiken korrekt angezeigt werden. Es werden nicht alle in Word angezeigten Formate im Browser übernommen.

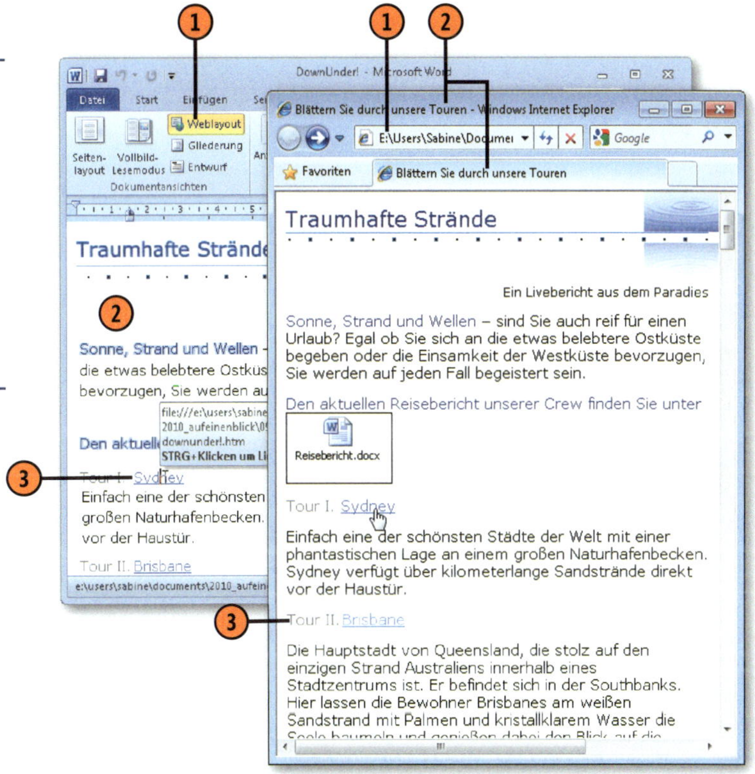

Siehe auch

Informationen zum Arbeiten mit Hyperlinks finden Sie auf der nächsten Seite.

Mit Hyperlinks arbeiten

Mithilfe von Hyperlinks werden Dokumente – sowohl Office- als auch Webdokumente – miteinander verknüpft. Das heißt, Sie können per Mausklick schnell zwischen mehreren, verknüpften Dokumenten hin und her wechseln. Die Dokumente können sich dabei auf der lokalen Festplatte, in einem unternehmensweiten Intranet oder im Internet befinden. Als Hyperlinks können sowohl Text als auch Bilder verwendet werden.

Hyperlink mit Ziel in der aktuellen Datei einfügen

1. Wählen Sie das Element (Text oder Grafik) aus, das als Hyperlink formatiert werden soll.
2. Klicken Sie auf der Registerkarte *Einfügen* in der Gruppe *Hyperlinks* auf die Schaltfläche *Hyperlink*, um das Dialogfeld *Hyperlink einfügen* zu öffnen.
3. Klicken Sie unter *Link zu* auf *Aktuelles Dokument*.
4. Geben Sie ggf. einen neuen Text für die Anzeige des Hyperlinks ein.
5. Klicken Sie auf die Schaltfläche *QuickInfo* und geben Sie im Dialogfeld *Hyperlink-Quickinfo festlegen* den Text ein, der angezeigt werden soll, wenn Sie auf den Hyperlink zeigen.
6. Spezifizieren Sie die Verknüpfung. Im Fall von *Aktuelles Dokument* werden in der Liste alle mit der Formatvorlage *Überschrift* formatierten Überschriften des aktuellen Dokuments sowie alle im Dokument enthaltenen Textmarken als Sprungadresse für den Hyperlink angeboten.

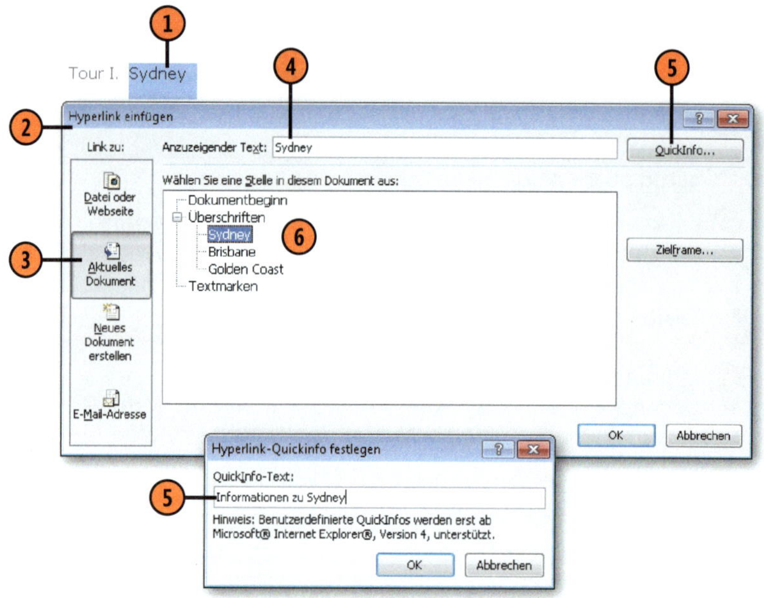

Tipp

Texthyperlinks sind standardmäßig in blauer Schrift und blau unterstrichen dargestellt. Wurde bereits einmal zu einer Hyperlinkadresse gesprungen – ein sogenannter besuchter Hyperlink –, wird der entsprechende Hyperlink lila dargestellt.

Hyperlink mit Ziel in einer anderen Datei oder einer Webseite einfügen

1. Wählen Sie das Element (Text oder Grafik) aus, das als Hyperlink formatiert werden soll.
2. Klicken Sie auf der Registerkarte *Einfügen* in der Gruppe *Hyperlinks* auf die Schaltfläche *Hyperlink*, um das Dialogfeld *Hyperlink einfügen* zu öffnen.
3. Klicken Sie auf *Datei oder Webseite*.
4. Wählen Sie unter folgenden Möglichkeiten:
   - *Aktueller Ordner:* Wählen Sie eine Datei im aktuellen Ordner aus, zu der der Hyperlink wechseln soll.
   - *Besuchte Webseiten:* Wählen Sie in der Liste zuletzt besuchter Webseiten eine Seite als Sprungadresse aus.
   - *Zuletzt verwendet:* Wählen Sie in der Liste zuletzt geöffneter Dateien eine Datei als Sprungadresse aus.
5. Die Adresse des gewählten Elements wird hier angezeigt.

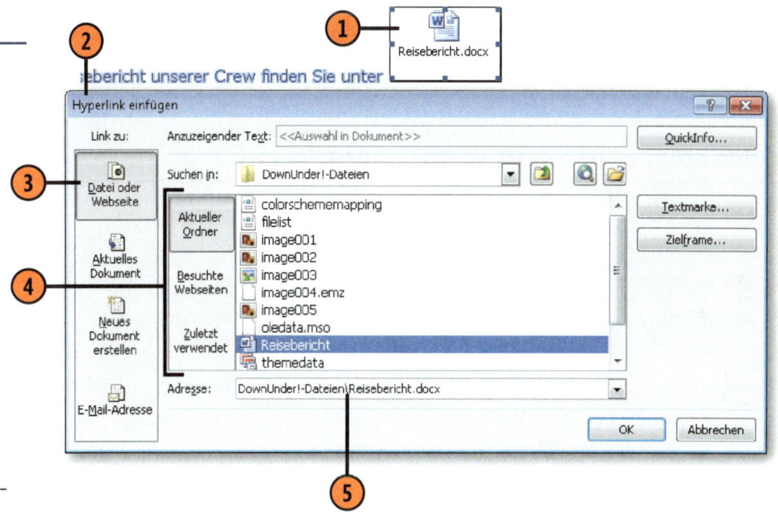

Hyperlink bearbeiten

1. Klicken Sie mit der rechten Maustaste auf einen Text- oder Grafikhyperlink, um das Kontextmenü einzublenden.
2. Führen Sie eine der folgenden Aktionen aus:
   - *Hyperlink bearbeiten:* Das gleichnamige Dialogfeld wird geöffnet. Es enthält dieselben Elemente wie das Dialogfeld *Hyperlink einfügen*. Ändern Sie dort bei Bedarf beispielsweise die Adresse oder die QuickInfo des Hyperlinks.
   - *Link öffnen:* Wechselt zur Sprungadresse des Hyperlinks.
   - *Hyperlink entfernen:* Löscht den Hyperlink; das Element, das als Hyperlink formatiert wurde, bleibt im Dokument enthalten.

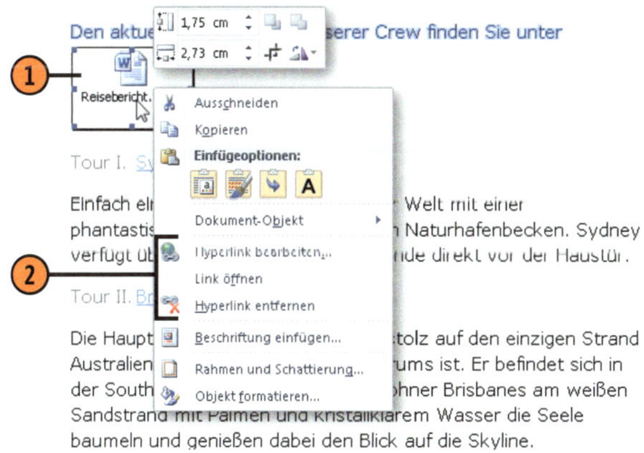

Dokumente im Web bereitstellen

Word bietet die Möglichkeit, Word-Dokumente direkt im Web auf Windows Live SkyDrive oder in einer SharePoint-Bibliothek bereitzustellen. Das heißt, Sie legen ein Dokument an einem zentralen Speicherort ab und können überall da, wo Sie über eine Internetverbindung verfügen, darauf zugreifen. Auch die gemeinsame Nutzung des Dokuments wird so schnell und einfach möglich.

Dokument auf SkyDrive speichern

1. Klicken Sie auf der Registerkarte *Datei* auf *Speichern und Senden* und dann auf *Im Web speichern*.
2. Klicken Sie rechts auf die Schaltfläche *Anmelden* und melden Sie sich mit Ihrer E-Mail-Adresse und Ihrem Kennwort bei Windows Live an.
3. Besitzen Sie noch keine Windows Live ID, klicken Sie auf den Link *Für Windows Live anmelden*, um eine kostenlose Windows Live ID zu beziehen.
4. Nach erfolgreicher Anmeldung werden im rechten Bereich die auf SkyDrive verfügbaren Ordner angezeigt.
5. Wählen Sie einen Ordner aus bzw. erstellen Sie einen neuen Ordner und klicken Sie auf *Speichern unter*, um das Dokument auf SkyDrive zu speichern. Das Dokument kann dann mit den Office Web Apps in einem Webbrowser angezeigt und bearbeitet werden.

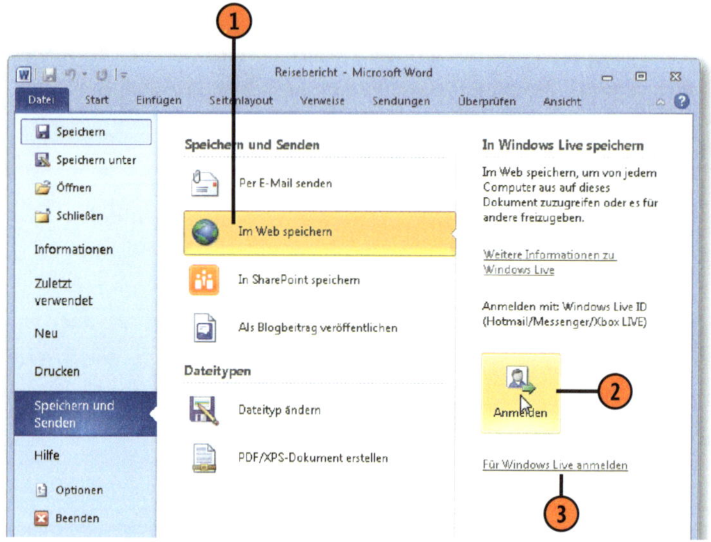

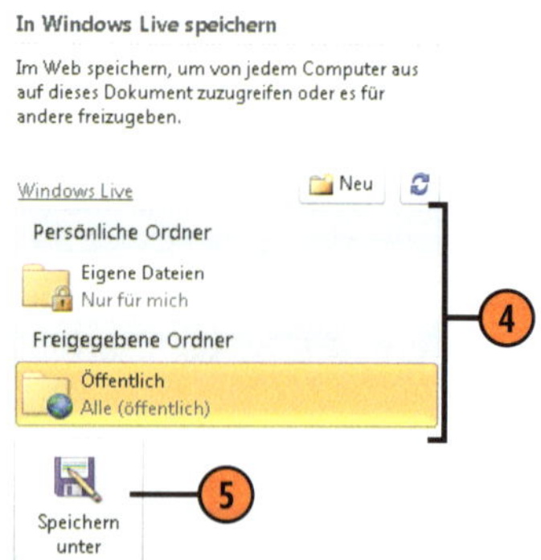

Tipp

Das Speichern in einer SharePoint-Bibliothek funktioniert nach demselben Prinzip: Klicken Sie auf *Speichern und Senden/In SharePoint speichern*.

Klicken Sie auf *Speichern und Senden/Per E-Mail senden/Einen Link senden*, um anderen Benutzern einen Link zu einem Dokument auf SkyDrive oder in einer SharePoint-Bibliothek zu senden.

Dokumente als Blogbeitrag veröffentlichen

Damit Sie Dokumente als Beiträge in Ihrem Blog veröffentlichen können, benötigen Sie ein Blogkonto bei einem Blogdienstanbieter wie Windows Live, das Sie in Word registrieren.

Blogbeitrag veröffentlichen

1. Klicken Sie auf der Registerkarte *Datei* auf den Befehl *Speichern und Senden*.
2. Klicken Sie in der Backstage-Ansicht auf *Als Blogbeitrag veröffentlichen* und dann ganz rechts auf die gleichnamige Schaltfläche. Wenn Sie noch kein Blogkonto in Word registriert haben, werden Sie aufgefordert, dies zu tun. Das Prozedere unterscheidet sich je nach gewähltem Blogdienstanbieter.
3. Nach erfolgreicher Registrierung können Sie mit dem Arbeiten in Ihrem Blogkonto beginnen. Führen Sie eine der folgenden Aktionen aus:
   - *Homepage:* Wechseln Sie in Ihrem Webbrowser zur Startseite Ihres Blogs.
   - *Kategorie einfügen:* Weisen Sie Ihrem Blogdokument eine auf Ihrem Blogkonto eingerichtete Kategorie zu oder erstellen Sie eine neue Kategorie.
   - *Vorhandenen Beitrag öffnen:* Öffnen Sie in Word einen bereits veröffentlichten Blogbeitrag, um ihn zu bearbeiten.
   - *Konten verwalten:* Im Fall von mehreren Blogkonten können Sie Konteneinstellungen ändern sowie neue Konten erstellen und bestehende löschen.
4. Klicken Sie auf den Pfeil von *Veröffentlichen* und legen Sie fest, ob das Dokument direkt als Blogbeitrag oder als Entwurf veröffentlicht werden soll.

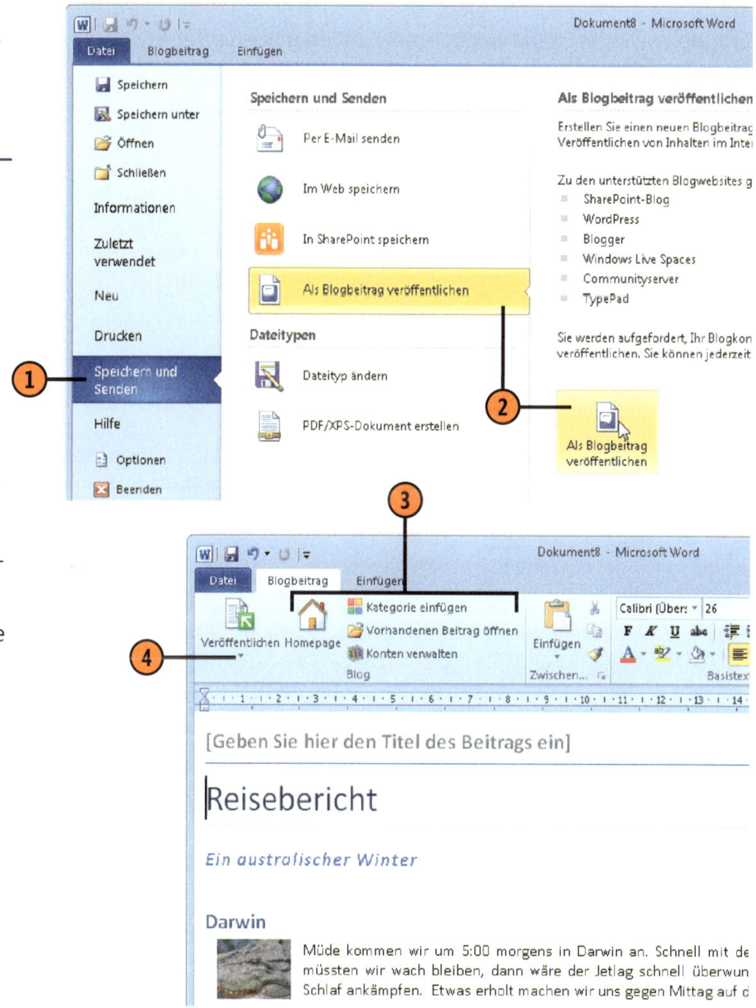

Dokumente per Mail senden

Wenn auf Ihrem Rechner ein E-Mail-Programm, z.B. Microsoft Outlook, installiert und ein Internetzugang eingerichtet ist, können Sie ein Dokument direkt aus dem Word-Programmfenster heraus an andere senden.

Dokument senden

1. Klicken Sie auf der Registerkarte *Datei* auf den Befehl *Speichern und Senden*, dann auf *Per E-Mail senden* und abschließend auf *Als Anlage senden*. Wenn Sie Ihr Dokument nicht als Mailanhang senden wollen, stehen im Bereich *Per E-Mail senden* folgende Sendemöglichkeiten zur Verfügung:
   - *Einen Link senden* – Hyperlink senden, über den andere Benutzer per Mausklick auf das Dokument zugreifen können. Das Dokument muss an einem freigegebenen Ort abgelegt sein (siehe auch Seite 180).
   - *Als PDF senden* und *Als XPS senden* – Zwei Dateiformate zum Senden, wenn kleine Dateigröße, gleiches Aussehen auf anderen Rechnern gewünscht und keine Bearbeitung vorgesehen ist.
   - *Als Internetfax senden* – siehe übernächste Seite
2. Das Standardmailprogramm (hier: Microsoft Outlook) wird geöffnet und enthält bereits die E-Mail-Adresse des Absenders, den Namen des Dokuments als Betreff und die Word-Datei mit Größenangabe als angefügten Anhang.
3. Geben Sie den/die Empfänger ein bzw. klicken Sie auf *An* und wählen Sie in Ihrem Kontakteordner den/die Empfänger aus. Mehrere Empfängernamen werden durch Semikolon voneinander getrennt.
4. Geben Sie den Nachrichtentext ein.
5. Klicken Sie auf die Schaltfläche *Senden*, um die Nachricht mit dem Dateianhang zu senden.

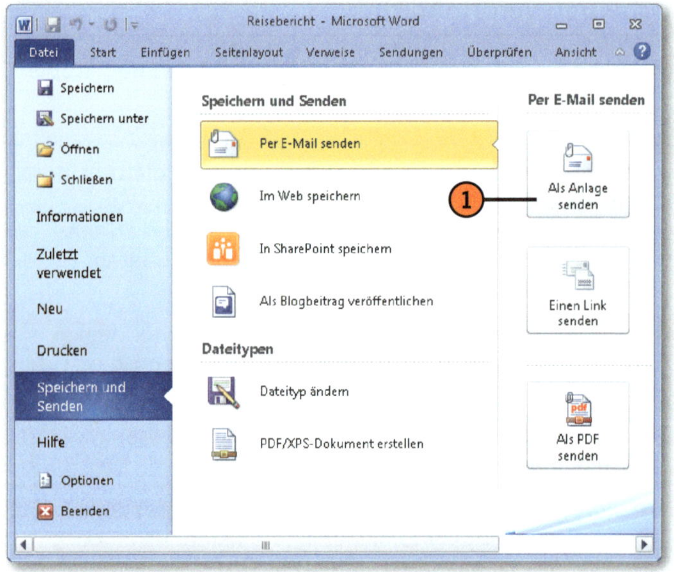

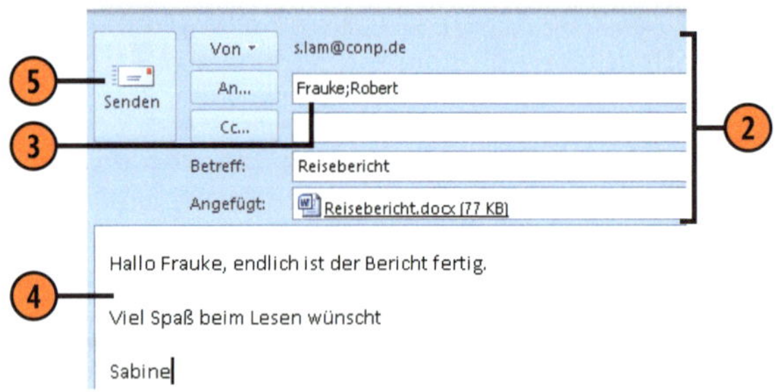

Dokumente per Mail empfangen

Wenn auf Ihrem Rechner ein E-Mail-Programm, z.B. Microsoft Outlook, installiert und ein Internetzugang eingerichtet ist, können Sie Dokumente von anderen Anwendern empfangen, auf Ihrem Rechner speichern und in Word öffnen.

Empfangenes Dokument öffnen

1. Öffnen Sie Ihr E-Mail-Programm und doppelklicken Sie auf die empfangene Nachricht, um sie zu öffnen.
2. Doppelklicken Sie auf den Anhang. Wählen Sie im dann angezeigten Dialogfeld die Option zum Speichern und speichern Sie das Word-Dokument auf Ihrem Rechner.
3. Öffnen Sie das gespeicherte Dokument in Word.
4. Word erkennt, dass das Dokument aus einer E-Mail-Anlage stammt und ein potenzielles Risiko darstellt. Wenn Sie das Dokument nur lesen wollen, belassen Sie es bei der geschützten Ansicht. Wenn Sie wissen, dass es aus einer vertrauenswürdigen Quelle stammt, und Sie es bearbeiten wollen, klicken Sie auf die Schaltfläche *Bearbeitung aktivieren*, um die geschützte Ansicht zu beenden. Anschließend kann das Dokument wie jedes andere auch bearbeitet werden.

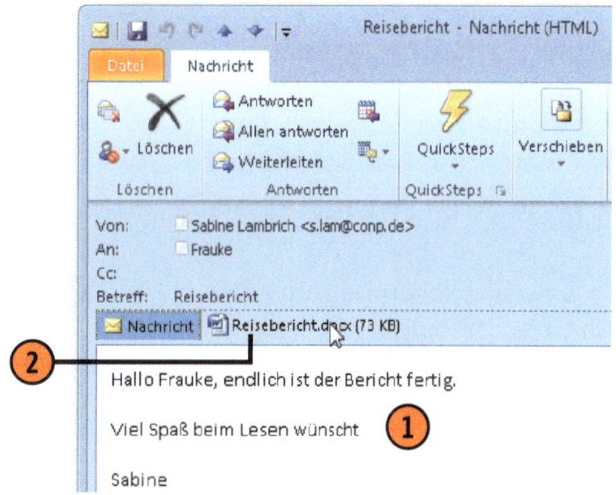

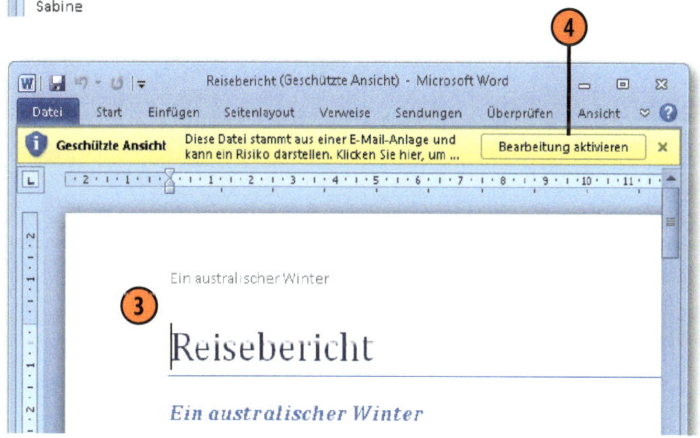

Achtung

Öffnen Sie in Ihrem E-Mail-Programm nie Anhänge von unbekannten Absendern. Die Gefahr ist groß, dass beim Öffnen ein Virus oder sonstige gefährliche Inhalte auf Ihren Rechner übertragen werden.

Dokumente über das Internet faxen

Sie können aus Word heraus Faxe über das Internet versenden. Voraussetzung dafür ist aber, dass der entsprechende Windows-Faxdienst auf Ihrem Rechner eingerichtet ist. Nicht alle Windows-Versionen enthalten diesen Dienst.

Dokument faxen

1. Klicken Sie auf der Registerkarte *Datei* auf den Befehl *Speichern und Senden* und dann auf *Per E-Mail senden*. Scrollen Sie im rechten Bereich ganz nach unten und klicken Sie dort auf *Als Internetfax senden*. Word wechselt zum Bildschirm zum Senden von Internetfaxen.
2. Der Betreff und das in ein TIF-Bild umgewandelte Dokument werden automatisch eingefügt.
3. Geben Sie den Empfänger und seine Faxnummer ein.
4. Wählen Sie ein Deckblatt und füllen Sie es aus. Alternativ dazu klicken Sie auf *Benutzerdefiniert*, um ein eigenes Deckblatt zu öffnen.
5. Klicken Sie auf *Vorschau*, um das Deckblatt und die zu faxenden Bildseiten in der Vorschau anzuzeigen.
6. Klicken Sie auf die Schaltfläche *Senden*, um das Fax zusammen mit dem Deckblatt an die angegebene Nummer zu faxen.

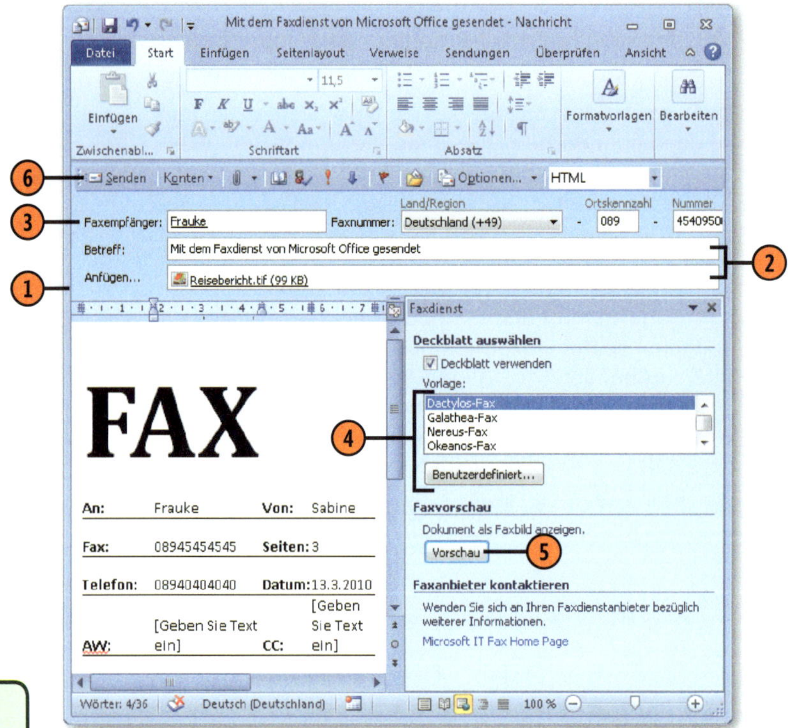

Tipp

Drücken Sie F1 und geben Sie in der Word-Hilfe den Suchbegriff **Internetfax** ein. Klicken Sie auf das Suchergebnis *Installieren des Windows-Faxtreibers oder -diensts zur Verwendung von Internetfaxen* und lesen Sie nach, wie Sie den Dienst, sofern in Ihrer Windows-Version enthalten, aktivieren.

10 Umfangreiche Dokumente verwalten

In diesem Kapitel:

- Dokumentgliederung erstellen
- Textmarken erstellen
- Mit Fuß- und Endnoten arbeiten
- Beschriftungen und Querverweise erstellen
- Abbildungs-, Inhalts-, Stichwortverzeichnisse generieren
- Bausteine organisieren
- Schnellbausteine, AutoTexte erstellen
- Dokumenteigenschaften einfügen
- Deckblätter einfügen
- Mit Feldern arbeiten
- Mit Makros arbeiten

In diesem Kapitel lernen Sie die wichtigen Funktionen kennen, die Word für das Arbeiten mit und Verwalten von umfangreichen Dokumenten zur Verfügung stellt. Da wäre zunächst die Gliederungsfunktion, mit deren Hilfe Sie die Struktur Ihrer Dokumente schnell und einfach ändern.

Auf Textmarken zum schnellen Blättern im Text, Fuß- und Endnoten für Quellenangaben., Beschriftungen von Tabellen und Bildern, Querverweise im Dokument, Verzeichnisse und Indizes zum schnellen Nachschlagen und Bausteine zum Einfügen von Textbausteinen, Katalogelementen und Feldern können Sie eigentlich beim Arbeiten mit umfangreicheren Dokumenten nicht verzichten.

Apropos Felder: Einige Elemente, wie Beschriftungen, Querverweise, Indizes und Verzeichnisse werden in das Dokument in Form von Feldern eingefügt. So wird die Bearbeitung dieser, sich doch immer wieder ändernden Elemente automatisiert, was Zeit spart und Fehlern vorbeugt. Das Arbeiten mit Feldern ist daher auch Thema in diesem Kapitel.

Zu guter Letzt widmet sich dieser Buchteil dem Thema Makros. Sie erfahren, wie Sie einfache Makros aufzeichnen, ausführen und wo Sie sie bearbeiten.

Dokumentgliederung erstellen

Angenommen, Sie schreiben ein umfangreiches Dokument – ein Buch oder eine Diplomarbeit. Da ist es nicht immer einfach, die Struktur des Dokuments im Auge zu behalten. Mit Word können Sie schnell und einfach in der Gliederungsansicht eine Gliederung Ihres Dokuments auf verschiedensten Ebenen anzeigen.

Voraussetzung dafür sind allerdings Überschriften, denen die integrierten Formatvorlagen für Überschriften, *Überschrift 1* bis *Überschrift 9*, zugewiesen wurden. Alle anderen Dokumentelemente werden als Textkörper behandelt.

Gliederungsansicht einstellen

1. Klicken Sie auf der Registerkarte *Ansicht* in der Gruppe *Dokumentansichten* auf die Schaltfläche *Gliederung*, um zur Gliederungsansicht zu wechseln.
2. Auf der Registerkarte *Gliederung* stehen Ihnen in der Gruppe *Gliederungstools* folgende Optionen zum Gestalten der Ansicht zur Verfügung:
   - Klicken Sie auf den Pfeil neben *Ebene anzeigen* und legen Sie fest, bis zu welcher Gliederungsebene die Gliederung angezeigt werden soll. Mit *Ebene 3* werden z.B. alle Überschriften mit den Formatvorlagen *Überschrift 1* bis *Überschrift 3* angezeigt.
   - Aktivieren Sie das Kontrollkästchen *Textformatierung anzeigen*, um Formatierungen im Giederungstext anzuzeigen.
   - Aktivieren Sie das Kontrollkästchen *Nur erste Zeile*, um für alle Textkörper nur die erste Zeile einzublenden. So haben Sie einen besseren Überblick über das gesamte Dokument.

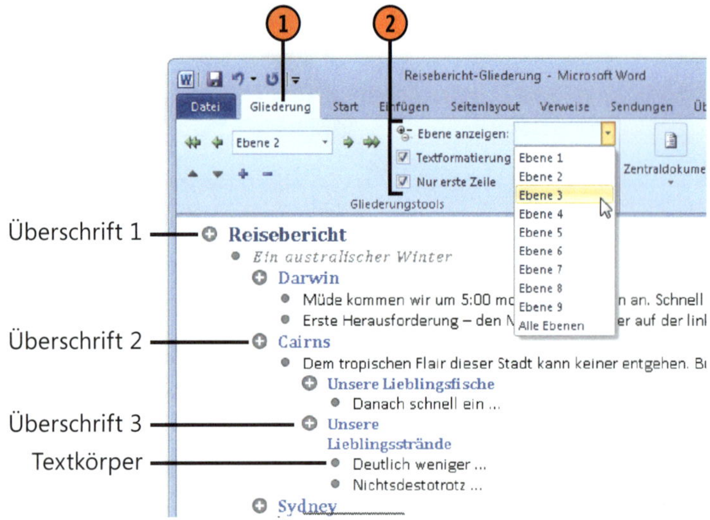

Gewusst wie

Anstelle der Überschriftenformatvorlagen können Sie auch Absätzen eine Gliederungsebene zuweisen: Klicken Sie auf der Registerkarte *Start* in der Gruppe *Absatz* auf das Startprogramm für ein Dialogfeld und weisen Sie dem aktuellen Absatz im Dialogfeld *Absatz* auf der Registerkarte *Einzüge und Abstände* eine Gliederungsebene zu, die dann in der Gliederungsansicht automatisch erkannt wird.

Gliederungsebenen bearbeiten

(1) Setzen Sie die Einfügemarke an den Zeilenanfang der Gliederungsebene, die Sie bearbeiten möchten.

(2) Um die Ebene zu wechseln, führen Sie auf der Registerkarte *Gliederung* in der Gruppe *Gliederungstools* eine der folgenden Aktionen durch:

- Klicken Sie auf den nach links bzw. auf den nach rechts zeigenden Doppelpfeil, um die aktuelle Ebene als höchste Ebene bzw. als Textkörper einzustufen.
- Klicken Sie auf den nach links bzw. auf den nach rechts zeigenden Einfachpfeil, um die aktuelle Ebene eine Ebene höher oder niedriger zu stufen.
- Klicken Sie auf den Pfeil des Dropdown-Listenfeldes *Gliederungsebene* und wählen Sie die Ebene aus, die der aktuellen Ebene zugewiesen werden soll.

(3) Klicken Sie auf das Plus- bzw. auf das Minuszeichen, um alle Unterebenen der aktuellen Ebene ein- bzw. auszublenden.

(4) Klicken Sie auf den nach oben bzw. auf den nach unten zeigenden Pfeil, um die aktuelle Ebene mit all ihren Unterebenen in der Gliederung um eine Position nach oben bzw. nach unten zu verschieben.

(5) Klicken Sie auf die Schaltfläche *Gliederungsansicht schließen*, um zur Ansicht *Seitenlayout* zurückzuschalten.

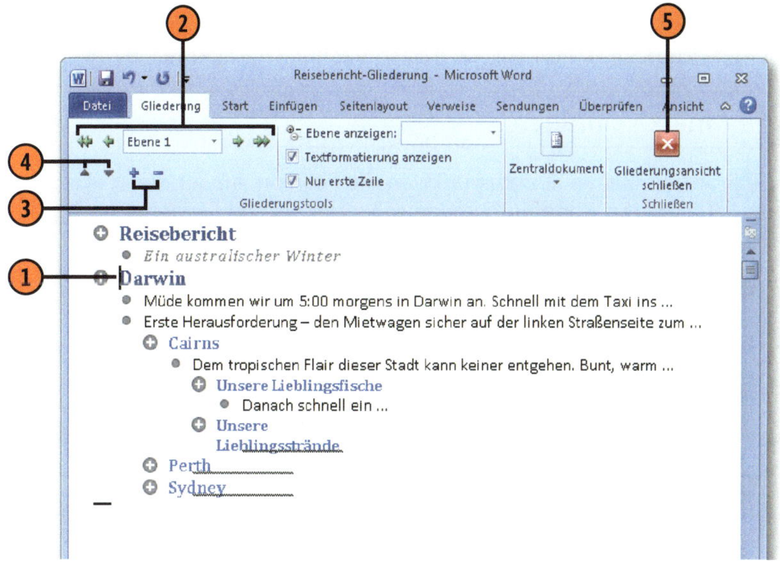

Gewusst wie

Sie können die Gliederung eines Word-Dokuments in PowerPoint als Präsentation übernehmen. Klicken Sie dazu in PowerPoint auf der Registerkarte *Datei* auf den Befehl *Öffnen* und wählen Sie im Dialogfeld *Öffnen* als Dateityp *Alle Gliederungen* und danach das betreffende Word-Dokument.

Textmarken erstellen

Textmarken dienen dazu, Markierungen im Text zu definieren, zu denen Sie dann jederzeit schnell wechseln können – eine Art Lesezeichen im Dokument. Textmarken können darüber hinaus beim Erstellen von Querverweisen und von Seitenbereichen für Indexeinträge eingesetzt werden.

Textmarke einfügen

1. Setzen Sie die Einfügemarke an die Position, an der die Textmarke eingefügt werden soll, oder wählen Sie den Text aus, für den die Textmarke gelten soll.
2. Klicken Sie auf der Registerkarte *Einfügen* in der Gruppe *Hyperlinks* auf die Schaltfläche *Textmarke*, um das gleichnamige Dialogfeld zu öffnen.
3. Geben Sie einen Namen für die Textmarke ein. Er darf keine Sonderzeichen und auch keine Leerzeichen enthalten; verwenden Sie stattdessen den Unterstrich.
4. Klicken Sie auf die Schaltfläche *Hinzufügen*, um die neue Textmarke zu erstellen.
5. Im Dialogfeld *Textmarke* können Sie außerdem folgende Aktionen ausführen:
   - Bestimmen Sie, ob die Textmarken alphabetisch oder in der Reihenfolge ihres Vorkommens im Dokument sortiert werden.
   - Wählen Sie eine vorhandene Textmarke in der Liste aus und klicken Sie auf *Löschen*, um die Textmarke zu entfernen.
   - Wählen Sie eine vorhandene Textmarke in der Liste aus und klicken Sie auf *Gehe zu*, um im Dokument zur entsprechenden Textstelle zu blättern.

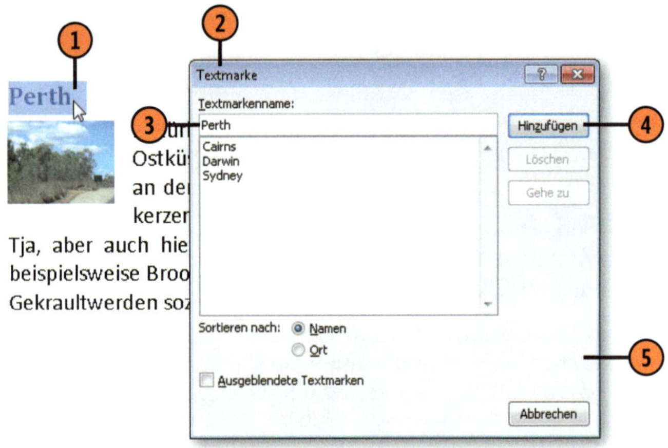

Gewusst wie

Klicken Sie auf *Datei/Optionen/Erweitert* und aktivieren Sie im Bereich *Dokumentinhalt anzeigen* das Kontrollkästchen *Textmarken anzeigen*, um Textmarken im Dokument sichtbar zu machen.

Mit Fuß- und Endnoten arbeiten

Fuß- und Endnoten sind im Grunde genommen dasselbe, mit dem Unterschied, dass Fußnoten am Ende einer Seite und Endnoten am Dokumentende angezeigt und gedruckt werden. Sie können sowohl Fuß- als auch Endnoten in ein Dokument einfügen, da sie unterschiedlich nummeriert werden. Beide bestehen aus dem Fuß- bzw. Endnotenzeichen und dem zugehörigen Text. Im Seitenlayout kann die Fuß-/Endnote direkt unten auf der Seite eingegeben werden. Ansonsten steht für die Eingabe ein separater Fensterbereich zur Verfügung.

Fuß-/Endnote erstellen

1. Setzen Sie die Einfügemarke an die Position im Text, für die eine Fuß- oder eine Endnote geschrieben werden soll.
2. Klicken Sie auf der Registerkarte *Verweise* in der Gruppe *Fußnoten* auf die Schaltfläche *Fußnote einfügen* bzw. *Endnote einfügen*.
3. Word wechselt im Fall von Fußnoten zum Seitenende bzw. im Fall von Endnoten zum Dokumentende und zeigt das aktuelle Fuß-/Endnotenzeichen an, hinter dem Sie mit der Eingabe des Fuß- bzw. Endnotentextes beginnen können.
4. Doppelklicken Sie auf das Fuß- bzw. Endnotenzeichen, um zur entsprechenden Stelle im Dokument zu wechseln, oder klicken Sie alternativ dazu in der Gruppe *Fußnoten* auf *Notizen anzeigen*.
5. Klicken Sie in der Gruppe *Fußnoten* auf den Pfeil neben *Nächste Fußnote* und wählen Sie, ob Sie zur nächsten Fuß- oder Endnote bzw. zur vorherigen Fuß- oder Endnote blättern wollen.

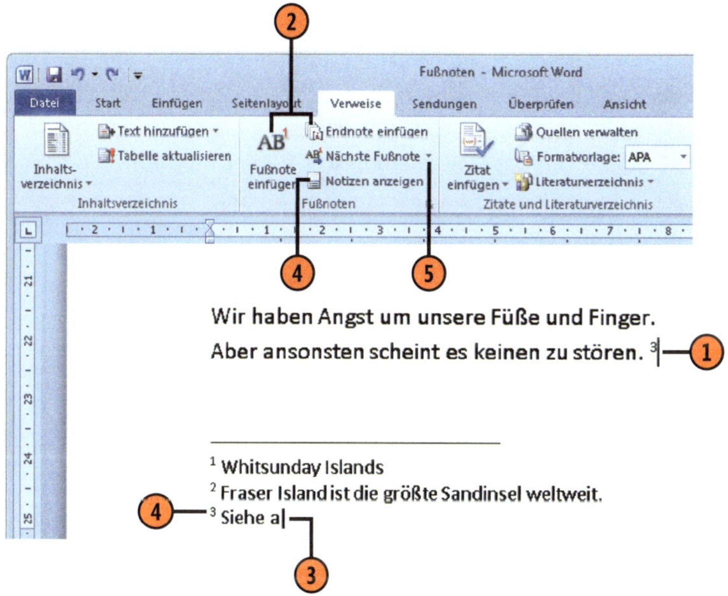

Tipp

Klicken Sie in der Gruppe *Fußnoten* ganz rechts auf das Startprogramm für ein Dialogfeld und bearbeiten Sie im Dialogfeld *Fuß- und Endnote* die Nummerierung und sonstige Fuß-/Endnoteneinstellungen.

Beschriftungen erstellen

Sie können mit Word verschiedenste Dokumentelemente mit einer fortlaufend nummerierten Beschriftung versehen. Dies ist in längeren Dokumenten häufig für Bild- oder Tabellenunterschriften erforderlich. Wird ein Bild oder eine Tabelle verschoben, wird die gesamte Nummerierung im Dokument automatisch aktualisiert.

Beschriftung einfügen

1. Wählen Sie das Element aus, z.B. eine Abbildung, die mit einer Beschriftung versehen werden soll.
2. Klicken Sie auf der Registerkarte *Verweise* in der Gruppe *Beschriftungen* auf die Schaltfläche *Beschriftung einfügen*, um das Dialogfeld *Beschriftung* zu öffnen.
3. Führen Sie folgende Einstellungen durch:
   - Wählen Sie eine integrierte Bezeichnung, *Abbildung*, *Formel* oder *Tabelle*, oder klicken Sie auf *Neue Bezeichnung* und geben Sie eine eigene Beschriftungskategorie, z.B. **Fotos**, ein.
   - Legen Sie die *Position* der Beschriftung fest.
   - Aktivieren Sie das Kontrollkästchen *Bezeichnung nicht in der Beschriftung verwenden*, um statt »Abbildung 1« einfach nur »1« in der Beschriftung anzuzeigen.
   - Ändern Sie über *Nummerierung* die Nummerierungsart.
   - Klicken Sie auf *AutoBeschriftung* und legen Sie fest, für welche Elemente, z.B. alle Excel-Diagramme, beim Einfügen automatisch eine Beschriftung eingefügt werden soll.
4. Sobald Sie auf *OK* klicken, fügt Word unter oder über dem Element die Bezeichnung sowie die Nummerierung ein. Fügen Sie bei Bedarf eigenen Text hinzu.

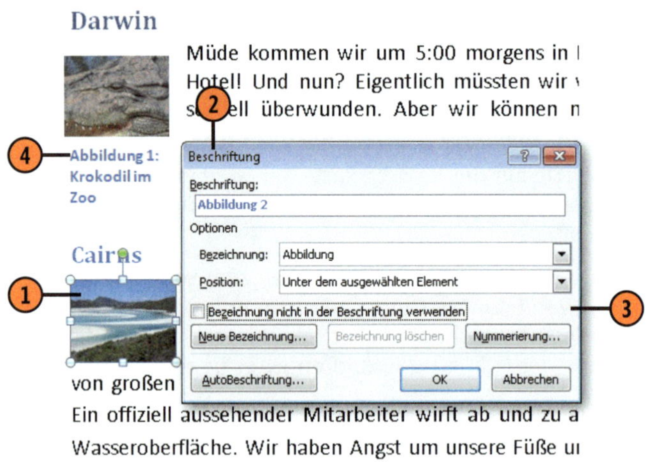

Querverweise erstellen

Ein Querverweis bezieht sich beispielsweise auf Abbildung 10.1 auf Seite 255. Wenn sich die Abbildungsnummer oder die Seitennummer ändert, weil Sie Ihr Dokument nachträglich bearbeitet haben, wird der Querverweis automatisch aktualisiert. Sie können auf verschiedenste im Dokument enthaltene Elemente verweisen, z.B. Textmarken, Überschriften, Abbildungen, Tabellen etc.

Querverweis einfügen

1. Geben Sie den Verweistext in das Dokument ein, z.B. **Siehe auch**.
2. Klicken Sie auf der Registerkarte *Verweise* in der Gruppe *Beschriftungen* auf die Schaltfläche *Querverweis*, um das gleichnamige Dialogfeld zu öffnen.
3. Öffnen Sie das Dropdown-Listenfeld *Verzeichnistyp* und wählen Sie das Element aus, auf das verwiesen werden soll. Standardmäßig können Sie auf nummerierte Elemente, Überschriften, Textmarken, Fuß- und Endnoten, Abbildungen, Formeln und Tabellen verweisen.
4. Öffnen Sie das Dropdown-Listenfeld *Verweisen auf* und entscheiden Sie, was im Verweis stehen soll. Sie können wählen zwischen gesamter Beschriftung, nur Kategorie und Nummer (z.B. Abbildung 4), nur Beschriftungstext, Seitenzahl und dem Text »oben« bzw. »unten«.
5. Wählen Sie das Element aus, auf das verwiesen werden soll.
6. Klicken Sie auf *Einfügen*. Der Querverweis wird als Feld an der aktuellen Cursorposition eingefügt. Das Dialogfeld *Querverweis* bleibt zum Einfügen weiterer Querverweise geöffnet. Klicken Sie auf *Schließen*, um die Arbeit mit Querverweisen zu beenden.

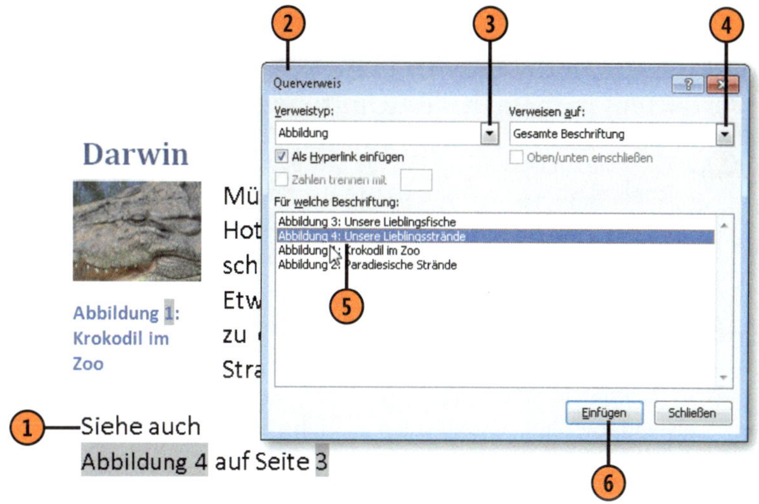

Gewusst wie

Wird das Verweisziel verschoben oder ändert sich beispielsweise der Text einer Überschrift, auf die verwiesen wird, wählen Sie den Querverweis aus und drücken F9, um den Verweis zu aktualisieren.

Abbildungsverzeichnisse generieren

Wenn Sie Ihre Abbildungen oder sonstigen Elemente wie Formeln, Tabellen oder eigene Kategorien beschriftet haben, ist es ein Leichtes, anhand dieser Beschriftungen ein Verzeichnis aller Abbildungen, Formeln oder Tabellen von Word automatisch erstellen zu lassen. Aber auch ohne die interne Beschriftungsfunktion ist es möglich, Verzeichnisse zu generieren. Voraussetzung dafür ist die einheitliche Formatierung aller Elemente, die in das Verzeichnis aufgenommen werden sollen. Darüber hinaus können Sie das Aussehen des auf der internen Vorlage basierenden Verzeichnisses ändern, indem Sie die dafür zuständige Formatvorlage *Abbildungsverzeichnis* überarbeiten.

Verzeichnis mithilfe von Beschriftungen erstellen

1. Klicken Sie im Dokument auf die Stelle, an der das Verzeichnis eingefügt werden soll, und anschließend auf der Registerkarte *Verweise* in der Gruppe *Beschriftungen* auf die Schaltfläche *Abbildungsverzeichnis einfügen*, um das Dialogfeld *Abbildungsverzeichnis* zu öffnen.
2. Aktivieren Sie die beiden Kontrollkästchen, um die Seitenzahlen rechtsbündig im Verzeichnis anzuzeigen.
3. Aktivieren Sie dieses Kontrollkästchen, wenn die Verzeichniseinträge ohne Seitenzahlen als Hyperlinks dargestellt werden sollen.
4. Wählen Sie ein Füllzeichen zwischen dem Verzeichniseintrag und der Seitenzahl.
5. Klicken Sie hier, um eine integrierte Darstellung zu wählen, z.B. *Elegant*, *Elegant*, *Klassisch*.
6. Klicken Sie hier und wählen Sie eine Beschriftungskategorie.

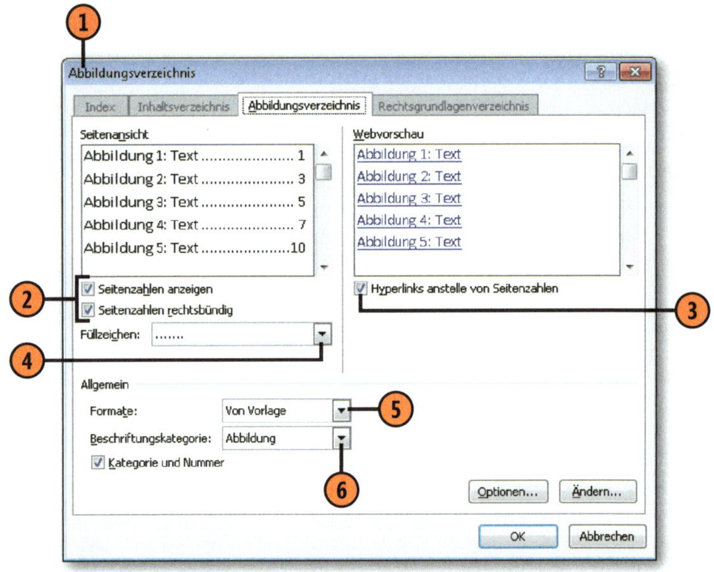

Abbildung 1: Strände 1
Abbildung 2: Nationalparks 4
Abbildung 3: Korallen..........6
Abbildung 4: Wüsten 9

Abbildungsverzeichnis

Siehe auch

Informationen zum Einfügen von Beschriftungen finden Sie auf Seite 190 und zum Arbeiten mit Hyperlinks auf Seite 178 f.

Verzeichnis ohne Beschriftungen erstellen

1. Nehmen Sie im Dialogfeld *Abbildungsverzeichnis* Ihre Einstellungen wie auf der vorherigen Seite beschrieben vor und klicken Sie dort auf die Schaltfläche *Optionen*, um das Dialogfeld *Optionen für Abbildungsverzeichnis* zu öffnen.
2. Aktivieren Sie das Kontrollkästchen *Formatvorlage* und wählen Sie in der Liste die Formatvorlage aus, mit der die Elemente formatiert sind, die in das Verzeichnis übernommen werden sollen. Die Liste enthält automatisch alle im Dokument verwendeten passenden Absatzformatvorlagen.
3. Bestätigen Sie zweimal mit *OK*.

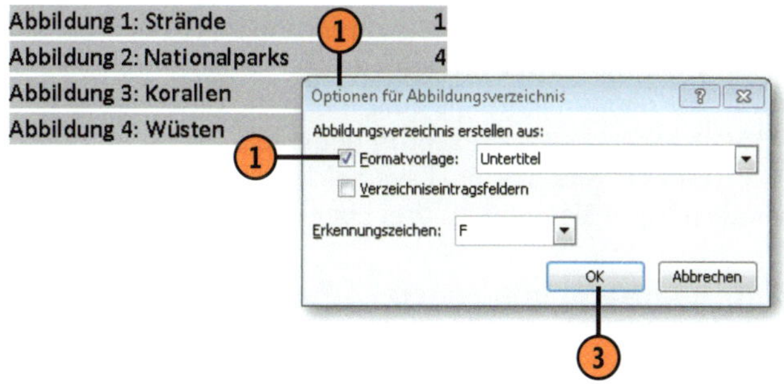

Verzeichnisdarstellung bearbeiten

1. Nehmen Sie im Dialogfeld *Abbildungsverzeichnis* Ihre Einstellungen wie auf der vorherigen Seite beschrieben vor. Wählen Sie dabei im Listenfeld *Formate* den Eintrag *Von Vorlage* und klicken Sie dann auf die Schaltfläche *Ändern*, um das Dialogfeld *Formatvorlage* zu öffnen.
2. Klicken Sie auf die Schaltfläche *Ändern* und nehmen Sie im dann angezeigten Dialogfeld *Formatvorlage ändern* beliebige Änderungen an der Formatvorlage *Abbildungsverzeichnis* vor.
3. Bestätigen Sie zweimal mit *OK*.
4. Das Abbildungsverzeichnis wird in seinem neuen Format angezeigt.

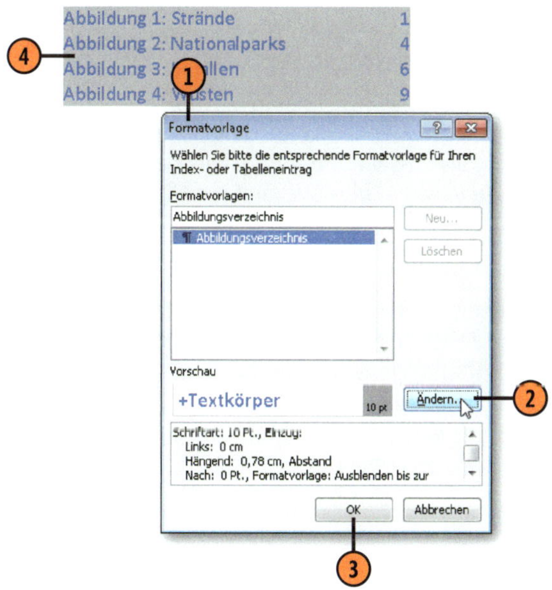

Siehe auch

Informationen zum Ändern von Formatvorlagen finden Sie auf Seite 90.

Inhaltsverzeichnisse generieren

Wenn Sie die Überschriften Ihres Dokuments mithilfe der integrierten Überschriftenformatvorlagen erstellt haben, können Sie ein dreistufiges Inhaltsverzeichnis quasi per Mausklick erstellen. Word erkennt anhand der Überschriftebenen die Gliederung des Dokuments und kann so das Inhaltsverzeichnis zusammenstellen. Aber auch wenn Sie mehr als drei Ebenen darstellen wollen oder mit anderen Formatvorlagen gearbeitet haben, ist es kein Problem, ein Inhaltsverzeichnis zu generieren. Sie müssen Word lediglich mitteilen, welche Ebenen dargestellt werden sollen bzw. welche Formatvorlage für welche Ebene des Inhaltsverzeichnisses steht.

Verzeichnis anhand integrierter Überschriften erstellen

1. Klicken Sie auf der Registerkarte *Ansicht* in der Gruppe *Dokumentansichten* auf die Schaltfläche *Gliederung*, um Ihr Dokument in der Gliederungsansicht anzeigen zu lassen. Prüfen Sie die Gliederungsebenen. Nur die Überschriften mit der Gliederungsebene 1 bis 3 werden in das Inhaltsverzeichnis aufgenommen. Stufen Sie bei Bedarf die Überschriftsebenen nach oben bzw. nach unten.

   Wechseln Sie zurück zur Ansicht *Seitenlayout*, drücken Sie Strg+Pos1, um die Einfügemarke an den Dokumentanfang zu setzen, und klicken Sie auf der Registerkarte *Verweise* in der Gruppe *Inhaltsverzeichnis* auf die Schaltfläche *Inhaltsverzeichnis*.

2. Klicken Sie auf eine integrierte automatische Tabelle.

3. Das Inhaltsverzeichnis wird am Dokumentanfang eingefügt. Klicken Sie auf *Tabelle aktualisieren*, um das Inhaltsverzeichnis nach Änderungen zu aktualisieren.

4. Klicken Sie hier, um ein bereits eingefügtes Inhaltsverzeichnis zu löschen.

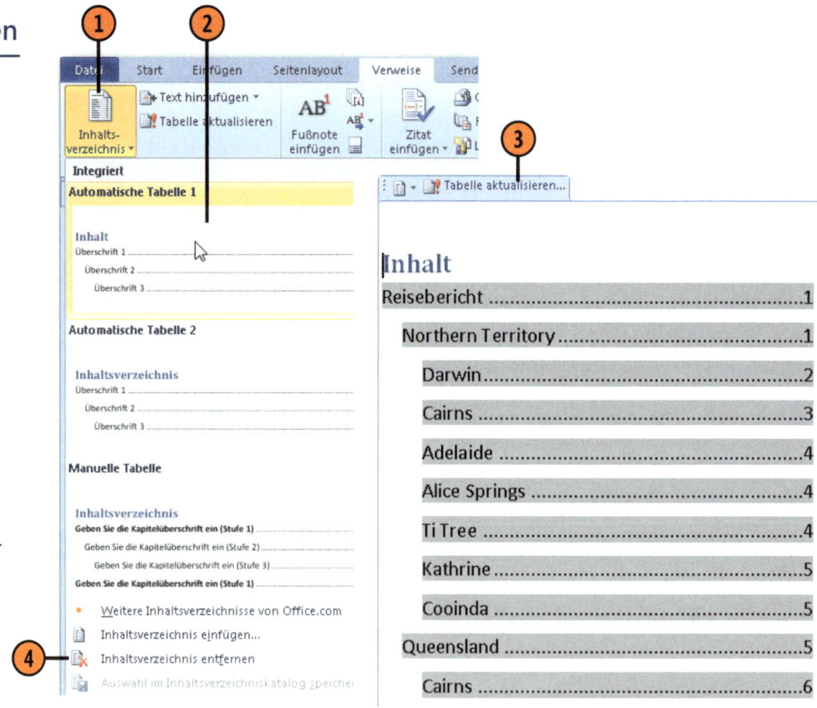

Verzeichnis anhand anderer Formatvorlagen erstellen

1. Klicken Sie auf der Registerkarte *Verweise* in der Gruppe *Inhaltsverzeichnis* auf die Schaltfläche *Inhaltsverzeichnis* und dann auf den Eintrag *Inhaltsverzeichnis einfügen*, um das Dialogfeld *Inhaltsverzeichnis* zu öffnen.
2. Klicken Sie auf die Schaltfläche *Optionen*, um das Dialogfeld *Optionen für Inhaltsverzeichnis* zu öffnen. Dort sind standardmäßig die Überschriften 1 bis 3 mit einem Häkchen versehen
3. Klicken Sie in der Liste mit allen im Dokument enthaltenen Formatvorlagen rechts in das Feld der gewünschten Formatvorlage, z.B. *Titel*, und geben Sie **1** für die erste Ebene des Inhaltsverzeichnisses ein. Verfahren Sie so mit allen weiteren Ebenen.
4. Bestätigen Sie zweimal mit *OK*.

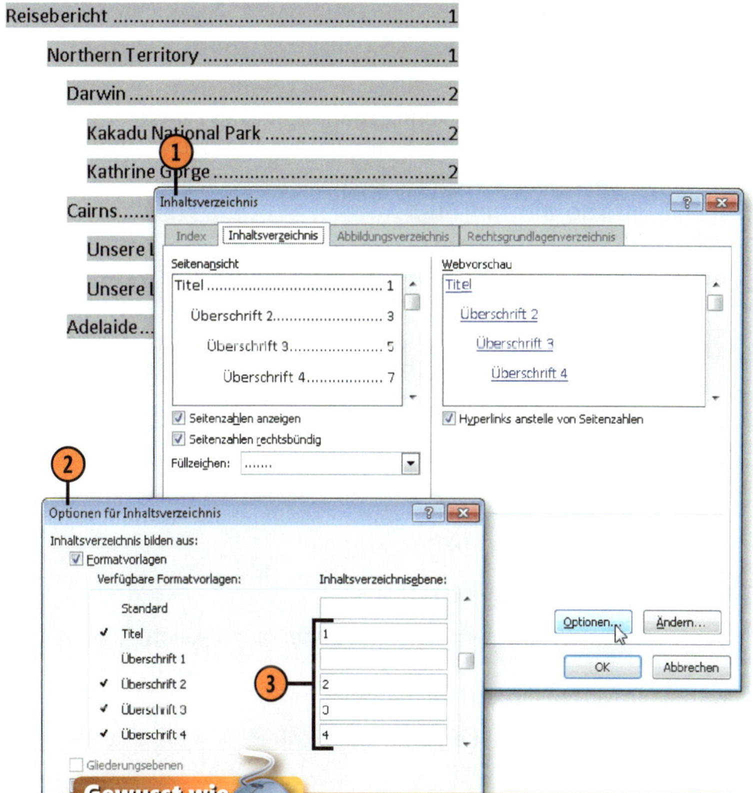

Siehe auch

Alle weiteren Optionen im Dialogfeld *Inhaltsverzeichnis* zur Darstellung des Inhaltsverzeichnisses entsprechen in etwa denen des Dialogfeldes *Abbildungsverzeichnis*. Informationen hierzu finden Sie auf Seite 192.

Gewusst wie

Enthält Ihr Dokument bereits ein an Ihre Anforderungen angepasstes Inhaltsverzeichnis, markieren Sie es und wählen im Katalog zur Schaltfläche *Inhaltsverzeichnis* die Option *Auswahl im Inhaltsverzeichniskatalog speichern*. Vergeben Sie einen Namen und bestätigen Sie mit *OK*. Ihr Inhaltsverzeichnis wird daraufhin zukünftig im Inhaltsverzeichniskatalog angeboten.

Tipp

Wenn Sie im Dialogfeld *Inhaltsverzeichnis* auf die Schaltfläche *Ändern* klicken, können Sie die integrierte Formatvorlage für alle Verzeichnisebenen 1 bis 9 des Inhaltsverzeichnisses an Ihre Anforderungen anpassen.

Index erstellen

Jedes längere Dokument sollte am Ende einen Index mit Stichwörtern und Seitenverweisen enthalten, mit deren Hilfe der Leser schnell zu der Seite blättern kann, die Informationen zu dem entsprechenden Stichwort enthält. Bevor Sie den eigentlichen Index erstellen, definieren Sie die Indexeinträge an den betreffenden Stellen. Indexeinträge werden verborgen dargestellt, können aber zur Bearbeitung eingeblendet werden. Der erstellte Index kann mehrere Ebenen, Seiten-, Quer- und Bereichsverweise enthalten.

Indexeinträge definieren

1. Wählen Sie den Text aus, der als Indexeintrag gekennzeichnet werden soll.
2. Klicken Sie auf der Registerkarte *Verweise* in der Gruppe *Index* auf die Schaltfläche *Eintrag festlegen*, um das Dialogfeld *Indexeintrag festlegen* zu öffnen.
3. Word übernimmt den ausgewählten Text im Feld *Haupteintrag*. Sie können ihn hier nach Belieben ändern.
4. Geben Sie hier einen Untereintrag ein, um eine zweite Ebene zum Haupteintrag zu erstellen.
5. Legen Sie die Verweisart fest:
   - *Querverweis:* Geben Sie einen anderen Indexeintrag an, unter dem der Leser nachschlagen soll. Sie können auch den Verweistext *Siehe* bearbeiten.
   - *Aktuelle Seite:* Neben dem Indexeintrag wird die aktuelle Seitenzahl angezeigt.
   - *Seitenbereich:* Wurde ein Dokumentbereich als Textmarke definiert, wird diese in der Dropdownliste angeboten. Umfasst die Textmarke z.B. die Seiten 5 bis 7, lautet der Seitenverweis für den Indexeintrag *5-7*.
6. Klicken Sie auf *Festlegen*, um den Indexeintrag an der aktuellen Cursorposition einzufügen. Das Dialogfeld bleibt für die Eingabe weiterer Indexeinträge geöffnet.

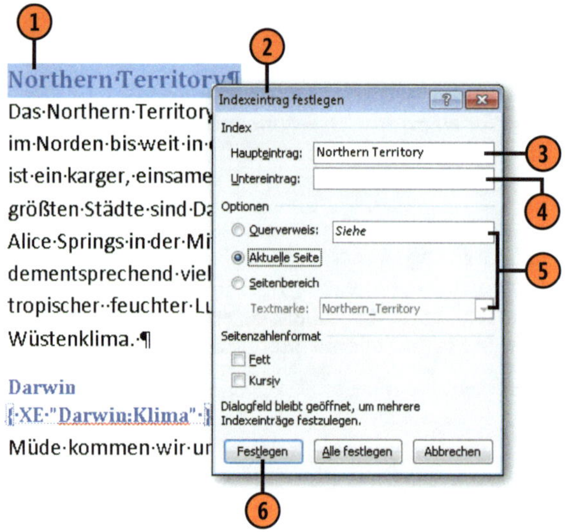

Achtung

Wenn keine Indexeinträge im Text angezeigt werden, klicken Sie auf der Registerkarte *Start* in der Gruppe *Absatz* auf *Alle anzeigen* (die Schaltfläche mit dem Absatzzeichen).

Index generieren

1. Drücken Sie Strg+Ende, um die Einfügemarke an das Dokumentende zu setzen, und klicken Sie auf der Registerkarte *Verweise* in der Gruppe *Index* auf die Schaltfläche *Index einfügen*, um das Dialogfeld *Index* zu öffnen.
2. Hier stehen folgende Optionen zur Verfügung:
   - Klicken Sie auf *Eingezogen*, um die Untereinträge eingezogen in separaten Zeilen anzuordnen, bzw. auf *Fortlaufend*, um die Untereinträge hintereinander durch Semikolon voneinander getrennt anzuzeigen.
   - Klicken Sie auf den Pfeil neben *Spalten* und bestimmen Sie die Anzahl der Indexspalten.
   - Aktivieren Sie das Kontrollkästchen *Seitenzahlen rechtsbündig* und wählen Sie bei Bedarf ein Füllzeichen zwischen Indexeintrag und rechtsbündiger Seitenzahl. Ansonsten werden die Seitenzahlen unmittelbar hinter den Indexeintrag gesetzt.
   - Klicken Sie auf den Pfeil neben *Formate* und wählen Sie die Darstellung des Index. Neben den integrierten Indexformatvorlagen gibt es verschiedene weitere Darstellungen wie klassisch, modern etc.
3. Klicken Sie auf *Ändern*, um die Darstellung der Indexformatvorlagen für die verschiedenen Indexebenen zu ändern.
4. Sobald Sie mit *OK* bestätigen, wird der Index an der aktuellen Cursorposition eingefügt.

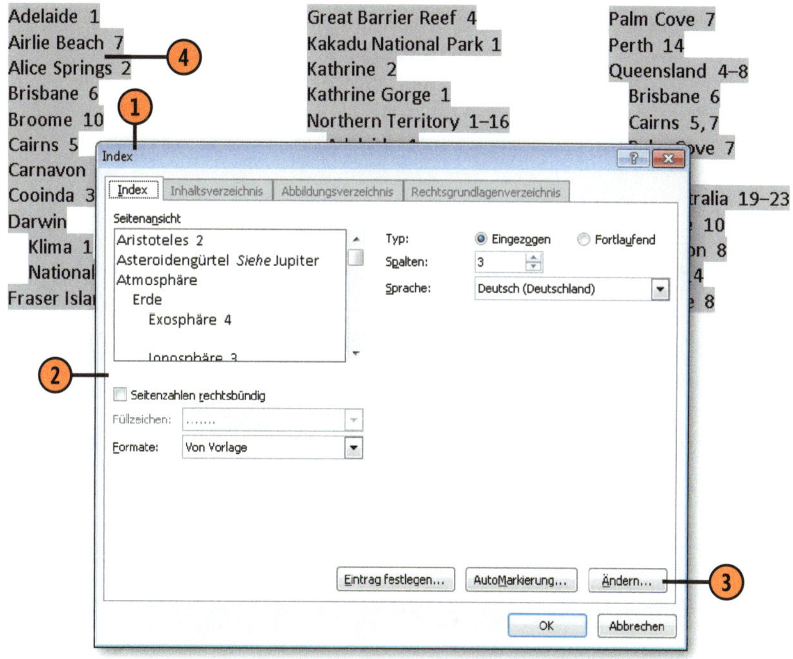

Tipp

Wenn Sie manuelle Änderungen in den Indexeinträgen vorgenommen haben, setzen Sie die Einfügemarke in den Index und klicken auf der Registerkarte *Verweise* in der Gruppe *Index* auf die Schaltfläche *Index aktualisieren*, um die Änderungen in den Index zu übernehmen.

Bausteine organisieren

Word stellt für verschiedene Dokumentelemente – AutoTexte, Deckblätter, Formeln, Kopf-/Fußzeilen, Inhaltsverzeichnisse, Seitenzahlen, Tabellen, Textfelder, Wasserzeichen – Kataloge mit integrierten Vorlagen zur Verfügung. Bei diesen Vorlagen handelt es sich um sogenannte Bausteine, die von Ihnen zentral an einer Stelle verwaltet werden.

Baustein verwalten

1. Klicken Sie auf der Registerkarte *Einfügen* in der Gruppe *Text* auf die Schaltfläche *Schnellbausteine* und dann auf den Eintrag *Organizer für Bausteine*, um das gleichnamige Dialogfeld zu öffnen.
2. Klicken Sie auf die Spaltenüberschrift, nach der die Bausteine sortiert werden sollen. Standardmäßig wird nach Katalog sortiert.
3. Wählen Sie den gewünschten Baustein aus.
4. Sie können folgende Aktionen durchführen:
   - Klicken Sie auf *Eigenschaften bearbeiten*, um Name, Katalog, Kategorie etc. des ausgewählten Bausteins zu ändern.
   - Klicken Sie auf *Löschen*, um den ausgewählten Baustein zu löschen.
   - Klicken Sie auf *Einfügen*, um den ausgewählten Baustein an der aktuellen Cursorposition einzufügen.

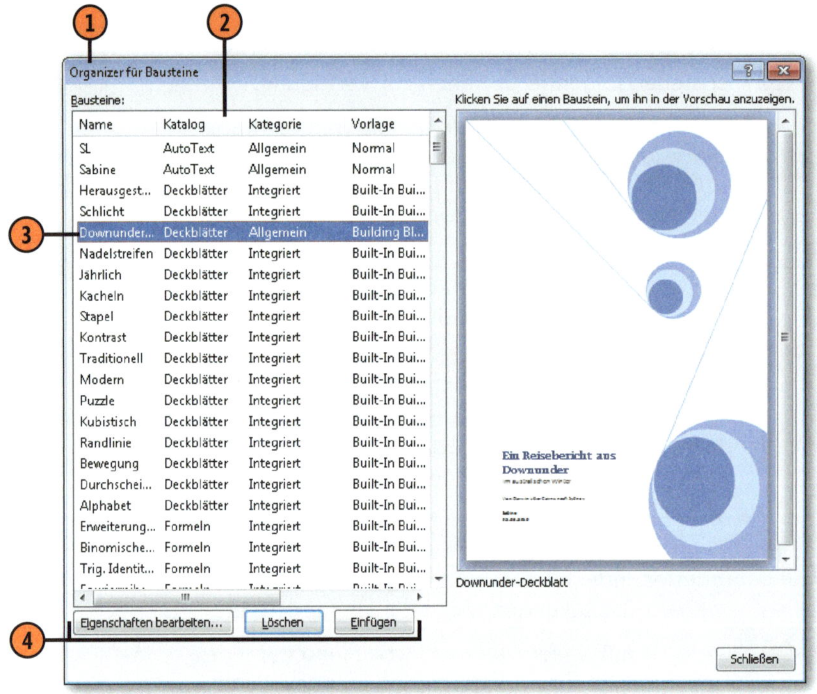

Siehe auch

Das Erstellen eines neuen Bausteins wird am Beispiel von Schnellbausteinen und Textfeldern beschrieben. Lesen Sie mehr dazu auf der nächsten Seite und auf Seite 155.

Gewusst wie

Geben Sie den Namen eines Bausteins im Dokument ein, z.B. **Puzzle**, und drücken Sie F3, um den Baustein an der aktuellen Cursorposition einzufügen.

Schnellbausteine erstellen

Schnellbausteine sind Elemente, die quasi griffbereit per Mausklick zur Verfügung stehen sollen. Der Katalog für Schnellbausteine ist leer und wartet darauf, von Ihnen gefüllt zu werden.

Nur die in diesem Katalog abgelegten Bausteine können angezeigt werden, wenn Sie auf die Schaltfläche *Schnellbausteine* klicken.

Schnellbaustein in den Katalog aufnehmen

1. Wählen Sie das Element im Dokument aus, das Sie in den Schnellbausteinkatalog einfügen wollen.
2. Klicken Sie auf der Registerkarte *Einfügen* in der Gruppe *Text* auf die Schaltfläche *Schnellbausteine* und dann auf den Eintrag *Auswahl im Schnellbaustein-Katalog speichern*.
3. Geben Sie im Dialogfeld *Neuen Baustein erstellen* im Textfeld *Name* einen Namen ein.
4. Klicken Sie hier und wählen Sie einen Katalog:
   - Soll das Element zukünftig angezeigt werden, wenn Sie auf die Schaltfläche *Schnellbausteine* klicken, wählen Sie den Katalog *Schnellbausteine*.
   - Wählen Sie einen anderen Katalog, z.B. den für Deckblätter, Formeln, Tabellen etc., wenn das Element zukünftig im Katalog der gewählten Kategorie, aber nicht im Katalog für die Schnellbausteine angezeigt werden soll.
5. Wählen Sie als Kategorie *Allgemein* oder erstellen Sie eine eigene Kategorie.
6. Klicken Sie hier und wählen Sie, ob der neue Baustein in der Dokumentvorlage *Normal* oder in der globalen Vorlage *Building Blocks* gespeichert werden soll. Alle in Building Blocks abgelegten Elemente stehen immer zur Verfügung, egal mit welcher Dokumentvorlage Sie arbeiten.
7. Klicken Sie hier und wählen Sie, ob der Inhalt, der Inhalt in einem Absatz oder der Inhalt auf einer separaten Seite eingefügt werden soll.

Mit AutoTexten arbeiten

Bei den AutoTexten handelt es sich um sogenannte Bausteine, die Sie immer wieder benötigen und die Sie griffbereit im Katalog *AutoText* bereithalten möchten. Sie werden in der Dokumentvorlage *Normal* gespeichert. So können Sie für unterschiedliche Vorlagen verschiedene AutoText-Listen führen.

AutoText erstellen

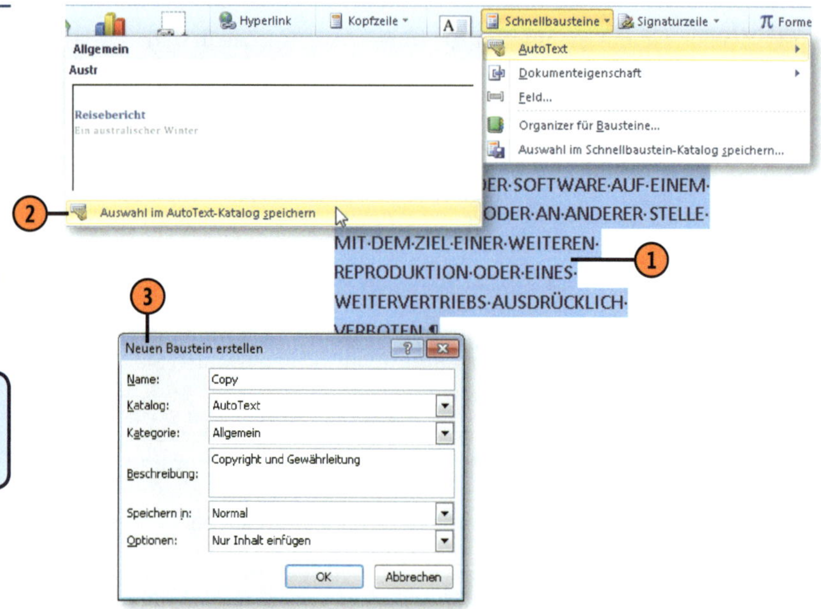

1. Wählen Sie das Element im Dokument aus, das Sie in den Textbausteinkatalog einfügen wollen.
2. Klicken Sie auf der Registerkarte *Einfügen* in der Gruppe *Text* auf die Schaltfläche *Schnellbausteine* und dann auf den Eintrag *AutoText* und abschließend auf *Auswahl im AutoText-Katalog speichern*.
3. Geben Sie im Dialogfeld *Neuen Baustein erstellen* im Textfeld *Name* einen möglichst kurzen, aber trotzdem eindeutigen Namen ein.

Siehe auch

Die Optionen des Dialogfeldes *Neuen Baustein erstellen* werden auf der vorhergehenden Seite erläutert.

AutoText einfügen

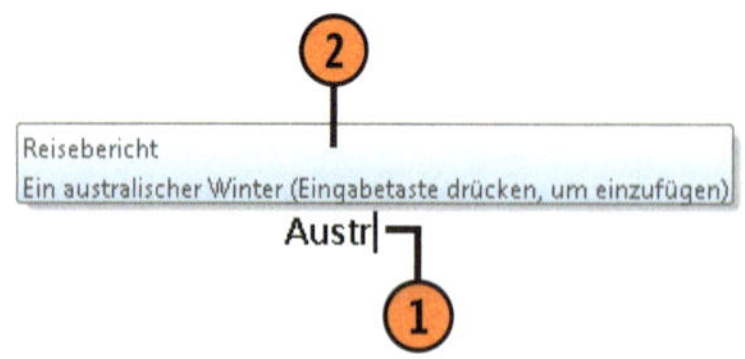

1. Setzen Sie die Einfügemarke an die Position, an der der AutoText-Eintrag eingefügt werden soll, und geben Sie den Namen des AutoTextes ein.
2. Word blendet in einer QuickInfo Informationen zum Baustein ein. Drücken Sie Eingabe. Der gesamte AutoText-Inhalt wird an der aktuellen Cursorposition eingefügt.

Dokumenteigenschaften einfügen

Dokumenteigenschaften können ebenfalls in Form von griffbereiten Bausteinen in ein Dokument eingefügt werden. Word stellt eine Liste mit häufig verwendeten Eigenschaften zur Verfügung. Je nachdem, ob diese Eigenschaften bereits bearbeitet wurden oder nicht, stehen sie mit oder ohne Inhalt zur Verfügung. Nach dem Einfügen einer Eigenschaft können Sie ihren Inhalt bearbeiten oder neuen Inhalt einfügen.

Dokumenteigenschaft einfügen und bearbeiten

1. Setzen Sie die Einfügemarke an die Position, an der die Dokumenteigenschaft eingefügt werden soll, und klicken Sie auf der Registerkarte *Einfügen* in der Gruppe *Text* auf die Schaltfläche *Schnellbausteine* und dann auf *Dokumenteigenschaft.*
2. Wählen Sie eine Dokumenteigenschaft in der Liste aus.
3. Je nach eingefügter Eigenschaft können Sie folgende Aktionen ausführen:
   - Eigenschaften, die bereits für das aktuelle Dokument ausgefüllt wurden, werden mit ihrem Inhalt eingefügt, den Sie dann bei Bedarf überschreiben oder bearbeiten können.
   - Eigenschaften, für die es noch keinen Inhalt gibt, werden ohne Inhalt eingefügt. Füllen Sie die Eigenschaft dann direkt im eingefügten Feld aus.
   - Im Fall von Datumseigenschaften wählen Sie ein Datum aus.

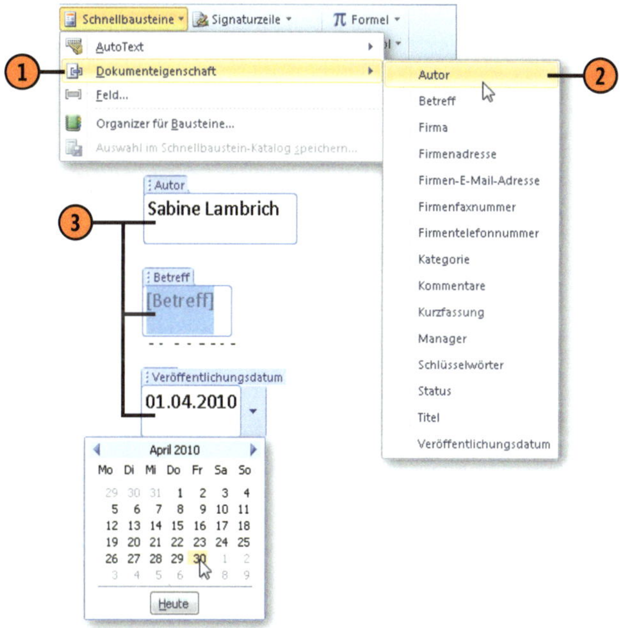

Tipp

Die Dokumenteigenschaften werden generell auf der Registerkarte *Datei* mit dem Befehl *Informationen* definiert bzw. geändert. Details hierzu finden Sie auf Seite 220 f.

Mit Feldern arbeiten

Word stellt eine Vielzahl von sogenannten Feldern zur Verfügung. Das sind Codes, mit deren Hilfe Informationen in ein Dokument eingefügt werden, die sich häufig ändern und so über eine automatische Aktualisierung einfach und schnell angepasst werden können. Klassische Beispiele sind die fortlaufende Seitennummerierung oder Index- und Verzeichnisfelder. Die Feldbezeichnungen sind auf Englisch.

Feld einfügen

1. Setzen Sie die Einfügemarke an die Position, an der das Feld eingefügt werden soll, und klicken Sie auf der Registerkarte *Einfügen* in der Gruppe *Text* auf *Schnellbausteine* und danach auf *Feld*, um das gleichnamige Dialogfeld zu öffnen.
2. Wählen Sie eine *Kategorie* und einen zugehörigen Feldnamen aus, z.B. *Dokumentinformationen* und *DocProperty* (= Dokumenteigenschaft).
3. Klicken Sie auf eine Feldeigenschaft, z.B. auf *CharacterWithSpaces* (damit ermitteln Sie die Anzahl von Zeichen einschließlich Leerzeichen in einem Dokument).

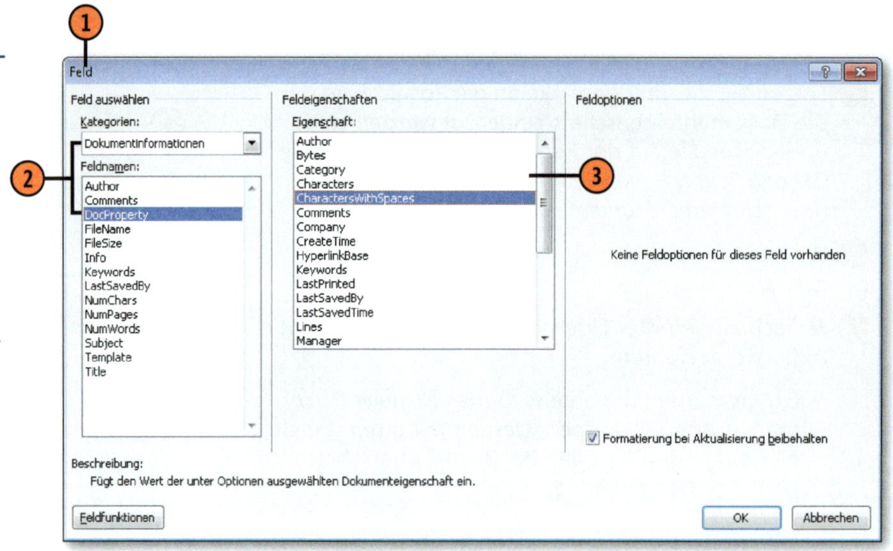

Gewusst wie

Damit Felder im Fließtext stets als Felder erkennbar sind, klicken Sie auf *Datei/Optionen/Erweitert* und dann im Bereich *Dokumentinhalt anzeigen* auf den Pfeil neben *Feldschattierung*. Wählen Sie in der Liste den Eintrag *Immer*.

Tipp

Wenn Sie nicht genau wissen, welche Aufgabe ein Feld ausführt, markieren Sie im Dialogfeld *Feld* den betreffenden Feldnamen und klicken oben in der Titelleiste auf das Fragezeichen, um Hilfeinformationen über das Feld einzublenden.

Feld bearbeiten

1. Wählen Sie das Feld aus und drücken Sie Umschalt+F9, um die Feldfunktion anzuzeigen.
2. Klicken Sie mit der rechten Maustaste auf die Feldfunktion und führen Sie eine der folgenden Aktionen durch:
   - *Felder aktualisieren:* Das ausgewählte Feld wird aktualisiert.
   - *Feld bearbeiten:* Das Dialogfeld *Feld* wird angezeigt, in dem Sie die Feldeigenschaften ändern können.
   - *Feldfunktionen ein/aus:* Sie schalten zwischen Feldinhalt und Feldfunktion hin und her.

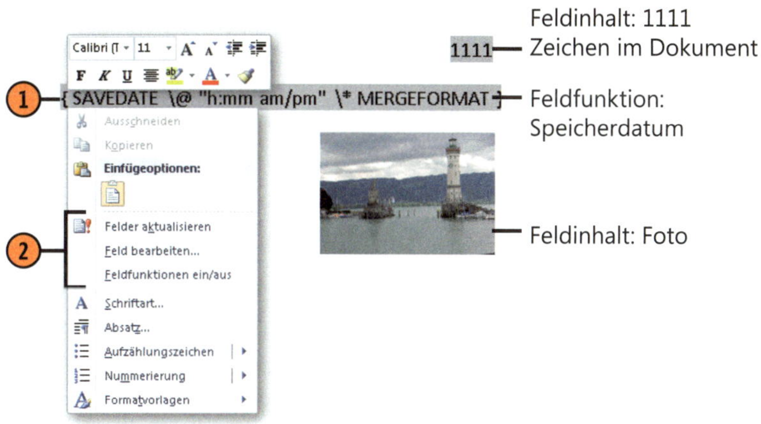

Tastenkombination	Aufgabe
Strg+F9	Leeres Feld einfügen; Feldbezeichnung und -eigenschaften manuell eingeben
F9	Ausgewähltes Feld aktualisieren
Umschalt+F9	Zwischen Feldfunktion und -ergebnis des ausgewählten Feldes wechseln
Alt+F9	Alle Felder als Feldfunktion oder als -ergebnis darstellen
F11	Zum nächsten Feld wechseln
Umschalt+F11	Zum vorherigen Feld wechseln
Strg+Umschalt+F9	Feldverknüpfung permanent in Feldergebnis umwandeln
Strg+F11	Feld sperren, d.h., das Feld wird vorübergehend nicht aktualisiert
Strg+Umschalt+F11	Feldsperrung aufheben

Achtung

Sie können Änderungen auch direkt in die Feldfunktion schreiben. Änderungen, die direkt am Feldinhalt durchgeführt werden, gehen nach der Aktualisierung wieder verloren.

Makros aufzeichnen

Wenn Sie immer wieder eine bestimmte Folge von Befehlen nacheinander verwenden, können Sie diese Aktionen in einem Makro zusammenfassen und sozusagen auf Knopfdruck automatisch ausführen. In einem Makro werden also mehrere Word-Befehle zusammengefasst, um eine bestimmte Aufgabe zu erledigen. Sie können Makros aufzeichnen, anschließend bearbeiten und jederzeit ausführen. Während der Aufzeichnung werden die Schritte, die Sie durchführen, in die Programmiersprache von Office, Visual Basic, übersetzt.

Makro erstellen

1. Klicken Sie auf der Registerkarte *Ansicht* in der Gruppe *Makros* auf den Pfeil der Schaltfläche *Makros* und dann auf *Makro aufzeichnen*, um das gleichnamige Dialogfeld zu öffnen.
2. Klicken Sie in das Textfeld *Makroname* und geben Sie einen Namen für das Makro (ohne Leer- oder Sonderzeichen) ein.
3. Standardmäßig wird das Makro in der Dokumentvorlage *Normal* abgelegt, damit es immer verfügbar ist.
4. Geben Sie eine Beschreibung ein.
5. Sobald Sie auf *OK* klicken, beginnt die Makroaufzeichnung. Dies erkennen Sie an dem speziellen Mauszeiger. Führen Sie jetzt nacheinander die Schritte aus, die aufgezeichnet werden sollen. Verwenden Sie zum Auswählen von Text und zum Verschieben der Einfügemarke die Tastatur, da während der Makroaufzeichnung keine Mausaktionen im Text umgesetzt werden können. Beenden Sie die Aufzeichnung, indem Sie auf der Registerkarte *Ansicht* in der Gruppe *Makros* auf den Pfeil der Schaltfläche *Makros* und dann auf *Aufzeichnung beenden* klicken.

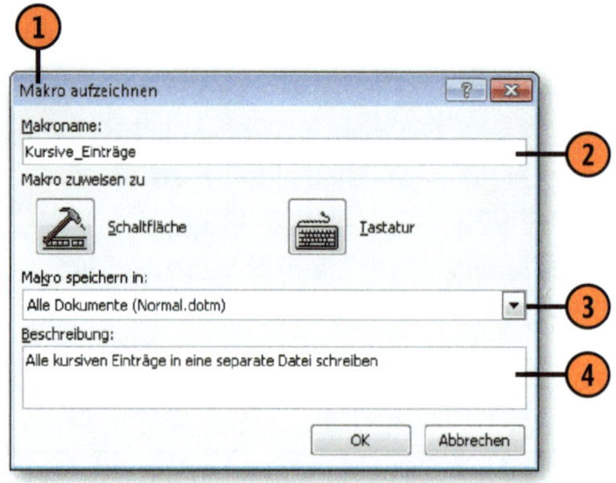

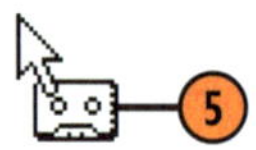

Makros ausführen

Wenn Sie ein Makro aufgezeichnet haben, können Sie es jederzeit ausführen. Das heißt, Sie rufen das entsprechende Makro auf, und alle im Makro enthaltenen Befehle werden nacheinander ausgeführt. Sollte das Makro nicht wie gewünscht funktionieren, können Sie es im Visual Basic-Editor bearbeiten (siehe nächste Seite).

Makro ausführen

1. Klicken Sie auf der Registerkarte *Ansicht* in der Gruppe *Makros* auf die Schaltfläche *Makros*, um das Dialogfeld *Makros* zu öffnen.
2. Klicken Sie hier und legen Sie fest, ob Sie die Makros in allen aktiven Dokumentvorlagen und Dokumenten, nur die aus der Dokumentvorlage *Normal* oder alle integrierten Word-Makros anzeigen lassen wollen.
3. Klicken Sie auf das gewünschte Makro.
4. Führen Sie eine der folgenden Aktionen aus:
   - *Ausführen:* Führt das gewählte Makro aus.
   - *Einzelschritt:* Wechselt zum Visual Basic-Editor in den Testmodus, um das Makro Schritt für Schritt auszuführen.
   - *Bearbeiten* – siehe nächste Seite
   - *Erstellen:* Wechselt zum Visual Basic-Editor; dort können Sie im Codefenster direkt den Code für das neue Makro eingeben.
   - *Löschen:* Entfernt das ausgewählte Makro.
   - *Organisieren* – siehe übernächste Seite.

Achtung

Wenn Sie ein Dokument mit Makros speichern wollen, müssen Sie im Dialogfeld *Speichern unter* als Dateityp *Word-Dokument mit Makros* mit der Dateierweiterung *.docm* wählen.

Makros bearbeiten

Makros werden im Visual Basic-Editor bearbeitet. Sie werden dort als Subprozeduren bezeichnet (da sie mit der Anweisung *Sub* beginnen) und in einem Modul zusammengefasst. Sie können im Codefenster Ihre Änderungen direkt in den Makrocode schreiben.

Fügen Sie beispielsweise Schleifen ein oder fragen Sie Bedingungen ab. Hierzu benötigen Sie Programmiergrundlagen in Visual Basic.

Wenn Sie mehr zu diesem Thema erfahren wollen, finden Sie im Microsoft Press-Titel »Microsoft Word-Programmierung – Das Handbuch« eine umfangreiche Einführung.

Makro bearbeiten

1. Klicken Sie auf der Registerkarte *Ansicht* in der Gruppe *Makros* auf die Schaltfläche *Makros*, um das Dialogfeld *Makros* zu öffnen. Wählen Sie das Makro aus und klicken Sie auf die Schaltfläche *Bearbeiten*. Der Visual Basic-Editor wird geöffnet.
2. Das Makro wird im Codefenster angezeigt.
3. Geben Sie Ihre Änderungen direkt in den Makrocode ein. Sobald Sie Eingabe drücken, wird die Zeile geprüft und – wenn fehlerhaft – eine Fehlermeldung eingeblendet. Die fehlerhafte Zeile wird in Rot dargestellt.
4. Wenn Sie alle Änderungen eingegeben haben, wählen Sie im Menü *Debuggen* einen Befehl zum Prüfen des Makros.
5. Klicken Sie in der Symbolleiste auf die Schaltfläche *Ansicht Microsoft Word*, um zum Word-Programmfenster zurückzuschalten.

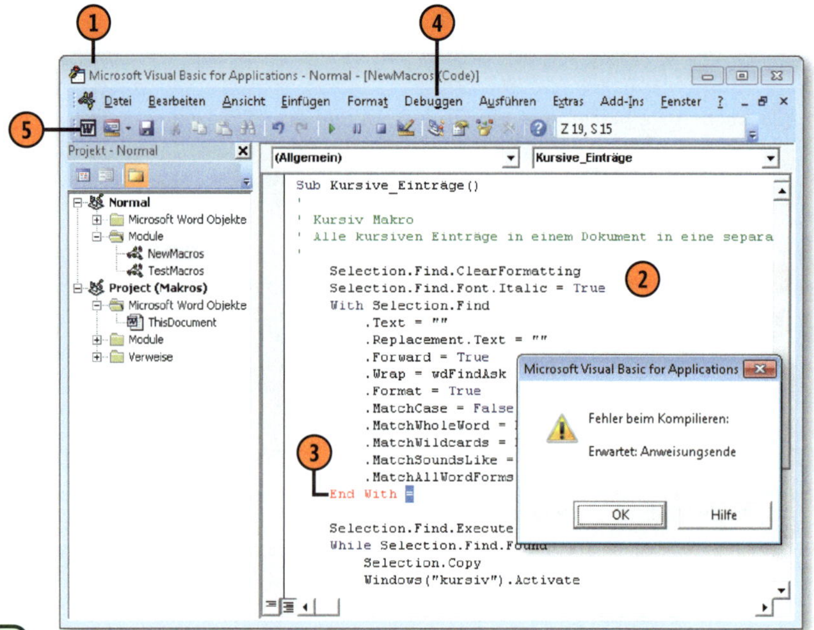

Tipp

Um wirklich effektiv mit Makros arbeiten zu können, benötigen Sie die Registerkarte *Entwicklertools*, die standardmäßig nicht angezeigt wird. Klicken Sie auf *Datei/Optionen/Menüband anpassen* und aktivieren Sie im rechten Listenfeld das Kontrollkästchen *Entwicklertools*.

Makros und Formatvorlagen organisieren

Da sowohl Makros als auch Formatvorlagen Bestandteil von Dokumentvorlagen sein können, bietet Word eine Funktion zum Kopieren von Makros und Formatvorlagen in andere Dokumente oder Dokumentvorlagen an. So können Sie präzise steuern, welche Makros und Formatvorlagen in welchen Dokumenten oder Dokumentvorlagen zur Verfügung stehen.

Makro kopieren

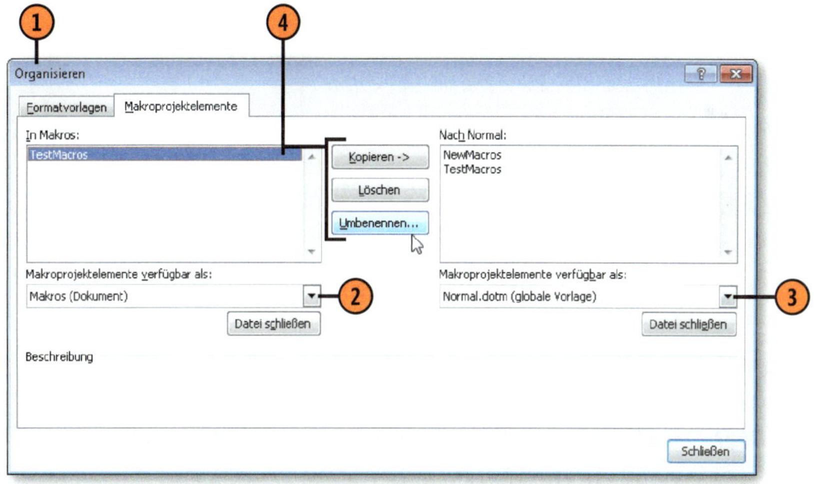

1. Klicken Sie auf der Registerkarte *Ansicht* in der Gruppe *Makros* auf die Schaltfläche *Makros*, um das Dialogfeld *Makros* zu öffnen. Klicken Sie dort auf die Schaltfläche *Organisieren*, um das gleichnamige Dialogfeld zu öffnen.
2. Klicken Sie hier und wählen Sie das Dokument bzw. die Dokumentvorlage aus, dessen/deren Makromodul organisiert werden soll.
3. Klicken Sie hier und wählen Sie das Zieldokument bzw. die Zieldokumentvorlage aus, in das/die ein Makromodul kopiert werden soll.
4. Markieren Sie im linken Bereich die Makrodatei und führen Sie eine der folgenden Aktionen durch:
   - Klicken Sie auf *Kopieren*, um sie aus der linken Quelle in die rechte Quelle zu kopieren; umgekehrt geht es auch.
   - Klicken Sie auf *Umbenennen*, um dem ausgewählten Makro einen neuen Namen zu geben.
   - Klicken Sie auf *Löschen*, um die ausgewählte Makrodatei zu löschen.

Siehe auch

Informationen zu Formatvorlagen und Dokumentvorlagen finden Sie auf den Seiten 88 ff. und 94 ff.

Tipp

Klicken Sie im Dialogfeld *Organisieren* auf die Registerkarte *Formatvorlagen*, um alle Formatvorlagen der entsprechenden Quell- und Zieldateien anzuzeigen. Anschließend können Sie einzelne Vorlagen löschen, umbenennen oder kopieren.

Deckblätter einfügen

Machen Sie mit einem attraktiven Deckblatt Ihre Leser neugierig auf den Inhalt Ihres Dokuments. Ein professionell gestaltetes, umfangreicheres Dokument sollte nicht auf ein Deckblatt verzichten, zumal es mit Words integriertem Deckblattkatalog ein Leichtes ist, ein Deckblatt einzufügen. Sie können den integrierten Deckblättern aber auch Ihre eigene, ganz persönliche Note verleihen oder komplett neue Deckblätter erstellen und diese im Deckblattkatalog verfügbar machen.

Deckblatt einfügen und bearbeiten

1. Klicken Sie auf der Registerkarte *Einfügen* in der Gruppe *Seiten* auf die Schaltfläche *Deckblatt*.
2. Klicken Sie auf ein integriertes Deckblatt Ihrer Wahl. Das Deckblatt wird am Dokumentanfang eingefügt.
3. Jedes integrierte Deckblatt enthält sogenannte Inhaltssteuerelemente, in die Sie direkt Text eingeben können. Einige Felder enthalten bereits Daten aus den Eigenschaften des Dokuments, z.B. den Namen der Datei oder des Autors.
4. Fügen Sie bei Bedarf eigene Elemente ein, z.B. Bilder, oder ändern Sie das Design etc.
5. Klicken Sie hier, um das aktuelle Deckblatt zu entfernen.
6. Wenn Sie ein eigenes Deckblatt wiederverwenden wollen, wählen Sie es im Dokument aus und klicken auf *Auswahl im Deckblattkatalog speichern*. Vergeben Sie einen Namen und beim nächsten Einfügen von Deckblättern wird Ihr selbst erstelltes Deckblatt ganz oben im Katalog angezeigt.

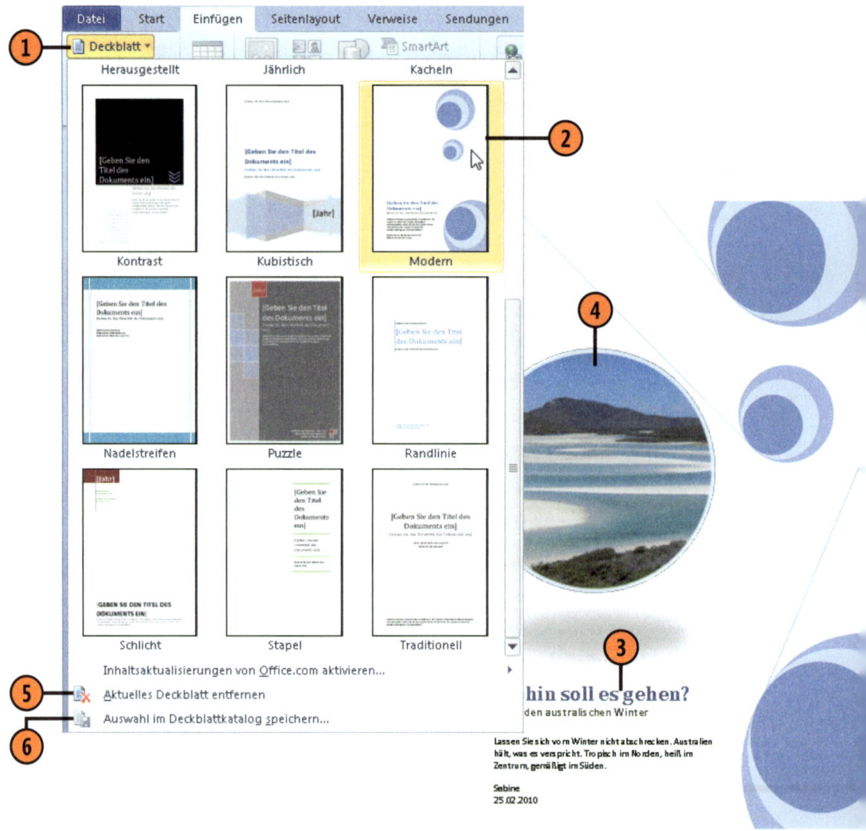

Tipp

Deckblätter werden als sogenannte Bausteine erstellt und verwaltet. Weitere Informationen zur Bausteinfunktion von Word finden Sie auf Seite 198 ff.

11 Dokumente im Team bearbeiten

In diesem Kapitel:

- Objekte einfügen
- Verknüpfungen aktualisieren
- Dokumente korrigieren (lassen)
- Änderungen überprüfen
- Dokumente kommentieren
- Dokumentversionen vergleichen
- Dokumentversionen zusammenfassen
- Dokumenteigenschaften definieren
- Dokumenteigenschaften verwenden
- Dokument für die Freigabe vorbereiten
- Dokumente schützen
- Dokumentberechtigungen verwalten

Gerade wenn mehrere Benutzer gemeinsam an umfangreichen Dokumenten arbeiten, muss der Informations- und Datenaustausch im Team funktionieren. Es ist wichtig, dass mehrere Benutzer an einem Dokument arbeiten können, ohne dass einer die Änderungen des anderen überschreibt.

Objekte, die in einer anderen Anwendung erstellt wurden, können Sie in Ihr Word-Dokument einfügen und mit den Funktionen der Originalanwendung bearbeiten.

Mit der Funktion »Änderungen verfolgen« steht ein effektives Werkzeug zur Überarbeitung von Dokumenten zur Verfügung. Mehrere Benutzer können mit unterschiedlichen Farben und Darstellungen Korrekturen und Kommentare in ein Dokument einfügen, die Sie dann prüfen und ggf. übernehmen können. Außerdem lassen sich Dokumente, die ohne Korrekturkennung geändert wurden, mit dem Original vergleichen.

Und damit nicht jeder auf Ihre Daten zugreifen kann, können Sie mithilfe eines Kennworts bestimmen, ob und ggf. welche Aktionen andere im Dokument durchführen können.

Ein fertiges Dokument können Sie last but not least für die Frei- und Weitergabe an andere vorbereiten und das Dokument als abgeschlossen kennzeichnen.

Objekte einfügen

Bei Objekten kann es sich um Diagramme, Grafiken Tabellen etc. handeln, die von Ihnen oder anderen Teammitgliedern in einer anderen Anwendung erstellt werden. Die Objekte werden entweder mit einem Dokument verknüpft oder in das Dokument eingebettet. Beim Verknüpfen werden lediglich Informationen zum Auffinden der entsprechenden Objekte in Form von Feldfunktionen gespeichert. Änderungen in der Quelldatei werden im Word-Dokument automatisch aktualisiert. Eingebettete Objekte sind dagegen Bestandteil des Word-Dokuments und werden aus Word heraus bearbeitet.

Objekt einbetten

1. Klicken Sie auf der Registerkarte *Einfügen* in der Gruppe *Text* auf *Objekt einfügen*, um das Dialogfeld *Objekt* zu öffnen.
2. Um eine neue Datei in einer anderen Anwendung zu erstellen, doppelklicken Sie auf den gewünschten Objekttyp.
3. Um eine vorhandene Datei einzufügen, klicken Sie hier und wählen im Dialogfeld die entsprechende Datei aus.
4. Im Fall einer neuen Datei wird das Objekt in einem Bearbeitungsrahmen im Dokument angezeigt, hier: eine Excel-Tabelle, und die Befehle und Funktionen der entsprechenden Anwendung werden zur Verfügung gestellt. Erstellen Sie damit das Objekt und klicken Sie dann außerhalb des Bearbeitungsrahmens, um es einzubetten.
5. Zum Bearbeiten doppelklicken Sie auf das Objekt. Word stellt dann die Funktionen der Quellanwendung zur Verfügung. Wurde eine vorhandene Datei eingefügt, ist das Original von der Überarbeitung nicht betroffen.

Tipp

Das Einbetten eines Objekts empfiehlt sich, wenn Sie das Objekt nur in einem oder wenigen Word-Dokumenten benötigen und wenn das Objekt nicht häufig geändert, d.h. aktualisiert werden muss.

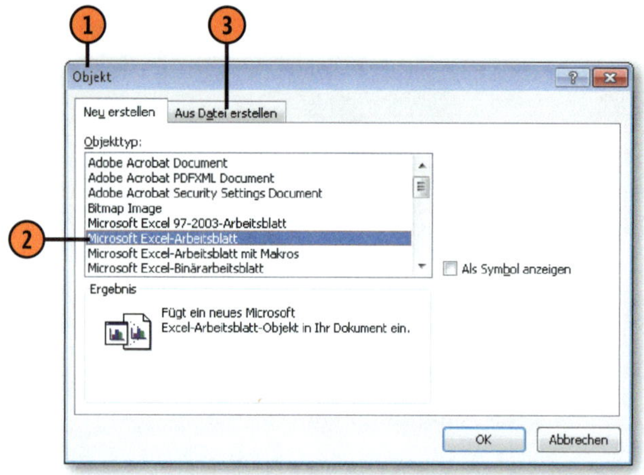

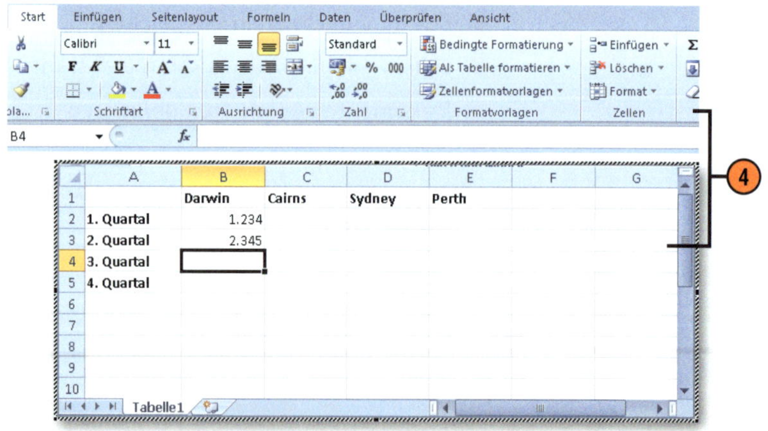

Objekt verknüpfen

1. Starten Sie die gewünschte Anwendung und erstellen bzw. öffnen Sie das zu verknüpfende Objekt. Wählen Sie die Daten aus, die verknüpft werden sollen, und drücken Sie Strg+C, um sie in die Zwischenablage zu kopieren. Wechseln Sie zu Word, klicken Sie dort auf der Registerkarte *Start* in der Gruppe *Zwischenablage* auf den Pfeil der Schaltfläche *Einfügen* und dann auf die Option *Inhalte einfügen*, um das gleichnamige Dialogfeld zu öffnen.
2. Klicken Sie auf den gewünschten Verknüpfungstyp, hier eine PowerPoint-Folie.
3. Aktivieren Sie die Option *Verknüpfung einfügen*. Ansonsten wird das Objekt eingebettet (siehe vorherige Seite).
4. Bestätigen Sie mit *OK*. Doppelklicken Sie auf das eingefügte Objekt, um es in der Quellanwendung zu bearbeiten.

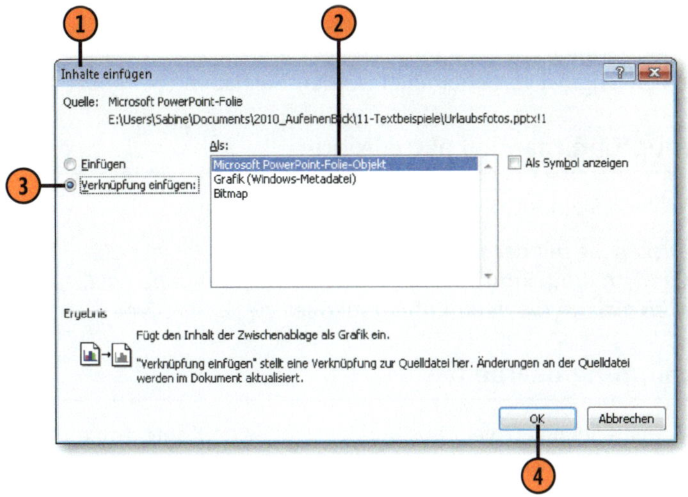

Tipp

Das Verknüpfen von Objekten empfiehlt sich, wenn das Objekt häufig überarbeitet wird. So steht im Word-Dokument stets die aktuelle Version zur Verfügung.

Siehe auch

Eingebettete und verknüpfte Objekte werden in Form von Feldern eingefügt. Informationen zum Arbeiten mit Feldern finden Sie auf Seite 202 f.

Gewusst wie

Wählen Sie ein eingefügtes Objekt aus und drücken Sie Umschalt+F9, um nicht den Inhalt des Objekts, sondern seine Feldfunktion anzuzeigen. *LINK* steht für das Verknüpfen:

```
{ LINK PowerPoint.Slide.8 "E:\\Urlaubsfotos.pptx" "256" \a \p }
```

und *EMBED* für das Einbetten:

```
{ EMBED Excel.Sheet.12 }
```

Verknüpfungen bearbeiten

Word aktualisiert Verknüpfungen automatisch, sobald Sie ein Dokument öffnen, das verknüpfte Objekte enthält, oder Änderungen im Original vorgenommen werden. Sie haben aber auch die Möglichkeit, die Aktualisierung einzelner Verknüpfungen zu steuern und zur Anwendung zu wechseln, in der das Objekt erstellt wurde.

Verknüpfung manuell aktualisieren

1. Wählen Sie das Objekt aus, hier eine PowerPoint-Folie.
2. Klicken Sie mit der rechten Maustaste auf das Objekt und dann im Kontextmenü auf den Befehl *Verknüpfungen aktualisieren*, um die Verknüpfung manuell zu aktualisieren.

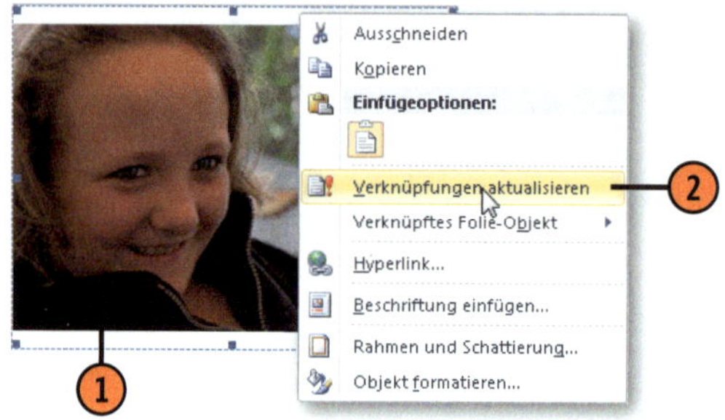

Verknüpfung bearbeiten

1. Wählen Sie das Objekt aus und klicken Sie im Kontextmenü auf *Verknüpftes <...>-Objekt* (hier: Folie) und dann auf *Verknüpfungen*, um das gleichnamige Dialogfeld zu öffnen.
2. Markieren Sie die gewünschte Verknüpfung.
3. Wählen Sie *Automatisches Update* oder *Manuelles Update* oder aktivieren Sie das Kontrollkästchen *Gesperrt*, um die Aktualisierung dieser Verknüpfung – automatisch oder manuell – zu unterbinden.
4. Führen Sie eine der folgenden Aktionen aus:
   - *Jetzt aktualisieren:* Alle ausgewählten Verknüpfungen werden aktualisiert.
   - *Quelle öffnen:* Die Quellanwendung wird geöffnet, in der Sie das markierte Objekt bearbeiten können.
   - *Quelle ändern:* Geben Sie eine andere Datei bzw. einen anderen Pfad als Quelle für das Objekt an.
   - *Verknüpfung aufheben:* Die Verknüpfung zum ausgewählten Objekt wird entfernt.

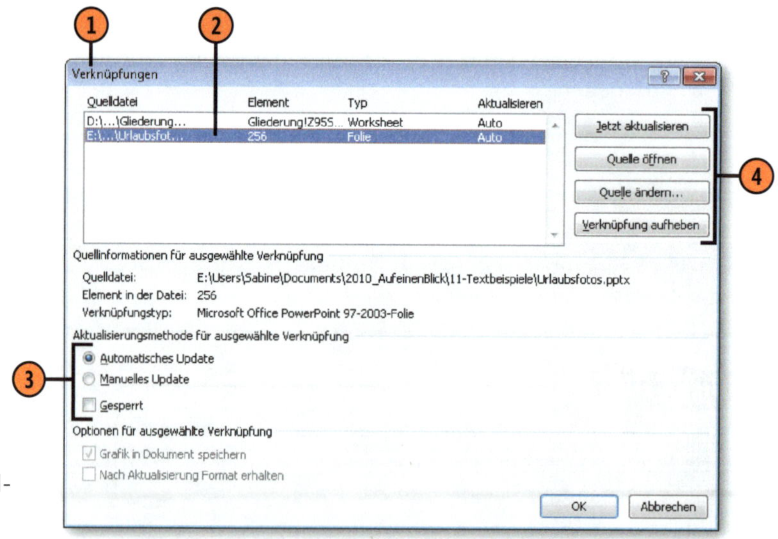

Dokumente kommentieren

Dokumente lassen sich für andere Benutzer mit Kommentaren versehen, ohne dass direkt Änderungen am Dokument vorgenommen werden. Die Kommentare werden in einem speziellen Ausschnitt, dem Markupbereich, neben dem Dokument mit den Initialen des Bearbeiters, fortlaufend nummeriert angezeigt. Kommentar und dazugehöriger Dokumenttext werden stets in derselben Farbe gekennzeichnet, sodass auf einen Blick zu erkennen ist, welcher Kommentar zu welchem Textbereich gehört.

Kommentar einfügen

1. Klicken Sie auf der Registerkarte *Überprüfen* in der Gruppe *Nachverfolgung* ggf. auf das Feld *Für Überarbeitung anzeigen* und dann auf *Abgeschlossen: Markups anzeigen.*
2. Setzen Sie die Einfügemarke an die gewünschte Position bzw. wählen Sie Text aus und klicken Sie in der Gruppe *Kommentare* auf die Schaltfläche *Neuer Kommentar.*
3. Im Markupbereich wird eine farbige Sprechblase mit den Initialen des Kommentators angezeigt und die Textposition in derselben Farbe hervorgehoben dargestellt. Geben Sie den Kommentar in die Sprechblase ein.
4. Um einen Kommentar zu löschen, klicken Sie in den farbigen Text bzw. in die Sprechblase und danach in der Gruppe *Kommentare* auf die Schaltfläche *Löschen.*
5. Klicken Sie auf die Schaltfläche *Vorheriger Kommentar* bzw. *Nächster Kommentar*, um in den Kommentaren zu blattern.

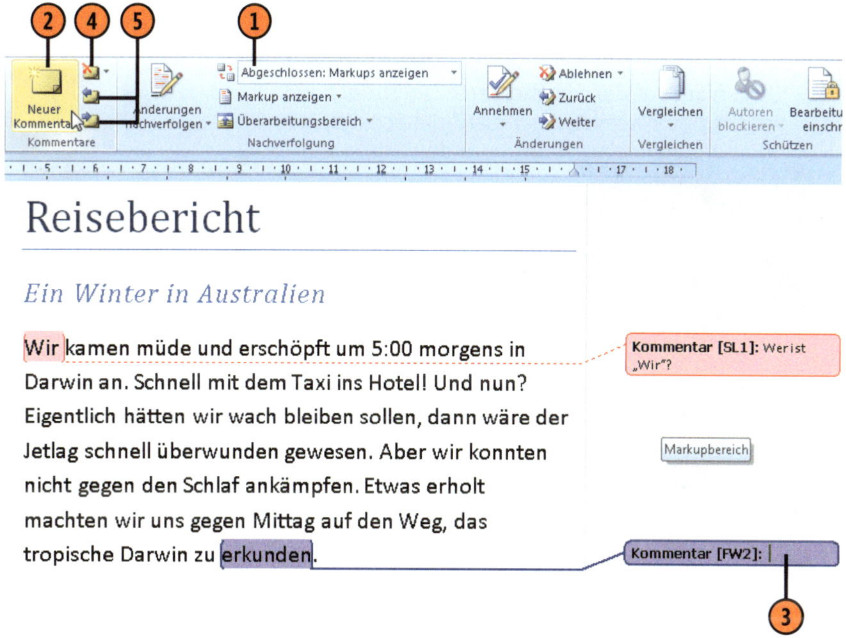

Tipp

Kommentare werden standardmäßig gedruckt.

Tipp

Wenn mehrere Bearbeiter Kommentare in ein Dokument schreiben, wird jedem eine andere Kommentarfarbe zugewiesen.

Dokumente korrigieren (lassen)

Angenommen, Sie haben ein Dokument verfasst, das Sie anschließend von einer oder mehreren Personen Korrektur lesen lassen. Diese Bearbeiter können ihre Änderungen im Korrekturmodus eingeben, d.h., die Änderungen werden mit sogenannten Markups gekennzeichnet. Eingefügter Text wird beispielsweise anders dargestellt als gelöschter oder verschobener Text. Wenn mehrere Benutzer im Text Korrekturen vornehmen, wird jedem Benutzer eine andere Korrekturfarbe zugewiesen.

Dokument korrigieren

1. Klicken Sie auf der Registerkarte *Überprüfen* in der Gruppe *Nachverfolgung* auf die Schaltfläche *Änderungen nachverfolgen*, um den Korrekturmodus einzuschalten.
2. Geben Sie Ihre Korrekturen ein. Gelöschter Text wird standardmäßig in einer bestimmten Farbe durchgestrichen und neuer Text wird in derselben Farbe unterstrichen dargestellt. Außerdem werden Änderungen im Text am linken Rand mit einer Linie gekennzeichnet.
3. Klicken Sie auf den Pfeil der Schaltfläche *Überarbeitungsbereich* und dann auf die vertikale bzw. horizontale Option, um ein Bearbeitungsfenster links neben bzw. unterhalb des Dokuments einzublenden, in dem alle Änderungen dokumentiert werden.
4. Klicken Sie im Überarbeitungsbereich rechts oben auf die *Schließen*-Schaltfläche, um den Bereich wieder auszublenden.
5. Um den Korrekturmodus wieder auszuschalten, klicken Sie erneut auf die Schaltfläche *Änderungen nachverfolgen*.

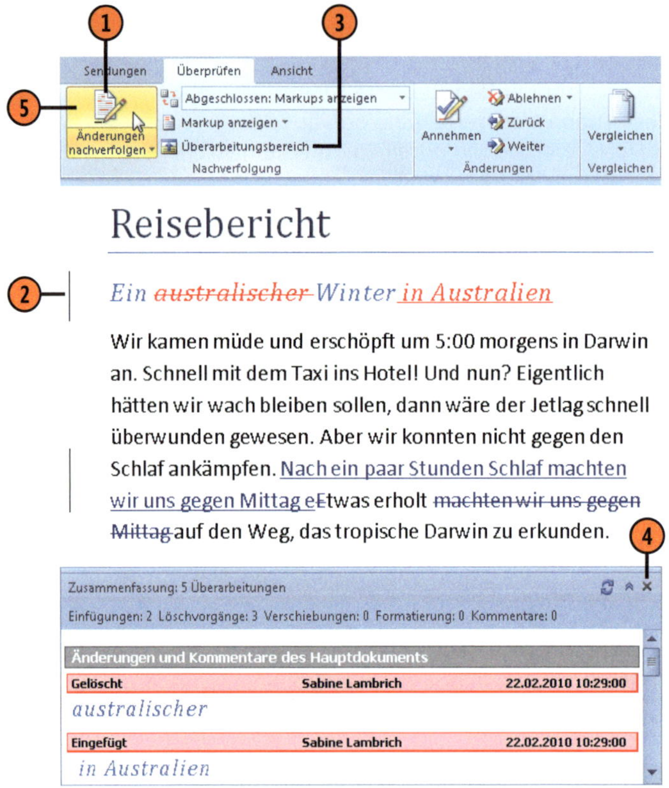

Korrekturkennung einstellen

Wenn Sie in einem Dokument Korrekturen im Korrekturmodus eingeben (siehe die vorherige Seite), können Sie bestimmen, wie die Korrekturen im Text dargestellt werden sollen.

Darstellung wählen

1. Klicken Sie auf der Registerkarte *Überprüfen* in der Gruppe *Nachverfolgung* auf den Pfeil der Schaltfläche *Änderungen nachverfolgen* und dann auf *Optionen zum Nachverfolgen von Änderungen ändern*, um das Dialogfeld *Optionen zum Nachverfolgen von Änderungen* zu öffnen.
2. Legen Sie die Darstellung und Farbe der Korrekturkennung für neuen und für gelöschten Text fest. Sie können zwischen verschiedenen Auszeichnungen wie fett, kursiv, unterstrichen, nur Farbe, aber auch gar keine Auszeichnung wählen.
3. Legen Sie hier fest, ob und ggf. wie Zeilen mit Korrekturkennung am Rand gekennzeichnet werden sollen.
4. Deaktivieren Sie dieses Kontrollkästchen, wenn die Verschiebung von Text nicht gekennzeichnet werden soll.
5. Legen Sie die Darstellung von Formatierungsänderungen fest. Diese werden standardmäßig in einer Sprechblase im Markupbereich dargestellt.
6. Sie können alle Änderungen zusätzlich in einer Sprechblase im Markupbereich anzeigen lassen. Legen Sie hier die Breite und die Position (links oder rechts) fest und bestimmen Sie, ob von den Sprechblasen eine Verbindungslinie zu den Korrekturen in den Zeilen eingefügt werden soll.
7. Ändern Sie ggf. die Papierausrichtung beim Drucken. Bei sehr vielen Korrekturen, die in Sprechblasen dargestellt werden, empfiehlt sich der Ausdruck im Querformat.

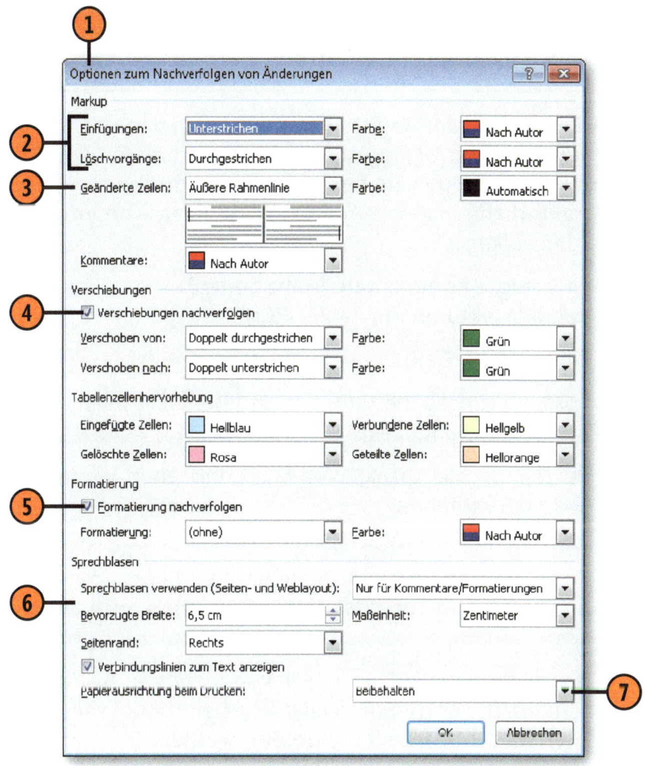

Änderungen prüfen

Wenn Sie als Autor oder Autorin ein überarbeitetes Dokument zurückerhalten, öffnen Sie es und legen zunächst die Anzeige der Korrekturen fest, um einen möglichst guten Überblick zu erhalten. Danach entscheiden Sie für jede einzelne Korrektur oder für das gesamte Dokument, ob Sie die Änderungen übernehmen möchten oder nicht. Sehen Sie sich am Ende die abgeschlossene Dokumentversion an und prüfen Sie, ob die Übernahme fehlerfrei durchgeführt wurde.

Anzeige festlegen

1. Klicken Sie auf der Registerkarte *Überprüfen* in der Gruppe *Nachverfolgung* auf die Schaltfläche *Markup anzeigen* und legen Sie fest, für welche Korrekturen die Korrekturkennung – auch Markups genannt – angezeigt werden sollen:
   - Eingefügte Kommentare (siehe Seite 213) und Freihandkorrekturen (für Tablet-PCs)
   - Eingefügtes, Gelöschtes
   - Formatierungsänderungen (standardmäßig in einer Sprechblase angezeigt)
   - Bereich für die Anzeige von Sprechblasen in leichtem Grau hervorheben
   - *Sprechblasen*: Wählen Sie hier, dass keine bzw. alle Korrekturen oder nur Kommentare und Formatierungsänderungen in Sprechblasen im Markupbereich angezeigt werden.
   - *Bearbeiter*: Wählen Sie im Fall von mehreren Bearbeitern, ob die Korrekturen aller Bearbeiter oder nur bestimmter Bearbeiter angezeigt werden.
2. Klicken Sie auf das Feld *Für Überarbeitung anzeigen* und wählen Sie, ob die Korrekturen mit oder ohne Markups in der endgültigen bzw. der Originalversion angezeigt werden. Standardmäßig werden die Korrekturen mit Markups in der abgeschlossenen Version angezeigt.

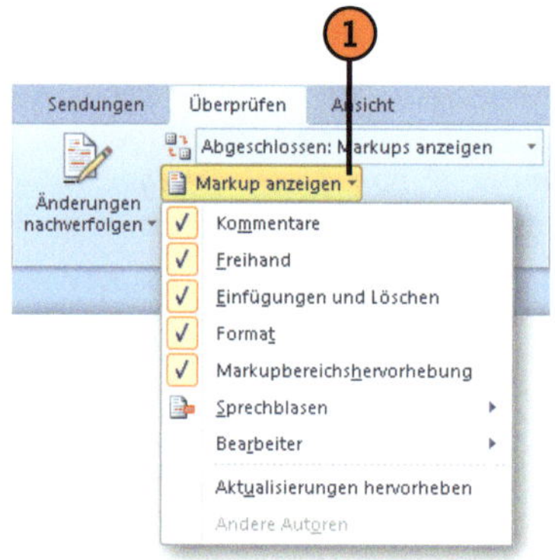

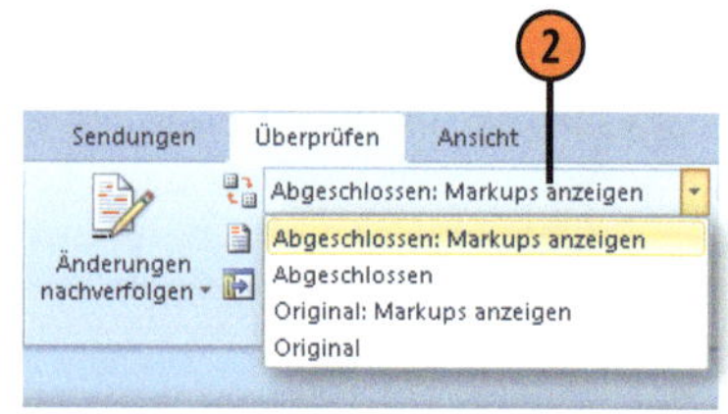

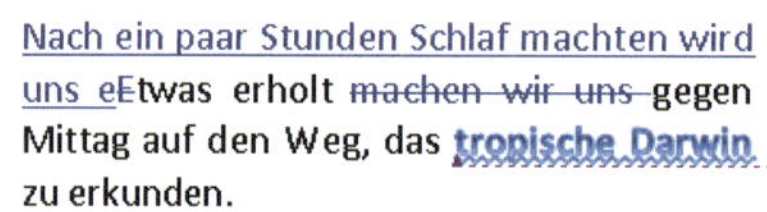

Endgültige Version mit Markups

Endgültige Version

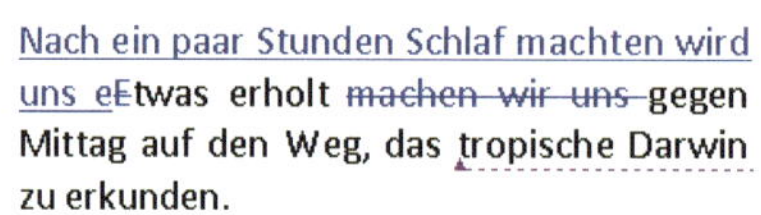

Original mit Markups

Änderungen annehmen bzw. ablehnen

1. Klicken Sie ggf. auf der Registerkarte *Überprüfen* in der Gruppe *Nachverfolgung* auf die Schaltfläche *Änderungen nachverfolgen*, um den Korrekturmodus zu deaktivieren.
2. Klicken Sie in der Gruppe *Änderungen* auf den Pfeil von *Annehmen* und dann auf *Annehmen und weiter*.
3. Die erste Korrektur mit Markup wird im Dokument ausgewählt.
4. Um die Korrektur anzunehmen, haben Sie folgende Möglichkeiten:
   - *Annehmen und weiter:* Die Korrektur wird übernommen, das Markup entfernt und die nächste Korrektur hervorgehoben.
   - *Änderung annehmen:* Die Korrektur wird übernommen und das Markup entfernt.
   - *Alle Änderungen im Dokument annehmen:* Alle Korrekturen werden übernommen und alle Markups entfernt.
5. Um eine ausgewählte Korrektur abzulehnen, d.h. den Originalinhalt wiederherzustellen, klicken Sie auf den Pfeil von *Ablehnen* und wählen *Ablehnen und weiter*, *Änderung ablehnen* bzw. *Alle Änderungen im Dokument ablehnen*.
6. Klicken Sie in der Gruppe *Änderungen* auf *Zurück* bzw. auf *Weiter*, um durch die Korrekturen zu blättern.

Tipp

Im Dokument angezeigte Markups werden standardmäßig gedruckt.

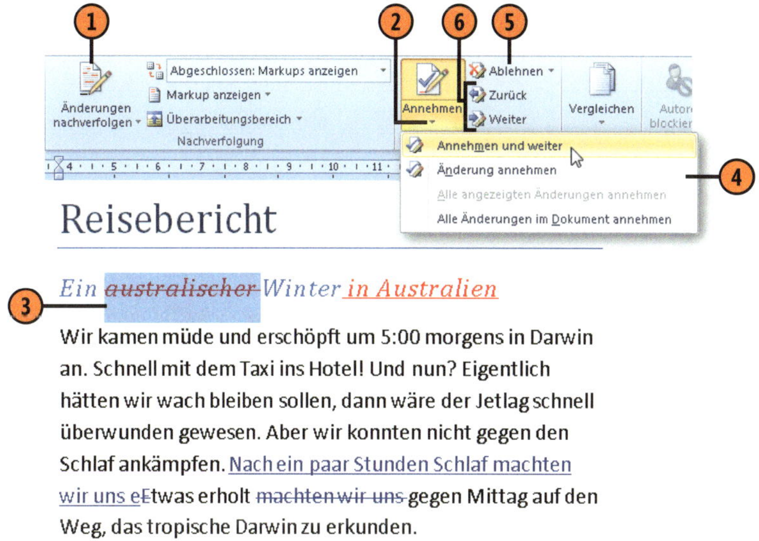

Siehe auch

Wie Sie festlegen, welche Korrekturen angezeigt werden sollen, erfahren Sie auf der vorherigen Seite.

Wie Sie verschiedene Dokumentversionen ohne Korrekturkennung miteinander vergleichen, erfahren Sie auf der nächsten Seite.

Dokumentversionen vergleichen

Angenommen, Sie erhalten eine Kopie eines Dokuments zurück, die von einer anderen Person ohne Korrekturkennung überarbeitet wurde. Word bietet Ihnen in einem solchen Fall die Möglichkeit, die beiden Dokumente zu vergleichen. Voraussetzung dafür ist, dass die Kopie unter einem anderen Namen als das Original gespeichert und ohne Korrekturkennung überarbeitet wurde.

Dokumente vergleichen

1. Klicken Sie auf der Registerkarte *Überprüfen* in der Gruppe *Vergleichen* auf *Vergleichen* und dann auf *Vergleichen*, um das Dialogfeld *Dokumente vergleichen* zu öffnen.
2. Klicken Sie links auf den Pfeil von *Originaldokument* und wählen Sie das gewünschte Dokument aus bzw. klicken Sie auf *Durchsuchen*, um über das Dialogfeld *Öffnen* die Originalversion festzulegen.
3. Wiederholen Sie Schritt 2 für die überarbeitete Version des Dokuments.
4. Klicken Sie ggf. auf die Schaltfläche *Erweitern*, um alle Optionen des Dialogfeldes anzuzeigen. Die Schaltfläche wechselt ihre Bezeichnung zu *Reduzieren*.
5. Wählen Sie,
   - welche Änderungen verglichen werden sollen.
   - ob die Änderungen auf Wort- oder auf Zeichenebene gekennzeichnet werden sollen.
   - den Anzeigeort für die Korrekturen – Original, Überarbeitung oder neues Dokument. Ein neues Dokument erhält die fortlaufend nummerierte Bezeichnung *Vergleich 1*. Speichern Sie das Vergleichsdokument unter einem anderen Namen.
6. Klicken Sie auf *OK* und übernehmen Sie die Änderungen bzw. lehnen Sie sie ab (siehe hierzu vorherige Seite).

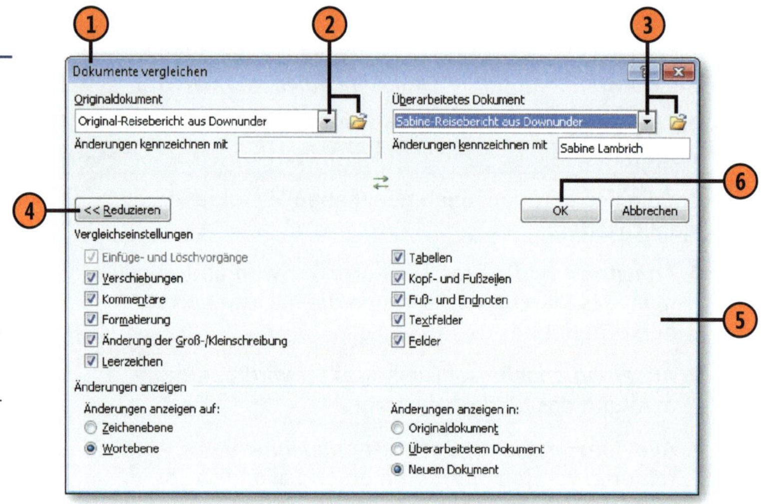

Tipp

Klicken Sie auf die Schaltfläche *Vergleichen* und dann auf *Quelldokumente anzeigen*, um zu bestimmen, ob nur das Vergleichsdokument oder das Vergleichsdokument zusammen mit dem Original und/oder der bearbeiteten Version angezeigt werden soll.

Dokumentversionen zusammenfassen

Angenommen, Sie haben ein Dokument an verschiedene Personen zur Überarbeitung weitergegeben und erhalten die überarbeiteten Dokumente mit oder ohne Korrekturkennung zurück. Sie können nun diese Überarbeitungsversionen schrittweise zu einem überarbeiteten Dokument zusammenfassen, das Sie dann abschließend, wie auf der vorherigen Seite beschrieben, mit dem Original vergleichen.

Dokumente zusammenfassen

1. Klicken Sie auf der Registerkarte *Überprüfen* in der Gruppe *Vergleichen* auf die Schaltfläche *Vergleichen* und dann auf *Kombinieren*. Das Dialogfeld *Dokumente zusammenfassen* wird geöffnet. Wählen Sie dort die zu kombinierenden Dokumente und die Vergleichsoptionen aus (wie auf der vorherigen Seite beschreiben).
2. Wenn Sie sich dafür entscheiden, die Änderungen in einem neuen Dokument zusammenzufassen, wird ein Dokument mit der fortlaufend nummerierten Bezeichnung *Zusammenfassungsergebnis 1* erstellt.
3. Die Änderungen werden für jeden Bearbeiter in einer anderen Farbe mit Markups gekennzeichnet. Zeigen Sie auf eine Korrekturkennung, um Informationen über den Bearbeiter etc. in einer QuickInfo einzublenden.
4. Um ein weiteres Dokument mit der durchgeführten Zusammenfassung zusammenzuführen, wiederholen Sie Schritt 1 und wählen als Originaldokument die Zusammenfassung und als überarbeitetes Dokument die dritte Dokumentversion. Wiederholen Sie diesen Schritt für weitere Dokumentversionen.
5. Übernehmen bzw. lehnen Sie die Änderungen ab, wie auf Seite 217 beschrieben.

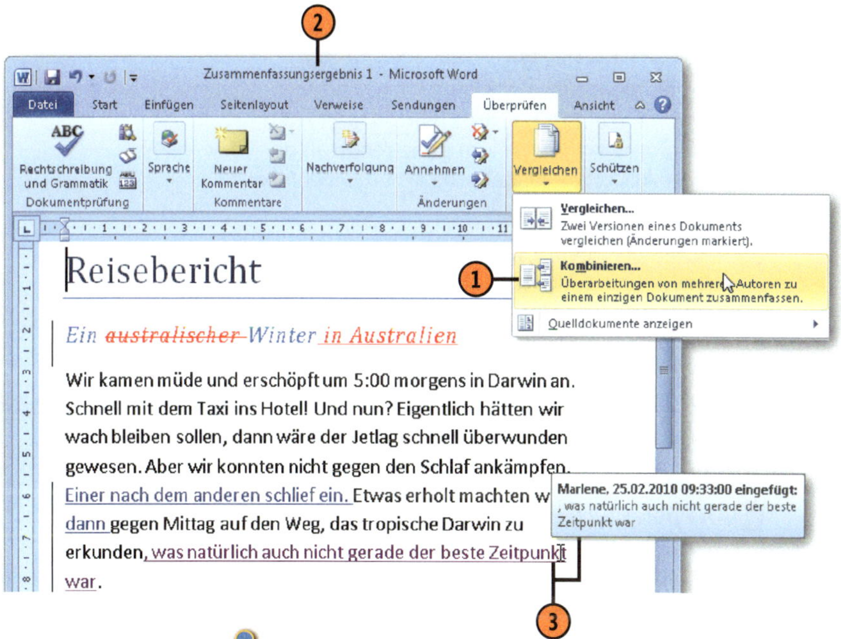

Achtung

Formatierungsänderungen können nur aus einem Dokument übernommen werden. Wurden in beiden Dokumentversionen Formatierungen geändert, fragt Word ab, aus welcher Version die Formatierungen übernommen werden sollen.

Dokumenteigenschaften definieren

Dokumenteigenschaften dienen der Beschreibung und Organisation von Dokumenten. Sie können einerseits Eigenschaften selbst definieren, z.B. Titel, Autor, Stichwörter, nach denen Sie dann gezielt suchen können. Andererseits gibt es Eigenschaften, die automatisch von Word aktualisiert werden, z.B. die Dateigröße, das Erstellungs- und das Änderungsdatum sowie die Zeichen- und Wörteranzahl im Dokument. Auch nach diesen Eigenschaften kann gezielt im Dialogfeld zum Öffnen von Dateien oder im Windows-Explorer gesucht werden.

Eigenschaft festlegen

1. Klicken Sie auf der Registerkarte *Datei* auf den Befehl *Informationen*, um ganz rechts in der Backstage-Ansicht die Eigenschaften des aktuellen Dokuments anzuzeigen.
2. Klicken Sie in ein Eingabefeld, z.B. in das Eingabefeld für die Eigenschaft *Titel*, und geben Sie die betreffende Information für das Dokument ein. Wiederholen Sie diesen Schritt für alle gewünschten Eigenschaften, die nicht automatisch von Word aktualisiert werden.
3. Klicken Sie auf die Schaltfläche *Eigenschaften* und dann auf *Dokumentbereich anzeigen*.
4. Der Bereich *Dokumenteigenschaften* wird im Word-Fenster zwischen Menüband und Textbereich eingeblendet. Bearbeiten Sie hier bei Bedarf die angezeigten Eigenschaften.
5. Klicken Sie im Dokumentbereich auf den Pfeil neben *Dokumenteigenschaften* und dann auf *Erweiterte Eigenschaften*, um im Eigenschaftendialogfeld auf der Registerkarte *Anpassen* eigene Eigenschaften zu definieren.

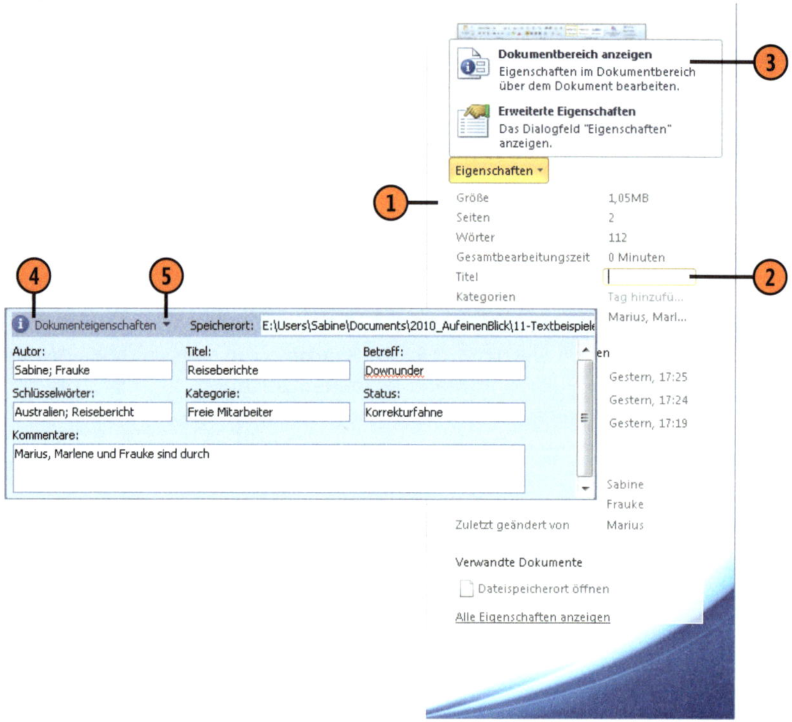

Dokumenteigenschaften einsetzen

Sie können mithilfe von Dokumenteigenschaften im Dialogfeld *Öffnen* und im Windows-Explorer nach Dokumenten suchen, die bestimmte Eigenschaften enthalten, z.B. Dokumente, die von ein und demselben Autor erstellt oder in einem bestimmten Zeitraum erstellt, geändert oder gedruckt wurden, u.v.m.

Mithilfe von Eigenschaften nach Dokumenten suchen

1. Klicken Sie auf der Registerkarte *Datei* auf den Befehl *Öffnen*, um das Dialogfeld *Öffnen* anzuzeigen.
2. Klicken Sie ggf. auf *Organisieren*, wählen Sie den Eintrag *Layout* und aktivieren Sie dort die Option *Detailbereich*, um den Detailbereich mit der Darstellung der Eigenschaften unten im Dialogfeld einzublenden.
3. Klicken Sie auf den Pfeil neben der Schaltfläche *Ansicht ändern* und wählen Sie die Ansicht *Details*, um die Eigenschaften einzublenden.
4. Um weitere Eigenschaften im Dialogfeld anzuzeigen, klicken Sie mit der rechten Maustaste auf einen Spaltentitel und dann auf die gewünschte Eigenschaft. Um eine Eigenschaft auszublenden, klicken Sie mit der rechten Maustaste auf einen Spaltentitel und deaktivieren ihren Eintrag in der Liste.
5. Um nach Dokumenten mit einem bestimmten Eigenschaftenwert zu suchen, klicken Sie auf den Pfeil neben der betreffenden Eigenschaft, z.B. neben *Markierungen*, und wählen den Wert aus, hier ein Schlüsselwort.
6. Word zeigt alle Dokumente an, die über die festgelegten Eigenschaften verfügen.

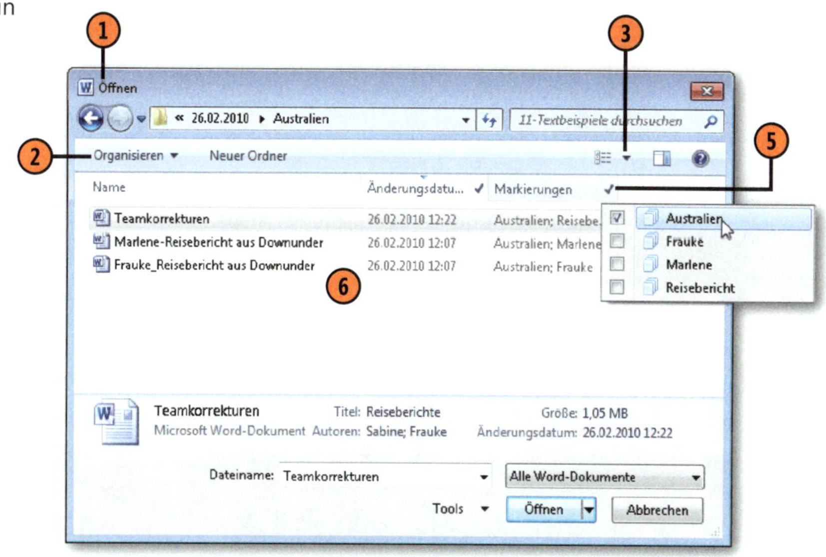

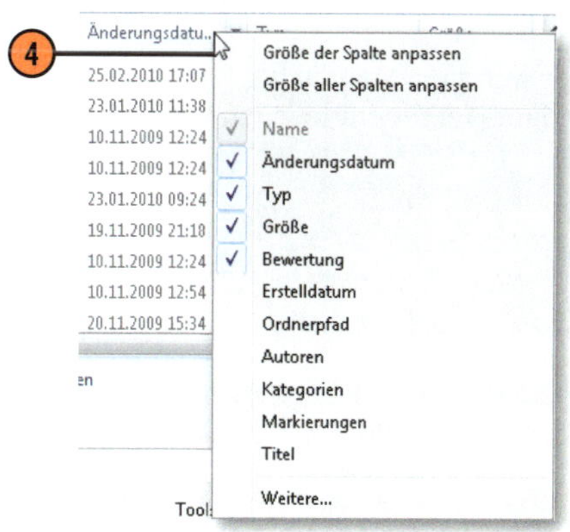

Dokumente für die Freigabe vorbereiten

Bevor Sie Ihre Dokumente an andere weitergeben, sollten Sie sich vergewissern, dass die Dokumente keine privaten oder vertraulichen Inhalte enthalten, die nicht für die Empfänger bestimmt sind. Dabei kann es sich um Korrekturkennungen, eingefügte Kommentare, Dokumenteigenschaften mit persönlichen Informationen oder ausgeblendet formatierten Text etc. handeln. Darüber hinaus empfiehlt es sich, vor der Weitergabe zu prüfen, ob es Probleme geben könnte, wenn die Empfänger mit einer älteren Word-Version arbeiten.

Dokument prüfen

1. Klicken Sie auf der Registerkarte *Datei* auf den Befehl *Informationen* und dann auf die Schaltfläche *Auf Probleme überprüfen*. Wählen Sie im Dropdownmenü die Option *Dokument überprüfen*, um das Dialogfeld *Dokumentprüfung* zu öffnen.
2. Aktivieren Sie die Kontrollkästchen der Elemente, auf die das Dokument geprüft werden soll, und klicken Sie dann rechts unten auf die Schaltfläche *Prüfen*.
3. Das Dialogfeld *Dokumentprüfung* zeigt nun an, welche Elemente im Dokument enthalten sind, die Sie u.U. entfernen wollen.
4. Klicken Sie für die Elemente auf die Schaltfläche *Alle entfernen*, die Sie aus dem Dokument löschen wollen.

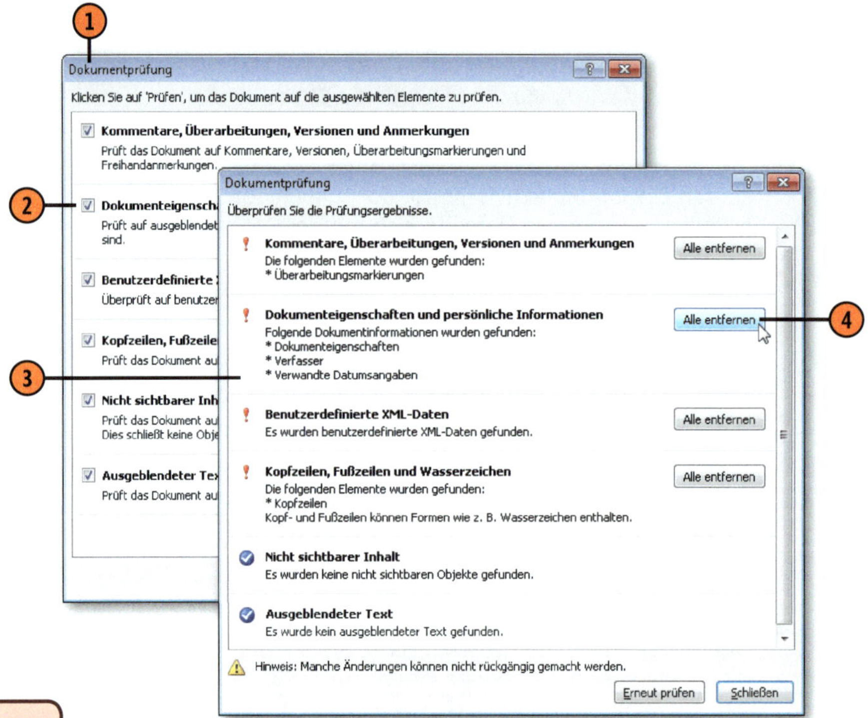

Achtung

Erstellen Sie vor dem Entfernen von vertraulichen Daten unbedingt eine Sicherungskopie Ihres Dokuments, da nicht alle Löschungen rückgängig gemacht werden können.

Kompatibilität prüfen

1. Klicken Sie auf der Registerkarte *Datei* auf den Befehl *Informationen* und dann auf die Schaltfläche *Auf Probleme überprüfen*. Wählen Sie im Dropdownmenü die Option *Kompatibilität prüfen*, um das Dialogfeld *Microsoft Word-Kompatibilitätsprüfung* zu öffnen.
2. Klicken Sie auf die Schaltfläche *Anzuzeigende Versionen auswählen* und aktivieren Sie die Word-Versionen, für die die Kompatibilitätsprüfung durchgeführt werden soll.
3. Word listet die verwendeten Funktionen auf, die in älteren Word-Versionen nicht unterstützt werden. Um sicherzustellen, dass andere Benutzer Ihre Dokumente einwandfrei anzeigen und bearbeiten können, sollten Sie Ihre Dokumente im Format *Word 97-2003-Dokument* speichern.

Ein Texteffekt aus Word 2010 ...

Reisebericht

Ein australischer Winter

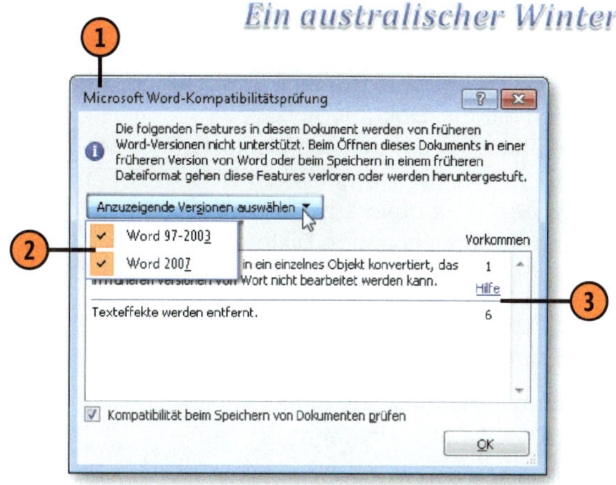

... wird in älteren Word-Versionen entfernt.

Reisebericht

Ein australischer Winter

Tipp

Wenn Sie ein Word 2010-Dokument im Format *Word 97-2003-Dokument* speichern, wird das Dialogfeld *Microsoft Word-Kompatibilitätsprüfung* automatisch mit allen nicht unterstützten Funktionen eingeblendet. So ist gewährleistet, dass Sie wissen, welche Aspekte Ihres Dokuments beim Speichern im gewählten Format verloren gehen.

Siehe auch

Informationen zum Speichern finden Sie auf Seite 35.

Dokumente schützen

Um Ihre Dokumente vor dem unberechtigten Zugriff durch andere zu schützen, gibt es verschiedene Möglichkeiten. Sie können zum einen beim Speichern des Dokuments einen kennwortgeschützten Lese- und/oder Schreibschutz definieren, sodass entsprechende Kennwörter beim Öffnen der Datei abgefragt werden. Zum anderen lassen sich die Bearbeitungsmöglichkeiten durch andere Benutzer auf bestimmte Dokument- und Aufgabenbereiche beschränken. Auch hierfür wird ein Kennwort vergeben.

Schreib-/Leseschutz definieren

1. Erstellen bzw. öffnen Sie das Dokument, das Sie schützen wollen. Wählen Sie auf der Registerkarte *Datei* den Befehl *Speichern unter* und klicken Sie dann im gleichnamigen Dialogfeld auf *Tools/Allgemeine Optionen*, um das gleichnamige Dialogfeld zu öffnen.
2. Um den Leseschutz zu definieren, geben Sie im Textfeld *Kennwort zum Öffnen* ein Kennwort ein.
3. Um den Schreibschutz zu definieren, geben Sie im Textfeld *Kennwort zum Ändern* ein Kennwort ein.
4. Sobald Sie auf *OK* klicken, werden Sie aufgefordert, das bzw. die Kennwörter zu bestätigen. Geben Sie das Kennwort zum Öffnen ein und klicken Sie auf *OK*. Geben Sie das Kennwort zum Ändern ein und bestätigen Sie ebenfalls mit *OK*.
5. Speichern und schließen Sie das Dokument und öffnen Sie es erneut. Word fragt zunächst, wenn vergeben, das Kennwort zum Öffnen und danach das Kennwort zum Ändern ab. Geben Sie das Kennwort zum Ändern ein, wenn Sie Änderungen durchführen möchten, oder klicken Sie auf *Schreibgeschützt*, wenn Sie keine Änderungen durchführen möchten.

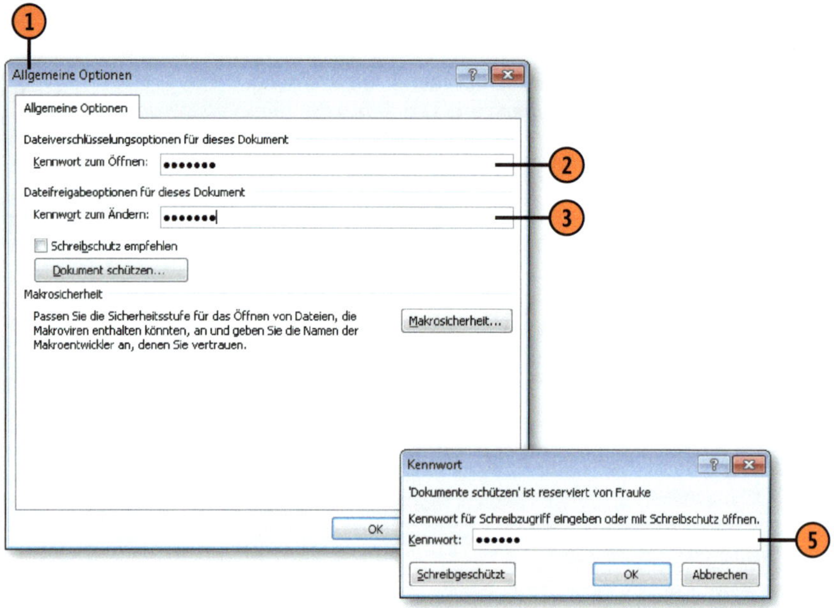

Gewusst wie

Aktivieren Sie im Dialogfeld *Allgemeine Optionen* das Kontrollkästchen *Schreibschutz empfehlen*, um beim Öffnen des Dokuments eine Meldung anzuzeigen, in der empfohlen wird, das Dokument schreibgeschützt zu öffnen.

Bearbeitungsmöglichkeiten einschränken

1. Klicken Sie auf der Registerkarte *Überprüfen* in der Gruppe *Schützen* auf die Schaltfläche *Bearbeitung einschränken*, um den Aufgabenbereich *Formatierung und Bearbeitung einschränken* einzublenden.
2. Klicken Sie hier, wenn der Benutzer nur bestimmte Formatvorlagen für das Formatieren verwenden darf, und anschließend auf *Einstellungen*, um die Formatvorlagen zu spezifizieren.
3. Klicken Sie hier, um beschränkte Bearbeitungen zu ermöglichen. Wählen Sie in der Dropdownliste die zulässige Bearbeitung aus.
4. Wählen Sie ggf. Bereiche im Dokument aus, die ohne Einschränkungen bearbeitet werden dürfen, und aktivieren Sie das Kontrollkästchen der entsprechenden Gruppe oder Einzelperson, für die die Einschränkungen aufgehoben werden sollen. Die freigegebenen Bereiche werden im Dokument farbig gekennzeichnet.
5. Klicken Sie auf *Ja, Schutz jetzt anwenden.*
6. Aktivieren Sie im Dialogfeld *Dokumentenschutz anwenden* die Option *Kennwort* und geben Sie im Textfeld *Neues Kennwort eingeben (optional)* ein Kennwort ein. Wiederholen Sie das Kennwort im darunter liegenden Textfeld.
7. Speichern und schließen Sie das Dokument und öffnen Sie es erneut. Klicken Sie im automatisch angezeigten Aufgabenbereich *Formatierung und Bearbeitung einschränken* auf *Schutz aufheben* und geben Sie das Kennwort ein, um die Einschränkungen zu ändern oder aufzuheben.

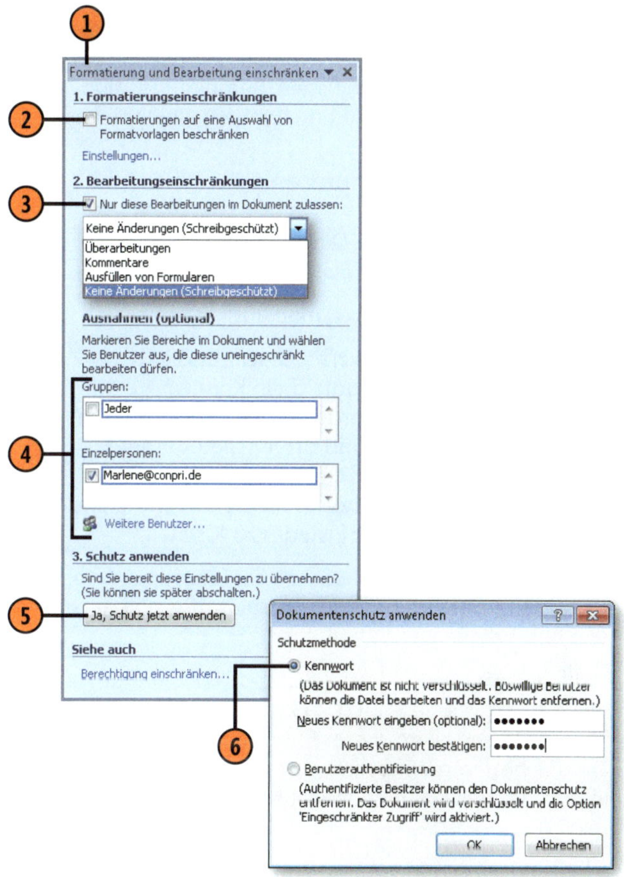

Dokumentberechtigungen verwalten

In der Backstage-Ansicht zum Befehl *Informationen* haben Sie die Dokumentberechtigungen im Überblick. Hierüber können Sie ein Dokument mit einem Kennwort verschlüsseln, Bearbeitungsmöglichkeiten (wie auf der vorherigen Seite beschrieben) einschränken und die Dokumentbearbeitung als abgeschlossen kennzeichnen. In einem als abgeschlossen gekennzeichneten Dokument sind alle Eingabemöglichkeiten und Bearbeitungsfunktionen deaktiviert.

Dokumentberechtigungen definieren

1. Klicken Sie auf der Registerkarte *Datei* auf *Informationen* und danach auf die Schaltfläche *Dokument schützen*.
2. Führen Sie eine der folgenden Aktionen aus:
   - Klicken Sie auf *Mit Kennwort verschlüsseln* und geben Sie im dann angezeigten Dialogfeld ein Kennwort ein, das anschließend bestätigt werden muss. Speichern und schließen Sie das Dokument und öffnen Sie es erneut. Das Kennwort wird abgefragt. Geben Sie es ein, um das Dokument zu öffnen. Wiederholen Sie die Schritte 1 und 2, um das Kennwort bei Bedarf wieder zu löschen.
   - Klicken Sie auf *Bearbeitung einschränken*, um, wie auf der vorherigen Seite beschrieben, die Bearbeitungsmöglichkeiten zu beschränken.
   - Klicken Sie auf *Als abgeschlossen kennzeichnen*, um das Dokument als schreibgeschützt zu klassifizieren. Unterhalb des Menübands wird dieser Status angezeigt und die Schaltfläche *Trotzdem bearbeiten* zur Verfügung gestellt, mit der das Dokument weiterbearbeitet werden kann.
3. Dass Bearbeitungseinschränkungen vorliegen, ein Dokument mit einem Kennwort verschlüsselt oder als abgeschlossen gekennzeichnet wurde, ist für andere Benutzer in der Backstage-Ansicht zum Befehl *Informationen* sofort ersichtlich.

12 Word individuell anpassen

In diesem Kapitel:

- Menüband anpassen
- Tastenkombinationen zuweisen
- Symbolleiste für den Schnellzugriff anpassen
- Allgemeine Optionen anpassen
- Anzeige- und Druckoptionen anpassen
- Rechtschreibung und Grammatik anpassen
- Speicheroptionen anpassen
- Bearbeitungsoptionen anpassen
- Sprachoptionen anpassen
- Kompatibilitätsoptionen anpassen
- Sicherheitsoptionen anpassen

In diesem Kapitel geht es einzig und allein darum, wie Sie die Funktionsweise von Word optimal an Ihre Arbeitsanforderungen anpassen.

Neu in Word 2010 ist nun die Möglichkeit, das Menüband zu überarbeiten. Auch die Symbolleiste für den Schnellzugriff lässt sich anpassen.

Zudem können Sie verschiedenste Word-Optionen nach Ihren Vorstellungen einstellen und so eigene Arbeitsstandards schaffen. Geben Sie in den allgemeinen Optionen Ihren Benutzernamen und Ihre Initialen ein, damit diese in Kommentaren und Dokumentbearbeitungen angezeigt werden. Definieren Sie Anzeige- und Druckoptionen, um die Bildschirmanzeige und das Drucken von Dokumenten an Ihre Vorstellungen anzupassen. Bestimmen Sie Stil und Regeln für die Rechtschreib- und Grammatikprüfung und passen Sie Speicher- und Bearbeitungsoptionen an.

Ein ganz wichtiger Bereich sind die Einstellungen im Sicherheitscenter. Bestimmen Sie hier, welche Herausgeber, Speicherorte und Dokumente als vertrauenswürdig gelten und welche Sicherheitsvorkehrungen beim Öffnen von Dokumenten mit aktiven Inhalten zu treffen sind.

Menüband anpassen

Neu in Word 2010: Sie können das Menüband an Ihre Anforderungen anpassen, so ähnlich wie Sie es vielleicht von Word 2003 oder älter her kennen. Sie haben die Möglichkeit, Registerkarten, Gruppen und Schaltflächen zu löschen oder zu verschieben.

Sie können neue Registerkarten mit eigenen oder integrierten Gruppen zusammenstellen. Oder integrierte Registerkarten und Gruppen anders aufbauen.

Neue Registerkarte mit Gruppe einfügen

1. Klicken Sie auf der Registerkarte *Datei* auf den Befehl *Optionen* und dann im linken Bereich des Dialogfeldes *Word-Optionen* auf *Menüband anpassen*, um die dazugehörigen Optionen rechts im Dialogfeld anzuzeigen.
2. Öffnen Sie die Dropdownliste *Menüband anpassen* und wählen Sie, ob im Listenfeld darunter alle Registerkarten, die Hauptregisterkarten oder die Tools-Registerkarten angezeigt werden sollen.
3. Wählen Sie eine Position im Listenfeld aus und klicken Sie auf *Neue Registerkarte*.
4. Die Einträge *Neue Registerkarte (Benutzerdefiniert)* und *Neue Gruppe (Benutzerdefiniert)* werden in das Listenfeld eingefügt.
5. Um eine weitere Gruppe in eine neue oder eine vorhandene Registerkarte einzufügen, wählen Sie die Position im Listenfeld aus und klicken dann auf die Schaltfläche *Neue Gruppe*.
6. Klicken Sie auf den Eintrag für die neue Registerkarte bzw. auf den für die neue Gruppe und dann auf *Umbenennen*. Vergeben Sie anschließend einen Namen für die Registerkarte bzw. die Gruppe.

Tipp

Klicken Sie im Listenfeld mit den Registerkarten auf einen Eintrag und dann rechts daneben auf den nach oben bzw. nach unten zeigenden Pfeil, um das Element in der Liste zu verschieben.

Gruppen bearbeiten

1. Wählen Sie im rechten Listenfeld eine selbst erstellte Gruppe aus. Befehle und Makros können nur in benutzerdefinierte Gruppen eingefügt werden.
2. Öffnen Sie oberhalb des linken Listenfeldes die Dropdownliste *Befehle auswählen* und klicken Sie dann auf die Option, deren Einträge Sie anzeigen wollen.
3. Wählen Sie im Listenfeld mit den Befehlen einen Eintrag aus, z.B. einen Befehl oder ein Makro, und klicken Sie auf *Hinzufügen*. Der Befehl oder das Makro wird in der gewählten Gruppe eingefügt.
4. Klicken Sie im Registerkartenlistenfeld auf den hinzugefügten Eintrag und dann auf *Umbenennen*, wählen Sie ein Symbol für die neue Schaltfläche aus und benennen Sie die Schaltfläche.
5. Wiederholen Sie die Schritte 1 bis 4 für alle weiteren Schaltflächen, die Sie im Menüband einfügen möchten.
6. Führen Sie bei Bedarf folgende Aktionen aus:
   - Wählen Sie im rechten Listenfeld eine Gruppe aus und klicken Sie auf *Entfernen*, um sie mit allen Unterelementen zu entfernen.
   - Klicken Sie auf *Importieren/Exportieren* und dann auf *Alle Anpassungen exportieren*, um das überarbeitete Menüband als Oberflächendatei zu speichern, die Sie dann an andere Benutzer weitergeben oder später über *Importieren/Exportieren/Anpassungsdatei importieren* wieder aktivieren können.
   - Klicken Sie auf *Zurücksetzen*, um das Originalmenüband wiederherzustellen. Haben Sie Ihre Änderungen nicht in einer Oberflächendatei gespeichert, gehen durch das Zurücksetzen alle Anpassungen verloren.

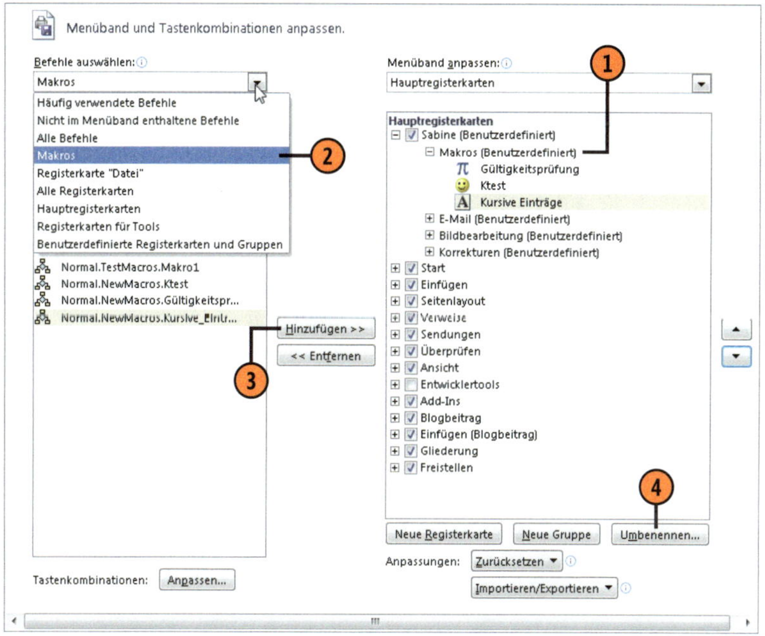

Benutzerdefinierte Registerkarte mit Gruppen und Schaltflächen

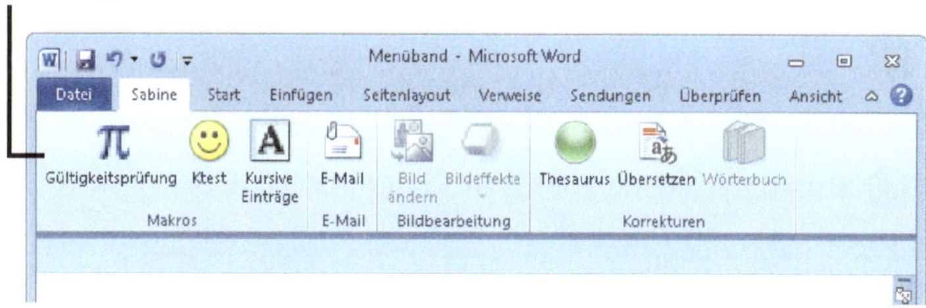

Tastenkombinationen zuweisen

Sie können für Befehle, Makros, Schriftarten, Bausteine, Formatvorlagen und Symbole Tastenkombinationen definieren. Mithilfe dieser Tastenkombinationen lassen sich die entsprechenden Elemente dann schnell per Tastendruck aufrufen, aktivieren bzw. ausführen.

Tasten zuweisen

1. Klicken Sie auf der Registerkarte *Datei* auf *Optionen*, dann im linken Bereich des Dialogfeldes *Word-Optionen* auf *Menüband anpassen* und anschließend neben *Tastenkombinationen* auf *Anpassen*, um das Dialogfeld *Tastatur anpassen* zu öffnen.
2. Führen Sie die folgenden Aktionen aus:
   - Wählen Sie im Listenfeld *Kategorien*, welche Elemente, z.B. Befehle oder Makros, angezeigt werden sollen.
   - Klicken Sie im Listenfeld *Makros* auf den Eintrag, dem Sie eine Tastenkombination zuweisen wollen. Gibt es für den Eintrag bereits eine Tastenkombination, wird sie angezeigt.
   - Klicken Sie in das Feld *Neue Tastenkombination* und drücken Sie die Tastenkombination, die Sie dem Eintrag zuweisen wollen. Die gedrückte Tastenkombination wird im Feld angezeigt. Ist diese Kombination bereits für einen anderen Befehl vergeben, wird dies angezeigt.
3. Klicken Sie auf den Pfeil neben *Speichern in* und dann auf die Dokumentvorlage bzw. auf das Dokument, in der/dem die Tastenkombination gelten soll.
4. Bestätigen Sie mit *Zuordnen*. Wiederholen Sie die Schritte 2 und 3 für die Zuweisung weiterer Tastenkombinationen.

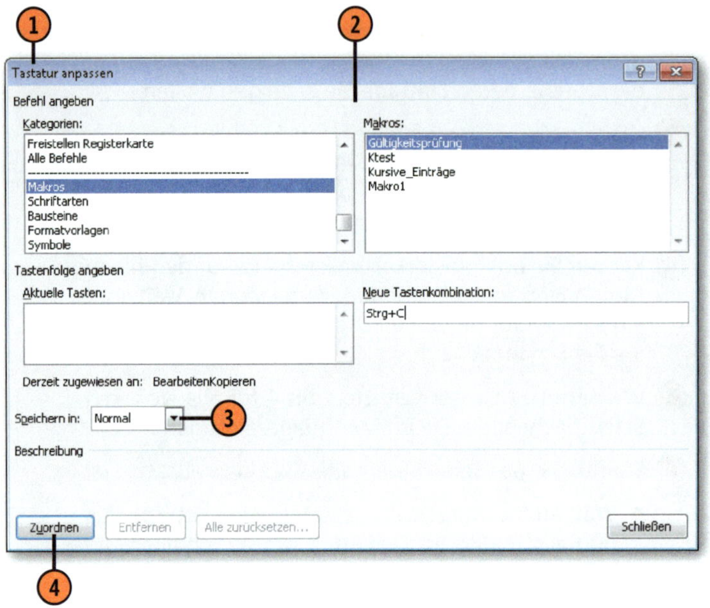

Achtung

Es ist nicht zu empfehlen, bereits definierte Tastenkombinationen einem anderen Befehl zuzuweisen – insbesondere dann nicht, wenn es sich um eine bekannte und häufig genutzte Kombination wie Strg+C (kopieren) handelt.

Symbolleiste für den Schnellzugriff anpassen

Sie haben auch die Möglichkeit, die Symbolleiste für den Schnellzugriff anzupassen. Entweder erweitern Sie sie um einige der sehr häufig verwendeten Funktionen, die Word anbietet, oder Sie nehmen beliebige Befehle und Makros – ähnlich wie beim Anpassen des Menübands – in die Symbolleiste auf.

Symbolleiste anpassen

1. Klicken Sie auf den Pfeil neben der Symbolleiste für den Schnellzugriff.
2. Klicken Sie in der Liste auf eine der angebotenen, häufiger verwendeten Funktionen, z.B. *E-Mail* oder *Seitenansicht und Drucken*. Der gewählte Eintrag wird mit einem Häkchen versehen und die zugehörige Schaltfläche in der Symbolleiste angezeigt.
3. Klicken Sie auf *Unter dem Menüband anzeigen* bzw. *Über dem Menüband anzeigen*, um die Symbolleiste unterhalb bzw. oberhalb des Menübands einzublenden.

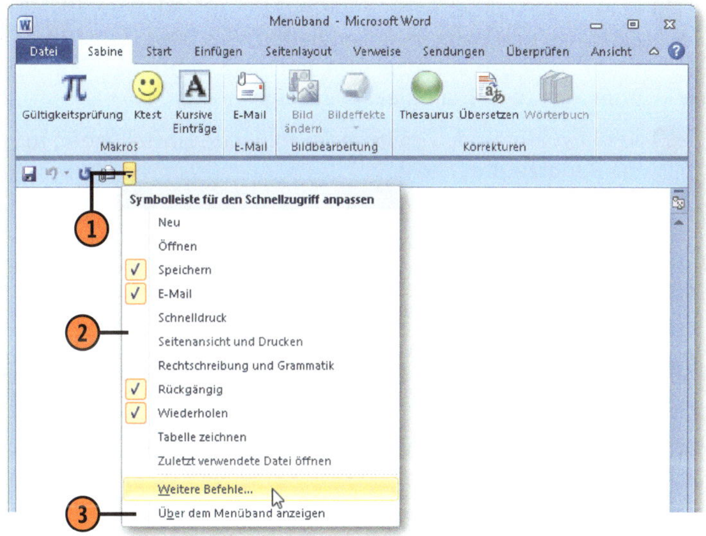

Gewusst wie

Wenn Sie auf die Option *Weitere Befehle* klicken, wechselt Word zum Dialogfeld *Word-Optionen* mit den Optionen zum Anpassen der Symbolleiste für den Schnellzugriff. Dort stehen zwei Listenfelder ähnlich wie beim Anpassen des Menübandes zur Verfügung (siehe Seite 228 f.). Zeigen Sie im linken Listenfeld die gewünschten Befehle und Makros an, klicken Sie auf einen Eintrag und dann auf die Schaltfläche *Hinzufügen*, um den Eintrag in das rechte Listenfeld zu übernehmen. Dort werden alle aktuell in der Symbolleiste enthaltenen Schaltflächen angezeigt. Klicken Sie auf den Pfeil von *Symbolleiste für den Schnellzugriff anpassen* und wählen Sie die Dokumentvorlage bzw. das Dokument, in der/dem die angepasste Symbolleiste angezeigt werden sollen.

Allgemeine Optionen anpassen

Sie können in Word verschiedene allgemeine Einstellungen definieren, die Einfluss auf die Darstellung der Benutzeroberfläche haben und für alle neuen bzw. geöffneten Word-Dokumente gelten.

Allgemeine Optionen einstellen

1. Klicken Sie auf der Registerkarte *Datei* auf den Befehl *Optionen* und dann im linken Bereich des Dialogfeldes *Word-Optionen* auf *Allgemein*, um die zugehörigen Optionen rechts im Dialogfeld anzuzeigen.
2. Aktivieren bzw. deaktivieren Sie folgende Einstellungen für die Benutzeroberfläche:
   - *Minisymbolleiste für die Auswahl anzeigen:* Die Minisymbolleiste enthält die wichtigsten Schaltflächen zum Bearbeiten des ausgewählten Bereichs.
   - *Livevorschau aktivieren:* Sobald Sie auf eine Darstellungsoption zeigen, wird sie im Dokument umgesetzt. Klicken Sie dann auf die Option, um die Darstellung zu übernehmen.
   - *QuickInfo-Format:* Wählen Sie die Darstellung der QuickInfo, wenn Sie auf einen Befehl oder eine Schaltfläche zeigen (Name und Beschreibung, nur Name oder gar nicht).
3. Geben Sie hier Ihren Benutzernamen und Ihre Initialen ein, die angezeigt werden, wenn Sie z.B. Änderungen und Kommentare im Korrekturmodus eingeben. Der Benutzername wird in die Dokumenteigenschaft *Autor* übernommen. Ihre Adresse können Sie unter *Erweitert* eingeben.
4. Aktivieren Sie dieses Kontrollkästchen, wenn E-Mail-Anlagen in Word im Vollbild-Lesemodus geöffnet werden sollen.

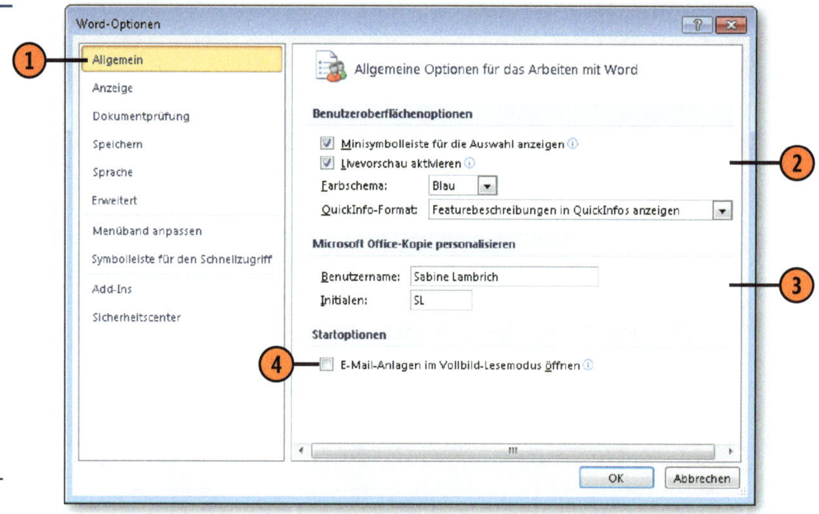

Siehe auch

Informationen zur Minisymbolleiste finden Sie auf Seite 22.

Lesen Sie Seite 213 ff., um Näheres zum Eingeben von Korrekturen und Kommentaren zu erfahren.

E-Mail-Anlagen sind Thema auf Seite 182 f.

Dokumenteigenschaften werden auf Seite 220 f. besprochen.

Erweiterte allgemeine Optionen festlegen

1. Klicken Sie auf der Registerkarte *Datei* auf den Befehl *Optionen* und dann im linken Bereich des Dialogfeldes *Word-Optionen* auf *Erweitert*; scrollen Sie im rechten Ausschnitt ganz nach unten zum Bereich *Allgemein*.
2. Aktivieren bzw. deaktivieren Sie im Bereich *Allgemein* nach Bedarf die erweiterten allgemeinen Optionen, u.a.:
   - *Feedback mit Sound:* Ein akustisches Signal nach Beendigung einer Aktion ausgeben.
   - *Feedback mit Animation:* Animierte Aktionen des Mauszeigers im Word-Fenster anzeigen.
   - *Dateiformatkonvertierung beim Öffnen bestätigen:* Entsprechende Informationen beim Öffnen von Dokumenten, die in anderen Programmen erstellt wurden.
   - *Automatische Verknüpfungen beim Öffnen aktualisieren:* Verknüpfte Inhalte beim Öffnen mit Original abgleichen.
   - *Öffnen eines Dokuments in der Entwurfsansicht zulassen:* Dieses Kontrollkästchen aktivieren, das Dokument in der Entwurfsansicht anzeigen, Änderungen vornehmen, speichern und schließen; anschließend wird das Dokument stets in der Entwurfsansicht geöffnet.
   - *Seitenumbruch im Hintergrund:* Automatische Nummerierung im Hintergrund in den Ansichten *Gliederung* und *Entwurf*.
   - *Postanschrift:* Die hier angegebenen Informationen werden für Umschläge, Etiketten und Serienbriefe als Absenderadresse genutzt.
   - *Weboptionen:* Öffnen des Dialogfeldes zum Festlegen von Einstellungen, die Word für Webseiten verwendet.

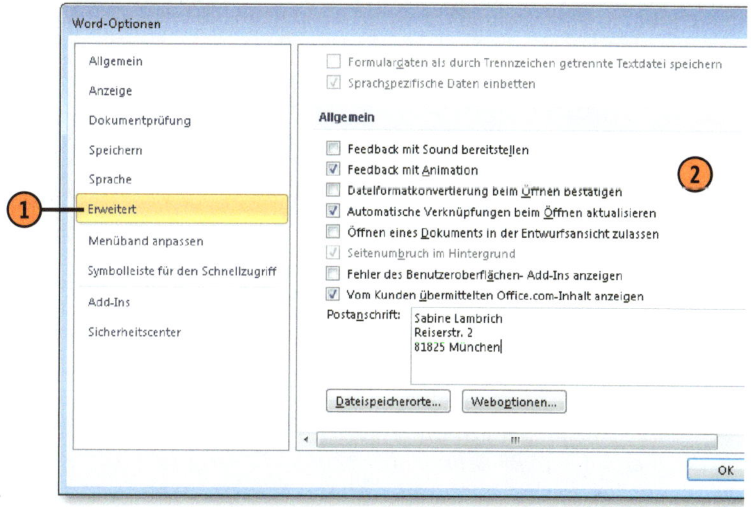

Siehe auch

Informationen zum Ändern der Dateispeicherorte finden Sie auf Seite 239.

Anzeige- und Druckoptionen anpassen

Ändern Sie in Word bei Bedarf die Optionen für die Anzeige auf dem Bildschirm und für den Ausdruck. Wenn Sie auf der Registerkarte *Start* in der Gruppe *Absatz* auf die Schaltfläche *Alle anzeigen* klicken, werden alle Formatierungszeichen ein- oder ausgeblendet. Im Dialogfeld *Word-Optionen* können Sie bestimmen, welche Zeichen angezeigt werden sollen und welche nicht. Alle in den Optionen aktivierten Druckeinstellungen beziehen sich auf jeden zukünftigen Ausdruck, d.h., Sie setzen einen neuen Druckstandard.

Anzeige- und Druckoptionen einstellen

1. Klicken Sie auf der Registerkarte *Datei* auf den Befehl *Optionen* und dann im linken Bereich des Dialogfeldes *Word-Optionen* auf *Anzeige*, um die Anzeigeoptionen rechts im Dialogfeld anzuzeigen.
2. Wählen Sie im Bereich *Optionen für die Seitenanzeige*, ob im Seitenlayout ein Leerraum oder nur ein Strich zwischen zwei Dokumentseiten zu sehen ist, ob Texthervorhebungen und benutzerdefinierte QuickInfos, z.B. für Hyperlinks, angezeigt werden.
3. Wählen Sie im Bereich *Diese Formatierungszeichen immer auf dem Bildschirm anzeigen*, ob Tabstoppzeichen, Leerzeichen zwischen Wörtern, Absatzmarken am Absatzende, verborgener Text, z.B. Indexeinträge, Objektanker von verankerten Bildern oder alle Formatierungszeichen einschließlich Seiten- und Spaltenumbrüche sowie Abschnittswechsel angezeigt werden.
4. Wählen Sie im Bereich *Druckoptionen*, welche Elemente standardmäßig in jedem Ausdruck gedruckt werden sollen, z.B. ausgeblendeter Text, Dokumenteigenschaften, Hintergrundbilder etc., und ob vor dem Drucken Felder und Verknüpfungen stets aktualisiert werden sollen.

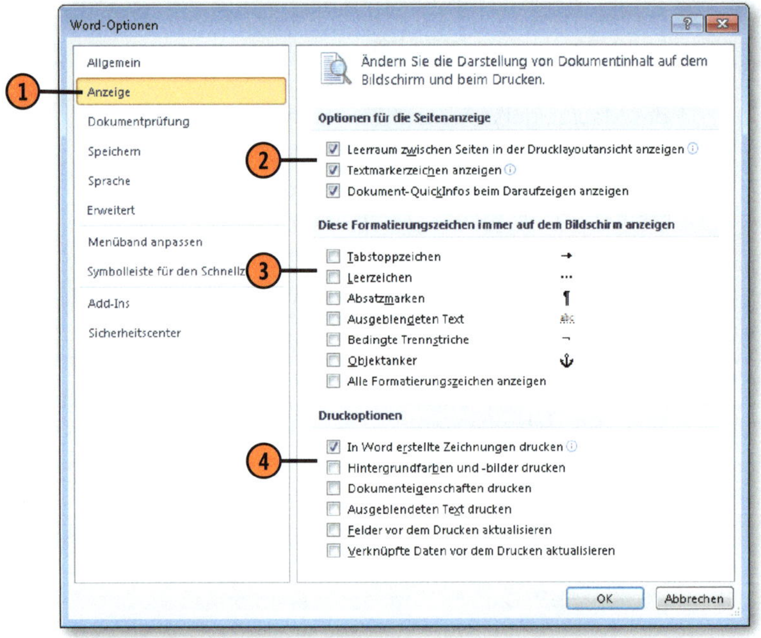

Siehe auch

Informationen zum Drucken finden Sie auf Seite 162 ff.

Erweiterte Anzeige- und Druckoptionen anpassen

In der Kategorie *Erweitert* der Word-Optionen finden Sie drei Bereiche, in denen Sie Optionen zur Anzeige von Dokumentelementen, z.B. Textmarken, von Bildschirmelementen, z.B. die Bildlaufleisten, sowie zum Steuern des Druckvorgangs aktivieren bzw. deaktivieren können.

Erweiterte Optionen ändern

1. Klicken Sie auf der Registerkarte *Datei* auf den Befehl *Optionen* und dann im linken Bereich des Dialogfeldes *Word-Optionen* auf *Erweitert*; scrollen Sie im rechten Bereich zu den nachfolgend beschriebenen Bereichen.
2. Aktivieren bzw. deaktivieren Sie im Bereich *Dokumentinhalt anzeigen* die Anzeige von Dokumentelementen, u.a.:
   - Anstelle von Bildern graue Rechtecke als Platzhalter anzeigen.
   - Textmarken in Form von grauen Klammern anzeigen.
   - Anstelle der Feldinhalte die Feldfunktionen anzeigen; unabhängig davon können Sie wählen, ob Felder immer, nie oder nur wenn markiert grau unterlegt dargestellt werden.
3. Aktivieren bzw. deaktivieren Sie im Bereich *Anzeigen* die Anzeige von Bildschirmelementen, u a.:
   - Alle oder nur das aktuelle Dokument in der Taskleiste anzeigen.
   - Bildlaufleisten im Programmfenster anzeigen.
   - Außerdem können Sie hier die Anzahl der in der Backstage-Ansicht zum Befehl *Zuletzt verwendet* angezeigten Dokumente festlegen.
4. Aktivieren bzw. deaktivieren Sie im Bereich *Drucken* die gewünschten Druckoptionen.

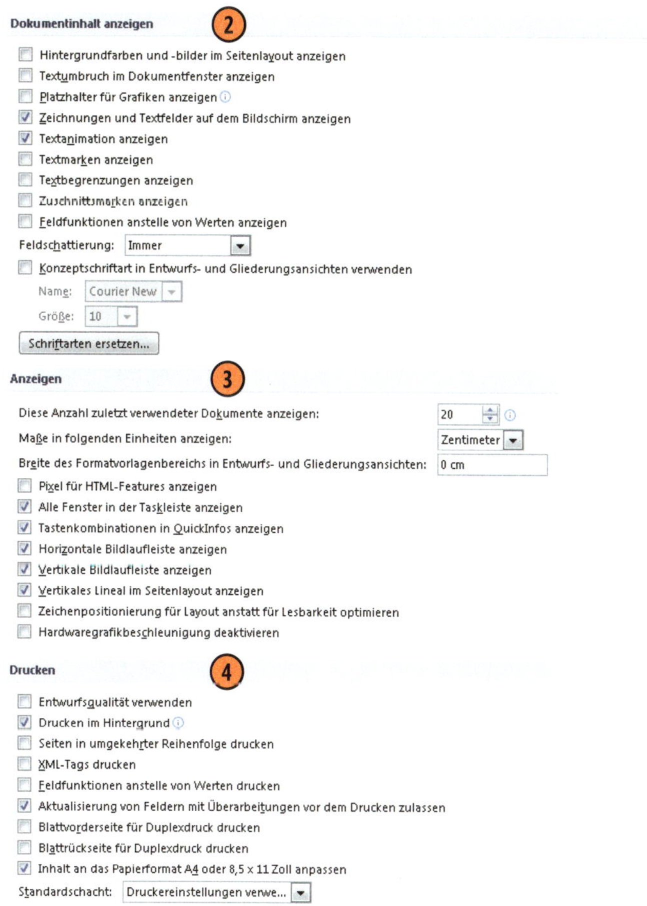

Rechtschreibung und Grammatik anpassen

Sie können für die Durchführung der Rechtschreib- und Grammatikprüfung eine Vielzahl von Standardeinstellungen ändern. Nehmen Sie hierfür den im Folgenden beschriebenen Weg oder klicken Sie während der Prüfung im Dialogfeld *Rechtschreibung und Grammatik* auf die Schaltfläche *Optionen*, um die Einstellungen anzupassen.

Dokumentprüfungsoptionen einstellen

1. Klicken Sie auf der Registerkarte *Datei* auf den Befehl *Optionen* und dann im linken Bereich des Dialogfeldes *Word-Optionen* auf *Dokumentprüfung*, um die dazugehörigen Optionen rechts im Dialogfeld anzuzeigen.
2. Aktivieren bzw. deaktivieren Sie folgende Einstellungen:
   - Automatische Überprüfung während der Eingabe und kontextbezogene Rechtschreibung
   - Kennzeichnung von Grammatikfehlern während der Texteingabe und Grammatikprüfung zusammen mit Rechtschreibprüfung durchführen
   - Am Ende der Prüfung eine Statistik einblenden
   - Schreibstil für die Grammatikprüfung einstellen
3. Klicken Sie auf *Dokument erneut überprüfen*, um das aktuelle Dokument unter Berücksichtigung der neuen Einstellungen erneut zu prüfen.
4. Klicken Sie auf den Pfeil neben *Ausnahmen für*, wählen Sie ein Dokument bzw. *Alle neuen Dokumente* und legen Sie fest, ob Rechtschreib- und/oder Grammatikfehler für die Dokumentauswahl ausgeblendet werden sollen.
5. Aktivieren bzw. deaktivieren Sie im Bereich *Bei der Rechtschreibkorrektur in Microsoft Office-Programmen* die Optionen, die in allen Office-Programmen berücksichtigt bzw. ignoriert werden sollen.

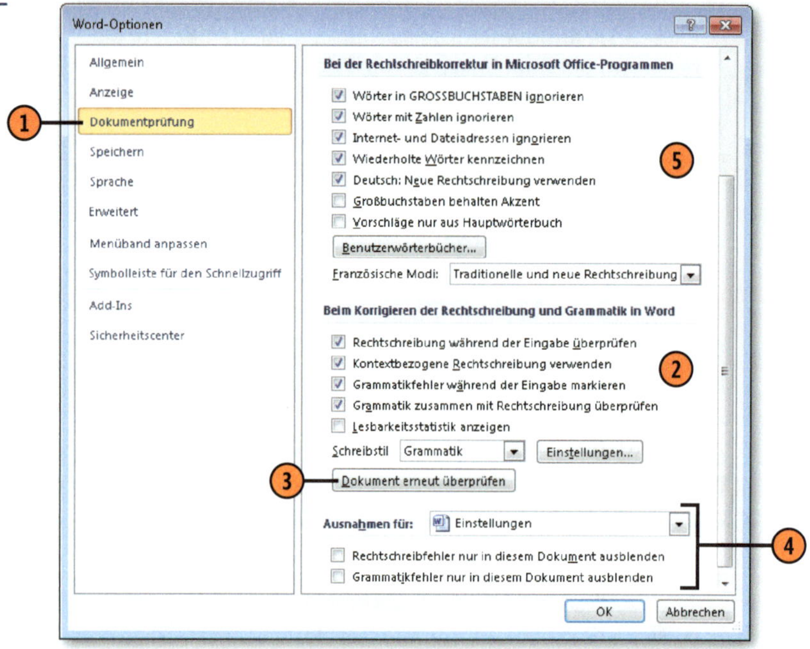

Siehe auch

Informationen zur Rechtschreib- und Grammatikprüfung finden Sie auf Seite 56 ff.

Wörterbücher für die Rechtschreibung

Sie können eigene Wörterbücher erstellen oder hinzufügen, die dann neben dem Hauptwörterbuch ebenfalls in der Rechtschreibprüfung eingesetzt werden. Wörterbucheinstellungen wirken sich auf alle Office-Programme aus.

Wörterbuch erstellen

1. Klicken Sie auf der Registerkarte *Datei* auf *Optionen*, dann im linken Bereich des Dialogfeldes *Word-Optionen* auf *Dokumentprüfung* und anschließend auf *Benutzerwörterbücher*, um das gleichnamige Dialogfeld zu öffnen.
2. Klicken Sie auf *Neu*, benennen Sie das Wörterbuch und bestätigen Sie mit *Speichern*. Die Datei erhält die Erweiterung *.dic*, wird als Dateityp *Microsoft Office-Benutzerwörterbuch* gespeichert und im Dialogfeld *Benutzerwörterbücher* angezeigt.
3. Aktivieren Sie das oder die Wörterbücher, die während der Rechtschreibprüfung eingesetzt werden sollen.
4. Klicken Sie auf *Entfernen*, um ein Benutzerwörterbuch zu löschen, und auf *Hinzufügen*, um ein auf Ihrem Rechner bereits gespeichertes Benutzerwörterbuch zu öffnen.
5. Wählen Sie eine Wörterbuchsprache aus, wenn die Prüfung nur in einer bestimmten Sprache erfolgen soll.
6. Wählen Sie ein Wörterbuch aus, klicken Sie auf *Wortliste bearbeiten* und führen Sie im zugehörigen Bearbeitungsdialogfeld Folgendes durch:
   - Geben Sie ein Wort ein und klicken Sie auf *Hinzufügen*, um dieses Wort in das Benutzerwörterbuch aufzunehmen.
   - Wählen Sie einen Eintrag aus und klicken Sie auf *Löschen*, um ihn aus dem Wörterbuch zu entfernen. Klicken Sie auf *Alle löschen*, um das Wörterbuch zu leeren.

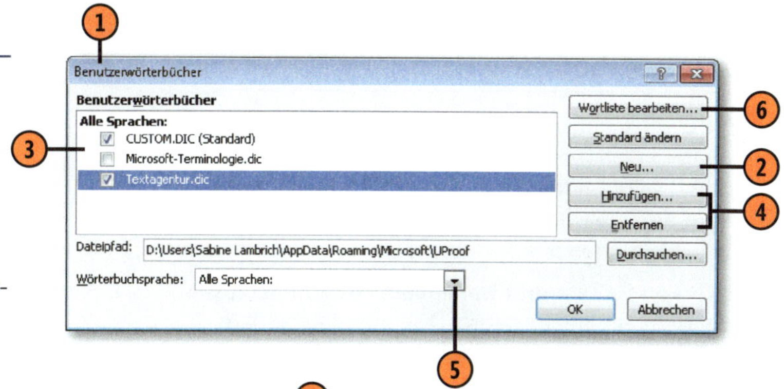

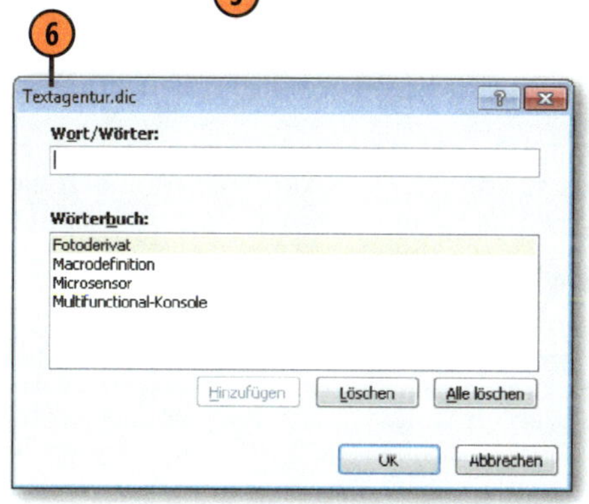

Speicheroptionen anpassen

Definieren Sie das Standardformat und den Standardordner zum Speichern von Dokumenten in Word. Wenn beispielsweise Mitglieder Ihrer Arbeitsgruppe mit einer älteren Word-Version arbeiten, sollten Sie Ihre Dokumente standardmäßig in einem mit der betreffenden Word-Version kompatiblen Format speichern.

Speichermethode anpassen

1. Klicken Sie auf der Registerkarte *Datei* auf den Befehl *Optionen* und dann im linken Bereich des Dialogfeldes *Word-Optionen* auf *Speichern*, um die Speicheroptionen rechts im Dialogfeld anzuzeigen.
2. Klicken Sie hier und wählen Sie das Format aus, in dem alle neuen Word-Dokumente standardmäßig gespeichert werden sollen.
3. Geben Sie das Zeitintervall an, in dem die Informationen zum automatischen Wiederherstellen von Dateien gespeichert werden sollen. Stürzt das Programm ab oder fällt der Strom aus, können so Dokumente mit noch nicht gespeicherten Daten wiederhergestellt werden.
4. Wählen Sie einen Ordner für die gespeicherten Informationen zum automatischen Wiederherstellen sowie für alle neuen Dokumente aus.
5. Wählen Sie ein geöffnetes Dokument bzw. den Eintrag *Alle neuen Dokumente* aus und klicken Sie hier, um die verwendeten Schriftarten in das Dokument einzubetten. Sie stehen dann anderen Benutzern dieses Dokuments zur Verfügung, auch wenn die entsprechenden Schriftarten nicht auf deren Rechner installiert sind.

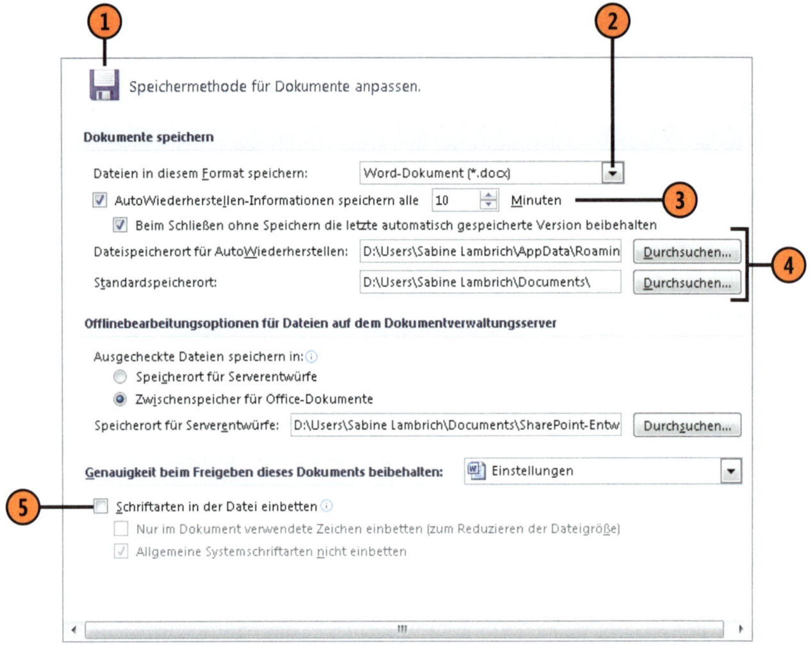

Siehe auch

Informationen zum Speichern von Dokumenten finden Sie auf Seite 35. Wie Sie die Speicherorte für weitere Dateitypen ändern, lesen Sie auf der nächsten Seite.

Erweiterte Speicheroptionen anpassen

1. Klicken Sie im linken Bereich des Dialogfeldes *Word-Optionen* auf *Erweitert* und scrollen Sie im rechten Bereich zum Abschnitt *Speichern*.
2. Aktivieren Sie eines oder mehrere Kontrollkästchen, damit
   - beim Beenden von Word abgefragt wird, ob Änderungen an der Dokumentvorlage *Normal* gespeichert werden sollen.
   - im Arbeitsordner stets eine Sicherungskopie mit der Bezeichnung *Sicherung von <Dokumentname>* erstellt wird.
   - eine aktualisierte Kopie eines Dokuments im Netzwerk auf dem lokalen Rechner gespeichert wird.
   - im Hintergrund gespeichert wird, sodass Sie Ihre Arbeit ohne Unterbrechungen fortsetzen können.

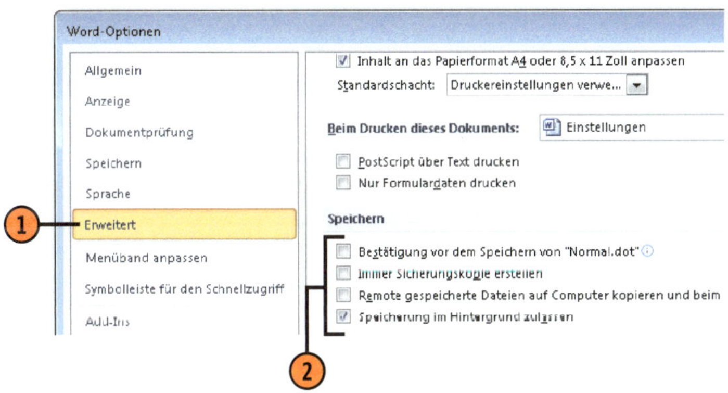

Speicherorte für Dateien ändern

1. Klicken Sie im linken Bereich des Dialogfeldes *Word-Optionen* auf *Erweitert*, scrollen Sie im rechten Bereich zum Abschnitt *Allgemein* und klicken Sie dann auf die Schaltfläche *Dateispeicherorte*, um das Dialogfeld *Speicherorte für Dateien* zu öffnen.
2. Wählen Sie einen Dateityp aus und klicken Sie dann auf *Ändern*. Wählen Sie im Dialogfeld *Speicherort ändern* den gewünschten Ordner aus und bestätigen Sie mit *OK*.

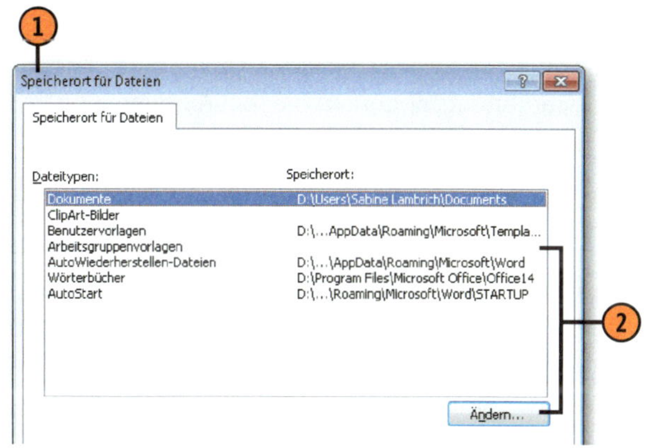

Gewusst wie

Wenn Sie mit verschiedenen Dokumentvorlagen arbeiten, die in einem von Ihnen erstellten Ordner enthalten sind, legen Sie diesen Ordner als Speicherort für Benutzervorlagen fest. Wenn Sie dann beim Erstellen einer neuen Datei auf *Meine Vorlagen* klicken, werden alle Ihre Dokumentvorlagen angeboten.

Bearbeitungsoptionen anpassen

Die Bearbeitungsoptionen umfassen eine breite Palette von Einstellungen, angefangen bei Markierungsverfahren über Modi zum Einfügen oder Überschreiben von Text bis hin zu Formatierungsabfragen. Außerdem können Sie genau festlegen, wie kopierter oder ausgeschnittener Text standardmäßig eingefügt werden soll.

Bearbeitungsoptionen festlegen

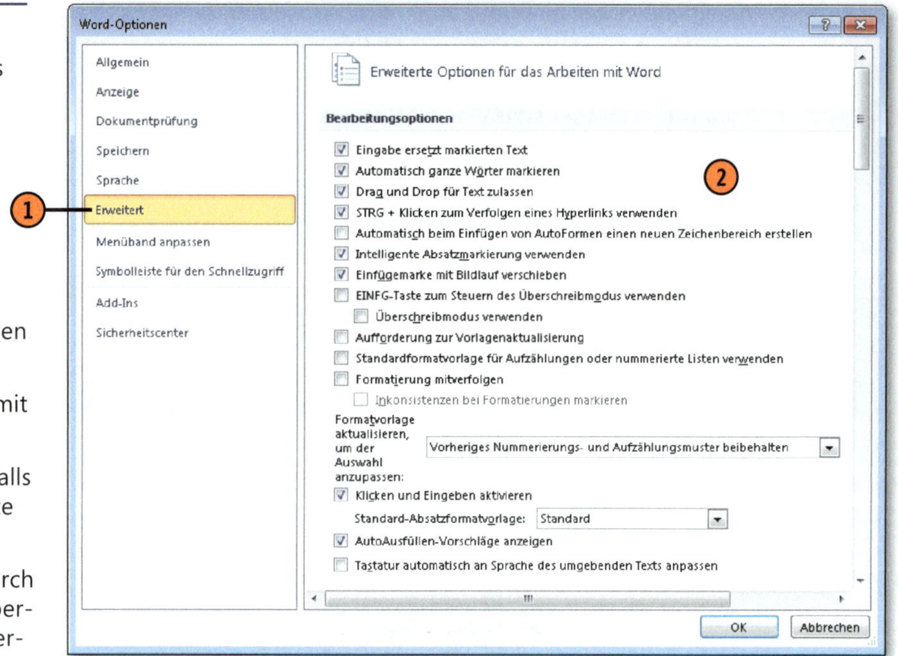

1. Klicken Sie auf der Registerkarte *Datei* auf den Befehl *Optionen* und dann im linken Bereich des Dialogfeldes *Word-Optionen* auf *Erweitert*, um rechts den Bereich *Bearbeitungsoptionen* einzublenden.
2. Aktivieren bzw. deaktivieren Sie die verfügbaren Bearbeitungsoptionen. Hier ein Auszug:
   - Standardmäßig wird markierter Text durch neu eingefügten Text ersetzt; die Auswahl bei einer Markierung von mehr als einem Wort wird auf das komplette letzte Wort erweitert, und das Verschieben und Kopieren mit der Maus ist aktiviert.
   - Sprung zum Ziel eines Hyperlinks durch Anklicken mit gedrückter Strg-Taste oder nur durch Anklicken
   - Absatzmarke beim Markieren eines Absatzes ebenfalls auswählen und beim Einfügen in andere Dokumente alle Absatzformate übernehmen
   - Zwischen Einfügemodus und Überschreibmodus durch Drücken von Einfg hin- und herwechseln; ist der Überschreibmodus aktiviert, wird standardmäßig im Überschreibmodus, ansonsten im Einfügemodus gearbeitet.
   - Wird Text mit zugewiesener Formatvorlage neu formatiert und die Formatvorlage anschließend erneut zugewiesen, wird abgefragt, ob die Formatvorlage aufgrund der Änderungen aktualisiert oder unverändert zugewiesen werden soll.

Optionen zum Verschieben/Kopieren/Einfügen anpassen

1. Klicken Sie auf der Registerkarte *Datei* auf den Befehl *Optionen* und dann im linken Bereich des Dialogfeldes *Word-Optionen* auf *Erweitert*. Scrollen Sie im rechten Ausschnitt nach unten bis zum Bereich *Ausschneiden, Kopieren und Einfügen*.
2. Wählen Sie in den ersten vier Dropdown-Listenfeldern aus, wie der in einem Word-Dokument oder einem anderen Programm kopierte bzw. ausgeschnittene Text im selben Dokument oder in einem anderen Dokument eingefügt wird.
   - *Ursprüngliche Formatierung beibehalten – Standard*
   - *Formatierung zusammenführen* – Kombination aus Original- und Zielformaten
   - *Nur den Text übernehmen* – Text ohne Absatzmarken übernehmen
3. Klicken Sie auf den Pfeil neben *Bilder einfügen als* und legen Sie fest, wie der Text um ein eingefügtes Bild fließen soll.
4. Bestimmen Sie, wie mit Listenzeichen zu verfahren ist, ob durch Drücken von Einfg kopierter/ausgeschnittener Text eingefügt werden kann und ob die Schaltfläche für Einfügeoptionen angezeigt wird.
5. Klicken Sie auf *Einstellungen*, um im gleichnamigen Dialogfeld je nach Word-Version zusätzliche Einfügeoptionen zu definieren.

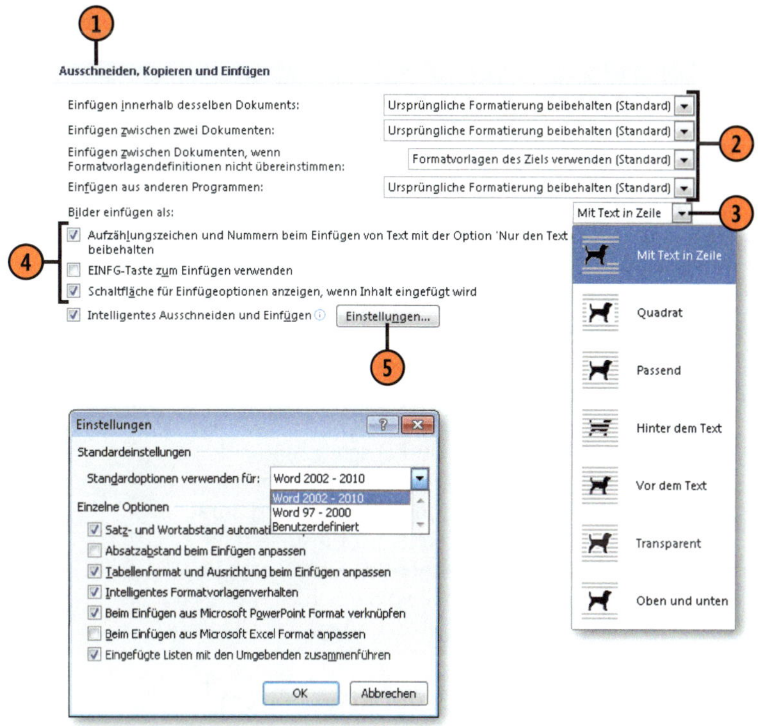

Siehe auch

Informationen zum Kopieren, Ausschneiden und Einfügen von Text sowie Details zur Schaltfläche für Einfügeoptionen finden Sie auf Seite 44 ff.

Sprachoptionen anpassen

Standardmäßig wird in den Office-Programmen die für Windows eingestellte Sprache verwendet. Sie haben aber die Möglichkeit, die verwendete Bearbeitungs-, Anzeige-, Hilfe- und QuickInfo-Sprache an Ihre Anforderungen anzupassen.

Sprachoptionen festlegen

1. Klicken Sie auf der Registerkarte *Datei* auf den Befehl *Optionen* und dann im linken Bereich des Dialogfeldes *Word-Optionen* auf *Sprache*, um die Sprachoptionen im rechten Bereich einzublenden.
2. Ändern Sie die Bearbeitungssprache, damit die Dokumentprüfung (Rechtschreibung, Grammatik, AutoKorrektur-Listen) in der gewählten Sprache stattfindet. Klicken Sie hierzu in der Liste auf eine installierte Sprache und anschließend auf die Schaltfläche *Als Standard festlegen*, um die gewählte Sprache als Standardbearbeitungssprache zu definieren. Ist die Sprache nicht installiert, klicken Sie auf den entsprechenden Link; wechseln Sie zur Microsoft-Website, wo Sie sich über die verfügbaren Sprachpakete (Language Packs) informieren können.
3. Wenn Sie die Anzeigesprache in Word ändern wollen (Menüband, Hilfe etc.), müssen Sie zunächst die Standardsprache in Windows ändern.
4. Die QuickInfo-Sprache passt sich automatisch der Anzeigesprache an. Klicken Sie bei Bedarf auf den Pfeil neben *Ihre QuickInfo-Sprache festlegen*, um eine andere Sprache für die angezeigten QuickInfos festzulegen.

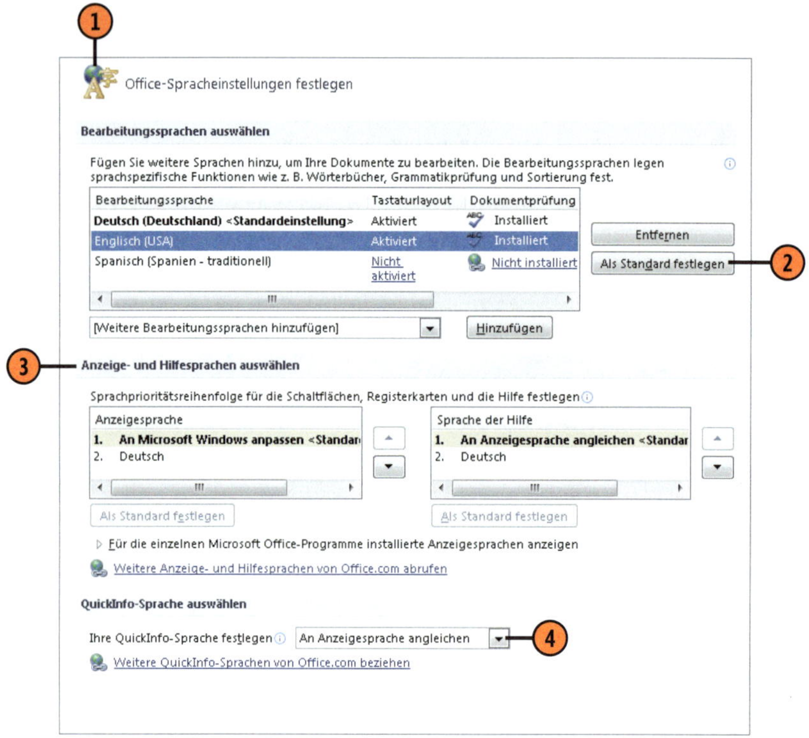

Siehe auch

Informationen zur Dokumentprüfung finden Sie auf Seite 52 ff.

Kompatibilitätsoptionen anpassen

Wenn Sie häufig Dokumente an andere weitergeben, die mit einer älteren Word-Version oder einem anderen Textverarbeitungsprogramm arbeiten, können bereits bei der Erstellung Ihrer Dokumente Kompatibilitätsaspekte berücksichtigt werden, die die Bearbeitung der Dokumente in einer anderen Umgebung unterstützen.

Optionen für die Kompatibilität festlegen

1. Klicken Sie auf der Registerkarte *Datei* auf den Befehl *Optionen* und dann im linken Bereich des Dialogfeldes *Word-Optionen* auf *Erweitert*. Scrollen Sie im rechten Ausschnitt ganz nach unten zum Bereich *Kompatibilitätsoptionen*.
2. Klicken Sie hier und wählen Sie das gewünschte geöffnete Dokument aus, für das die Kompatibilitätseinstellungen gelten sollen, bzw. wählen Sie den Eintrag *Alle neuen Dokumente*, damit die Einstellungen für alle Dokumente gelten.
3. Klicken Sie auf den Pfeil neben *Dokument so gestalten, als ob es erstellt wurde in* und wählen Sie die betreffende Word-Version oder ein anderes Textverarbeitungsprogramm aus.
4. Klicken Sie auf *Layoutoptionen*, um alle Einstellungen einzublenden. Word aktiviert bzw. deaktiviert automatisch je nach gewählter Word-Version die entsprechenden Optionen. Beim Erstellen/Öffnen solcher Dokumente ist in der Titelleiste sofort erkennbar, dass es sich um ein Dokument im Kompatibilitätsmodus handelt.

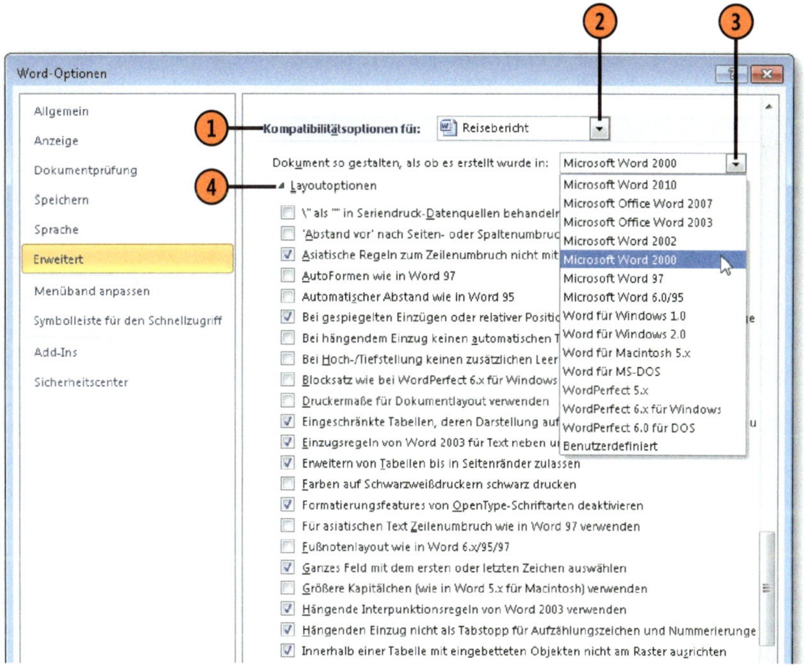

Siehe auch

Lesen Sie auf Seite 38 f., wie Sie mit älteren Word-Dokumenten in Word 2010 arbeiten und wie Sie Word 2010-Dokumente für den Einsatz in älteren Word-Versionen

Vertrauenswürdige Umgebung definieren

Im Sicherheitscenter ist eine Reihe von wichtigen Sicherheitseinstellungen festgelegt, die das Öffnen von Dokumenten mit sogenannten aktiven Inhalten, z.B. Makros, verhindern, um eine Infizierung Ihres Rechners mit Viren oder sonstiger Malware so gut wie nur möglich zu vermeiden. Definieren Sie Autoren, Speicherorte und Dokumente als vertrauenswürdig, damit die automatisch durchgeführten Sicherheitsprüfungen für diese Bereiche und Quellen nicht gelten.

Einstellungen zur Vertrauenswürdigkeit anpassen

1. Klicken Sie auf der Registerkarte *Datei* auf den Befehl *Optionen*, dann im linken Bereich des Dialogfeldes *Word-Optionen* auf *Sicherheitscenter* und anschließend im rechten Bereich auf die Schaltfläche *Einstellungen für das Sicherheitscenter*, um das Dialogfeld *Sicherheitscenter* zu öffnen.
2. Klicken Sie im linken Bereich auf *Vertrauenswürdiger Herausgeber*. Wenn Dokumente mit einer gültigen Signatur des Herausgebers signiert sind, können Sie ihn in die Liste der vertrauenswürdigen Herausgeber aufnehmen.
3. Klicken Sie auf *Vertrauenswürdige Speicherorte* und nehmen Sie Ordner mit oder ohne zugehörige Unterordner als vertrauenswürdige Orte in die Liste auf.
4. Klicken Sie auf *Vertrauenswürdige Dokumente*, entscheiden Sie über die Vertrauenswürdigkeit von Dokumenten im Netzwerk und entfernen Sie ggf. für alle bisher als vertrauenswürdig gekennzeichnete Dokumente diesen Status.

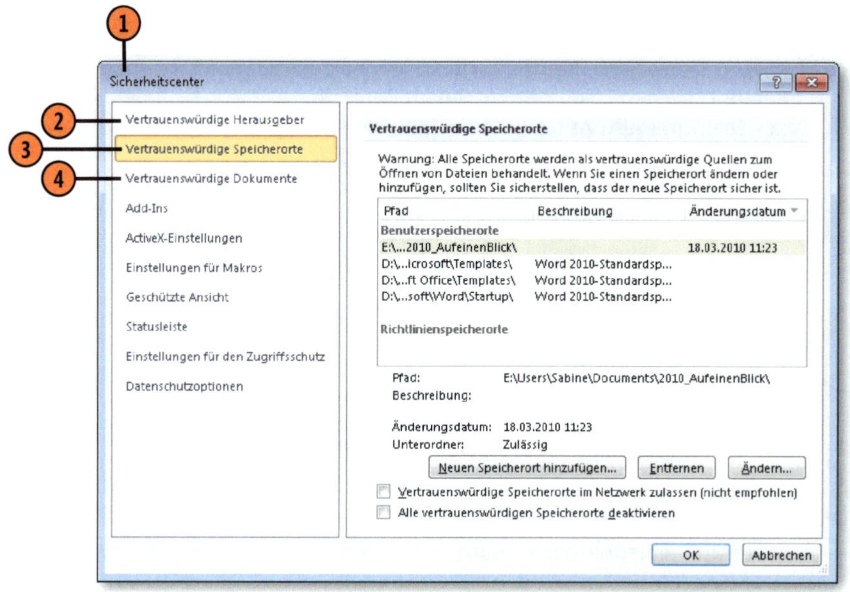

Gewusst wie

Wenn Sie ein Dokument mit aktiven Inhalten öffnen, wird eine Sicherheitswarnung eingeblendet. Klicken Sie in der Warnung auf *Inhalte aktivieren*, um das Dokument als vertrauenswürdig zu klassifizieren.

Sicherheitsoptionen für Makros anpassen

Im Sicherheitscenter können Sie generell festlegen, wie Word verfahren soll, wenn Sie ein Dokument öffnen, das Makros enthält. Für alle Dokumente gilt: Befindet sich das Dokument an einem vertrauenswürdigen Speicherort oder wurde es bzw. sein Herausgeber zuvor als vertrauenswürdig gekennzeichnet (siehe die vorherige Seite), wird das Dokument zusammen mit seinen Makros ohne weitere Sicherheitsvorkehrungen geöffnet.

Sicherheitsoptionen für Makros festlegen

1. Öffnen Sie das Dialogfeld *Sicherheitscenter* (siehe vorherige Seite).
2. Klicken Sie im linken Bereich auf *Einstellungen für Makros*.
3. Aktivieren Sie eines der folgenden Optionsfelder:
   - *Alle Makros ohne Benachrichtigung deaktivieren:* Höchste Sicherheitsstufe; alle Makros werden deaktiviert, der Benutzer erhält keine Benachrichtigung hierüber.
   - *Alle Makros mit Benachrichtigung deaktivieren:* Alle Makros werden deaktiviert, der Benutzer erhält eine Benachrichtigung.
   - *Alle Makros außer digital signierten Makros deaktivieren:* Nur die Makros werden aktiviert, die eine gültige digitale Signatur enthalten.
   - *Alle Makros aktivieren:* Niedrigste Sicherheitsstufe; alle Makros werden standardmäßig aktiviert.

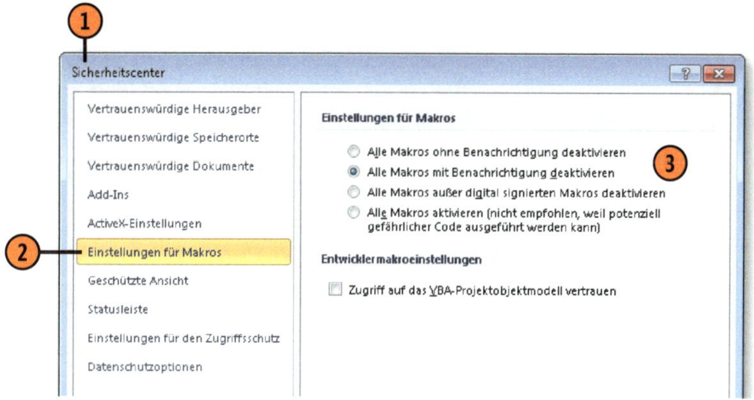

Achtung

Sie sollten auf keinen Fall Makros automatisch aktivieren. Dies bedeutet ein hohes Sicherheitsrisiko für Ihren Rechner.

Siehe auch

Informationen zum Arbeiten mit Makros finden Sie auf Seite 204 ff.

Weitere Sicherheitsoptionen anpassen

Legen Sie im Sicherheitscenter fest, welche Dokumente in der geschützten Ansicht geöffnet werden und ob eine Sicherheitswarnung beim Öffnen von Dokumenten mit aktiven Inhalten angezeigt wird. Schränken Sie das Öffnen und Speichern für bestimmte Dateiformate ein und regeln Sie die automatischen Zugriffe auf die Office-Website sowie die Ermittlung und Verwendung von Rechnerinformationen.

Weitere Optionen ändern

1. Öffnen Sie das Dialogfeld *Sicherheitscenter* (siehe Seite 244).
2. Klicken Sie im linken Bereich auf *Geschützte Ansicht* und wählen Sie, ob Dokumente aus dem Internet, aus nicht als vertrauenswürdig gekennzeichneten Speicherorten und/oder aus E-Mail-Anlagen in der geschützten Ansicht geöffnet werden oder nicht.
3. Klicken Sie links auf *Statusleiste* und legen Sie fest, ob beim Öffnen von Dokumenten mit aktiven Inhalten (wie Makros) oben im Programmfenster eine Sicherheitswarnung in einer Statusleiste angezeigt wird.
4. Klicken Sie links auf *Einstellungen für den Zugriffsschutz* und legen Sie fest, welche Dateiformate nur geschützt geöffnet und/oder nicht gespeichert werden sollen.
5. Klicken Sie links auf *Datenschutzoptionen* und legen Sie fest, wann auf die Office-Website zugegriffen werden darf, ob bzw. welche Informationen auf Ihrem Rechner ermittelt und für Office-Dienste verwendet werden dürfen etc.

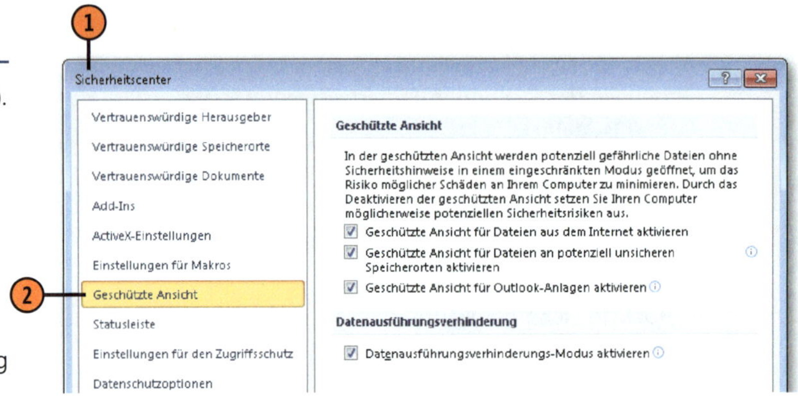

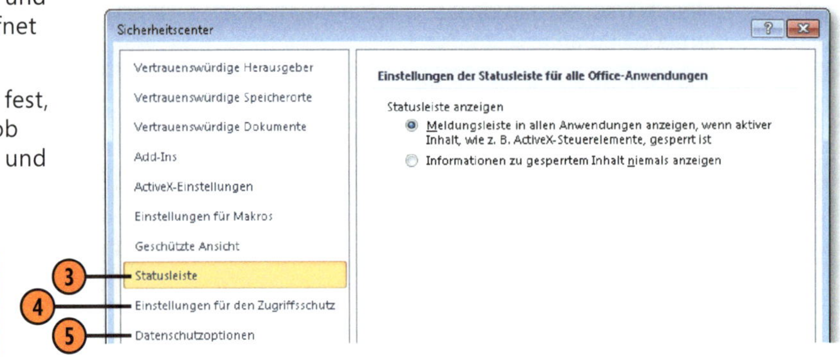

Tipp

Wenn ein Dokument, z.B. eine E-Mail-Anlage, in der geschützten Ansicht geöffnet ist, klicken Sie oben in der Meldung *Geschützte Ansicht* auf die Schaltfläche *Bearbeitung aktivieren*, um die geschützte Ansicht aufzuheben (siehe auch Seite 183).

Stichwortverzeichnis

N

O

P

Q

R

S

T

U

V

W

Z